Mario Javier Saban
Cuty Gorina Sánchez

El misterio de la Cábala

editorial Kairós

Fotocomposición: Grafime S.L. 08027 Barcelona
Diseño cubierta: Editorial Kairós
Imagen cubierta: Daniela Berdichevsky

Primera edición: Junio 2024
Sexta edición: Enero 2026

ISBN: 978-84-1121-237-3
Depósito legal: B 4.033-2024

Impresión y encuadernación: Romanyà-Valls. 08786 Capellades

Este libro ha sido impreso con papel certificado FSC, proviene de fuentes respetuosas con la sociedad y el medio ambiente y cuenta con los requisitos necesarios para ser considerado un "libro amigo de los bosques".

A la memoria de mis padres,
Mª Rosa Sánchez Lodares y Manuel Gorina Parera,
porque han sido el pilar de mi vida.
Mi enorme respeto, agradecimiento y amor.
Que D*os[*] *cuide de sus almas.*

A mi queridísima hija Lola,
con todo mi amor.

CUTY GORINA

A mis queridos padres, Violeta Cuño y David Saban,
a mi esposa, Marisa Ventura,
a mis hijos, Max David y Lucas Eli, con todo mi amor.

MARIO SABAN

[*] La autora escribe el nombre de Dios de esta manera personal para darle más énfasis como conciencia de unidad absoluta e infinitud.

A la memoria de los grandes cabalistas
de todos los tiempos que nos legaron esta sabiduría.

MARIO SABAN

Agradecimientos

Todo empezó una calurosa noche de agosto de 2019 en las Islas Baleares, España. Era una de esas noches en las que te apetece sentarte con una amiga y una copa... y arreglar el mundo. Por supuesto, hablamos de todo, pero un tema me llamó la atención: ¿Cábala? ¿Qué es, realmente, la Cábala? Había oído hablar, pero no sabía de qué se trataba esta espiritualidad. Mi amiga Meya Lauzirika me estuvo explicando con mucha paciencia que se trataba de la ciencia del saber recibir. «¿La ciencia del saber recibir? Explícame un poco más». Me dijo que en la Cábala podrías encontrar todos los secretos del judaísmo guardados durante siglos por los sabios de Israel. Una sabiduría oculta. Me fascinó.

Ahí empezaron el ansia y el deseo de estudiar, conocer y entender esas palabras para encontrar las respuestas a las grandes preguntas de la vida. Meya me puso en contacto con el profesor doctor Mario Saban y en septiembre, sin pensarlo dos veces, me apunté al Curso de Iniciación a la Cábala que impartía su escuela en Barcelona. Las clases eran presenciales y un recibimiento caluroso de Mario era el primer contacto en aquella sala pequeña, con tantos alumnos que no sabías dónde ubicarte para coger apuntes. Durante los meses siguientes, fui adquiriendo conocimientos acerca de los estudios sobre las diferentes dimensiones del Árbol de la Vida y los 22 senderos que lo recorren, por los que se va ascendiendo en el desarrollo espiritual.

La Cábala te enseña a conocer, comprender y aceptar tus propios límites, a saber distribuir y trabajar las energías y sus frecuencias, a enfrentar el mal, a vislumbrar los niveles del alma humana, a entender el vacío existencial, cómo funcionan las leyes del Universo y cómo el alma percibe esta realidad. Un sinfín de conocimientos que nos dan las herramientas, para buscar nuestra apertura de conciencia y equilibrarnos con madurez intelectual y emocional.

A finales de marzo de 2020, como todos sabemos, se inició la pandemia de coronavirus y las clases presenciales se convirtieron en virtuales, pero mi interés no dejó de crecer. Ese tiempo de encierro obligatorio en casa me facilitó la tarea de ir recopilando los conceptos fundamentales que iba aprendiendo en las clases magistrales del profesor. Recuerdo que mi madre me decía: «¿Qué estás estudiando, que te veo muy enfrascada? ¡Debe de ser muy interesante!». Y así era, no podía dejarlo, porque cada semana me parecía más apasionante. En el verano de 2021, tuve una reunión con Mario para consultarle si veía posible que escribiera un libro con todos mis apuntes, con la idea de ayudar a quienes quisieran introducirse en la Cábala a un nivel de principiantes. Además de aprobar mi iniciativa, Mario insistió en el libro, ya que no existía un manual de conceptos básicos de la Cábala para la gente que recién comenzaba, por lo que empecé a organizar todos mis apuntes con la estructura de un libro.

Por todo esto, quiero expresar un profundo y especial agradecimiento al profesor Mario Saban, que supo visualizar mi proyecto y mi ilusión, aportando entusiasmo y confianza a raudales, dándome las alas esenciales para escribir este libro. De repente, me convertí en escriba de uno de los mejores maestros de Cábala de nuestro tiempo, recopilando sus enseñanzas más básicas. A pequeña escala y humildemente, me hizo soñar con Jaim Vital, que fue escriba del gran cabalista del siglo XVI Isaac Luria, todo un honor. Asimismo, debo dar las gracias a mi amiga Meya por haberme introducido en este mundo de conocimiento infinito.

Un especial agradecimiento a mi familia, sobre todo a mi madre, a mi hermana Mary y a mi hija Lola, que me han acompañado en este proyecto durante todos estos años y a la incondicional compañía de Brownie, nuestro perrito, que ha sido mi sombra a lo largo de todo este tiempo, y aún lo sigue siendo. Y cómo no agradecer de todo corazón a mis amigas y amigos que me brindaran su apoyo, su aliento en el día a día, animándome las muchas veces que lo he necesitado para continuar en el camino de mi vida.

Con esta obra, intento aportar mis conocimientos básicos de forma sencilla y ágil, pero también profunda, con ejemplos simples para mejorar la comprensión de cada lector. Se lo dedico a todas esas almas que tengan la voluntad y el deseo de acercarse a la sagrada sabiduría milenaria de la Cábala hebrea, con el fin de que puedan cumplir con éxito ponerla en práctica con su propia experiencia en el campo de la materia. Espero y deseo que sirva de guía para ampliar su autoconocimiento, elevando las almas a niveles superiores de consciencia en el camino hacia la Luz.

Baruj Hashem
5784

Prólogo

Este libro comienza a gestarse allá por el año 2019, porque muchos alumnos asistían a mis clases presenciales en Barcelona y muchos tomaban apuntes sobre los asuntos de la Cábala que se iban desarrollando. El 10 de marzo de 2020 tuve que suspender todas mis clases presenciales para trasladar la enseñanza de la Cábala a la forma virtual como consecuencia del inicio de la pandemia.

El 6 de septiembre de 2021 recibí un mensaje de una antigua alumna, Cuty Gorina, quien me informaba que quería presentarme un trabajo. Fue así como María Dolores Gorina Sánchez se presentó en mi despacho con sus apuntes y con la propuesta de hacer un libro, ya que durante meses y meses se había dedicado a recopilar las clases de mi curso inicial de Cábala. Me embargó una gran alegría porque por fin se hacía realidad mi deseo de que los alumnos principiantes tuvieran una obra para guiarse en los primeros pasos en los secretos de la Cábala.

Cuando estuvo listo el libro, en 2023, lo presentamos a la Editorial Kairós que aceptó nuestra propuesta y ahora lo tenéis en vuestras manos. Cuty Gorina ha demostrado que se puede hacer una síntesis de los principales temas de la Cábala logrando mantener tanto el lenguaje coloquial como los ejemplos de mis clases presenciales.

Esta obra tiene el objetivo de llegar a las almas de quienes descubren una luz divina en las enseñanzas de la mística hebrea. Recuerdo claramente la electricidad que recorría nuestros cuerpos cuando impartía estas clases presenciales y, aunque desde hace algunos años mis clases se convirtieron en virtuales, aún sigo añorando esos encuentros cara a cara, alma con alma... Este libro es el resultado del trabajo de escritura de Cuty Gorina, quien hizo de *Sofer* (escriba) de mis clases y creó una obra que combina la síntesis, la sencillez y la profundidad.

También quiero agradecer el amor de mi esposa Marisa Ventura por todos estos años que hemos compartido juntos. Y a mis dos hermosos hijos, Max David y Lucas Eli, les dedico esta obra para que sigan creciendo cada día y para que recuerden que lo más importante de esta vida es llegar a ser buenas personas, pues lo demás es accesorio.

Como siempre, agradezco el apoyo y el cariño de mi padre, David Saban, de mis hermanas, Roxana y Lis, y de mis cuñados, Beto Dabbah y Pablo Weinstein.

También quiero dar las gracias con todo mi cariño al equipo de la Escuela de Cábala y Psicología liderado por Lina Cami Cerezuela, al equipo de la Escuela Internacional a cargo de Nacho Newman; a todos mis alumnos a nivel mundial, a los antiguos alumnos que ahora son grandes maestros de Cábala y a todas las almas de los grandes *mekubalim* que nos precedieron...

¡Gracias, Cuty, por hacer accesible el contenido de mis clases de Cábala a todos los lectores y por hacer posible que la luz se expanda aún más con esta obra!

Que Dios nos bendiga a todos...

MARIO SABAN
Sefarad, año 5784

Índice

1. Introducción al misticismo judío 17
La sabiduría de la Cábala hebrea 18
El sentido de nuestra alma en el mundo 21
La creación del Universo según la Cábala hebrea 24

2. El nacimiento del Universo: *Tzim Tzum Alef* y *Tzim Tzum Bet* 33
Clasificación gradual de la contracción de la Divinidad 41
Los diferentes *Olamot*: *Adam Qadmon, Atzilut, Briá, Yetzirá* y *Asiá*. 41
Los diferentes Universos o Emanaciones Divinas en orden descendente de revelación 43
Esquema del Árbol de los Universos 51
El *Tetragrámaton* 51
Los niveles de interpretación de la Torá (PRDS): *Peshat, Remez, Drash, Sod*. 54

3. Los niveles del alma 57
Los niveles de conciencia del alma: *Nefesh, Ruaj, Neshamá, Jayá, Yejidá* 57
Niveles elevados de consciencia 63
Nivel de consciencia 67
El Árbol de las Vidas 69
Las vestimentas dentro del alma 70

4. El Árbol de la Vida. *Etz jayim* 73
Las dimensiones del Árbol de la Vida 74
Acción, revelación y expresión 84
Triada inferior: *Yesod, Hod* y *Netzaj* 85
Triada intermedia: *Jesed, Guevurá* y *Tiféret* 91
Triada superior o intelectual: *Kéter, Biná* y *Jojmá* 96

5. *Daat*, el conocimiento. Las conexiones entre las dimensiones 105

6. El vacío existencial. *Hishtalkelut* o encadenamiento 111

7. Los 22 senderos o *sinorot*. Las letras hebreas 117

8. Análisis de los 22 Canales de Energía 127

Alef y Bet: Jojmá visión de largo plazo y *Biná* visión de corto plazo 127

Los cuatro sabios que entraron en el *Pardés* 135

Guimel, Delet, Hei 137

Vav, Zayin, Jet, Tet 143

Las resquebrajaduras de la *Biná* 154

Yud, Kaf, Lamed, Mem 156

Nun, Samej, Ain, Pei, Zsadi, Kuf 162

Reish, Shin, Shin 4 Ramas, Tav 173

9. El alma 185

La rectificación del alma 185

10. El nacimiento de las almas y sus fases 191

Reconocimiento de almas 191

El Árbol de la Vida de Gaón de Vilna. Pensamientos 198

11. *Teshuvá* o retorno a la esencia del alma 201

Conceptos de la *Teshuvá* 206

12. El mal 213

La función del mal. Concepto de trascendencia 217

Análisis del mal 227

13. Contracción de las diez *sefirot* 235

Las 288 *Klipots* 237

La estructura del *Klí* y sus energías 238

Hazayots, velos o vestimentas 247

Diferentes *Hazayots* según la dimensión 251

14. Contracciones del nombre de D*os 257

15. Aumento de nivel de consciencia en el mundo de *Bet* 259
Fuerzas de Luz. 260
Guevurot, Rajamim, Jasadim 262
Del Árbol del Conocimiento del Bien y del Mal al Árbol de la Vida 266

16. Vibraciones de energía en relación con los nombres de D*os 269
Niveles vibratorios de cada uno de los *Olamot* o Universos . . . 275

17. Misterio de Caín y Abel 281
Los canales de *Pliut* 285
El secreto de los querubines 287

18. ¿Quién soy? 291

19. La Torá oculta 301

20. La asimetría. *Daat* 311

21. Método universal para hacer el *Tikún* 321

22. Cuando *Nefesh* y *Neshama* entran en contradicción 331
Diferencias de cómo la materia se divide de la espiritualidad . . 338

23. La *emuná* y el reparador de las fisuras 341

24. El *Klí*. Sistema de funcionamiento del receptor 349

25. Universo de *Briá* 359

26. Secretos de *Tiféret* 365
Universo de los esplendores 366

27. ¿Cómo funciona el alma? 373
Funcionamiento del Universo. Concatenación entre alma y Universo 373

28. El vacío y su naturaleza 383
El *Tehom* o abismo 384

29. Relación entre *Daat* y *Kéter* 391

30. Cómo el alma percibe esta realidad 397

Glosario 403
Bibliografía 409

1. Introducción al misticismo judío

«La Cábala es un camino en busca del conocimiento,
y en realidad es un camino infinito, porque se trata de buscar todo
lo que se nos esconde en nuestra primera percepción de la realidad».
MARIO SABAN

«El hombre vino a ser feliz».
MOSHE JAIM LUZZATO

Uno de los temas más importantes del misticismo judío es entender el funcionamiento del ser humano y la comprensión del sentido cosmogónico de su alma en este mundo. A lo largo de la historia de la tradición judía se ha profundizado en los grandes misterios para explorar la relación entre la creación revelada y su sentido divino.

El trabajo del místico es descubrir la parte de la realidad que permanece oculta, pues a más sabiduría, más entendimiento y, por lo tanto, más discernimiento y revelación. Todo estudiante o aprendiz de la Cábala sabe que lo que no se ve es más trascendental que lo que se percibe por los sentidos. Como todo está en potencia, a través del trabajo y la voluntad, podemos ir revelando las chispas de luz que han ido alumbrando la Creación, para una comprensión mayor del plano material y, en consecuencia, ir ascendiendo en la escalera espiritual para acceder a mayores niveles de consciencia y sabiduría con la finalidad de alcanzar una vida plena y consciente de la misión que cada alma ha venido a hacer en este mundo. Así pues, hablar de misticismo judío es adentrarnos en un mundo de preguntas y respuestas, según la forma en la que recibimos, integramos y proveemos. El entrenamiento de todo místico reside en la observación, la perseverancia, el deseo, la voluntad, el pensamiento, la acción, la duda, todo un corpus iniciático para que el alma sedienta conozca sus anhelos a través de su corazón.

El propósito de la Creación es el discernimiento junto con el deseo de acercarnos a la fuente primordial. Tanto el cabalista como el aprendiz saben que aproximarse a la luz es un trabajo sutil, constante y sosegado para ir asimilando las chispas provenientes del cosmos e ir moldeando su cuerpo de luz para una mayor integración y comprensión de cómo funciona lo que se esconde detrás de la realidad que percibe ante sí y que está esperando ser revelada.

La sabiduría de la Cábala hebrea

Qabbaláh

«La Cábala hace al hombre atento al misterio
que lleva en él y que le rodea».
ALEXANDRE SAFRAN

«Aprende a ver. Date cuenta de que todo
se conecta con todo lo demás».
LEONARDO DA VINCI

Cuenta la leyenda que estando Moisés en el monte Sinaí, el Eterno se le apareció y le reveló al oído el conocimiento y la sabiduría de lo alto. A su vez, el Profeta de profetas y gran patriarca de Israel lo reveló a los setenta ancianos y estos, a los profetas, y así fue trasmitiéndose de boca a oído a las almas que estaban preparadas para recibir e interiorizar la sabiduría celestial, hasta nuestros días, después de sobrevivir más de cuatro mil años.

La sabiduría de la Cábala hebrea nos acerca a una conciencia universal y a la interpretación secreta de la ley divina, aunque este conocimiento ancestral no es solo el estudio de toda la realidad, sino también la experiencia interna de conectarse con esa realidad. Es decir, que es la interpretación mística de la Torá y su relación con el camino de nuestra alma, así como nuestro conocimiento del funcionamiento del Universo. El conjunto de intentos permanentes de unificación es lo que hace comprensibles las energías ocultas de esta realidad, además de su estudio y de la enseñanza intelectual. Trascendencia, crecimiento espiritual y realización personal en el plano físico nos aportan un envoltorio de luz y de inmensa paz al alma y al corazón. El trabajo de estudiar algo infinito en sí mismo y su magnificencia nos muestra cómo vivir en plena conexión y armonía con nuestro interior, para desarrollar el mayor potencial que nuestra alma ha venido a revelar en el plano físico y poder conectarnos con la luz de *Ahavá*, amor en hebreo, o la luz del Santo Bendito Sea *Or Ha Kadosh Baruj Hu*. La Cábala viene del verbo hebreo *Lekabel*, y expresa la acción de recibir, que se refiere a recibir la tradición del conocimiento de lo de arriba para comprender e ir desvelando sus misterios.

La Cábala nos revela que la mayoría de las energías están ocultas a la percepción del ser humano y que, por lo tanto, debemos relacionarnos con fuerzas que en principio no conocemos, pero que debemos tratar de conocer. Los cabalistas se dedican a estos menesteres y con ardua pasión escudriñan con sutileza los misterios y secretos que se esconden detrás del plano físico. Con tesón y habilidad estudian el arte de destrabar el sentido, la profundidad de las palabras y su estructura, experimentando con la energía universal o cósmica, que puede abrir la puerta a un mundo de conocimiento inusitado y, al mismo tiempo, hilvanarlo para atraerlo al plano físico con el objetivo de elevar la conciencia de la humanidad, acercando a las almas a la elevación espiritual, el *Tikún Olam* o rectificación universal. Podríamos decir que la Cábala es el estudio de la experiencia interior de conectarse con esta realidad, a través de la experiencia personal y de la unificación con lo divino, haciendo comprensibles las energías subyacentes en esta realidad.

El cabalista es un emisor de luz que lleva a cabo un proceso de transmisión de energías de su entorno, así el *Mekubal* es un iniciador que siempre tiene sed de avanzar más allá de lo que tiene, aprendiendo de la Esencia Divina Infinita, siendo el *Ein Sof* el verdadero maestro de toda la realidad. Todos los hombres somos discípulos de la Esencia Infinita, pues nacemos sabios, pero no lo sabemos hasta que lo descubrimos. Según la tradición de Israel, el estudio cosmológico es fundamental para comprender la situación de nuestra alma dentro del esquema general de la revelación. Por esta razón, los cabalistas consideran importante introducir la Cábala desde la perspectiva cosmogónica y comenzar a estudiar cómo se creó el Universo, todas las condiciones y todas las limitaciones de la creación universal. Esta panorámica proporcionará las pautas para las propias limitaciones y cómo funcionan las leyes que predeterminan esta realidad, dando respuestas a la estructura general del Universo y a la propia existencia, y es ahí donde el conocimiento universal se une con el significado de nuestra realidad.

Cábala es el nombre que se le da al misticismo judío, que nos aporta la comprensión de cómo conectarnos con nuestra esencia divina interior. Es un antiguo conocimiento que, en diferentes épocas, han estudiado los cabalistas, quienes, con una gran preparación, dominaban la Torá y toda la exégesis del judaísmo, el Talmud. Sin embargo, hoy en día vamos directamente al SOD, al Secreto. Aunque en otros tiempos era mucho más simbólica de lo que es hoy, podemos decir que ahora es más conceptual y que somos mucho más abstractos para captar el significado de este conocimiento infinito. La Cábala es un mapa de la vida extraordinariamente complejo, una clave para este mundo y todos los mundos que se dice que están más allá del nuestro. La Cábala ofrece un mapa de la Creación, un sistema que muestra el equilibrio perfecto y que puede ser tan simple o complejo como uno desee.

Esta tradición viene del judaísmo, los sabios judíos fueron los que, a lo largo de la historia, de alguna manera crearon todo este corpus de mística, que estudia el mundo oculto. Para una comprensión básica de la historia de la Cábala, hay dos autores que están considerados por el Departamento de Filosofía Judía de la Universidad Hebrea como los eruditos más importantes de la historia del misticismo judío: el notable profesor emérito Gershom Sholem y su sucesor, el profesor emérito Moisés Idel. Aunque es difícil llegar a una conclusión satisfactoria para establecer el comienzo del misticismo judío, se podría decir que es casi imposible establecer un punto fijo en la historia como inicio de este movimiento místico, pero la mayoría de los autores coinciden en que el *Maasé Bereshit* (*El misterio de la Creación*) y el *Maasé Merkabá* (*El misterio del Carro de Fuego*) eran aproximadamente del año 515 a.C. Pese a que algunos consideran que la Cábala comenzó en el siglo I a.C., con los primeros escritos que mencionan su existencia, otros cabalistas atribuyen algunos textos al patriarca Abraham (1800 a.C.) y otros al primer hombre, Adán (3600 a.C.). Otros la datan en el año 2300 años a.C., como proveniente de los esenios, que eran los judíos que habitaban en las cuevas del desierto de Judea en Qumrán. En aquella época, los que mayoritariamente estaban en el mundo espiritual eran los hombres, aunque posteriormente y según las investigaciones arqueológicas, se encontraron comunidades mixtas de mujeres y niños. Es imposible probar tradiciones orales de fechas tan antiguas y estas teorías en relación con la antigüedad de la Cábala nos dan idea de que era un conocimiento secreto que se revelaría a través de los siglos. Esta es una tradición heredada de los sabios del judaísmo, quienes a lo largo de la historia fueron revelando el corpus luminoso y acuoso de la mística hebrea, que aportaba el conocimiento de las fuerzas invisibles que se esconden y operan en nuestra realidad y que se van revelando en las dosis adecuadas al escalafón de las diferentes consciencias predispuestas para recibirla.

El sentido de nuestra alma en el mundo

«La búsqueda conduce siempre a algo bueno».
MOISÉS CORDOVERO

El hombre siempre ha tenido la necesidad de encontrar el sentido de su existencia más allá, de una forma trascendente y universal que le permita avanzar en el camino del autoconocimiento, la trasformación personal y el crecimiento espiritual para conectar con la esencia del alma, descubrir el propósito de vida... La luz de la Cábala llega al hombre cuando está preparado para recibir las respuestas a todas las preguntas que se ha formulado a lo largo de su vida.

Hoy en día podemos acceder a la conexión desde un gran número de disciplinas que nos ayudan a enlazar con la esencia de nuestro ser. Esta búsqueda nos conduce a las preguntas que tienen relación con el origen, con dónde comenzó todo y con las respuestas que nos conducen al camino que nuestra alma está a la espera de recibir, pues todo aparece en el momento preciso y sin que lo busquemos, ya que simplemente nos encuentra, llega a nosotros. Solo con el deseo de llegar a tu verdad, al fondo de tu ser, en ese punto la Cábala te abraza en su haz de luz. Las diferentes disciplinas cabalísticas nos iluminan acerca de por qué nuestra alma vino a este mundo y nos ayudan a entender el sentido de la vida para poder avanzar en nuestro nivel de conciencia. A continuación, podemos ver las disciplinas en que se divide la sabiduría de la Cábala:

- Cábala teosófica.
- Cábala profética o extática.

Hasta el siglo XIII predominaba lo teosófico, relacionado con el cosmos, y no la Cábala profética o extática, que tiene que ver con el yo, con el alma y que iba a tener una gran fuerza con Moisés Cordovero, Isaac Luria y Jaim Vital en el siglo XVI.

La Cábala teosófica se refiere a todo lo relacionado con la cosmología y la cosmogonía, respondiendo en general a las preguntas sobre cómo y por qué se creó el Universo. Esto se relaciona con la física y la química, así como con la física cuántica, que desarrollan aspectos sobre cómo se creó el Universo.

La Cábala extática o profética fue fundada en el siglo XIII por uno de los cabalistas más interesantes: Abraham Abulafia, un gran cabalista nacido en

Zaragoza (1240-1290), que creó el misticismo de la recitación de los nombres divinos, también llamado Cábala *de los Nombres*. La extática o profética se refiere a las siguientes preguntas:

- ¿Qué es el alma humana?
- ¿Qué son las *sefirot*?
- ¿Cuáles son las dimensiones del alma y cómo puede elevarse a los niveles más altos de iluminación para traer información a esta realidad de la materia?

En cambio, la Cábala teosófica continuó con la tradición y con *El Zohar* o *Libro del Esplendor,* que es la obra cumbre de la literatura cabalística y que apareció en Castilla hacia la segunda mitad del siglo XIII, basada en los comentarios de los versículos del Jumash o la Torá.

El sentido de nuestra alma en este mundo se relaciona, para la Cábala, directamente con el porqué y cómo se creó el Universo. El deseo del alma es descubrir la función y la misión que hemos venido a desarrollar en este mundo y cómo este deseo se relaciona con los parámetros cosmogónicos de comprensión del Universo. En general, podemos decir que los cabalistas o *mekubalim* estudian las energías que se perciben de una manera no material, pues existe un mundo revelado, al cual nuestros sentidos pueden acceder, y existe un mundo oculto que, por definición, es siempre superior al mundo revelado.

Nuestra percepción se divide en dos partes:

- Revelación o *Niglé*.
- Secreto u Oculto, *Nistar* o *Sod*.

Así, nuestro mundo se divide entre lo que no conocemos, que es el secreto o SOD, y lo conocido, que es lo revelado de acuerdo con nuestras limitaciones. Para la Cábala, lo oculto es infinitamente mayor a lo revelado. Es decir, casi todo está oculto para nosotros, por lo tanto, al ser desconocedores de la parte oculta, todo lo que nosotros revelamos está distorsionado, por definición, porque carecemos del conjunto global de la información y por ello operamos dentro de un marco profundo no revelado, que nos permite rescatar el sentido profundo o secreto de la supuesta realidad en la que operamos.

La Cábala plantea como su principal incógnita: el Infinito, en hebreo *Ein Sof*, que los físicos y los matemáticos aún no han podido descubrir. Cada vez que alguien se acerca al estudio del Infinito, se encuentra con el problema de que en el Infinito no hay ni espacio, ni tiempo. Para nuestra mente conceptual, pensar que no existe límite, que no existe espacio y que no existe tiempo es casi imposible de asimilar, porque todo lo procesamos y lo manejamos en formas, que son siempre limitadas, y al hablar de ese tipo de formas, la Cábala se refiere al concepto de existencia. Es decir, que está basado en que algo existe porque está limitado, pero cuando algo existe y no está limitado, no nos referimos al concepto de existencia, sino al concepto filosófico de esencia, que no tiene límites en su forma y lo único que es esencial es el Infinito. La esencia no tiene existencia porque está basada en los límites de la forma. En consecuencia, en el Infinito no hay tiempo, ni espacio, pero hay una energía infinita, que es más rápida que la velocidad de la luz, por eso no se puede captar y es pura oscuridad. Por lo tanto, en el Infinito no hay ninguna forma existente apreciable. Además, no contamos con el lenguaje adecuado para definir las características que tiene el Infinito si usamos nuestro lenguaje espaciotemporal con sus limitaciones.

En el misticismo judío tenemos serios problemas, ya que no contamos con un idioma que pueda traducirse para explicar estas realidades, que son realidades infinitas fuera del universo creado. Por lo tanto, tenemos que situarnos en un infinito, pero ¿cómo lo conocen los cabalistas? Lo conocen por fractal. Los cabalistas hicieron un análisis de las energías y la materia de lo que existe en este universo y concluyeron lo que tiene que existir dentro del Infinito, pero esto también plantea otro problema, porque no hay existencia en el Infinito, sino esencia, con lo cual, lo único Esencial es el Infinito, porque la esencia de la mesa no existe, la mesa no tiene esencia, es un fragmento, y por lo tanto, para la Cábala, la mesa tiene solo existencia. Todo lo que es fragmentario y finito existe, por la única esencia de la que es la raíz de todas las realidades, que es el Infinito. En ese nivel de autoconciencia tomará una decisión llamada *TzimTzum*, que es la autocontracción del Infinito.

La creación del Universo según la Cábala hebrea

> «Todo el pasado, todo el presente y todo el futuro
> está grabado en la Eternidad de la información
> de la raíz oculta del infinito».
> MOSHE JAIM LUZZATO

La revelación del Infinito o el *Ein Sof* es uno de los temas centrales de la Cábala y del misticismo, por eso los grandes cabalistas intentaron acercarse con todas sus fuerzas y sus conocimientos a desentrañar los velos de la Creación y la percepción del Infinito. Tomando en cuenta que abarcar algo infinito desde la perspectiva finita es una ardua labor que requiere de gran comprensión y sutileza a la hora de tratar de describir una magnificencia que no tiene fin. Para acercarnos a comprender el macrocosmos, vamos a adentrarnos y concentrarnos en las teorías de los grandes sabios místicos y pensadores que dedicaron su vida a ello.

Los cabalistas entendieron que para poder describir la magnificencia desde la finitud había que operar con un tipo de lenguaje universal o *Alef*, ya que cada punto es la partida o punto cero. Para ello, utilizaron el hebreo, un lenguaje paradójico, pues en su raíz trilítera alberga tanto el significado de la palabra en sí, como su opuesto, por lo tanto, al ser un lenguaje circular o *Alef*, era el más acertado a la hora de intentar describir la creación del Universo. La percepción desde la finitud es la mentalidad *Bet* de fragmentación frente a la *Alef* de unificación constante. El *Alefato* reunía todas las constantes para comenzar a describir la creación y la percepción del Infinito desde el microcosmos. Entonces los grandes sabios comenzaron a describir el proceso de creación, es decir, el principio de la Cosmogonía y llegaron a la conclusión de que el mecanismo del Infinito o *Ein Sof*, en su interioridad o *Atzmut*, nos permitía entender la apariencia de la finitud. Como primera premisa, la finitud es un concepto espaciotemporal y, desde este punto, los místicos comenzaron a profundizar en los niveles más ocultos de la realidad para describir el proceso de Creación, intentando en la medida de sus posibilidades entrar en la máxima abstracción para salir de su última dualidad (*Bitul* o autoaniquilación del yo), llegar a ser lo más objetivos posible a la hora de describir el proceso de formación y poder llegar así a los confines espaciotemporales. Comprendieron que el Infinito o *Ein Sof* tomó una decisión consciente de sí mismo de retirarse de un punto y crear un espacio vacío. A este principio de

Creación descrito por los cabalistas, también se llegaría siglos más tarde, con la teoría del *big bang*. Es decir, que el Infinito se retiró de sí mismo, creando un espacio vacío en el momento de la explosión, que dio como resultado la fundación del Universo.

La energía que está en posición de recibir es lo que llamamos poder femenino y la energía que activa el dar es lo que llamamos poder masculino, independientemente del género. No nos estamos refiriendo al género, sino a la potencia de dar y recibir. Si entendemos que el Universo nace con el deseo de dar y recibir, los cabalistas dicen que, por lo tanto, el deseo es la base del Universo. Desde el punto de vista de los cabalistas, el deseo es bueno, porque motiva el crecimiento y no el apego, al estar este vinculado a un objeto material en términos de idolatría. En la Cábala, el deseo y el apego son dos cosas diferentes, ya que el apego es un sentimiento interno de dependencia de algo, en cambio, el deseo no hace que la persona dependa de nada, es solo un deseo natural del Universo, pues el deseo de recibir y el de dar son la base del Universo. Entendemos así que el problema no está en el deseo, sino en cómo controlaremos la energía de lo que deseamos para tener una base para comprender el comienzo de la Cábala. El *Ein Sof es* consciente de su propia energía, y de lo que quiere crear.

La energía infinita que está dentro del Infinito se llama *Or Ein Sof,* Luz Divina Infinita. Sin embargo, es una luz tan poderosa que no se puede apreciar ni ver. Según los cabalistas, es más rápida que la velocidad de la luz, por lo que es una energía que la deja atrás por su velocidad y la llamaremos luz u *Or* en hebreo, que también significa energía.

Según los cabalistas, en el Infinito hay una energía infinita que lo cubre todo y se activa en un proceso de autocontracciones constantes dentro de todo el Infinito, porque hay algo que activa la posibilidad de la finitud. Esta posibilidad de que se retire la energía significa que puede haber cientos de millones de universos dentro del Infinito, debido a la retirada de energía del Infinito mismo, y este poder es el poder del Infinito para crear finitudes infinitas. Ese poder es una energía que provoca en sí misma retiradas de luz, exiliada de sí misma. Para expresarlo de manera representativa, podemos decir que es un poder autoperforante, y esto es en arameo: *Butzina de Kardinuta* o «Lámpara de oscuridad», por lo que cada vez que el Universo enciende una lámpara está creando otro más oscuro que la energía infinita que posee. Sería el potencial autolimitante del propio *Ein Sof* para crear espacios vacíos que puedan llenarse de energía, un poder que llamamos *Guevurá,* en hebreo de autolimitación dentro del mismo *Ein Sof*. Por eso, es una oscuridad lo que provoca, porque de alguna manera está tratando de rechazar la luz, ya que la luz desaparece de allí. Cuando la luz sale de este lugar creando espacio, se crea el Universo, que es creado por el autoexilio del Infinito, y ese Universo se llamará espacio vacío, en hebreo *Halal Panui*. Ese espacio vacío no va a estar completamente vacío, le quedará algo de energía, que está desorganizada, porque el Infinito se ha ido, pero que está ansiosa por volver al Infinito, una energía limitada y finita llamada *Reshimó*.

Hay algo misterioso, cuando decimos que el vacío transmite, comunica. Es que D*os de alguna manera comunicó la Creación del Universo a través de su propio vacío. La huella fue dejada por la energía residual que el Infinito dejó aquí como energía limitada, dentro de los límites mismos del Universo. Podemos decir que quedó un fractal de energía de ese Infinito que se iba al exilio, que se exiliará, pero volverá a entrar para organizar el *Reshimó*, la marca que se ha quedado aquí. En consecuencia, existe en esencia el Infinito, que llamamos *Ein Sof*, donde no hay ni tiempo ni espacio, sino un continuo de energía. En todo Infinito, hay dos elementos: la energía infinita que lo cubre todo y el poder de una energía que se esconde, que se exilia de sí misma creando espacios vacíos infinitos, que se llaman el poder guevúrico de la lámpara de la oscuridad: *Butzina de Kardinuta*. Cuando esto se activa para nuestro Universo y las energías dejan un punto del Infinito, se crea un espacio vacío, donde sí vamos a tener tiempo y espacio, porque será nuestro Universo, que estará condicionado por esas dos categorías, que no existen en el Infinito. Además, mientras estamos en este universo finito, del otro lado está el Infinito que contiene toda la información infinita de todos los universos posibles, así que aquí siempre está en el presente continuo, porque en la eternidad no hay tiempo. Por lo tanto, toda la información sobre lo que va a pasar aquí está encriptada en una especie de Matrix, dentro del infinito que contiene la energía de nuestro Universo, llamada *Galgalta* (cerebro en hebreo).

Resumiendo, por un lado tenemos el Universo creado y tenemos el Infinito, una masa amorfa dentro de la cual está el *Reshimó* (reminiscencias de la influencia de la energía infinita que fue retirada). Sabemos lo que sucederá más adelante y es la activación del deseo de recibir y subsecuentemente el deseo de dar se pone en movimiento infinito. De alguna forma, el deseo se sale de control y de repente quiere darlo todo. En Cábala llamamos *Tzim Tzum Alef* a la primera autocontracción. En la historia de la Cábala contemplamos dos *Tzim Tzumim: Tzim Tzum Alef* y *Tzim Tzum Bet*. Son dos etapas del mismo proceso de Creación del Cosmos, que explicaremos en el siguiente capítulo. ¿Cómo sabemos que existe este Infinito? La naturaleza interior del Infinito, de acuerdo con lo que dicen los cabalistas, se le llama *Tzim Tzum* o *big bang*, lo que implica autocontracción; es decir, que el Infinito salió de sí mismo, es el *Exilio de* D*os. Partiendo de la premisa de que el Infinito lo ocupa todo, tanto en términos de tiempo como de espacio, la única forma de crear un tiempo y un espacio es crear un vacío en su interior. El Infinito tiene la capacidad de crear infinitos vacíos en su interior, aunque esos vacíos son finitos, porque tienen limitación, el Infinito tiene un poder infinito de crear vacíos, por lo tanto, los vacíos son finitos, pero la capacidad de creación de los universos finitos es infinita.

Por otro lado, nos podemos preguntar: ¿cómo la energía finita puede frenar a la infinita? A este proceso se le conoce como asimetría circular, y lo que ocurre es que la forma espiral retiene los límites espiraladamente, por eso la fuerza asimétrica de lo finito se puede mantener frente a lo Infinito que lo podría destruir. ¿Dónde termina esa circularidad? No termina, ya que no es una circularidad espiralada interior, sino que también es exterior. Es una espiral circular que entra y que, cuando llega a un punto, hace la vuelta inversa de circular espiralada hacia fuera; por lo tanto, tenemos luz que entra y luz que sale, sino el Infinito lo destruiría. Esta espiral es cónica, y gracias a esta circularidad, se puede contener, ya que está tomando energía del Infinito y devuelve energía del Infinito. Podríamos decir que la asimetría es la llave para el equilibrio y la armonía. Según los físicos, el Universo se está expandiendo a 73 kilómetros por segundo. No sabemos cómo va a terminar, pero sí sabemos que está aumentando, pues antes se expandía más lentamente. La gran pregunta de los físicos es que, si sigue la expansión y alcanza los 300.000 kilómetros por segundo, el Universo podría llegar a un nivel de expansión mayor que la luz y, por lo tanto, los límites del Universo serían más amplios que la llegada de la luz a los límites. Habría límites que nunca podríamos ver.

El *Or Ein Sof* es la Esencia Divina superior a la energía de la luz. En principio, en esta energía que a priori es un magma no se apreciarían diferencias, porque no hay forma, pero si profundizamos podemos apreciar que sí la hay, ya que para que existan estas diferencias tiene que haber formas limitadas y en el Infinito parece que hay diferencias sustanciales sin forma. Imaginemos la sustancia de hierro, que en nuestro universo está limitada, pero supongamos que en el Infinito hay hierro y es infinito, por eso sería un conjunto infinito, que es lo que explicó *Cantor* como lo transfinito. En el Infinito, existen infinitos

Infinitos; por ejemplo, en los infinitos números existen los infinitos pares, que son infinitos matemáticos. Desde el punto de vista de la Cábala, los infinitos son infinitos sustanciales, no son una especulación numérica, sino que intentamos describir los elementos infinitos que físicamente tienen energía.

Los cabalistas pudieron entender la naturaleza del Infinito, pues desvelando el microcosmos se comenzaron a desvelar los entramados del macrocosmos y el proceso de creación del vacío en el Universo, *Halal Panui*. Este vacío albergó la impronta que se produce cuando el *Ein Sof* se retira de sí mismo para crear el espacio. La impronta o *Reshimó* en hebreo sería como el poso del aceite que queda en una botella. ¿Qué sucede en nuestra estructura? Basándonos en que el fundamento del Universo es el deseo y que todo el mundo desea, el problema es si deseamos correcta o incorrectamente. El problema no es el deseo, sino las magnitudes de corrección e incorrección del deseo. Para que pueda existir el amor, es necesario el vaciamiento de los dos, ya que tengo que vaciarme un poco para que el otro pueda entrar.

En la Cábala entendemos que hay un dador y un receptor, es decir, que alguien quiere recibir lo que yo quiero compartir, aquí tenemos la consecuencia: el deseo de dar y el deseo de recibir la información. Recibir es muy difícil, tanto que en Cábala le llamamos «la ciencia del saber recibir» y un cabalista se define como «el que sabe recibir». El acto de dar es mucho más fácil que el de recibir, pues el que da puede dar desde una situación de posibilidad en potencia, pero el que recibe, para poder hacerlo adecuadamente, debería tener una autoestima correcta a fin de poder apreciar correctamente lo que recibe. Por lo tanto, podemos observar que a la persona que le cuesta recibir, por ende, también le costaría dar y lo hará en desequilibrio.

Cuando hablamos de *Klí,* nos estamos refiriendo a los conceptos de femenino, vasija de recepción, el que recibe, y cuando hablamos de *Or,* nos referimos a lo masculino, a la luz, la potencia o capacidad de proveer, de dar. Siempre se puede dar más de lo que uno puede recibir y, por lo tanto, es un problema dar, ya que hay que dar limitadamente, sino el *Klí* puede desequilibrarse y romperse. No hay que dar de manera desmesurada, solo proveer en la dosis correcta para que el receptor pueda percibir correctamente. Tiene que haber un equilibrio y una comprensión entre el dador y el *Klí* de recepción. Uno puede dar solo lo que el otro es capaz de recibir, y el que lo define es el *Klí*, ya que el *Or*, el dador, pierde energía si da mal o rompe el *Klí*. Por analogía veamos lo que sucede en el Cosmos: a nivel cosmológico, el *Ein Sof* se retira para que exista ese vacío, que como todo vacío quiere ser llenado, por lo tanto, el Universo es el primer recipiente gigantesco que quiere ser llenado, naciendo así el deseo de recibir la energía del Infinito. Ya sabemos que la consecuencia del vacío no es lo natural en sí, pues lo natural es el Infinito.

En realidad, el vacío es la carencia, lo que al vacío le falta para volver al estado original, ya que ahí había infinito, es decir, el vacío quiere ser llenado y ese es el nacimiento de la potencia femenina. Todo lo femenino tiene el deseo de recibir, aquí no nos referimos en términos de género, sino a la capacidad de dar y recibir. En este caso, el infinito tiene potencia masculina, pues está en posición de dar al vacío, que es potencia femenina. Partimos entonces de la premisa de que para que alguien quiera dar, tiene que existir alguien que quiera recibir. Consecuentemente, tenemos dos tipos de energía: la femenina, que es la energía que recibirá el Universo, y la fuerza de autocontrol de la energía masculina. La energía masculina será entonces la energía que el Infinito querrá dar al Universo. Además, para recibir la máxima luz posible, el Universo vacío necesita expandirse. Entonces, la expansión de la energía femenina se llama energía masculina y la restricción de la energía masculina se llamará energía femenina, conceptos de bastante frecuencia en la Cábala.

La energía femenina siempre tendrá límites, la energía masculina no tendrá límites, porque viene del Infinito, pues proviene del Divino *Ein Sof*. En este sentido, entendemos la asimetría existente, porque la energía masculina contiene mucha más energía que la energía femenina. Hay que recordar que no es una cuestión de géneros, ya que aquí nos referimos a energías, a la capacidad de dar y de recibir. Es tan así que el poder de dar del Infinito es mucho más potente en magnitud que la capacidad de recibir de lo femenino. La energía masculina necesita controlar su forma de dar, pues de lo contrario estará fuera de control, causando daños; sería como una ruptura del útero del Universo vacío. Cuando el Universo comenzó a operar, la energía anteriormente llamada *Or Ein Sof* (energía infinita) se llamó *Or* (luz, energía). Entonces, ¿qué es la luz? Es la representante del poder de la energía masculina, del poder de dar. Si doy, estoy proporcionando luz, comparto, proporciono conocimiento, todo lo que doy, conceptualizado como *Or*. Además, cuando hay alguien que está recibiendo, a cada contenedor o vasija (el que recibe) lo llamamos *Klí* (vasija). Podemos decir que el primer *Klí* creado fue el Universo. Esto significa que alguien tiene un *Klí* cuando tiene la capacidad de recibir, y cuando alguien tiene la capacidad de proporcionar, le llamamos *Or*. ¿Cuándo hay *Or Ein Sof*? Cuando el *Or* quiere manifestarse en alguna parte. ¿Y dónde se manifestará? En el *Klí* del Universo. En efecto, cuando los conceptos de *Or* y *Klí*, luz y vasija, operan entre sí es cuando aparece el concepto de *sefirot*, (plural) o *sefira* (singular), un concepto que apareció por primera vez en el *Sefer Yetzirá*, *El Libro de la Creación*.

> «El cabalista es un cabalista cuando
> está consciente de la magnitud del Infinito».
> *De Maasé Bereshit*
> MARIO SABAN

El Infinito puede dividirse en dos partes:

- El Infinito que se revelará en el Universo.
- El Infinito que nunca se revelará en un Universo Finito debido a su naturaleza como Esencia Infinita conocida con el nombre de *Atzilut* que significa núcleo, Esencia Divina, «*El Atzilut del Ein Sof*» (La Esencia del Infinito).

Veamos ahora qué pasó cuando nació el Universo: sucedió que se reventó el *Klí*. Alguien podría decir que fue un fallo por parte de la Divinidad, pero los cabalistas saben que esto no fue por casualidad, sino la circunstancia necesaria para que el mal entrase a formar parte del Universo y, subsecuentemente, el libre albedrío. Como ya hemos mencionado, sabemos que el *Ein Sof* se exilió de sí mismo. El Infinito salió de una parte de sí mismo, no sabemos la parte, porque no hay espacio, pero se creó el espacio vacío, *Halal panui*. Es cuando se crea la primera autocontracción o *Tzim Tzum Alef* y la segunda autocontracción o *Tzim Tzum Bet*.

En la primera autocontracción *Tzim Tzum Alef* tenemos potencia masculina y femenina absoluta, por lo que desemboca en un choque brutal debido a que la energía infinita quiere entrar y la energía finita no permite entrar, destruyendo la que está intentando entrar. Estamos entre dos opuestos. El *Ein Sof* quiere acceder al Universo con toda su potencia, pero el Universo no es capaz de resistir la contención de esa potencia. Según los físicos, esto pasó en microsegundos, y es la primera parte del *big bang*, lo que los cabalistas llaman *Tzim Tzum Alef*. En el Universo hubo una especie de destrucción-explosión, y en ese nivel se crearon las *Klipot* o cáscaras que encerraron la energía original del primer choque. Quiere decir que en el primer choque de energía del Universo tenemos una energía oculta, en las cáscaras que nosotros aún no hemos descubierto. Existen energías en el Universo de tal potencia que los seres humanos todavía no somos conscientes del nivel de energía que alberga el Cosmos.

En un futuro, dicen los cabalistas, nosotros romperemos las cáscaras, gracias al conocimiento científico que iremos adquiriendo. Como consecuencia del *Tzim Tzum Alef*, el Universo obtiene dentro de sí mismo y de manera oculta energías que hoy todavía no conocemos porque están en el mundo invisible. Para la Cábala, la psicología de Jung es cosmogonía absoluta, son fuerzas operativas reales en el campo de la extramateria, no son formas de codificación de la psique, pues son realmente energías que están fuera de la psique y que operan a través de los símbolos dentro de la realidad. Estamos muy cerca de Jung, indudablemente, pero estamos en un punto más allá, ya que entendemos que lo que nosotros traducimos existe energéticamente dentro del Universo oculto, que no podemos ver. No son los arquetipos que definen la realidad, sino que son arquetipos que primero impactan como energía y que luego nosotros creamos, así que es más un tema de física que de psicología.

Las *Klipot* o cáscaras son una parte de la realidad oculta, pero simplemente están ocultas porque nosotros todavía no merecemos tener esa luz. Si percibiéramos esa luz, no lo entendería la psique y colapsaría nuestro equilibrio psíquico. Existe en el Universo un tipo de energía que, para llegar a comprender su funcionalidad, nosotros tendríamos que evolucionar y desarrollarnos mucho más, dado que si operáramos antes de estar preparados para recibirla podríamos incluso hasta enloquecer. En Cábala hay un concepto que es «el merecimiento», que se refiere al nivel en que yo me encuentro en posición de merecer y recibir. Nos llega cuando estamos preparados para gestionarlo, pues si llegase antes de una determinada madurez, en todos los sentidos, esa información no nos sería válida, sería como enviar a un niño de solo ocho años a la universidad. El conocimiento es gradual, es la experiencia, la observancia, el estudio, el crecimiento... Todos estos factores nos irán revelando y desvelando la información a su debido tiempo. A más foco y esfuerzo, más merecimiento, siempre dentro de un equilibrio vital.

El cabalista no trabaja para ir hacia la luz, sino que trabaja para defenderse de la luz, es decir, la Cábala no es un camino de iluminación, sino que es un camino de protección de los iluminados. La gente se puede iluminar, pero no es solamente llegar a navegar en la sabiduría, pues hay un proceso de integración y asimilación. La cuestión es cómo iluminar mi vida cotidiana a partir de la iluminación, que es el concepto de integración. Yo voy a la luz para traer la luz al mundo. No voy para ponerme una medalla, ya que eso sería ego en lo espiritual. Cábala no es iluminación, es la construcción de las mejores gafas para visualizar esta concreta realidad, pues para apreciar la luz hay que saber qué gafas utilizar. No es una cuestión de querer acceder a intensos destellos, sino de ser capaz de apreciarlos dentro del orden de nuestro recipiente. No se puede llegar a la luz de manera anticipada, pues nos podría cegar y, subsecuentemente, aniquilar. Por lo tanto, podemos concluir que no se trata de iluminación, sino de un proceso adecuado, constante y consciente de la integración de la luz.

2. El nacimiento del Universo: *Tzim Tzum Alef* y *Tzim Tzum Bet*

> «Lo que nosotros conocemos como existencia se desarrolló sobre un vacío lleno de energía de D*os, pero en unos niveles de energía menores a la energía infinita del *Ein Sof*. El *Tzim Tzum* es la primera revelación, tanto de *Guevurá* como de *Jesed*».
>
> MARIO SABAN

El Infinito es la matriz de todo el Universo y es pura luz, en la plenitud se ocultan las vibraciones infinitas. A esto nosotros lo llamamos el *Ein Sof* y sus vibraciones *Orot*, que es de donde parte toda la realidad. En el Infinito no hay cambio ni movimiento, pero sin movimiento no se da el tiempo, ni el espacio. Por este motivo, el *Ein Sof* deseó crear un primer movimiento que daría lugar a la aparición de las autocontracciones, y a partir de ese punto podemos empezar a describir el origen y la aparición del Universo...

Vamos a hacer un análisis del origen del Universo desde sus primeros instantes, a través de la visión cosmogónica de la Cábala hebrea, para conocer su estructura (*Tzim Tzum*) con sus dos grandes autocontracciones (*Alef* y *Bet*) y los cinco universos *Olamot* que lo conforman: *Adam Qadmón, Atzilut, Briá, Yetzirá* y *Asiá*. También profundizaremos en el funcionamiento de sus energías y su rectificación.

> «El estado del infinito *Ein Sof* incluye la luz y el deseo de recibir la luz en equilibrio, pero como la luz llena el deseo, no lo percibimos».
>
> RABÍ HAIM DAVID ZUKERWAR

La Eternidad del *Ein Sof* decidió en un punto crear la no-eternidad, creando la temporalidad y el espacio dentro de un *vacío* bien delimitado. El *Tzim Tzum* se produce cuando el *Ein Sof* decidió por su propia voluntad realizar una autocontracción, produciéndose un proceso interno, y gracias a estas contracciones podemos acceder al autoconocimiento del propio D*os en los niveles restringidos de la finitud. Los dos sistemas de autocontracciones que dieron lugar al origen y nacimiento del Universo son los siguientes:

Tzim Tzum Alef fue el primer estallido que sucedió en pocos microsegundos, después se ralentizó para dar paso a lo que posteriormente conocemos como finitud o universos. Hablar de *big bang* es hablar de *Tzim Tzum* (que significa exilio), la forma en que la Divinidad crea el Universo en el que vivimos ahora... Según Isaac Luria, *El Arí* y los cabalistas desde el *Zohar* la primera autocontracción o *big bang* (gran explosión) es el núcleo del Inefable Tetragrámaton. Todo empezaría con la salida del *Ein Sof* de un punto; exiliándose de sí mismo, se retiró. Pero la pregunta es: ¿de dónde? Porque no podemos entender el concepto de espacio, ni de tiempo en el Infinito, por lo tanto, el Infinito lo cubría todo y también poseía Eternidad. En esta autocontracción, el Infinito arremete con su mayor potencia sobre el punto finito. En el *Tzim Tzum Alef* hubo un flujo de energía de gran magnitud, y los niveles de recepción, el *Keilim*, o el Universo como gran receptor, no podían soportar ese nivel de luz. Ese fuerte nivel de energía se retira, se va, *Or Jozer* (luz que regresa), pero regresa como si fuera a rebotar y regresar. En el *Tzim Tzum Alef* se produjo la ruptura de las vasijas y se produjo el Mal Cosmogónico, retirándose y volviendo de nuevo para que el Universo se autorrectifique y llegue una segunda fuerza. Esa fuerza ya tiene estabilidad, ya que viene con *Daat*, dentro de sí misma, es decir, tiene conocimiento, autoconocimiento, autoconciencia. No estamos hablando de un conocimiento como el conocimiento humano, es más bien una entidad consciente de sí misma, una energía que sabe que existe en sí misma.

Tzim Tzum Bet es la segunda autocontracción donde se crea el espacio vacío, *Halal Panui*. Según Luria, el espacio vacío (*halal*) era redondo por todos los lados (*igul*), pues el *Ein Sof* era completamente uniforme, y la forma circular, al no existir lados, los límites del vacío son iguales. El vacío es un círculo con la misma extensión partiendo del centro del mismo vacío. El Infinito se contrajo de forma uniforme y no se restringió más hacia un lado que hacia el otro, por esta razón encontramos las formas redondas en su creación. En el *Tzim Tzum Bet* por primera vez aparece *Daat*, el conocimiento que implica conciencia y tiene que ver con la limitación del espacio-tiempo, que se considera un choque muy profundo de las fuerzas de energías provenientes del Infinito, aparece el Universo de *Briá*, la Creación, que tendrá varias fases, como *Tzim Tzumin*, muchas pequeñas autocontracciones que continúan ocurriendo dentro del Universo. Consideremos un ejemplo real de la física, con el comportamiento de un átomo. Sabemos que cada átomo tiene un núcleo y a su alrededor hay muchos elementos con una fuerza de gravedad restrictiva, y tenemos toda la parte exterior del átomo que es lo que se mueve, pero aún está vinculado al núcleo. Consideramos la idea del *Tzim Tzum* frente al átomo, como una fuerza restrictiva que mantiene la fuerza del núcleo, una fuerza expansiva, pero sin escapar más allá de los límites del átomo. Es decir, en realidad no se destruye, porque mantiene sus límites, podríamos decir que así funciona el Universo. Se produce un choque entre la potencia masculina total contra la potencia femenina total. Cuando se activó la potencia femenina del deseo de recibir, se activó la potencia masculina del deseo del dar. Hay una asimetría básica, una desigualdad, porque el deseo de dar es mucho más potente que el deseo de recibir. El deseo de dar pertenece al Infinito, mientras que el deseo de recibir pertenece a lo finito. En nuestra estructura de Universo tenemos una situación paradójicamente desequilibrada. En el Infinito hay mucha potencia de dar, pero esa potencia no puede dar todo lo que tiene para dar, que es lo que sucedió en el *Tzim Tzum Alef*.

En hebreo tenemos una letra, la letra *Alef*, que designa el número. En el Infinito no hay números porque contempla todos los números. Desde el punto de vista de la Cábala, el primer número que aparece es el cero, que en realidad es el espacio vacío. El número uno tiene un enigma, porque muestra la potencia de la dualidad. En realidad, cuando nace el vacío que es el cero, nace la potencia dual, porque ahora sí podemos decir que el vacío es uno o que entre el vacío y el Infinito hay dos. Los cabalistas dicen que en la *Alef* hay una situación de dualidad en su interior porque están las dos *Yodim*. La letra *Yud* es la letra más pequeña del alfabeto hebreo y, al ser la más pequeña, dice la tradición que D*os de alguna forma quiso comenzar con la más pequeña. En Cábala, lo más pequeño es lo más potente, porque algo que se expande quiere mostrarme su potencia en su expansión, pero lo pequeño no necesita mostrar potencia y, por lo tanto, no se expande. Todas las letras consonantes del hebreo son expandidas o grandes, excepto la *Yud*. Si hacemos un análisis de la letra *Alef*, veremos que está compuesta de tres letras. Esto se explica en una obra del año 1520, del *Libro de las Letras* del cabalista David Ibn Zimbra, quien dijo la frase: «Lo más importante nunca está escrito».

Los cabalistas entienden que la letra *Yud* surge del primer relámpago del punto del *big bang*. Sería la letra original del primer punto de finitud que hubo en el Universo. La Creación se dio primero con un punto que estalló, donde se exilió el *Ein Sof* y, a partir de este punto, se creó la finitud. La letra *Yud* equivale al número diez en hebreo y es curioso porque este número tiene, por un lado, el uno, que pertenece al Infinito y, por el otro, el cero, que pertenece a la finitud. Esta *Yud* sería como la primera entrada de energía superior hacia el Universo, de donde se creará la energía inferior. En resumen, *Tzim Tzum Bet* es la segunda autocontracción que reparará el contenido de choque del *Tzim Tzum Alef*. En el *Tzim Tzum Bet* verás un elemento de unión entre todas las energías que dará la estabilidad: la conciencia o el conocimiento llamado *Daat*. Entonces, ya sabemos que tenemos dos clases de energía: la energía del Infinito que llamamos *Or Ein Sof* y, una vez que se crea este espacio vacío, entra esta energía infinita y se vuelve finita, que es *Reshimó* o la impronta, el aroma, una energía finita. Ya conocemos que las energías que existen en el Universo son fractales del Infinito o energías finitas de *Reshimó*. Cuando esa energía que viene del Infinito y que asociamos a la letra *Yud,* entrando en el Universo, se dividió, se hizo fractal y se hizo espejo de sí misma, por eso es ahí donde aparece la *Yud* al revés, debajo de la *Alef*. Hace de espejo, porque la segunda *Yud* hace de energía del espacio vacío: *Reshimó*. Dentro de la *Alef,* lo que sucede es que hay energía del Infinito que proviene de la primera *Yud* de arriba (energía infinita), y la segunda *Yud* sería el fractal de la energía infinita sobre el espacio vacío, es decir, la energía finita o *Reshimó*. Cuando la energía infinita pasó a la finitud, apareció la dualidad en el marco espacio-temporal, femenino-masculino con la aparición de los conceptos de *Klí* y *Or*.

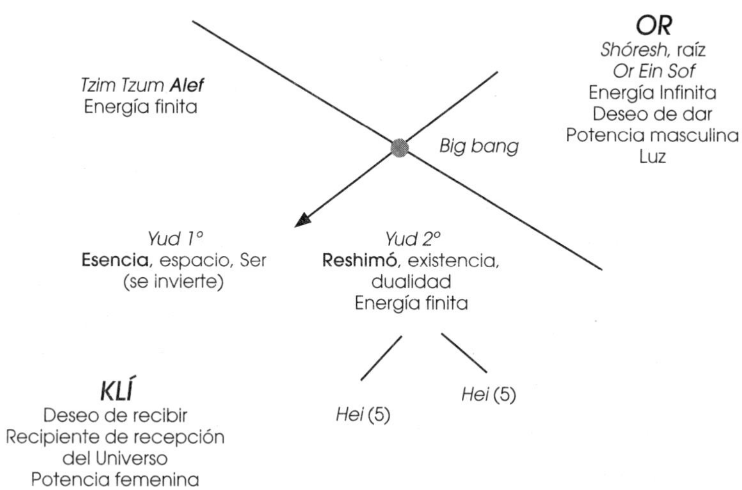

Tenemos una gran energía que viene del Universo y tenemos un gran *Klí* que es nuestro Universo. El fractal es un fractal invertido porque, al caer esa energía en la finitud, nosotros distorsionamos la energía que viene del Infinito. En este estadio es cuando se dualiza la *Yud*, que es la segunda *Yud*, pues la vemos como dos *Hei*, que son 5 y 5; se dualiza y la vemos como *Hei* y *Hei*. Sabemos que la imagen original es *Yud*, pero lo que vemos siempre está dualizado, entre forma y fondo entre masculino y femenino.

Desde la Cábala, nos planteamos la cuestión de cómo vivir en la realidad dual con consciencia *Alef* o de unidad. La *Alef* es el símbolo de la unidad, latido del corazón divino, del principio donde se establece el vínculo de los mundos superiores e inferiores. *Yud* superior y *Yud* inferior están divididos por la letra *Vav*, que aporta la línea diagonal. La *Vav* rompe la simetría de las coherencias que, a su vez, representa los seis cielos y la unión entre el cielo y la tierra, el símbolo del arcoíris. La letra *Alef* también representa a un hombre con los brazos extendidos (el hombre primordial o *Adam Qadmon*). La *Alef*, el viento, el *Ruaj Hakodesh*, el que sopla en los cielos, mientras que la *Bet* camina y se entrena por los mundos terrenales. Representada con tres grafías, *Yud, Vav, Yud*, nos hace alusión a la triada superior y a su vez incluye el todo en sí, pues todas las letras del alfabeto hebreo contienen la *Alef*.

«La espiritualidad y la materialidad están unidas por la rotación de la Torá».

Mario Saban

El mundo de la fragmentación o consciencia dual es representando por la letra hebrea *Bet*. Desde este paradigma, creemos que operamos en un paradigma real, he aquí la base de los conflictos de la existencia, pues todo cabalista conoce que la dualidad no engloba la realidad, sino que más bien es una distorsión del fractal espaciotemporal. Por este mismo motivo, el mundo de *Bet* nos aporta el entrenamiento perfecto para acercarnos a la *Alef*. A medida que nos adentramos en el espacio y en el tiempo, aparece la dualidad entre *Or y Klí*. En ese momento, nos encontramos con que el *Or* se va haciendo cada vez más lento; es decir, que se ralentiza. Sin embargo, aquí no hay una dualidad, porque el *Klí* también es *Or*, ya que para la Cábala toda materia es energía, aunque entendemos que unas son más densas que otras. El *Klí* podría ser *Or*; si percibimos esta diferencia dual como consciencia *Alef*, yo no puedo decir que hay *Klí*, puedo decir que hay *Or*, un *Or* denso.

Un ejemplo práctico sería imaginar que tengo un vaso de hielo, partiendo de la base de que su composición está formada por agua, H_20. Si al vaso de hielo le vierto agua, ¿qué obtengo? Se puede decir que lo que tengo dentro y fuera del vaso en esencia es lo mismo, pero nosotros, al definir conceptualmente vaso y al definir conceptualmente agua, nos olvidamos del agua que sostiene el vaso, ¿agua densa o vaso de hielo? Esta realidad sería *Or* denso o agua densa, pero la llamo vaso. El problema está en que el vaso y el agua tienen la misma composición desde el punto de vista del *Alef*, pero nosotros, al definir vaso, ya distorsionamos la realidad negándole la calidad del agua que tiene el vaso y, por lo tanto, dualizándolo para poder definir el contenedor del contenido. Lo que está pasando aquí es que esta *Yud* superior en la letra *Alef*, cuando baja, baja dual y distorsionada. La primera distorsión es la dualidad, después veremos más distorsiones en el terreno de la fragmentación, cada vez nos vamos a fragmentar más, lo podemos apreciar en el ámbito religioso, fronterizo, de género, etc., a esto lo llamamos el proceso del Universo de hiperfragmentación y de hiperdistorsión. En consecuencia, se dualiza la *Yud* inferior del *Alef* en dos niveles: *Hei* femenino y *Hei* masculino.

Según los cabalistas como el anteriormente citado David Ibn Zimra, que fue maestro de Isaac Luria, «a pesar de que hay un mundo dual entre 5 y 5, *Hei y Hei,* dentro de la *Hei* se oculta la *Yud*». Esto quiere decir que el ADN de la *Yud* pasó a la dualidad y se mantuvo oculto en su interior. ¿Cómo puedo acceder a la *Yud* interior que contiene la *Hei*? Porque esta parte de la *Hei* es la letra *Delet* (puerta), que tiene que ver con *Daat* o conocimiento. Si profundizo en el conocimiento y abro el *Delet*, abro la puerta, encuentro la *Yud* del original no distorsionado del fractal. La *Yud* estará allí dentro, pero oculta, no revelada. La revelación total está en el Infinito. En términos filosóficos, una equivalencia entre ambas partes sería:

- *Yud* superior: Ser, Esencia
- *Yud* inferior: Existencia (Yo existo).

Cuando nosotros decimos que algo existe en la Cábala, ya sabemos que está dualizado y distorsionado. Cuando yo existo, estoy diciendo que estoy distorsionado y, por lo tanto, si yo estoy debatiendo con alguien desde la Cábala, soy consciente de que él está distorsionado y yo estoy distorsionado. Como consecuencia, es muy difícil llegar a un acuerdo en un debate, por las distorsiones que tenemos cada uno en ese debate. Si yo no tengo consciencia *Alef* y el otro no tiene consciencia *Alef*, vamos a estar en conflicto permanente, porque ambos vamos a estar en la distorsión del mundo de la *Bet*. Por eso, los cabalistas sostienen que todos los conflictos existen en orden a las percepciones distorsionadas de la existencia, que de por sí es una distorsión, además es conflictiva, porque estamos distorsionando la esencia de la *Yud* superior del *Alef*. Tal como estamos viendo, en la Cábala hay varios niveles de interpretación, si uno es consciente de que se encuentra en ese nivel difícilmente llegará a un conflicto, porque estamos en el mismo nivel de interpretación que la otra persona. Y ¿cómo podemos llegar al mismo nivel de interpretación? La respuesta sería que entendemos los diferentes niveles de interpretación.

En Europa, en la sociedad moderna pasamos del relativismo al dogmatismo, pero la Cábala no es relativista, ni dogmática, simplemente porque no se puede fijar un concepto nunca, dada la dinámica del concepto. Por eso, en hebreo, la traducción correcta se da en gerundio o presente continuo: «estoy siendo» y no en presente simple, como podemos ver en la mayoría de los casos «yo soy». Es decir, que si fuera dogmática exigiría un control por parte del hombre de una realidad que es de D*os. Y no es relativista, porque en cada nivel de energía hay verdades diferentes. Entonces, vamos a ver el problema con el que nos encontramos cuando se da un conflicto. Uno puede decir una verdad en un nivel determinado, mientras que en el otro nivel se aprecia de forma diferente, ¿cómo poder llegar a un acuerdo? Esto sería y es imposible, hasta que alguno baje o suba del nivel de interpretación en que se encuentra. Para la Cábala, el problema no es que no haya acuerdo, sino que muchas veces uno no llega a comprender el nivel en que se encuentra el otro, que tampoco comprende el nivel en donde se encuentra; si ese otro lo comprendiera, podríamos decir que el tema estaría solucionado. Por eso, la Cábala dice que el problema no es el conflicto en sí, sino en qué nivel se encuentra la persona en relación con el tema por el cual se está debatiendo. Dice el texto bíblico: «Todo el mundo es sabio en su propia opinión».

En definitiva, un cabalista diría que, antes de debatir un tema, tendríamos que llegar a un acuerdo sobre en qué nivel enfocaríamos en el debate. Por lo tanto, en el momento en que estemos en el mismo nivel, dejaría de haber debate, porque estaríamos de acuerdo con decir que la gran mayoría de los conflictos se dan por los problemas que hay en los niveles. Sin embargo, esta interpretación no es sinónimo de que haya una contradicción entre sí de las verdades, sino que lo que sucede es que las verdades se trascienden unas a otras. Supongamos que tenemos un bebé de un mes al que no se le puede alimentar con carne porque su aparato digestivo no está preparado para ingerir ese tipo de alimento. En el nivel en que se encuentra el bebé, la carne es nociva para su pequeño organismo, pero será necesaria cuando crezca. Otro ejemplo sería que no podríamos llevar a un niño de ocho años a estudiar la carrera de derecho, pues su nivel de consciencia no está en absoluto en esos paradigmas de entendimiento, ya que su capacidad no está aún preparada para esos niveles, en potencia sí, pero es una cuestión de tiempo y de crecimiento. Por lo tanto, podemos entender que los niveles son trascendentes y se dan sucesivamente a medida que el individuo crece y se trabaja a sí mismo. Nosotros percibimos la realidad según la realidad de los adultos, pero la Cábala te dice que esta realidad tal como la ves en las limitaciones no existe.

	Letra	Universo
1.ª etapa	*YUD oculta* Unidad oculta	*Adam Kadmon* *EIN SOF* vibraciones/ iluminaciones *OROT*
2.ª etapa	*ALEF* unidad revelada Dualidad oculta Transición	*Atzilut* energías del Infinito a lo finito
3.ª etapa	*BET* dualidad revelada Transición de lo revelado	*Briá* energías finitas Tiempo/espacio

Clasificación gradual de la contracción de la Divinidad

Ein Sof y cómo se trasmitió a este mundo finito:

Or Ein Sof Luz, Energía Infinita *Tzim Tzum Alef*
UNIVERSO del *ADAM QADMON* *Orot*, Luces *Tzim Tzum Alef*
UNIVERSO de *ATZILUT* (EMANACIÓN) *Sefirot*, Dimensiones *Tzim Tzum Bet*
UNIVERSO de *BRIÁ* (CREACIÓN) Arcángeles (en Cábala hay 10)
UNIVERSO de *YETZIRÁ* (FORMACIÓN) Ángeles (72 nombres de D*os)
UNIVERSO de *ASIÁ* (ACCIÓN O MATERIA) *Ofanim* (Ruedas)/Adonay o Shejiná

«Y dijo D*os: Hágase la Luz, y fue la Luz».

BERESHIT

Los diferentes *Olamot*: *Adam Qadmon, Atzilut, Briá, Yetzirá* y *Asiá*

«La única forma de existencia real pertenece a la eternidad del *Ein Sof*».

MARIO SABAN

En el *Tzim Tzum Bet* percibimos el retorno de energía del *Tzim Tzum Alef* desde el nivel del *Adam Qadmon* y se creará otro Universo, llamado Universo de transición entre energías tan fuertes, también llamadas «manadas». El *Adam Qadmon* no pudo entrar a este Universo. En la Cábala, estas energías se denominan *sefirot* o dimensiones dentro de *Atzilut*. Sin embargo, preferimos no llamarlos así, todavía no, porque consideramos que incluso a nivel de *Atzilut* son energías que no tienen *Keilim*, receptores de recepción, porque los *Klí* están apareciendo en el Universo de *Briá*, y aquí sí, ya podemos nominarlas como dimensiones o *sefirot*.

En cuanto a la referencia de lo femenino y lo masculino, tenemos tres niveles de análisis diferentes: tenemos lo masculino y lo femenino dentro del Infinito que sería el Universo de *Adam Qadmon* (que chocó con el Universo). En el Universo de *Atzilut* también tenemos lo femenino y lo masculino dentro del Universo de *Briá*. Sin embargo, cuando nos referimos a lo femenino y lo masculino en los distintos niveles, tendrán diferentes frecuencias. Por ejemplo, imagina que el Infinito son ondas de vibración. Las energías de alta vibración son las masculinas y, cuando aludimos a lo femenino, nos estamos refiriendo a la vibración más baja, dentro del contexto del Infinito. Considerando que estas energías no se pueden ver, ya que están dentro del Infinito y, por lo tanto, no son energías que tengan movimiento, debido a que no existen ni el tiempo ni el espacio.

Cuando aparece el momento de la Creación del Universo, el tiempo y el espacio comienzan a existir y la energía que está dentro del Infinito se arremolina y la vibración inferior entra en nuestro Universo. Cuando esas energías entran, ya no son vibraciones, son más bien energías de frenado restrictivas. Las energías superiores entran como energías expansivas, es decir, las vibraciones altas y bajas están en el Infinito que nadie puede ver, porque no había Universo y quizás también existieron otros universos, pero esto no lo sabemos con certeza. Se producirá una fuerza expansiva, y si lo femenino era una vibración baja en el Universo, lo llamaremos fuerza femenina o energía restrictiva. Cuando la energía masculina ingresa al Universo, se llama energía, y cuando la energía femenina ingresa al Universo, se crean *Keilim*. Los contenedores que tenemos en el Universo provienen de las energías restrictivas del *Adam Qadmon* y de las vibraciones inferiores del Infinito. Las energías expansivas del Universo de *Briá* provienen de las energías expansivas de alta vibración. Esta es la definición de masculino y femenino en cada una de las etapas. También se le llama Universo de la segunda Emanación o la *Nueva Emanación*. El Universo de *Adam Qadmon* es llamado «la Primera o Emanación Antigua» por el rabino Yechiel Bar-Lev, autor del libro *Canción del alma*.

En *Atzilut* tenemos un entrelazamiento energético de los dos tipos de vibraciones. El problema que tenía *Adam Qadmon* era que las energías expansivas operaban solas, lo que significa que no había entretejido entre lo masculino y lo femenino y, por lo tanto, las frecuencias bajas y las frecuencias altas chocaban sin ningún entrelazado. Es decir, que los restrictivos no podían realmente hacer el trabajo que tenían que hacer, ni tampoco los expansivos. La luz que regresa de la primera autocontracción hará que comience el proceso de la segunda autocontracción o *Tzim Tzum Bet*. Desde este punto, podemos percibir la energía que va a chocar, la energía de las Emanaciones, que se fragmenta, y tenemos el Universo de Formación o *Briá*, el mundo de fragmentación de *Bet*, en el que se creó el entrelazamiento de energías restrictivas y expansivas. Es decir, se crearon las energías masculinas expansivas y las energías femeninas restrictivas. Isaac Luria propuso analizar al menos *Tzim Tzum Bet*, con la idea de lo que se llama Rostro Divino, en hebreo *Partzuf*, una reconfiguración de la energía que se conectaba con una modalidad de equilibrio entre las expansiones y restricciones que iban a entrar en *Atzilut*.

> «Las emanaciones Divinas representan los atributos de D*os cuya manifestación depende del mundo o nivel en el que se encuentren».
>
> Mario Saban

Los diferentes Universos o Emanaciones Divinas en orden descendente de revelación

> «Paso a paso, la Luz Infinita se fue retirando de la Creación y la amplitud de su ausencia definió la jerarquía de los mundos: cuanto menos oculta, más elevado es el mundo, cuanto más oculta, más elevado es el mundo; cuando más oculta, más abajo. La labor de los seres humanos es elevar los fragmentos de la derrumbada Era Circular».
>
> Sarah Yehudit

Universo, en hebreo singular, se llama *Olam*, que viene de la raíz del verbo *Neelam*, que significa ocultar, de ahí el ocultamiento y las vestimentas de la Divinidad y su grado descendiente de revelación. El plan de la Creación o Mundos circulares:

- ***Adam Qadmon*** o *Matrix* es el lugar del que proviene toda la información para nuestro Universo concretamente. Representa el deseo y la voluntad de la Creación, es una interfaz entre el Creador y el mundo de la finitud.

- ***Universo de Atzilut*** o Universo de la Emanación, el más cercano al *Adam Qadmon*, recibe la luz, pero en menor medida. Aquí la Creación está en potencia. Representa la potencia y el diseño de llevar a cabo el deseo. Se representa con la letra *Yud* del Tetragrama. Aquí surgen las emanaciones o vestimentas divinas o *sefirot* (en singular: *sefira*).
- ***Universo de Briá*** o Universo de la Creación. La vestimenta del Trono de Gloria representa el plan general de la Creación.
- ***Universo de Yetzirá*** o Universo de la Formación. Se elaboran las instrucciones que se van a llevar a cabo para la Creación.
- ***Universo de Asiá*** o Universo de la materia o plano físico. La palabra *Asiá* deriva de la raíz *Asá*, que significa hacer. Se revela y se lleva a cabo la acción física del proyecto de Creación en la materia.

Veamos con un ejemplo práctico: cuando veo una silla inmediatamente nos referimos al *Universo de Asiá*, pues por deducción al ver la silla material entiendo que hay una fábrica que la ha producido. Cuando pienso en la fábrica de la silla, que es el lugar donde se elabora y se siguen las pautas para su elaboración, aquí nos encontramos en *Yetzirá*.

Ahora bien, cuando pienso en la persona que idealizó el modelo de esta silla, nos referimos al *Universo de Briá*. Yo pienso que en algún momento alguien estudió ingeniería para hacer la silla, estoy en *Atzilut*. También pienso en algún momento en que el ingeniero tuvo una madre. Si yo profundizo en las características de esta silla, algo de la madre voy a saber, porque quizás la madre le enseñó a sentarse y algo del ADN del pensamiento de la madre está en la concepción del diseño de esta silla. Cordovero va a decir: «Todo es pensamiento», y en el *Talmud*: «Vemos lo que somos, nunca vemos lo que vemos. ¿Usted me ve a mí? No, usted ve algo suyo en mí. A mí nunca me va a ver».

Vamos a tratar de explicar la diferencia entre Creación y Emanación. Cuando alguien crea algo, lo creado se separa del creador. La *Briá* se divide del *boré*, que es el Creador. Quiere decir que, cuando nace un bebé, podemos decir que está creado, se corta el cordón umbilical de su fuente origen, su madre. Pero cuando el bebé está en el seno de la madre, podríamos decir que está emanado. Primero se da un período de gestación, porque la Creación no puede interrumpir su proceso de incubación. Si intentáramos que el bebé naciera a los tres meses de vida, inmediatamente se moriría, ya que no puede vivir por sí mismo. Algo creado es algo que puede vivir independientemente del creador. Algo emanado no puede vivir, si no está en correspondencia con el emanador. Haciendo un paralelismo con los *Olamot*, el fenómeno de todo proceso sería el siguiente:

- En el *Adam Qadmon*, la situación sería que no hay diferenciación entre lo masculino y lo femenino. Están mezclados.
- En el nivel de *Atzilut*, femenino y masculino se están separando, pero aún siguen totalmente unidos.
- En el nivel de la Creación, *Briá*, femenino y masculino ya están separados.
- En el nivel de la formación, *Yetzirá*, están más separados.
- En el nivel de la materia en el plano físico, *Asiá*, los géneros están separados y diferenciados.

Las verdades se encuentran ocultas.

Gráfico cabalístico con la explicación del misterio de la dualidad. Es decir, una unidad *Alef* que, en un momento, se divide en dos (hace referencia a la Creación de Adán, que no era un hombre, era un andrógino, tenía los dos sexos al mismo tiempo).

Universos	**Misterio de la dualidad**	**Niveles**	**Ejemplos**
Adam Qadmon, Matrix	Masculino y femenino mezclados	SOD de SOD *Nistar*, Numerología Métodos avanzados	Método de Abraham Abulafia
Atzilut, Emanación	Masculino y femenino se están separando, pero aún siguen unidos	SOD	Oculto
Briá, Creación	Masculino y femenino separados	*Derash*, interpretación compleja, debatir a partir de la mejor interpretación	Salmo 51 + Job 33: X Salmo 51 + Prov 4: B Empieza debate Talmud

(Continúa)

Universos	**Misterio de la dualidad**	**Niveles**	**Ejemplos**
Yetzira, Formación	Masculino y femenino más separados	*Remez*, alusión, conclusión a la hora de analizar un texto	Salmo 51
Asiá, Materia	Masculino y femenino mucho más diferenciados	*Peshat*, literal, lo que leo es lo que entiendo	Salmo 51

La tradición judía hace referencia a esto porque, en realidad, luego se va a dividir, se va a partir la dualidad. Tenemos una *Yud* en la que empezará a aparecer una *Hei*, pero todavía el proceso de dualización no está realizado, pertenece al *Adam Qadmón* y a la Emanación. Cuando hay Creación, las dos *Heis* están divididas. Lo que nosotros vemos como *Hei Hei*, en realidad lo estamos viendo distorsionado, porque en la raíz sigue siendo la *Yud* original, y cuando llega al campo de la materia hay una distancia muy grande. Por eso, los conflictos económicos y comerciales son muy violentos, porque la dualidad es total. En la materia hay poca unidad, pues está distorsionada. A medida que uno aumenta la consciencia, llamada en hebreo *Daat* o conocimiento, lo que hacemos es integrar las dos partes de la *Hei*. Esta dualidad marca además la asimetría de la caída.

En la *Yud*, lo femenino va cayendo porque es el recipiente, y lo masculino va subiendo porque cae lo femenino, hasta que se pone arriba de lo femenino. Lo masculino es muy potente en cada una de estas fases, es lo que llamamos *Or Joser*, luz que retorna, porque lo masculino le quiere dar diez a un femenino que tiene ocho, entonces dos vuelven. En cada una de estas fases de asimetría, algo de energía sobrante rebota hacia el Infinito, porque el Universo no puede aguantar tanta energía. Algunos cabalistas modernos calculan que pueden ser los agujeros negros que chupan la energía sobrante y la envían a través del Infinito. No sabemos bien cómo vuelve la energía del *Or Jozer* al *Ein Sof* otra vez. Pero es una asimetría que va cayendo y, cuando llegamos al nivel inferior, es un nivel de rebote absoluto, porque el *Or Jozer* ya no puede perforar más la realidad, ya que más allá de la materia no se puede. Cuando llegamos a este nivel, estamos en un nivel de rebote absoluto del nivel inferior. El *Or Jozer* ya no puede perforar más la realidad, porque más allá de la materia no hay nada. Aquí tenemos el problema entre los físicos y los matemáticos: los matemáticos pueden dividir infinitamente (*número infinitesimal de Leibnitz*), pero eso no es real en la física porque tenemos la constante de *Plank*, en que llegamos a un punto donde la materia no se puede dividir. Mentalmente se puede dividir, pero físicamente no.

El problema del ser humano es que esto se extrapola del universo como fractal a nuestra alma y es la energía en exceso. Si para la Cábala tenemos más energía y, por lo tanto, cometemos errores y entramos en conflicto, es porque no descargamos toda la energía que tenemos que descargar. El sistema que aprendemos en la Cábala es cómo distribuir las energías y cómo descargarlas bien en sus contextos, porque, si se descargan mal, se deriva en un conflicto con los demás. La gente que tiene mucha energía puede ser conflictiva, pero como no puede descargar su energía, necesita el conflicto. El conflictivo no sabe dónde descargar en todos los niveles. Hay compensación de unas energías por otras. Este sistema de compensación del Árbol de la Vida en su asimetría dentro del alma se corresponde por fractal a la estructura del Universo. Cuando la materia quiere ser superior a la energía, es muy seductora, lo más bajo de lo femenino en lo denso, decimos que aparece Lilith, que es la energía femenina que quiere subirse sobre lo masculino. Dice la tradición judía que Lilith quería tener una relación sexual con Adán arriba, y Adán dijo: «Esta mujer siempre quiere estar arriba mío ¿qué hacemos?». Esto es simbólico, pues es para ver cómo está estructurada la parte femenina y masculina de debajo del Árbol. Tiene que ver con energías físicas en el Universo, y es si la materia se siente superior a la energía, otra vez entramos en el problema de la distorsión. Una dualidad que distorsiona la realidad.

El problema, dicc Joseph de Gikatilla, alumno de Abraham Abulafia, es que la gente comete mal por operar de manera incorrecta las energías en el Árbol. Veamos un ejemplo: imaginemos que estamos en *Yesod,* novena esfera o *sefira* del Árbol de la Vida, que se correspondería al ámbito social, cómo se relaciona uno con los demás. En relación con *Maljut*, que es la décima *sefira*, la que se corresponde con la materia, los cabalistas dicen: «No hagas negocios con los amigos porque estás mezclando dos energías». Si un amigo necesita dinero, dónaselo, no se lo prestes, porque si le vas a pedir la devolución, estarás mezclando la energía de *Maljut* en la materia con la energía de la amistad en *Yesod* y, o perderás el dinero o perderás al amigo, a veces pierdes a los dos. Con lo cual, *Yesod* y *Maljut* serían áreas diferentes, así que cuando un amigo te viene a pedir, es mejor darle el dinero que prestárselo. Según los cabalistas, es muy importante prestar atención desde donde opera uno con sus energías, para así evitar una transgresión o *Klipá* de la *sefira* o dimensión en cuestión.

Para entenderlo, vamos a hacer al revés, vamos a partir del Infinito para ir a la materia, para entender cómo se desplazó el movimiento del *Tzim Tzum*. La autocontracción empieza al revés, no desde la materia. La Matrix es el *Galgaltá*, el cerebro del *Ein Sof*. En el Infinito, hay una Matrix que tiene toda la información de todos los universos a la Eternidad, pero hay una información de toda esa información, exclusiva para nuestro Universo, que se va a revelar desde que nace hasta que muera, eso es el *Adam Qadmón*. Cuando la información se comienza a mover para llegar a la Creación, nosotros la llamamos *Atzilut*, lo infinito comienza a moverse hacia lo finito, pero lo finito crea el Universo de *Briá* (nuestro Universo), que es el punto del vacío, donde chocó la fuerza de transición de *Atzilut* y donde se reveló en esta fuerza el pensamiento que le correspondía a todo lo que va a pasar en este universo. Quiere decir que, en el plano de la Matrix, todo lo que va a pasar ya pasó. Los registros akáshicos operan en *Atzilut*. El infinito de la Cábala se puede comprender desde la física, por lo tanto, hablamos de energía que no puede ser numerada, porque la numeración existe en el tiempo y en el espacio. Por lo tanto, la matemática no llega al infinito de la Cábala, se queda en el finito que puede contar. El *Adam Qadmón* es algo que nosotros no podemos llegar a captar, pero sí a identificar con un tipo de nombre. Los cabalistas pusieron nombre al *Adam Qadmón* dentro de su propia estructura. La única forma de hablar del infinito es cuando aparece algo revelado, pues la revelación permite poder entrar al infinito antes del *big bang*. No había nadie antes del *big bang*, por lo tanto, nosotros podemos entrar con una comprensión anterior a la Creación del Universo. Nuestro pensamiento puede pensar y, además, tenemos otra ventaja que, por fractal, la información del *Adam Qadmón* se comprime en nuestro mundo. Quiere decir que algo en la materia de esta mesa existe de la energía de la información del *Adam Qadmón*. Esta mesa no estaría si la Matrix del *Adam Qadmón* no nos enviara información de que la mesa está aquí, ya que, si no, desaparecería la mesa. Hay una Matrix que nos dice que esta mesa debe estar aquí.

El *Adam Qadmón* es la información anterior al *Tzim Tzum*, es información de nuestro universo anterior, con lo cual estaba, está y estará. La información es eterna e infinita. Veamos un ejemplo: este diálogo siempre estará como información en la base de datos de la Matrix, pero tuvimos que desarrollarnos para llegar hasta aquí. El diálogo ya estaba en el sistema, que me programó para creer que tengo libre albedrío. Para la Cábala, todo es un mensaje, si se reitera un número, una situación, un *déjà vue*… para los místicos, todo es información, y todos a su vez somos mensajeros. Para llegar a lo que guarda el mensaje y a su profundidad, hay que conocer los niveles operativos de cada universo. Los mensajes tienen sus intensidades, pueden ser superficiales o ser mensajes con profundidad. El *Or Ein Sof* va a llevar energía hacia el espacio vacío, una energía que en un momento es infinita y pasa a ser finita. Esa energía infinita tiene un pensamiento, que es esa Matrix de la que hablamos, ese pensamiento de creación de nuestro Universo que se llama *Adam Qadmón* (toda la información del Infinito que va a entrar). A este Universo de transición en que la energía infinita se hace finita lo llamamos *Atzilut* que es el proceso por el cual va pasando la energía hacia el espacio vacío y este espacio vacío es *Briá*, que es la Creación. Cuando estalla el Universo, aparece el universo de *Briá*.

El texto de la Torá dice que el Universo se hizo en seis días, porque el séptimo descansó. Seis días no son literales, pues equivalen a millones de años. Por lo tanto, hay seis etapas en la formación del Universo de *Yetzirá*. Imaginemos que, en todo el proceso de estos 15.000 millones de años, hay una pequeña diferencia entre los físicos algunos dicen 15.000 millones de años y otros dicen 13.500 millones de años. Dicen los físicos que el Universo morirá cuando llegue a 200.000 millones de años. Antes de que se destruya el Universo, destruiremos nosotros la Tierra. Cuando nosotros hablamos de formación del Universo, hablamos de *Yetzirá*, que es el mismo universo que *Briá*, solamente que es todo el proceso de formación de *Briá* (primer estallido donde se forma el universo). Al final, las últimas condensaciones son las que forman la materia, *Asiá*. Por lo tanto, *Asiá* y *Yetzirá* forman parte del proceso de formación de la creación del Universo de *Briá*. Para los cabalistas, el Universo se sigue expandiendo a 73 kilómetros por segundo, lo que quiere decir que cada segundo estamos en otro lado. Todos los universos están operativos al mismo tiempo: «Sientes, piensas y estás en la materia y estás en el infinito al mismo tiempo». Por lo tanto, somos fractales del Infinito al mismo tiempo y, por lo tanto, en un nivel superior no existimos, solamente nos desencriptamos. Hay una coexistencia entre un Infinito sin tiempo y nosotros dentro del tiempo, pero, cuidado, porque en *Atzilut* las variables de tiempo cambian.

> «Hay un tiempo fuera del tiempo en este Universo».
>
> Moisés Cordovero

Veamos los diferentes tiempos:

1) El tiempo nuestro en la materia.
2) El tiempo de *Atzilut*, donde se ralentiza el tiempo, cuando el alma muere, frecuencia de tiempo diferente del otro lado. El alma pasa un tiempo fuera del tiempo, por eso cuando reencarna puede creer que es del siglo XII y que vino ayer.
3) El tiempo de la Eternidad, el Infinito. No hay tiempo.

Estamos viviendo en un tiempo totalmente distorsionado por la materia, pero dicen los cabalista que, a medida que nosotros podamos llegar a niveles de energía más altos que la materia, llegará un momento en el que será dominado. La Torá de *Atzilut* contempla que el año 6.000, la ciencia dominará. Actualmente, en el calendario judío cumplimos 5783 (se cuenta desde el nacimiento del primer hombre racional). Nos faltan 217 años nada más para llegar a que el tiempo que nosotros vivimos quede anulado, es decir que cambiaremos la percepción del tiempo. Dicen los cabalistas que la muerte morirá, porque vamos a aniquilar el mal y la muerte.

La Cosmología de la Cábala hebrea se aproxima a la física cuántica en su esencia con la teoría de las supercuerdas o teoría del todo. Ambas describen las vibraciones que se dan dentro del Infinito y cómo se convierten en energías a su entrada en el mundo finito. El punto del estallido del *big bang* viene precedido por el concepto de *espín*, que describe las constantes físicas universales con sus interacciones y rupturas de simetría (elemento cuántico y magnético que orbita sobre un espacio dimensional, del inglés giro, girar). Se refiere a una propiedad física de las partículas energéticas que, en su descenso hacia la realidad física, provocarían una colisión de materia con antimateria. *El Zohar* lo llama «la Lámpara de la oscuridad» o *Butziná de Kardinuta* o la potencia de crear Universos finitos. Los espines, al hacerse extremos, se encuentran en algún lugar del Infinito, dando lugar a su colisión, que es cuando choca algo y es la potencia de hacer finitud en el Infinito. Los cabalistas dicen que la Creación del Universo es la semilla de cómo va a revelar nuestra propia consciencia: «Todo lo que hay arriba, hay abajo».

Esquema del Árbol de los Universos

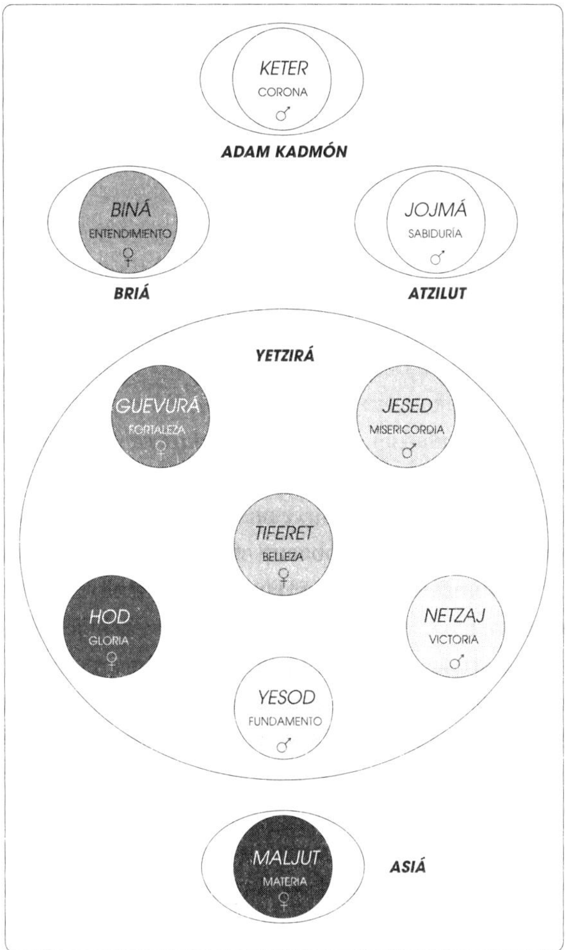

El *Tetragrámaton*

«Quién es fuerte entre los fuertes como tú, *Tetragrámaton*».
Shemot XV-11

Una de las manifestaciones más sublimes de la energía infinita es la manifestación del *Ein Sof*, que se mueve hacia este Universo, este vacío, la Luz Divina sin vasijas, puro potencial. Es el primer paso para la separación y división de la luz prístina a medida que la luz desciende hacia nuestro Universo. Esta energía que trasciende todas las demás luces tiene secuencias o etapas basadas en el Inefable *Shem Hameforash* o el Nombre Sagrado de D*os. En español, se llama el *Inefable Tetragrámaton* o *Tetragrama,* transcrito como YHWH, el nombre bíblico de Israel.

Los cabalistas codificaron el *Tetragrámaton* de esta manera porque entendieron que ya hay un desplazamiento hacia la finitud, ya hay una primera autocontracción del *Ein Sof*, y cada vez que hablamos de *Yud Hei Vav Hei,* estamos hablando del proceso de autocontracción. Cuando la *Yud* se divide en las dos *Hei*, en esta dualidad podemos decir que estamos descomponiendo la letra *Alef*. Vamos a recomponer la letra *Alef,* la *Yud* superior y las dos *Hei*, y en medio una división de dualidad. Vamos a analizar el sagrado e Inefable Nombre de D*os:

Yud Hei Vav Hei, el *Infefable Tetragrama Shem Hameforash.*

Para los cabalistas, el *Tetragrama* es la descomposición y revelación de la letra *Alef* en la secuencia de los Universos. Es el Sagrado Nombre de D*os en la secuencia espaciotemporal. Sus cuatro letras *Yud Hei Vav Hei* nos darían el siguiente resultado guemátrico:

$$5 + 6 + 5 + 10 = 26$$

Este nombre divino, *Yud Hei Vav Hei*, está revelando la unidad de la letra *Alef*. Cada uno de estos niveles corresponde con una frecuencia de cada uno de los Universos de la contracción del Infinito en este Universo.

Universo de *Asiá*	*Hei* (5) la última *Hei*
Universo de *Yetzirá*	*Vav* (conecta *Hei* con *Hei*)
Universo de *Briá*	*Hei* (5)
Universo de *Atzilut*	*Yud* (10)

HEI ה	VAV ו	HEI ה	YUD י	.
Universo de *Asiá*	Universo de *Yetzirá*	Universo de *Briá*	Universo de *Atzilut*	*Adam Qadmon* Hombre Primordial
Materia, plano físico	De la psique	Nuestro Universo Vía láctea Sol	Transición del Infinito al Finito	Información en el Infinito Pasado presente y futuro
Acción Gravedad Tierra	Formación Decisión Pensamiento	Creación Todas las energías del Universo	Emanación Las energías del Infinito entran al finito	

¿Y el *Adam Qadmon* dónde está?

Está en el puntito de donde salió la *Yud,* quiere decir que la Matrix de nuestro Universo sería el *Adam Qadmon*. (No lo analicemos como el *Adán* de Génesis, *Bereshit).* Todas las autocontracciones del *Ein Sof* para crear el Universo están decodificadas en el *Tetragrámaton* y además el nombre de D*os es una decodificación del *Alef*, lo podemos apreciar en el Inefable Nombre que nos da una suma 5 + 5 = 10, pues 5 y 5 son la percepción masculina y femenina de cómo nosotros vemos la realidad. La *Yud*, estos 10 que están ahí, son el *Or Ein Sof*, nosotros pusimos *Atzilut* porque está emanando, pero todavía esa energía no salió del *Ein Sof*, es un proceso de transición entre el Infinito y lo finito.

Hay un problema con el Árbol de la Vida para explicar los diferentes Universos, porque hay un universo que contempla seis dimensiones. La letra *HEI* es el Universo de *Asiá*, el universo de la materia o de la acción, pues *Asiá* se asocia con la fuerza de la gravedad. La letra *VAV* es el universo de *Yetzirá,* el universo de la formación y el universo de la psique son mis pensamientos, mis sentimientos, mi mundo interior, antes de tocar la materia. Anticipa todos los procesos de decisión en mi interior antes de llegar a la acción. La letra *HEI* es el Universo de *Briá,* el universo de la creación, que es todo el universo que vemos nosotros fuera del planeta Tierra: el Sol, la Luna, las estrellas, la Vía Láctea, la materia oscura, energía oscura. Es la energía que viene de fuera del planeta Tierra. La letra *YUD* es el Universo de *Atzilut*, es la emanación de las energías del Infinito que van a entrar a lo finito. Hay un momento de transición donde el Infinito entra y se hace finito dentro del espacio vacío. El punto superior de la *YUD* es el Universo del *Adam Qadmón*, es el hombre primordial, es la información en el Infinito de todo lo que se va a revelar en el Universo, pasado, presente y futuro. Aquí no hay tiempo, es pura información, que se revela al Universo vacío.

Los niveles de interpretación de la Torá (PRDS): *Peshat, Remez, Drash, Sod*

El *PaRDeS* (PRDS), que literalmente significa huerto, es un acrónimo de los diferentes niveles de interpretación de los textos de la Torá. En cada nivel, la realidad va cambiando y es la misma realidad, pero nuestra percepción cambia de acuerdo con la ampliación de nuestro *Klí*. Nuestro recipiente se va expandiendo y vamos cambiando la realidad. Es como cuando volvemos a leer el mismo libro al cabo de cinco años y pensamos que ese libro no lo leímos nunca, pero sí, lo tenemos hasta marcado y todo. La realidad es que nuestra percepción ha cambiado y empezamos a sacar otras conclusiones. Sin embargo, lo que ha pasado es que el receptor ha cambiado y esa luz está entrando hacia otro sitio. Esos niveles de interpretación son los siguientes:

PESHAT: abarca el significado literal de un texto y su narrativa, viene del hebreo *Pe*, que significa boca.

REMEZ: es el nivel de alusión, análisis y literalidad del texto que conduce a una conclusión, aportando pistas de lo que el texto quiere aludir. Trasmitir revelando pistas concluyentes sobre la interpretación del texto en sí.

DRASH o *Midrash*: es el nivel metafórico complejo, en el que cada persona interpretará un mensaje único para el sentido de su alma. Imaginemos que en lo literal yo leo un salmo, en *Remez* saco mis propias conclusiones y en *Drash* hacemos un análisis desde nuestra perspectiva individual, que será diferente a la perspectiva de otra persona que lo esté leyendo. Aquí podemos apreciar la importancia de tener unas premisas previas antes de comenzar un debate sobre algún texto en concreto y ver desde qué nivel la persona está basando su exposición para llegar a conclusiones y argumentaciones concluyentes para ambas partes.

SOD: es el nivel oculto o secreto del texto. Antes de operar en este nivel, es importante tener una buena base y conocimiento de los niveles anteriores para poder escudriñar la profundidad del texto, para poder percibir el mensaje original, prístino, contextualizado. Por lo tanto, la importancia de tener en claros todos los niveles de interpretación es fundamental para los estudiosos de los textos antes de pasar al nivel *Sod*.

En cada una de estas bases hay un problema, porque las verdades operativas en un nivel son diferentes a otro nivel. Lo que yo lea en un momento dado va a ser diferente a la conclusión, va a ser diferente a la interpretación compleja y, por supuesto, va a ser diferente a *SOD*. Entonces, hay verdades, sí, en este nivel sí, pero en estos otros niveles hay otras verdades ocultas a los niveles de la literalidad. *SOD DE SOD*: Abraham Abulafia lo plantea como secreto del secreto. *Sod* es secreto, y secreto es *Nistar*, que quiere decir secreto revelado. Abulafia sostiene que hay un *Sod* de *Sod* que es el análisis del idioma hebreo en términos de numerología y diversos métodos muy avanzados de Cábala como: *Tseiruf*, permutaciones, etc., que tienen que ver mucho con la gramática hebrea.

Los cabalistas dicen que estos niveles no son un sistema intelectual, pues para ellos todo es experiencia energética en el mundo físico o material. En cada nivel se mueven energías, cada una correlacionada con el Universo correspondiente. La Cábala proporciona un mapa completo de definiciones conceptuales para comprender desde qué nivel estamos operando, para poder dotar así a nuestra psique de una plataforma de base y no perder el equilibrio a la hora de operar con las diferentes energías. Cuando estamos inmersos en el trabajo espiritual, tenemos que estar muy atentos al nivel en el que estamos operando porque, si nos confundimos sobre el nivel operativo o no estamos seguros de dónde nos encontramos, perderemos el control energético de nuestra labor y no podríamos detectar los tipos de energías que nos circundan. A más entrenamiento, más refinamiento, pues es muy importante poder discernir si son energías oscuras que se están intentando filtrar en nuestro campo energético para confundirnos o adherirse a nuestra luz para debilitarnos. Por lo tanto, la observación y la práctica consciente son vitales antes de adentrarse como trabajador de la luz, teniendo mucho cuidado con los niveles en los que operamos para evitar incluso un resplandor por falta de técnica o previsión energética. La invocación de energías o nombres celestiales a destiempo puede producir un cortocircuito irreparable.

SOD* de *SOD	***ADAM QADMON***
	Matrix Infinito
	Kéter
SOD	***ATZILUT***
	Emanación. Pensamiento
	Jojmá
DERASH	***BRIÁ***
	Creación. Existencia
	Biná
REMEZ	***YETZIRÁ***
	Formación
	Yesod Hod Netzaj Tiféret Guevurá Jesed
PESHAT	***ASIÁ***
	Materia
	Maljut

3. Los niveles del alma

«Una persona puede estar haciendo cosas físicas,
pero si mientras tanto medita sobre conceptos elevados,
puede causar una unificación con D*os en cualquier momento».
EL BAAL SHEM TOV

Los niveles de conciencia del alma: *Nefesh, Ruaj, Neshamá, Jayá, Yejidá*

El ser humano desde el comienzo de su existencia va alcanzando a lo largo de su vida diferentes niveles de recepción de la luz en su alma. Los diferentes niveles de luz o de energías que tiene el alma se representan en el Árbol de la Vida. Cuando la Cábala cita los niveles del alma, se refiere a la misma alma que no se puede dividir pero podemos clasificar los diferentes niveles de energía dentro de esa misma alma, pues consideramos cinco niveles. Tres de estos cinco niveles están dentro del cuerpo y dos niveles están fuera del cuerpo.

Néfesh (cuerpo animado) es el alma animal racional, subjetividad total. Nivel de la materia y obtiene sustento por medio de nuestras acciones. Los cabalistas conocen que, dependiendo del tipo de acción que vamos a generar, así insuflaremos nuestra vasija de energía positiva o negativa en todos los niveles... Representa las necesidades biológicas del cuerpo humano animado, es decir, nuestra estructura como tal. Es el cuerpo con sus necesidades biológicas, sexuales. En Cábala hay dos conceptos para el cuerpo: *Guf,* para el cuerpo inerte, y *Néfesh*, que es el cuerpo animado.

Ruaj significa aire, viento en hebreo, de ahí el concepto de *Ruaj Hakodesh* (*Viento Sagrado*), que en el cristianismo se llama Espíritu Santo. Es el Alma emocional, el espíritu, son todas las emociones y todos los pensamientos. Es el nivel de todos los condicionamientos de la educación en general: dónde naciste, la familia, los padres, la educación, la religión, los actos repetitivos de tu madre que siempre criticaste, pero que tú los vuelves a hacer... El libre albedrío está anulado, porque estás repitiendo lo que has visto, pese a que sigues teniendo subjetividad y se mantiene el yo diferencial. El *Ruaj* es deshonesto, porque oculta las partes que no quieres enseñar en sociedad para funcionar en ella. Dicen los cabalistas que, para que un alma sea pura, tendría que anular todas las condiciones del *Ruaj*, que es responsable de nuestras relaciones y de la forma que tenemos de comunicarnos con los demás. Determinará el sustento, pues cada alma tiene un don. Este segundo nivel también se llama espíritu, pero en realidad se refiere al alma psíquica a la identidad de la persona en este contexto. De hecho, es el alma psíquica y emocional, todo lo que tiene que ver con la psicología. Es nuestra identidad actual, el alma en la psique, el nivel que se corresponde con nuestra estructura de identidad, y el centro del *Ruaj* es el corazón, por eso en Cábala se dice que «el corazón piensa». Entonces, tenemos el pensamiento gastrointestinal («Tengo hambre»), el pensamiento del corazón («Amo a mi hijo, quiero darle un abrazo») y el pensamiento del cerebro («No voy a abrazar a mi hijo ahora porque está estudiando»). Un ejemplo del *Ruaj,* en una familia de notarios, el condicionamiento del abuelo de pasar la notaría al hijo, después al nieto…, y ahí empieza el drama, porque toda la familia quiere que seas notario, pero tú quieres ser pintor en París. Vamos adquiriendo conciencia de nuestra identidad a medida que experimentamos con la vida y entonces empezamos a percibir que el *Ruaj* no es el que realmente comanda los deseos más profundos de nuestra alma, solo en ese momento es cuando nuestra *Neshamá* (tercer nivel del alma) se pone manos a la obra y nos empieza a empujar hacia el sentido de nuestra alma. Si el *Ruaj* hace todo lo contrario a la *Neshamá* y la *Neshamá* no puede revelarse dentro del *Ruaj*, la persona enferma. En la Cábala, tus debilidades son tus fortalezas y el peor mal es el mal habitual. El *Ruaj* es un mal de largo plazo, repetitivo, porque posee todos los elementos de desequilibrio de la sociedad y, en algún caso, es muy difícil salir de los roles impuestos y hacer la trasgresión.

La ***Neshama*** le manda su potencia al *Ruaj*, recordándole la misión que ha venido a cumplir el alma a este mundo, pero a veces este no se lo permite, y entonces se produce un pulso entre los dos niveles del alma. Si la *Neshama* siente que no consigue llegar a un acuerdo con el *Ruaj* para rectificar, envía la impotencia al *Nefesh* y se produce la enfermedad física en el primer grado del alma, que, impotente por no poder hacer nada, enferma. El cuerpo se enferma por falta de crecimiento y revelación del anhelo y deseo del alma, que es lo único que nos conduce al sentido de nuestra vida. Según la Cábala, la enfermedad se produce cuando tu acción física va en contraposición a la de tu alma, *Neshamá*. Entonces es cuando se cortocircuita tu energía vital al distanciarse del sentido de tu vida y también es un punto de inflexión para redireccionar y enfocar nuestras acciones a la misión de nuestra vida. Es decir, la dolencia o el malestar nos aporta un mensaje de urgente trascendencia, una oportunidad de cambio o crecimiento. Sintonizar con nuestra *Neshamá* es poner al *Ruaj,* o segundo nivel del alma, al servicio de tu alma. El pulso entre el segundo y el tercer nivel del alma es un tira y afloja que regula su dirección y crecimiento hacia nuestro *Tikún* o rectificación. Los acuerdos entre ambos no son inmediatos, pues el *Ruaj* contempla siempre los condicionantes físicos anteponiéndolos a los de la trascendencia. *Neshamá* es nuestra esencia, nuestra alma espiritual que viene a revelarse. El alma que está dentro del cerebro (pero que no es el cerebro). Es el alma la que va a girar y la que está girando, nuestra alma verdadera, la que tiene la identidad real que viene de atrás y no la subjetiva actual. En este nivel, el alma puede recordar otras identidades de otras vidas, lo que llamamos *Guilgul Ha Neshamot*, Rotación de Almas o Reencarnación. En la *Neshamá* tenemos los desequilibrios que debemos corregir, allí es donde hacemos el *Tikún* (rectificación). *Nefesh* y *Ruaj* te permiten exteriorizar el *Tikún* que hace la *Neshamá*, pues para la Cábala es el alma que ha reencarnado en tu cuerpo y su experiencia es la reencarnación. Podemos tener otras experiencias, pues la *Neshamá* es la que viene a aprender. El sustento de este nivel del alma son los pensamientos, y de nosotros depende la polaridad. De ahí la importancia de no alimentar los pensamientos nocivos y fomentar los positivos, que nos aportarán un crecimiento notable.

El problema del ser humano para la Cábala es que nos han educado en contra de las aspiraciones de nuestra *Neshamá*, porque la educación y los condicionantes que tenemos del nivel de *Ruaj* no coinciden con los de la *Neshamá*. Si coincidieran en algún caso, la persona lograría un grado mayor de felicidad (son casos aislados). La *Neshamá* se quiere liberar de estos condicionamientos, pese a que a veces no todos son malos, y nosotros somos los cocreadores de nuestra vitalidad, somos quienes comandamos el sustento que percibimos en nuestros niveles del alma. Por eso, «estar siendo» es fundamental, siendo conscientes de nuestras acciones, pensamientos, tratos y tipo de deseos que emitimos para lograr nuestro propósito de vida, el camino deseado por el alma que se conectará con la verdadera esencia y fuente de luz.

> «Cuando la persona muere y se va al otro lado, se va su *Neshamá*».
>
> Moisés Cordovero

Por lo tanto, nosotros podemos comunicarnos con el espíritu del muerto a nivel de la *Neshamá* y, si nosotros logramos conectarnos, nuestro nivel de *Neshamá* en el sueño hará que entremos en el *Olam Haba* (mundo futuro o venidero). En consecuencia, en el nivel de *Neshamá* yo tengo un nivel de energía muy elevado fuera del cuerpo, en el sueño yo contacto con el nivel de *Neshamá,* así que, según la Cabala, veo a mi abuelita en el sueño, la estoy viendo realmente. En el psicoanálisis, Freud dice: «Usted reprimió a su abuelita y, por lo tanto, su abuelita se le apareció en un sueño». Cuando uno muere, el alma ya no crece más, pues el crecimiento está en la materia. Los cabalistas dicen que no hay crecimiento espiritual del otro lado, no hay más desarrollo. Necesitamos la materia para crecer. Curiosamente, los ángeles y los arcángeles no pueden crecer, se mantienen en su energía. Nosotros tenemos el privilegio de tener la materia para aprender y crecer y, por supuesto, hacer nuestro *Tikún*, es decir, la rectificación total.

Jayá es el cuarto nivel, por encima de *Neshamá*. Es una energía que me pertenece y está a dos metros de mí, una energía que quisiera estar en mí, pero mi mente no lo permite por su limitación. Sería como *Neshamá* potencial, que podría ser iluminado por mí, pero debido a mi limitación actual no puede iluminarse porque no puedo entrar. Es como una luz tan poderosa que ya no es subjetiva, sino que es una luz que pertenece a la raíz que comparte con muchas otras almas. Esto significa que, si me conecto con la *Jayá*, tomo luz de ella y puedo traer esa luz hacia mí. No solo me pertenece exclusivamente, sino que pertenece a todo el grupo de la raíz del alma. Muchas personas creen que tienen una sola alma gemela, pero en realidad tenemos muchas alma gemela, porque eso tiene que ver con la raíz del alma. El alma gemela se caracteriza por ser la que te trae una información personal, pertenece a tu misma raíz y además la puedes reconocer. Es un reconocimiento de lo que piensas, grado de afinidad el que tienes con esa persona. La *Neshamá* opera por raíces del alma y, por lo tanto, identifica, es muy importante porque te da información de tu rectificación. Quien es tan afín a ti te puede hacer muy bien, incluso mejor que el adversario o la pareja. Hay almas que se reconocen totalmente y nunca se vieron. Con respecto a este nivel de *Jayá*, podemos obtener la información que corresponde a un determinado grupo de almas en general. Esta energía pura es una energía cosmológica, pero no psicológica, ya que no está adherida a nuestro cuerpo. En términos de cosmología, todos somos parte del Universo también, pues somos parte del Divino *Ein Sof*. La comparación psicológica a este nivel no tiene sentido, pues tendemos a creer que las estructuras cosmogónicas son psicológicas. Estas energías vienen del exterior y las obtenemos a través del aire y a través de la ingesta de alimentos; son una energía cosmogónica de transformación. Debemos ser conscientes de que la energía interna no es psicológica, sino que proviene de un movimiento del exterior. Por lo tanto, el nivel de *Jayá* es una energía cosmogónica que intenta entrar en nuestro sistema energético. Sin embargo, la mayor parte del tiempo no permitimos que entre porque no somos lo suficientemente receptivos. A veces, de repente, puedes hacer clic y obtener algo de este nivel *Jayá* que es la energía potencial que aún no está dentro de la *Neshamá,* pero que podría estar dentro de ella si uno tiene predisposición y se abre a ella, si logra extraer información e integrarla en su *Neshamá*. Este proceso que va más allá de nuestro entendimiento lo explica David Bohm en su estudio: *Totalidad y orden implicado,* donde desarrolla una teoría de la física cuántica que trata la totalidad de la existencia, incluida la materia y la conciencia, explicando la cosmología y la naturaleza de la realidad en relación con la filosofía, la psicología y la física. Cuando alguien se conecta con un nivel muy alto de *Jayá* puede recibir información cósmica. Aquí una situación común: cuando empiezas a pensar en alguien con fuerza y de repente aparece o te llama, este tipo de coincidencia cósmica aparece cuando estás receptivo al nivel de esa energía. Entonces, te conectas con toda la raíz del alma. Si, por ejemplo, una persona escribe a un nivel de *Jayá*, quien lo lee se está reconociendo a sí mismo, porque se está dando cuenta de que hay algo intuitivo en el texto que permitió un sentimiento especial de conexión con el escritor. Si lees a Isaac Luria y de repente entiendes perfecta y fácilmente el significado profundo de su libro, esto se debe a que, de alguna manera, te has conectado al nivel de *Jayá* de Luria y eres capaz de extraer la información que el famoso cabalista estaba tratando de compartir con el lector. La *Jayá* comienza con la autotranscendencia del Yo a la trascendencia de la *Neshamá* al Cosmos; es decir, del Yo al no Yo.

Yejidá (unificación) es el quinto nivel, el más alto. Paradójicamente, es una gran emoción, porque de hecho no hay ningún nivel aquí. El alma puede desaparecer, en el sentido de que el alma siente que está unida con el todo. Es un estado de iluminación profunda, *bitul* (aniquilación o *devekut* del yo). En otras palabras, el alma puede por un momento dejar la subjetividad sintiéndose unificada en niveles tan altos. Esta circunstancia no tiene nada que ver con lo que sucede a nivel de *Neshamá,* cuando el alma abandona el cuerpo, cuando nos vamos a dormir. Aquí nos referimos a niveles más altos y profundos, pues el alma se funde con el todo. Esto puede suceder en algún momento de la vida sintiendo que, por un instante, el alma desaparece al unirse con la totalidad. Aquí el alma es anulada por el *Ein Sof*, pero no permanentemente, porque causa la muerte o avanza la muerte física. Por esta razón, este tipo de experimentos no son recomendables, ya que rara vez logras regresar al mundo físico, como le sucedió a Luria. *Yejidá* es el retorno a casa, la subjetividad se difumina con la fuente. El alma corre el riesgo de salirse del cuerpo, perdiendo completamente su identidad al ser seducido por la luz. Este nivel se produce cuando uno, finalmente, deja su cuerpo y fallece. Es cuando el alma desaparece ante la pertenencia en la inmensidad del Infinito. En este alto nivel del alma, la subjetividad desaparece por completo donde *Aní,* que es la estructura del Yo en hebreo, se fusiona con la nada a la hora de su muerte. El existente quiere seguir siendo existente. Son grados de densidad del Universo, pues existe un paralelismo con este, lo que no vemos sostiene a lo que no percibimos. Nosotros no apreciamos los microorganismos ni los átomos, pero son el fundamento y la base de toda existencia. Por lo tanto, partimos de la premisa de que, cuanta más profundidad, *Omer,* más vestimentas aparecen. *Olam* es lo oculto, el *Jesed* Divino, la luz del Infinito que entra dentro del vacío, y nosotros podemos ir revelando esa luz a medida que nos vamos vaciando para llenarnos de luz. Deseamos expandirnos, deseamos el movimiento para ir creciendo. Las dudas se presentan en el camino para que podamos formular preguntas, pues el que duda es el que está en proceso continuo de vaciamiento, un proceso infinito de constante crecimiento. «Soy nada, pero no soy nadie», la naturaleza del ser es revelar el ocultamiento. El bucle o espada llameante opera en la mente racional a partir de dogmas establecidos, es decir, que se ocupa de detalles y acciones cotidianas de nuestra vida diaria, como ir a la peluquería, nuestra administración… y no de cuestiones trascendentales. La sabiduría es como una espiral en forma cónica, que va ascendiendo en forma de espín hacia el Infinito. Es un método que permite salir de lo lineal, ascender de nivel y avanzar en el conocimiento para romper los bucles que impiden el crecimiento del alma. El sistema circular de pensamiento consigue ingresar en la sabiduría para el crecimiento y la trascendencia del alma, pudiendo alcanzar el deseo de autorrealización y el cometido que el alma ha venido a cumplir. Cuando hay una división entre el Yo y la Nada de la mente racional tenemos el sistema circular del pensamiento para resolverla. La percepción circular, no sufrimiento a través de la sabiduría. Sin embargo, este no es el caso de los ángeles, pues vemos que tienen otra estructura más elevada, aunque carecen de libre albedrío, de libre elección.

En conclusión, sabemos que el alma tiene cinco niveles y la *Neshamá* es el alma verdadera, cuando abandona el cuerpo físico, cuando muere va a los niveles más altos de luz y lleva dentro la experiencia de los niveles más bajos de materia, el *Nefesh* y el *Ruaj*.

Niveles elevados de consciencia

«El pensamiento es lo que no tiene límite ni fin
y puede extenderse hasta el infinito».
RABBI AZRIEL DE GIRONA

Grandes cabalistas, a lo largo de la historia, nos legaron un nivel elevado de conciencia, fueron antorchas, guías para todas las almas que están en la búsqueda del sentido de su vida.

Moshé Ben Jacob Cordovero (1522-1570). Conocido por el acrónimo el Ramak, de origen sefardí, se instaló en Safed, al norte de Israel, donde murió. Fue discípulo de Joseph Caro. En Safed, fue director de la escuela de Cábala. Sus obras fundamentales fueron: *Or Yakar* (*Luz preciosa*), que es un análisis del *Zohar*, y *Pardes Rimonim* (*Huerto de granadas*), basado en un resumen enciclopédico de la Cábala. Cordovero analizó profundamente el Árbol de la Vida, tomando las enseñanzas de Abraham Abulafia del siglo XIII. Realizó este análisis del Árbol para entender y profundizar en el alma humana. Sus discípulos fueron Isaac Luria y Jaim Vital.

Isaac Luria (1534-1572). Conocido por el acrónimo Ha-Ari (el León). Nació en Jerusalén y fue rabino y cabalista de la comunidad de Safed. A lo largo de su vida se dedicó a explicar cómo nació el Universo y estuvo meditando durante algunos años en el Nilo, en Egipto. No dejó escritos, pero sus pensamientos se conocen por las obras de su discípulo Jaim Vital. Estos cabalistas hicieron regresiones a vidas pasadas en el siglo XVI. Isaac Luria era muy poderoso, y no solamente hacía regresiones él sino que también podía saber a quién pertenecía el alma de cada persona. Llegó al Universo de *Atzilut*, tuvo un nivel de ascenso del alma superior a Moisés, que llegó al Universo de *Briá*. Percibió energías de formas geométricas en el Infinito, mientras que Moisés vio a D*os en su trono.

Jaim Ben Joseph Vital (1542-1620). Rabino sefardí, nació en Safed y escribió: *Shaarei Kedushá* (*Las puertas de la Santidad*), basada en cábala práctica, y *Etz Jaim* (*El árbol de la Vida*), donde nos habla del orden divino y la existencia de las cosas. En *La puerta de las rotaciones* analizó la reencarnación del alma, ya que la rotación de las almas se conoce en hebreo como el principio de la fe del judaísmo.

Moshé Jaim Luzzatto (1707-1747). Conocido por las iniciales de su nombre, Ramjal, fue un sabio cabalista italiano, nacido en Padua. Muchos de sus textos eran producto de las revelaciones celestiales de su *maguid* (su ángel). Escribió más de cuarenta libros, pero los más conocidos son: *Mesilat Iesharim* (*La senda de los justos*), *Derej Hashem* (*El camino de Dios*), *Daat Tevunot* (*La sabiduría del alma*) y *Klaj Pitjei Jojmá* (*Las 136 puertas de la sabiduría*).

Isaac Kaduri (1901-2006) era uno de los grandes cabalistas de la Escuela de Bagdad. Su nombre en hebreo, Itzjak (Él Sonreirá) hace honor a su personalidad. Estudió y enseñó la sagrada Torá. Aprendió de los secretos cabalísticos de los amuletos, también era muy conocido por sus bendiciones, incluso consideradas como milagros. Aconsejaba y recibía a los más necesitados y elevaba el alma de los más pobres. Isaac Kaduri vivió una vida de alto nivel de santidad y pureza. A sus noventa y cuatro años se quedó viudo y a los noventa y seis años se volvió a casar, pues necesitaba del adversario, ya que la pareja siempre ha de estar en continuo crecimiento.

En los países islámicos existían dos escuelas importantes de Cábala, una se encontraba en Bagdad y la otra en el Yemen, también en los países cristianos había otras escuelas. Actualmente, se han escrito diversas publicaciones y libros muy destacados en el ámbito del misticismo judío, a pesar de ser reconocidos por la ortodoxia judía. Nuestra rectificación del alma o *Tikún* nos suma a su vez al flujo universal de otras almas para la elevación y la rectificación de este mundo o *Tikún Olam*. Ese es el destino de toda alma, su rectificación, pero no todas las almas lo logran, pues, en el ejercicio del libre albedrío, pueden ser indignas de seguir existiendo y pueden ser extirpadas o exterminadas totalmente de su existencia. A esta circunstancia concreta se denomina *Karet*, que es cuando el alma ya no cumple su función. A diferencia del cristianismo, en la Cábala el concepto de infierno (estado espiritual del alma) no es eterno, ya que cuando un alma rota tres veces al infierno, al ir en contra de su *Tikún*, el sentido de su alma no encuentra el camino de regreso y, por lo tanto, desaparece.

> «En el ejercicio del libre albedrío, si alguien utiliza el mal en forma permanente, se le anula el libre albedrío y queda dentro de él el mal operativo permanente, si se está en bien permanente, queda el bien operativo como bien permanente».
>
> MAIMÓNIDES

Asimismo, cuando una persona se entrega al servicio del mal, D*os le anula el libre albedrío y este queda atrapado en la oscuridad, al no poder avistar el camino de luz. Mientras que, si una persona se consagra al servicio de la luz y enfoca sus energías en su crecimiento personal, espiritual y material dentro de un equilibrio, la posibilidad de verse intoxicado por la sombra es bastante improbable.

Por otro lado, tenemos a los *Tzadikim místicos,* justos o piadosos, que tienen la misma raíz de palabra que *tzedaká* (caridad justa). Estos piadosos son personas con un alto nivel de consciencia, elevación del alma y justicia divina, tal es su refinamiento y trascendencia que sus cuerpos de luz no hacen más uso del libre albedrío, sino que siguen la guía permanente del haz de luz divino para el servicio del bien permanente.

> «Oren por mí. Oren para que pueda recuperarme, y los llevaré por un nuevo camino, un camino que nunca ha existido».
>
> NAJMAN DE BRESLEV

Por el contrario, tenemos a *Amalek,* que es el mal propiamente dicho, el acecho, la sombra. Coincide en valor guemátrico con *safek*, que representa la incertidumbre, la duda. A toda aquella alma seducida e intoxicada se le desvanece la posibilidad del libre albedrío, oscureciéndosele la luminosidad de su alma vital.

Nosotros, los humanos vivimos en la oscilación constante entre las fuerzas del bien y del mal. Tenemos la opción de elegir, es decir, tenemos el libre albedrío. *Los Beinonim* son los llamados hombres intermedios, aquellos que se trabajan el alma y el cuerpo para el servicio del Santo Bendito; todos podemos convertirnos en hombres-intermedios. Cada alma viene a revelar una cualidad de la divinidad, cada alma posee su don, su luz del alma Divina. En el Árbol de la Vida, las almas están predeterminadas en su energía, aunque podemos tener algunas dimensiones con energías más potentes que otras. Cada uno viene a este mundo físico perteneciente a una raíz del alma predeterminada, lo que diseñará la distribución de sus virtudes y sus debilidades en su Árbol e irá conformando el camino de crecimiento para alcanzar el mayor potencial, decidido por su alma antes de rotar al mundo material. En el estudio de la Cábala, conocemos que estar dotados de dones no nos exime de un trabajo de crecimiento evolutivo constante. Todo ser viene con una tarea, un aprendizaje que desarrollar; las herramientas están al servicio y el libre albedrío es el camino que diseñará el grado y polaridad del aprendizaje, pero solo un camino te lleva de vuelta a la fuente. El entrenamiento es un acto continuo para evitar caer en autosabotajes por confiarnos demasiado en nuestros dones. Es trascendental y evolutivo enfocarnos en trabajar nuestras debilidades para potencializar las energías que no se encuentran tan favorecidas o desarrolladas y poder así materializarlas en el mundo físico.

El trabajo de luz es un continuo en nuestras vidas, tanto las virtudes como las debilidades han de estar siempre trascendiendo a un siguiente nivel y en el camino del bien y del equilibrio. Los cabalistas nunca se confiaban, pues conocían bien las estrategias del acecho que incita al mal, *Sitra a jará* (fuerzas contrapuestas o negativas del otro lado, la sombra). Cuanto más vive uno confiado e ingenuo, más expuesto está a energías desconocidas del lado contrario a la luz. Todo trabajador de la luz se ocupa de todos sus aspectos mentales, emocionales y espirituales a diario, un trabajo interior continuo con sus debilidades y fortalezas o dones para no incurrir en desequilibrios, ni trasgresiones por inactividad. Las almas evolucionadas son aquellas que tienen un fuerte deseo de trascendencia y benevolencia hacia la luz del Creador, fomentando el amor incondicional y la paz en el mundo para el *Tikún Olam*. Utilizan sus dones para compartirlos con los demás y alumbrar a otras almas en su proceso de rectificación o *Tikún*. Cuando nos referimos a almas evolucionadas, son parciales y no integrales. Freud tenía la virtud en *Biná*; en cambio *Jung*, en la dimensión de *Jojmá*. Las energías tienden a ir compensándose unas con otras, como veremos más adelante. El Árbol de la Vida se compone en triadas o columnas subsecuentemente, para que una dimensión se potencialice hay que trabajar en toda la triada o columna; es decir, el trabajo es en todo el árbol sefirótico.

La Cábala plantea el crecimiento constante en todas las dimensiones, preparándonos para el entrenamiento en el mundo de *Bet*. Todo *mekubal* entiende que las piedras están puestas en el camino para hacernos crecer. La fortaleza del ser predeterminará el grado de crecimiento y cómo reorganizar sus energías vitales a la hora de afrontar las densidades a lo largo de nuestra existencia. Desde el punto de vista de la finitud, tenemos libre albedrío de elegir nuestro camino, pero desde el punto de vista de la Divinidad todo está ya predeterminado, pues el alma es perfecta, pese a que no percibimos su completitud.

Nivel de consciencia

El alma cambia de frecuencia, cuando cruza al otro lado, ya que no hay tiempo ni espacio. Hay una coexistencia entre el Infinito sin tiempo y nosotros dentro del tiempo. Nuestro tiempo está condicionado por la materia. Cuando lleguemos a niveles más altos de consciencia, el tiempo será controlado y dominado. El primer nivel de consciencia es el superficial o mundo de la materia, correlacionado con el nivel de *Asiá*. Es el más satánico porque está en el mundo de la fragmentación, ya que recibimos señales fragmentadas. Como ya conocemos, el objetivo del Satán es el mal. Su mejor arma es dividir, pues Satán siempre divide, nunca une, ya que, si no, no puede atacar. En cambio, el objetivo del bien es unificar, es la unión. *Daat* es la unión. *Daat* es conocimiento. A medida que adquirimos profundidad (*Omek*), se van uniendo partes que parecían inconexas. Una de las funciones de *Daat*, el conocimiento, es combatir al Satán.

El texto bíblico de la Torá nos dice que cuando se unieron Adán y Eva –es decir, tuvieron relaciones sexuales– adquirieron conocimiento por su unión. Toda gnosis es unión, y conforme se va uniendo algo se van encontrando símbolos que se van adhiriendo, así Satán va siendo derrotado. Si no profundizamos en la mística, muchas veces recibiremos mensajes y señales que no sabremos interpretar; no sabremos cuál es su sentido, ni por qué nos llegan. ¡Cuántas noches nos hemos despertado coincidiendo siempre a la misma hora, por ejemplo, a las 2.22 horas o a las 3.33 horas, sin entender por qué! Hay un motivo: debemos entender las señales en el *Omek*. Es el concepto en Cábala de «Señales de Interinclusión». La interinclusión es cuando dos partes, A y B, no es que se estén uniendo sino que A tiene algo de B en su interior y B tiene algo de A en su interior. Se otorgan sus potenciales mutuamente. Cuando A se identifica con lo de B y viceversa, hay una unión en serio. No es una unión de síntesis o de mezcla, sino que es una unión en la que estamos encontrando la raíz común de todas las partes. Por eso se llama Interinclusión. Hay que buscar el sistema de unión y buscar el común.

> «Cada fragmento de la realidad superficial, lo llevo a una unión en profundidad, me lleva al *Ein Sof*. Todo me lleva al Infinito».
>
> Abraham Abulafia

Ahora bien, si te llega una señal en el sistema superficial y tú no tienes más que ese nivel superficial difícilmente podrás incorporarlo en el sistema general, porque no entiendes por qué te llega esa señal. La señal llega cuando realmente está integrada y tú estás preparado. Preparado quiere decir que tienes sabiduría, la *Jojmá*, que tiene que ver con esta otra frase:

> «Observa antes de pensar».
>
> Abraham Abulafia

En Occidente hacemos al revés: primero pensamos y luego observamos. Y si nuestro pensamiento va más rápido que la observación, entonces nos estamos alejando de la realidad, porque ponemos al pensamiento como intermediación. La Cábala nos dice: «No pienses tanto, sino observa para que, cuando pienses, este pensamiento sea producto de tu cercanía a la observación y no un pensamiento rápido».

En el Talmud, durante el debate se piensa muy rápido, pero en la Cábala tienes que irte, tomar distancia y no hacer exégesis rápida. Se trata de controlar al ego, que quiere debatir con el otro. Tienes que dominar la mente antes del debate, para observar lo máximo posible la realidad. Después, basado en la observación, viene el pensamiento. La primera lucha de la observación es la *Biná*, porque tiene miedo a una realidad que no puede controlar; alguien que interviene rápidamente en un debate tiene miedo a que se le escape la definición y no controlar la realidad. Debes tener mucha seguridad para observar, ya que no tienes que intervenir en la realidad y definirla conceptualmente como a ti te conviene. En la Cábala, si uno define lo más rápido posible ya tiene que saber que es su peor respuesta. Si pasa una semana, puedo observar tu pregunta, la medito, la paso por otro lado y obtengo una respuesta de orden superior. Mi obligación es comunicarte que la respuesta que te di está en un nivel superficial, pero ahora que medité podría darte una respuesta de mayor profundidad porque observé que había elementos que, ante una respuesta rápida, se me escapaban del concepto que yo había emitido al principio.

El Árbol de las Vidas

Este apartado se refiere a una conformación con los universos que hemos explicado anteriormente. En cuanto al *Adam Qadmon* sabemos que no opera dentro del sistema espaciotemporal, ya que es posterior al *big bang* o *Tzim Tzum*. También tenemos el *Olam* de *Atzilut* o Universo de la Emanación. Ambos *Olamim* operan dentro del *Ein Sof*, pero con el matiz de que *Atzilut* está operando en la línea intermedia entre el Infinito y lo finito, para devenir así en finito. Es decir, está operando en ambos contextos a la vez y en el espaciotemporal se produce el nacimiento de la letra hebrea *Bet*, que representa el mundo de la dualidad, el Universo de la Creación o de *Briá* y el Divino *Ein Sof*.

Todo lo demás es existencia, que es un marco de dualidad entre contenido y forma. Cuando decimos existir, ya definimos forma y estamos definiendo límites, pues estamos dentro del tiempo y del espacio. Dicen los físicos que han pasado entre 13.500 y 15.000 millones de años para la Creación y, en consecuencia, apareció *Yetzirá*, que es el Universo de la Formación. El texto bíblico dice que este Universo se formó en seis días que se corresponde con las seis dimensiones inferiores del Árbol de la Vida: *Guevurá, Jesed, Tiféret, Hod, Netzaj* y *Yesod*. El séptimo día, que es cuando descansó, se creó el Universo de *Asiá*, que es la materia. Las dimensiones superiores son: *Kéter,* que corresponde al *Adam Qadmon; Jojmá*, que corresponde a *Atzilut* y *Biná,* que se corresponde a la *Briá*.

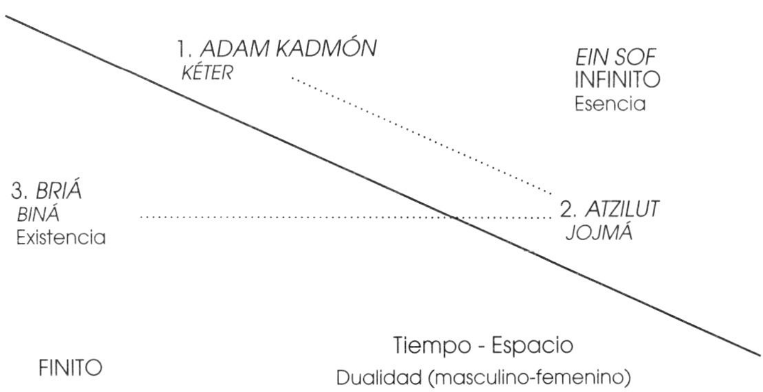

Para los cabalistas, nunca se va a encontrar «La teoría del Todo» con las leyes operativas dentro del universo porque piensan que cuando los físicos comprendan esta teoría entenderán la influencia del Infinito en el Universo, y esa es la variable que falta. Los físicos se están volviendo locos buscando leyes dentro del Universo, pero los cabalistas creen que esas leyes no van a explicar el Universo hasta que se entiendan las leyes del infinito que influencian al universo. No sabemos si pasan por agujeros negros o por dónde pasan esas leyes de trasvase del Infinito a lo finito.

Las seis dimensiones de Universo de *Yetzirá* marcan el norte, sur, este, oeste, alto y bajo. Es muy difícil definirlo en el espacio, porque no hay norte; esos puntos cardinales en el espacio no están definidos como norte, pero sí están definidos como una permutación del nombre de D*os. Esto quiere decir que las distancias en el Universo están definidas por estas permutaciones o cambios en los nombres de D*os. Cada universo es un fractal del otro por lo tanto, este Árbol de la Vida es el ADN general que se va a reproducir en todos lados. Nuestro ADN, en *Yetzirá*, lo encontraremos en el nivel de *Ruaj*. Los niveles de energías están en correspondencia con los niveles del cuerpo:

- *Nefesh* corresponde a la zona del hígado y parte gastrointestinal.
- *Ruaj* es la parte cardíaca.
- *Neshamá,* tiene que ver con el cerebro.

«El alma está en el cerebro. Cuando una persona muere, del cerebro sale el alma».

NAJMAN DE BRESLEV

Los cabalistas dicen: «Todas las partes de cuerpo están diseñadas para satisfacer las necesidades del cerebro». En el cerebro es donde está el alma, pero el alma no es el cerebro. Cuidado con lo que piensa el cerebro, no es la *Neshamá*, es el *Ruaj*. Una cosa es la carcasa y otra cosa es el contenido de la carcasa. El cerebro es un *Klí* de la *Neshamá*.

Las vestimentas dentro del alma

«Recuerda que todas las vestimentas que te estás poniendo cada día, tienen alguna relación con tu esencia».

MARIO SABAN

Si analizamos las vestimentas dentro del alma, puedes ver algo de la esencia, porque el estilo se mantiene. Si tú desconoces el sentido de tu *Neshamá*, las vestimentas pueden creer que van solas, y eso es el Satán. El problema es qué hacemos con los condicionamientos, concretamente con los relacionados con nuestra educación, porque ese es el sistema del *Ruaj*. La *Neshamá* se cansa y se puede enfermar. A veces hay partes del *Ruaj* que coinciden con la *Neshamá,* hay una parte de la vestimenta que está al servicio del *Tikún*. Definimos la parte del *Ruaj* que no está al servicio de la *Neshamá* como la parte oscura. Yo soy el que me provoqué la parte oscura, porque mi identidad no es con el deber ser sino con lo que soy, pero el deber ser me bloquea y me manda a la parte oscura. La parte oscura es una parte de la vestimenta que no quiere que yo haga la rectificación porque me está identificando con otra parte. Entonces hay un proceso de disociación y no sé quién soy en la Cábala, porque soy el deber ser del *Ruaj* o soy el reclamo de la *Neshamá*.

Hay gente con el *Ruaj* totalmente bloqueado que no puede hacer *Tikún*. Pero también hay gente que quiere ser honesta por completo. La honestidad tiene un problema por la condena social, ya que el *Ruaj* tiene la identificación social del grupo y puede que el grupo no te reconozca en su identidad, incluso puedes provocar en el grupo una proyección del *Tikún* que tendrían que hacer los demás. Con lo cual tú estás haciendo tu *Tikún* y te están odiando porque se sienten proyectados en su frustración de lo que a ellos les gustaría hacer, ya que la familia siempre tiene grupos de almas diferentes, porque viene para satanizar y aprender. La familia es el primer obstáculo para que el alma saque la *Neshamá*; es decir, la familia está diseñada para crear solamente *Ruaj*, que es el sistema de seguridad por identificación. No es intencional, es natural y estás adscrito al grupo.

¿Cómo hago para que la vestimenta esté al servicio de la *Neshamá*? Lo primero que tengo que hacer es fijarme en la parte oscura del *Ruaj* y entender que no es oscura. Solo es oscura porque está impidiendo que la *Neshamá* salga a la luz, pero nada más. Cuando una persona llega a la honestidad completa de su vida, la liberación es brutal y alcanza la paz interior. Puede provocar que rompas relaciones, que cambies frente al otro y el otro se dé cuenta. Te transformas en otra cosa que te hace más feliz. Las relaciones cambian, la *Neshamá* debe salir, seguir su curso, pues, si no, puedes enfermar tú o enferma la familia, pensando cualquier cosa de ti: si estás en una secta, si has perdido el raciocinio… Cuando llegas a este nivel de que estás conectado con tu *Neshamá*, no te importa nada. Te ríes de todo, rejuveneces, nadie te entiende. Hay que parecer cuerdo siempre, pero a ti te da lo mismo todo, no solo te importa lo que te tiene que importar, no te afecta a la estructura del yo, porque tú estás en otra conexión.

La *Teshuvá* es el arrepentimiento. Cuando uno regresa a la *Neshamá*, todo lo que hace debe estar en consciencia permanente, experiencia diaria, minuto a segundo. Alguien que se arrepiente de algo es que está desconectado de su *Neshamá* porque ha actuado el *Ruaj*. La materia es tan limitada que es la que te crea tanto conflicto y la *Neshamá* se siente prisionera de la materia. Hay dos tipos de identidades: la superficial y la racional. La superficial genera conflicto permanente ya que no está conectada con su *Neshamá*. Busca conflicto con los demás y tiene una identidad que está exiliada de su *Neshamá*. En dos palabras: el conflicto le es importante porque le da identidad, una identidad agresiva basada en el no contacto con su *Neshamá* interior. En la *Biná* hay un nivel de evaluación, la *Biná* es utilitaria y es la mente racional. Si apoyo a la *Neshamá* y el precio a pagar es un problema familiar, si no le doy apoyo a mi *Neshamá* sigo con la cuestión familiar. Hay un sistema de dolor y placer en el nivel de la mente racional. Debemos captar cuándo va a intentar revelarse la *Neshamá*, observando si el dolor va en aumento. La única forma racional para que la *Biná* defina un cambio en la persona es cuando el dolor sobrepasa el nivel de seguridad.

Universo	**Esfera**	**Alma**	**Atributo**	**Nombre de D*os**	**Letra**
Adam Qadmon	*Kéter*	*Yejidá*	Voluntad Divina Plenitud *Emuná*	*EHYEH*	*Yud* Espina
Atzilut	*Jojmá*	*Jayá*	Iluminación Voluntad	*IH*	*Yud*
Briá Universo del Trono	*Biná*	*Neshamá*	Inteligencia Pensamiento	*IHVH ELOKIM*	*Hei*
Yetzirá	*Yesod*	*Ruaj*	Emoción Palabra	ÉL	*Vav*
Asiá	*Maljut*	*Nefesh*	Instinto Acción	*ADONAI*	*Hei* final

4. El Árbol de la Vida. *Etz jayim*

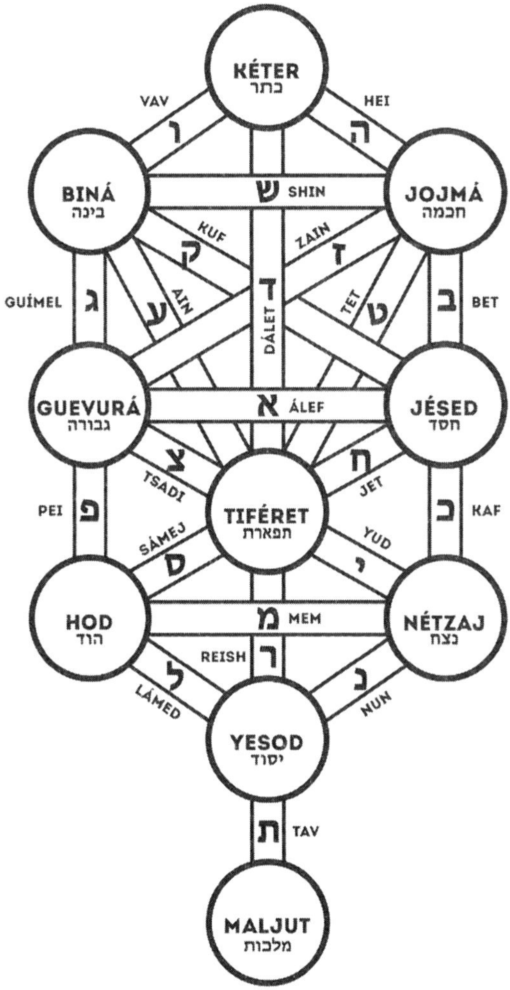

Las dimensiones del Árbol de la Vida

«Por treinta y dos caminos misteriosos de sabiduría, D*os,
el Eterno *Tsebaot*, el D*os de Israel, D*os viviente, D*os Todopoderoso,
elevado y sublime, que habita la Eternidad y cuyo Nombre es Santo,
ha trazado y creado su mundo, bajo tres formas, en la escritura,
en el número y la palabra. Son: diez números principales,
veintidós letras fundamentales, de las cuales tres son principales,
siete dobles y doce simples».

Sefer Yetzirá

«El hombre es el último compuesto que contiene todas las dimensiones».

Abraham Abulafia

El Árbol de la Vida es un sistema de diez dimensiones, atributos o emanaciones divinas, estudiado por los grandes místicos del pueblo de Israel que influye significativamente en la vida de Yeshua, Saulo de Tarso, san Pablo y los primeros cristianos donde D*os está presente. El Árbol de la Vida se menciona por primera vez en la Torá, específicamente en el Génesis (*Bereshit*), donde se dice que, después de que Adán y Eva comieron del Árbol del Conocimiento del Bien y del Mal, el Señor puso una espada de fuego (una espada que brilla con llama por algún poder sobrenatural) alrededor del Árbol para asegurarse de que no pudieran acceder y comer de él nuevamente.

Los cabalistas entienden esta concreta realidad como un fractal del *Tzim Tzum* o autocontracción del *Divino Ein Sof*. Una dimensión o *sefira* en hebreo (plural *sefirot*) puede tener género femenino, masculino o neutro, según la columna en la que se encuentren, pero en esencia es el entrelazamiento y la unión sagrada entre las energías masculinas y femeninas. La estructura *sefirótica* del Árbol se puede estudiar tanto por columnas como por tríadas. Las diez dimensiones se pueden dividir por columnas:

La columna de la derecha: se llama línea masculina, el dar, *Or* o luz. Sus tres dimensiones son: *Netzaj, Jesed* y *Jojmá*.
La columna de la izquierda: es la línea femenina, el recibir, *Klí* o vasija. Sus tres dimensiones son: *Hod, Guevurá* y *Biná*.

La columna central: se llama línea de compartir o androginia, la que une y equilibra los aspectos femenino y masculino. Sus dimensiones son: *Maljut, Yesod, Tiféret* y *Kéter.*

En tres triadas:

La triada superior o *Sejel*: inteligencia, iluminación y pensamiento.
La triada intermedia o corazón: emociones.
La triada inferior: acción, revelación, expresión.

Finalmente, *Maljut* es el que recibe de las tres, siendo el Reino material que recibe energía de todos. Es una dimensión fuera de todas las triadas y recibe la influencia de las nueve dimensiones anteriores.

Asimismo, la Cábala dice que hay dos formas de aumentar la luz: «El camino del amor y el camino del temor» (con respeto a los límites). El camino del amor son las fuerzas expansivas de la luz masculina y el camino del temor son las fuerzas restrictivas del lado femenino.

Un segundo panorama sería lo que sucede en cada *sefira*, ya que, como las diez dimensiones tienen un aspecto femenino y un aspecto masculino, las diez son *Keilim* o recipientes o vasijas. Es decir, que reciben luz y, por lo tanto, son femeninos y masculinos. A veces, todas tienen una posición femenina o una posición masculina, a veces una dimensión da, a veces una dimensión recibe y puede ser la misma dimensión. Entonces, cuando una dimensión es capaz de recibir, está en posición femenina, pero cuando está en condiciones de dar, está en una posición masculina. Todas ellas están en los tres pilares de izquierda, derecha y centro.

El compartir es un dar y recibir a otro nivel, no es el del sistema capitalista, porque no hay equivalencia exacta entre dar y recibir, sino en el nivel medio del compartir. Todas las dimensiones dan y reciben de acuerdo con la posición en que se encuentran. Por lo tanto, hay dos conceptos con respecto a las dimensiones, pues las de la derecha dan, pero también reciben. Así, podríamos decir que *Jojmá* es masculino con respecto a *Biná*, porque *Jojmá* da a la *Biná*, pero *Jojmá* es femenina con respecto a *Kéter*, porque es la que recibe. La dimensión de *Kéter* da hacia el Árbol, pero a su vez recibe del *Ein Sof* del Infinito. *Kéter* es la corona, da y recibe. Los cabalistas dicen que solo hay una dimensión que recibe, que es *Maljut*. Pero pensamos que, si hay el canal *TAV* entre *Yesod* y *Maljut*, quiere decir que desde *Maljut* también doy algo hacia arriba, ya que el canal es bidireccional. *Maljut* es mi experiencia personal y el dar rebota hacia arriba.

La letra *Alef* de consciencia de unidad, *ejad*, está inscrita en cada una de las diez dimensiones o atributos. Es la unificación de todas las dualidades posibles. Es la anulación de la conciencia de fragmentación. Debemos tender a la unidad y no a la división. Es responsabilidad de cada uno de nosotros ejercitar nuestro potencial energético, sabiendo por supuesto cómo posicionar correctamente nuestras energías desde el mapa del Árbol de la Vida. No puedes realizar el *Tikún* del alma si el alma no alcanza su máximo potencial. El estancamiento de uno mismo se produce por la falta de autoconocimiento (*Daat inferior*). Sin embargo, el autoconocimiento es posible. Más allá del autoconocimiento personal y el conocimiento general de *Daat*, podemos lograr la autotransformación, reduciendo así los aspectos negativos (*transgresiones*) y expandiendo los aspectos positivos para que estemos operando un proceso de ascensión constante al yo ideal.

El Árbol de la Vida nos ayudará a alcanzar el nivel de conciencia deseado según el *Klí*. Este cumplimiento es dinámico, según la apertura de *Klí*, por el conocimiento adquirido. La recepción de *Klí* se mide a partir del conocimiento en las diez dimensiones, por lo que sabemos que cada dimensión es un *Klí* diferente y tenemos que operar las descompensaciones entre los *Keilim* para poder recibir el *Orot* que cada nivel dimensional merece. El yo tiende a lograr su propia realización y no hay forma de control que pueda detener este desarrollo, por lo que necesitamos incrementar el nivel de conciencia y entender que desde el Árbol del Conocimiento del Bien y del Mal podemos percibir el Árbol de la Vida. Cuando nos referimos al Árbol de la Vida en el texto del capítulo III de Génesis, que es el Árbol de la Vida Eterna, los cabalistas comprenden que, al conocer estas dimensiones profundamente y saber cómo operan, podemos entender cómo funciona toda la realidad y alcanzar los Universos superiores. Pero hay algo que sucede en el *Tzim Tzum Bet* y es que aparece *Daat*, el conocimiento, la amalgama de energía, que une a todas las *sefirot*. *Daat* es como la sangre que corre por todos los canales del Árbol de la Vida, uniendo permanentemente todas las dimensiones del Árbol.

En el misticismo hebreo, cuando nos referimos al conocimiento, *Daat*, estamos trabajando con la consciencia. Volviendo al Árbol de la Vida, sabemos que hay otro árbol, el llamado Árbol del Conocimiento del Bien y del Mal, el Árbol del *Daat*. En el texto del Génesis, se describe el Árbol de la Vida rodeado de una llama flamígera que bloquea permanentemente el camino para que los seres humanos no puedan acceder al Árbol de la Vida Eterna. Sin embargo, sabemos que hay otro árbol del que comieron nuestros primeros padres y ese árbol que conocemos es *Etz Ha Daat,* es el Árbol del Conocimiento del Bien y del Mal. El misterio es que, para la Cábala, el Árbol del Conocimiento del Bien y del Mal no es un árbol diferente del Árbol de la Vida, aunque en el texto de la Torá aparecen como dos árboles diferentes. De hecho, el Árbol del Conocimiento del Bien y del Mal es un árbol dentro del Árbol de la Vida Eterna. Es como un pequeño árbol dentro del sistema, por lo que es una categoría inferior. El texto de la Torá nos dice que D*os no nos permitió comer del Árbol de la Vida, el Árbol de la Vida Eterna pero también nos dice que nosotros comimos antes de otro árbol, y ese era el Árbol del Conocimiento del Bien y del Mal.

La Cábala nos habla de tres circuncisiones relacionadas con las tres triadas del Árbol de la Vida. En este caso, el concepto de circuncisión es perfeccionar algo que D*os no terminó. El circunciso sería una persona a la que le hace falta cortar algo negativo que tiene.

- La circuncisión de la carne: hace referencia a la zona gastrointestinal. Triada inferior.
- La circuncisión del corazón hace referencia a la rectificación de las emociones, el equilibrio emocional. Triada intermedia.
- La circuncisión de la lengua es una de las herramientas más peligrosas. Triada superior.

Nuestro Árbol de la Vida se encuentra en el Universo de *Yetzirá* y, según los cabalistas, existe un misterio que dice que el *Etz Ha Daat* está dentro del mismo Árbol de la Vida y colocan a *Daat*, el conocimiento, en el plexo solar, donde está por encima de *Tiféret* en el Árbol de la Vida y donde hay un cierto vacío o *Tehom*. Está justo debajo de *Kéter* y por encima de *Tiféret*. Las diferencias entre ambos árboles serían que, mientras que con el Árbol de la Vida nos elevamos en sentido ascendente hacia *Kéter,* la corona, a través de la no *sefira* de *Daat,* con el arbolito o *Iyan,* como le llama Isaac Luria, estamos operando en la parte inferior del Árbol en el mundo inferior. *Daat* opera en general con conceptos que están divididos entre sí. Por lo tanto, se mezclará más y más, pero puede enredarse en la dimensión de *Biná,* en la mente racional. Al girar en torno a muchos de los mismos temas, el miedo queda atrapado dentro de una zona de seguridad, creando un desequilibrio. En consecuencia, el Árbol de la Vida no tiene zona de seguridad, ya que se conecta con el Infinito de *Kéter*. La dimensión más elevada está en conexión con los Universos superiores que, por supuesto, conducirán al Infinito. Una dimensión o *sefira*, de estas diez dimensiones, tiene dos opciones posibles:

- *Midá*: es una dimensión en equilibrio. Es una virtud, hay que saber dónde está el límite.
- *Mojin*: es la denominación de *Midá* para la triada superior de *Kéter*, *Biná* y *Jojmá*.
- *Klipá*: es la dimensión en desequilibrio. La cáscara. El exceso o defecto de la *Midá*.

Toda dimensión, cualquiera, tiene una *Midá* y dos *Klipot,* porque una dimensión que tiene energía en exceso tiene un desequilibrio, y una dimensión que tiene menos energía tiene desequilibrio. Los desequilibrios son dos, pues podemos tener más o menos energía en una *sefira*. Una dimensión que esté en desequilibrio afecta a todas las demás dimensiones, por lo tanto, el sistema se desequilibra y entra un sistema de compensación. Cuando uno tiene una *Klipá* en una dimensión, generalmente, la tiene en todas. Todas van solidariamente al mismo tiempo a equilibrar la *Klipá*, todas se descompensan solidariamente. La vida es un constante desequilibrio. Debemos saber en qué situación se encuentran esos desequilibrios con respecto a los laterales del Árbol de la Vida. Los desequilibrios pueden ser de dos tipos:

- De crecimiento: que te mantengas en paz contigo mismo.
- Los que producen dolor: que no tengas paz contigo mismo.

Si yo quiero crecer, me provoco mis propios desequilibrios, pero no son los mismos que yo no puedo estar controlando y que no me permiten crecer estos últimos son los desequilibrios enquistados en una dimensión. Los desequilibrios que me permiten crecer son los que me permiten fluctuar entre dimensiones, son positivos. «O me estanco o crezco». No se descansa nunca, porque en el momento en que el *Ein Sof* dejó su descanso infinito todo lo que pasa aquí ya no tiene descanso posible. En el otro lado, tampoco se descansa, allí tenemos otra actividad.

> «Se puede descansar en una dimensión, sabiendo que hay que salir de ahí».
>
> Aryeh Kaplan

Hay un concepto de descanso, pero es transitorio. En realidad, en este descanso, lo que hacemos es incorporar partes fragmentadas a la personalidad que todavía no están integradas. Es más actividad en otro nivel. Descanso de la mente racional en la *Biná*, lo que implica que la otra parte intuitiva, la *Jojmá*, esté en movimiento. Siempre hay un movimiento permanente. En un momento dado, nos podemos permitir el lujo de descansar y disfrutar de una dimensión, mientras no se enquiste ahí, porque el ego con tanto disfrute te puede atrapar y hacerte una identificación con esa dimensión. En el descanso puede que el Satán te ataque desde atrás, ya que te ataca cuando bajas la guardia.

Ninguna dimensión es poseedora de la verdad absoluta y no se la puede idolatrar, hay que salir rápidamente, porque la verdad está en el sistema. No se puede negar la dinámica del sistema. Solo se puede descansar transitoriamente. Todo es transitorio. Debemos salir de todo sistema de seguridad mental que te apoltrone en un punto y creas que ese punto es la verdad. La mente humana se autoengaña con el concepto de permanencia. Lo único permanente es el *Ein Sof*, todo el resto es transitorio. Nos aferramos a las cosas o nos apegamos a las personas y es cuando empezamos a sufrir. Todo sistema de identidad es en el fondo un sistema de autoengaño de la mente para crear zonas de seguridad. Si son para crecer, está bien, pero si son para defender nuestra identidad, tenemos un problema. A nivel individual, siempre estoy siendo, cada hora no soy el mismo, mi contexto cambia; la influencia y el nivel de conciencia cambia, por lo tanto, mi verdad va a cambiar porque estaré en otro nivel.

> «Cada hora tiene su propia energía».
>
> Isaac Luria

Estamos en función del crecimiento, que es inevitable, ya que quien no quiere crecer más sale del sistema, porque estamos obligados a crecer o a morir; no hay opción. La idolatría es una muerte en vida, porque quedas afectado en un punto de tu identidad. El Árbol de la Vida se refiere a la estructura de diez, en todos los Universos, desde el Universo más material de *Asiá,* a través del Universo de las diez dimensiones de *Yetzirá,* a través de las diez dimensiones del Universo de *Briá* y después de *Atzilut,* todos tienen diez dimensiones. Existe lo que se llama una descompensación energética entre *sefirot*, ya que cada *sefira* necesita un tipo de energía y no todas necesitan la misma cantidad. Sería necesario mirar cada caso para ver cuánta energía se consume dentro de la realidad. Por eso, es importante saber dónde ponemos nuestras energías en las diferentes situaciones, como cuando tu familia necesita más de ti o cuando el trabajo está consumiendo más energía en tu vida que en otras áreas, etc.

En términos filosóficos, como dice el gran filósofo alemán Markus Gabriel, cada *sefira* podría conceptualizarse como un campo de significado. Es decir, cuando uno llega a pensar en este campo de significado, el argumento es lógico, pero cuando uno abandona ese campo de significado, puede resultar problemático. El problema que plantea la Cábala es que sabemos que los campos de significado están permanentemente unidos. (Cuando hablamos del campo de significado nos estamos refiriendo a las *sefirot* del Árbol de la Vida). Sabemos que existe una conexión permanente entre todas las *sefirot* y esas conexiones que llamamos en hebreo *sinorot* (canales, senderos). Son los canales por los que pasará cada una de las letras hebreas, llevando el *Daat*, enviando energía con conocimiento de una dimensión a otra.

El Árbol del Conocimiento del Bien y del Mal nos mantiene en una situación de análisis, de fragmentación de la dualidad. Sin embargo, el Árbol de la Vida nos lleva al nivel de *Alef*, donde no tenemos conflicto con nadie, porque los conflictos aparecen a nivel de la fragmentación (quiero defender mi tribu, mi territorio, mi religión, a mi familia, etc.). Según los cabalistas, el alma humana hace un esfuerzo para cuidar lo que tiene, ya que tiene miedo de que, de alguna manera en los niveles inferiores, no seamos capaces de manejarlo bien. Como sabemos, los niveles inferiores son muy densos, y debido a su propia densidad es muy difícil operar en ellos. En los mundos superiores es bastante fácil. Hay personas que hacen retiros espirituales, donde todo es más armonioso. El problema real es cuando estamos en nuestra rutina diaria. Por eso, mucha gente vive en una especie de escape de la realidad con ese tipo de retiros espirituales, cuando se debería tener un fuerte compromiso con la realidad. En cuanto a la meditación, sabemos que en la Cábala la meditación debe ser una introspección que te permita entrar al mundo con más fuerza. Nunca debería ser una expresión de cobardía o una falta de introspección cuando se necesita espacio para meditar porque, en realidad, estamos escapando de los problemas de la materia. Entonces, por supuesto, ni meditamos ni resolvemos los problemas de la materia.

La Cábala tiene una consideración importante y es que el mal ya existía en el sistema antes de la primera trasgresión de Adán y Eva. Es decir, no había necesidad de comer del Árbol del Conocimiento del Bien y del Mal para que se creara. El mal ya estaba en la serpiente, en la seducción de la serpiente. El hecho de comer del Árbol fue como un proceso automático de influencia directa de la serpiente, de Satanás, por lo que Adán y Eva adquirieron conciencia cuando perdieron el paraíso. Solo activaron el mal existente, que ya estaba dentro de la serpiente. En consecuencia, es como el primer pan de la vergüenza de la Cábala. Por eso, los cabalistas dicen que el paraíso estaba dentro de ellos, no era algo que estuviera afuera. Cuando perdieron el paraíso, no lo perdieron físicamente hablando, sino simbólicamente, ya que fue expulsado de sus corazones.

Según los cabalistas, el mal fue causado por la colisión de las energías dentro del espacio temporal finito y la desconexión de la Matriz del *Ein Sof*. Según ellos, el mal viene del lado izquierdo del Árbol, donde están las dimensiones femeninas (*Biná, Guevurá, Tiféret, Hod* y *Maljut*); las masculinas están situadas en el lado derecho del árbol: *Kéter, Jojmá, Jesed, Yesod* y *Netzaj*. Volviendo al Árbol de la Vida, debemos hacer un análisis de las diferencias que hay entre los *sefirot*. Lo primero que hay que aclarar es que las dimensiones que están debajo del Árbol no son inferiores porque están abajo y las que están arriba no son superiores debido a su posición. Las de arriba están ubicadas allí porque son las que pueden recibir más energía al tener un *Keilim* más fuerte. Las de abajo pueden recibir menos energía porque tienen *Keilim* más densos y, por lo tanto, son más débiles, más pequeñas. No tienen *Keilim* suficientemente grandes para ser capaces de mantener grandes energías en el modo de la realidad más elevada. En consecuencia, también tenemos diferencias en las dimensiones, según las vasijas de recepción, los *Keilim* porque las vasijas de recepción determinarán cuánta luz podremos llevar. Por lo tanto, los cabalistas se dieron cuenta de que no todos los *Klí* en cada dimensión son iguales. Podemos observar que los *Keilim*, que tenemos en *Maljut* o los *Kelim* que tenemos en *Tiféret* son indudablemente diferentes. Las diferencias dependen de sus magnitudes. Al generar momentos de quietud y paz con tu yo personal te conectarás profundamente con los deseos de tu corazón y el camino que realmente quieres seguir en esta vida, y no estarás permanentemente huyendo porque tendrás dimensiones superiores que reciben más energía.

En resumen, en el Árbol de la Vida tenemos dimensiones superiores que reciben mucha más energía, dimensiones intermedias que reciben más energía, dimensiones intermedias que reciben menos energía y dimensiones inferiores que reciben muy poca energía. Cada vez que nos encogemos de dimensión recibimos menos energía. Esta secuencia por la que disminuye la energía en el Árbol de la Vida se debe a que entra por *Kéter* y continúa por *Jojmá*. Va hacia la derecha y luego hacia la izquierda, toma la línea media y de nuevo repite las líneas derecha e izquierda, oscila y se equilibra. Debido a que hace esto tres veces, es como *Tzim Tzumim*. Toma un punto de referencia, rebota y se dirige hacia la parte masculina expansiva. Entonces el Árbol de la Vida comienza con expansión, porque comienza con *Jojmá*, aunque podemos decir que comienza con *Kéter*. Sin embargo, *Kéter* de hecho es un agujero vacío donde se juntan las energías de los Universos superiores. No se le puede llamar *sefira* con un contenido que le pertenezca. El contenido de *Kéter* no estará en los Universos inferiores, el contenido aparecerá de *Jojmá*, que es la segunda *sefira* desde donde la energía se transfiere a *Biná*. Y esta a su vez la devolverá a *Jesed*, y de esta a *Guevurá*, y de aquí a *Tiféret*. Es decir, tenemos los *Keilim*, donde los recipientes de recepción son mucho más extensos y pueden recibir más en los niveles superiores que en los niveles inferiores, que pueden recibir menos.

Por eso, los cabalistas dicen que el hombre fue creado en la materia, el más inferior de los inferiores. Debemos comprender y valorar los límites que debemos imponernos a nosotros mismos y los límites que nos imponen la naturaleza, D*os y el Cosmos. La Cábala considera que las dimensiones inferiores sufren más porque tienen una fluidez más limitada. Podemos percibir en las relaciones entre los seres humanos que muchas personas no comprenden el valor de la materia y por qué se han encarnado aquí, eclipsando el camino hacia su *Tikún* o rectificación. Aquí el Árbol Cosmogónico tiene seis dimensiones y la última es el Universo de *Asiá* que es la dimensión de *Maljut*. El Árbol de la Vida también se crea para poder describir, claramente, los Universos que corresponden a cada una de las energías que operan.

En general, en la Cábala uno se desdobla intencionalmente para verse el yo oculto, para verse desde fuera. Abraham Abulafia tiene una técnica que se llama «desdoblamiento de la *Neshamá*». Sale la *Neshamá* hacia fuera y te ves desde tu *Neshamá*, esto implica que sabes que lo que estás viendo es falso y que lo verdadero está fuera. La gente se puede asustar. El desdoblado es consciente de que lo desdoblado es verdaderamente él, que está viendo una representación del desdoblado, que no es una proyección del desdoblamiento, sino que hay más realidad en lo que tú has desdoblado que en lo que estás viendo, porque lo que estás viendo son niveles más bajos del alma. Desdoblas el nivel de *Neshamá* frente al *Ruaj* y *Nefesh*. La *Neshamá*, cuando muere y sale del cuerpo, tiene otro tiempo. Cuando el alma sale al otro lado, registra otro tiempo. Si se hace una regresión a una vida pasada, se siente que han pasado dos semanas cuando vivió esa vida pero, en realidad, han pasado seguramente ochocientos años, porque no hay registro del tiempo en el orden del alma.

¿Qué relación tienen los preceptos del judaísmo con el Árbol de la Vida? Has de tener intención en el precepto para que sea trascendente. La base de la Cábala es la intención en el acto o *Kabaná* y no el acto en sí mismo, ya que no refleja la energía. A veces, en un acto de una plegaria, *Tefilá*, de cualquier religión, al no poner intención, claramente no ha habido transformación en tu interior. Por el contrario, tú puedes estar viendo un paisaje maravilloso y puedes percibir un cambio en tu interior, en realidad se produjo un rezo, y encuentras a D*os ahí. Un cambio en tu interior en hebreo es *Tefel*. Veamos el motivo de por qué se bendice la comida. En la vida cotidiana el acto de comer es una necesidad del cuerpo físico, no venimos con la impronta de bendecir nada y en principio no sucede nada cuando uno no ha abierto ese plano de consciencia. El punto de inflexión se da cuando empezamos a ser conscientes de cómo opera la realidad en los mundos invisibles y la repercusión energética de las acciones en otros planos, pues al dotar a la materia de una vibración positiva de alguna forma estoy trascendiendo la materia y su composición, estoy alterando su cuerpo atómico con el hecho de observar y trasmitir un sentimiento consciente. Los cabalistas entienden que el acto de comer no reside en un mero hecho biológico, sino que estamos dotando al sustento de santidad, y de este modo aportamos luz que nutre a nuestro cuerpo sutil. El acto de conexión o trasmisión energética de una forma positiva es dotar a la materia de un sentido trascendente y evolutivo.

«El Mesías está en tu interior».

ABRAHAM ABULAFIA

Buscas tu máxima interioridad para darle trascendencia al acto. Valorar cuál es su función. Hay muchos actos que nosotros hacemos sin consciencia, pero ahí estás como exiliado del acto, no generas un valor dentro de esos actos. La cuestión es si el acto en sí te puede llevar a la conexión. El concepto de teúrgia es que yo, desde mi intención, estoy provocando una elevación.

> «Nosotros hacemos a D*os».
> MEIR IBN GABBAY

A veces, al principio el acto es mecánico pero de repente al octavo día de realizar el acto, te conecta porque hubo una comprensión de la energía teosófica que te vino, porque comprendiste un arquetipo. Estamos en una situación bidireccional, nosotros trabajamos desde abajo en una situación teúrgica para tomar la energía que viene de arriba, pero la energía que viene de arriba, si nosotros la merecemos, se va a depositar en nosotros, de acuerdo con el trabajo que hayamos hecho.

D*os se posa en uno en la medida en que uno está preparado para que se pose, pero uno ha de estar preparado. Hay gente que hace el acto litúrgico aunque no siente nada, pero puede pasar que, en un momento, se le revelaron porque captó los arquetipos que vienen desde arriba y manifiestan o traducen las energías. En Cábala tenemos el acto litúrgico en el que esperamos una expansión y está mi esfuerzo personal en preparar el *Klí* de recepción para que esa energía pueda ir descendiendo.

Vamos a empezar con las *sefirot*.

Acción, revelación y expresión

MALJUT

En hebreo quiere decir «el Reino animal», es la dimensión dentro del plano físico o material, la más baja en densidad, pero no en importancia. Ocupa la décima posición y no posee luz propia, ya que la recibe de las otras nueve emanaciones. El verbo fundamental es tener, lo que tengo físicamente. Lo que tengo o represento materialmente, pero no lo que soy en esencia, no hay que confundirlo. Podemos afirmar que una persona que tiene su equilibrio en esta dimensión es la que vive en armonía con sus posesiones materiales sin ostentaciones que le hagan modificar o trasgredir sus acciones por alcanzar un medio material para lograrlo. Una *Klipá* o desequilibrio en *Maljut* se da cuando la persona no se conforma con su parte y necesita más. Existen dos tipos de desequilibrios o cáscaras en la materia: el primero sería el materialista, la materia en exceso (soy lo que tengo) y el segundo sería el espiritualista radical, es decir, la persona a la que no le interesa la materia sino solo la trascendencia espiritual, y niega la posesión material por la espiritualidad y el culto.

La materia no es lo más importante, pero tiene su función y, por lo tanto, tengo que vivir dentro de un contexto social en el plano físico. Pongamos un caso práctico: no me desvivo para lucir el mejor reloj, pero tengo un reloj normal que me aporta su función, la de saber la hora. Otro desequilibrio podría ser el de la envidia. Una vibración que puede ser producida tanto por el envidioso como por el envidiado, por el que le gusta generar que lo admiren y ser centro de atracción, aunque a veces puede darse inconscientemente claro: un ejemplo de ello lo tenemos en la Biblia con José y sus hermanos. Cada uno percibe la materia de forma diferente, con lo cual el problema de *Maljut* no es la cantidad. Cada dimensión tiene su arquetipo en *Maljut*, el arquetipo bíblico es el Rey David, era el más desequilibrado en la materia. Siempre quería más ejércitos, más castillos, más mujeres, y al final de su vida se enfrentó a sus hijos con el Reino, pues era un ambicioso desmedido en la materia. La virtud en *Maljut* es que puedo ayudar a los demás con muy poco. Quien le sobra debe pensar en quien le falta.

- El arquetipo planetario de *Maljut* es la Tierra.
- La figura arquetípica es el Rey David.
- El color de *Maljut* es el azul oscuro.

Triada inferior: *Yesod*, *Hod* y *Netzaj*

YESOD

Es el fundamento. En *Yesod* están las relaciones con la familia y la pareja, la energía sexual y el ego. La imagen social. Mi personalidad. El amor armónico: besos, abrazos, miradas, caricias... Es donde se unen las energías del receptor femeninas y las energías del dador masculinas. Es la unificación de todas las energías. El arquetipo es *Joseph* del Antiguo Testamento, que era el más desequilibrado del ego. Lo tiraron al pozo porque les dijo a sus hermanos: «Papá me regaló esta túnica de colores». La túnica de colores era muy cara y todos los demás tenían una túnica blanca. En vez de tener la túnica de colores en secreto, ya que era el hijo preferido, dijo «Papá me quiere más», esto es el ego, que está basado en la imagen social. ¿Cómo sabemos si estamos desequilibrados en el ego? El cabalista de Tarragona del siglo XV Yehuda Albotini dice: «Uno tiene ego cuando le afecta el elogio o la crítica, porque si no te afecta ninguno de los dos, entonces tienes bajo control el ego». Rashi, el gran exégeta judío de Francia (1040-1105) dice: «El ego es bueno hasta los cuarenta años, porque motiva mucho a la persona, luego de los cuarenta es muy peligroso».

Para los que tenemos hijos, si mi hija Lola viene y me dice: «Mamá, ¿crees que yo puedo ser directora en investigación de la empresa X de Laboratorios Internacional?», yo le diré: «Sí, claro que sí, y puedes ser mucho más», porque siempre he de motivarle el ego. Dicen los cabalistas que, aunque la persona tenga rasgos de soberbia, hasta los cuarenta hay que motivar el ego, porque si te vuelves humilde antes, bajas la autoestima. Por el contrario, una persona de sesenta años debe crearse una automotivación personal. La situación motivacional debe tener un límite. En *Yesod*, es la motivación exterior la que necesito para crecer, es la reafirmación de mi padre, de mi madre, que me dicen que yo puedo. Los cabalistas dicen: «Hay que motivar a la persona para que tenga a la larga herramientas para cuando se acerca el mal». Motivar el desarrollo del potencial y motivar mucho a la juventud, a los quince, veinte, veinticuatro, treinta años, porque luego el mal lo atacará para seguir subiendo.

Después de los cuarenta años, el ego es muy peligroso porque en realidad me resta energía, va al contrario de lo que yo necesito para motivarme. Ya empiezo a ser el centro del yo y, por lo tanto, me desgasta mucho. No me amplía el yo, sino que lo está restringiendo. Los años a los que nos referimos no son literales, estamos proponiendo más o menos una media, puede que alguien de cincuenta y cinco años necesite un refuerzo motivacional porque tiene muy baja la autoestima. Pero lo que no se haga cuando uno es pequeño es muy difícil hacerlo de mayor. Dicen los judíos españoles: «El ferro se dobla en caliente». Luego ya es muy difícil de educar. Cuando uno es mayor, es difícil de motivar porque ya no se cree tanto el yo. La autoestima genera muchos problemas, porque alguien que tiene baja autoestima no ama correctamente o se puede sentir permanentemente agredido en un sistema de competencias. Alguien con baja autoestima puede quedar bajo los dictados de su pareja o puede vivir en una competencia con ella. La autoestima es uno de los problemas graves que hay que trabajar, porque es totalmente emocional, pero tiene que ver con la educación de la madre, que es la que marca la autoestima, no tanto el padre. Si tienes una madre que te castra, tendrás un problema de autoestima, aunque tu padre te motive. El problema es el cordón umbilical que existe y es lo que recibes de la madre directamente. Si no hubiera madre, esta responsabilidad recaería en la persona que ejerza la función de tutor.

Alguien con mucho ego tiene el yo débil, alguien que tiene el yo fuerte, no necesita del ego, tiene el ego bajo control. El ego es muy defensivo, y se siente atacado. Alguien muy conflictivo tiene baja autoestima porque permanentemente se siente atacado, pero quien no entra en el conflicto es que tiene un yo muy fuerte porque no tiene que trabajar su ego. *Yesod* es la imagen social y el rol que tiene cada uno con los demás. Podríamos decir que un hermano te conoce como hermano, pero no te conoce como tu amigo. Cada uno tiene su rol y cada uno lo cumple. «Nadie te conoce», dicen los cabalistas.

> «La felicidad no depende de los acontecimientos externos,
> sino del modo en que los percibimos».
> LEÓN TOLSTÓI

Los roles son máscaras naturales, son vestimentas, pero soy yo y no soy yo al mismo tiempo, ya que nunca se muestra la totalidad pues está en mi interior. Intento mostrarla, pero me ajusto al rol que estoy desempeñando. La *Klipá* de la *Yesod* es que yo me identifique con el disfraz, ahí están los personajes, por eso los actores sufren tanto. Un actor de Hollywood es un actor mundialmente conocido, pero en su casa es un ser humano más, con su interioridad. Necesitamos de los disfraces, pero el problema es no identificarse con ningún disfraz. El problema es que Yo no soy el disfraz, soy lo que puede ver el otro en el disfraz. El problema de la *Yesod* es que la imagen social, lo que la sociedad me ve, no es nunca lo que yo soy. Lo que yo soy está en mi interior y no lo estoy mostrando. Hay sensaciones y pensamientos míos que no se pueden expresar. Nunca se pueden demostrar.

Las *Klipot* o desequilibrios de la *Yesod* son: el primero sería cuando me escapo de la interiorización del yo, creándome obligaciones y relaciones sociales. Podríamos hablar de esas personas que todos los días están en algún cóctel porque viven para la imagen. Nunca están con el yo persona. Tienen roles sociales y crean imágenes sociales que les permiten escaparse del yo: excesos como el alcoholismo, huir del vacío existencial, en el trabajo, en la espiritualidad. Otra *Klipot* sería el que quiere estar siempre con él, porque todos los demás son inferiores. «No, yo no voy con esta gente porque no está a mi nivel», porque tú estás en el nivel superior y en consecuencia te aíslas de la sociedad. Véase a los ermitaños: «La humildad me da la grandeza».

- El arquetipo planetario de *Yesod* es la Luna.
- La figura arquetípica es Yosef.
- El color de *Yesod* es el naranja.

La espiritualidad de la Cábala no es una espiritualidad de autocontemplación interior, sino que es una autocontemplación interior en una constante interacción social. Tengo que aprender dentro de la sociedad, tengo que aprender en relación con el otro, cómo voy a reaccionar ante la mirada del otro, por eso la Cábala no es autocontemplación.

«La verdad de uno muere con uno».
Najman de Breslev

Mi verdad interior de mi alma total no la va a conocer nadie, aunque haga la mejor biografía de mí mismo. Hay sensaciones y pensamientos míos que quedarán en mi interior y que no se pueden expresar. Nunca se pueden demostrar, porque los modos de expresión son más limitados. La estructura física, tal y como está creada de la realidad, nos limita a la hora de expresar nuestro interior. A mi hija Lola, que la adoro, ¿cuántos abrazos habría de darle para demostrarle mi amor? Los abrazos son mucho más limitados que mi amor hacia ella.

Los modos de manifestación siempre son más limitados, porque lo que sientes siempre es permanente. Dicen los cabalistas que no hay que ponerse ansiosos, porque siempre quedan pensamientos y sentimientos que no se podrán revelar jamás. Por eso, hay mucha gente frustrada en la materia, por los límites que hay, el alma resulta impotente frente a los límites que tiene la materia.

«Cuando aceptamos los límites de la materia, empezamos a ser felices».
Moshe Jaim Luzzato

El soberbio no admite los límites de la materia. Todos los modos de expresión nunca terminan de reflejar todo lo que siento y todo lo que pienso, ya que mis sentimientos y pensamientos pertenecen a un orden superior a lo que yo puedo expresar. Hay que aceptar los límites más bajos de la estructura. Todo el Universo es limitado. Por muchos años luz que vayas, hay una limitación natural, muchas veces nos la queremos saltar. La Cábala nos dice: «Aprende las leyes de las restricciones inferiores, para volcar lo que puedas volcar de la mejor manera». Cuando existe un yo, empieza el problema. El problema es que hay un yo y, hasta que no logres una muerte anticipada del yo, siempre te dará miedo la muerte. Tienes dos formas de matar al yo: la primera es esperar que te lo mate la realidad de la materia, que en algún momento se encargará de ello, o en un nivel más alto, puedes descentrar al yo y llegar a la no existencia. Es lo que hacen los místicos acelerando el proceso simbólico de la muerte. No necesitas morir en la realidad (muerte física), sino morir en tu estructura del yo.

HOD

Gloria. Agradecimiento. Representa el lenguaje estructurado. Se transmiten las emociones: cómo hablamos, cómo escribimos, cómo interpretamos la realidad, cómo expresamos nuestros sentimientos. Honestidad, sinceridad. Podemos coordinar sobre un mismo eje el pensamiento de *Biná*, el sentimiento interior de *Tiféret* y la acción material en *Maljut*.

Hay dos desequilibrios o *Klipot* en la dimesión de *Hod*: uno es la mentira. Cuando alguien utiliza el lenguaje para mentir y su intencionalidad. Pero ahí hay niveles de autoengaño, porque puedo pensar que interpreto, pero en realidad ahí tiene que ver mucho la *Kavaná* o intención más que el acto, la mejor intención. El otro desequilibrio sería decir la verdad cuando no hay que decir la verdad. Porque la verdad no es decir la verdad siempre. Imagínate que te invitan a una boda y no te gusta el vestido de la novia. Sabes que no puedes decírselo porque arruinarías su día de alegría. Otra situación: si yo digo la verdad y hago que dos personas se peleen, estoy cometiendo una transgresión, porque lo importante en este caso es omitir o mentir para que esas dos personas no se enfaden. Si miento para llegar a la paz, es bueno. La Cábala dice: si en una discusión por una herencia pierdes para mantener la paz de la familia, deja parte de la herencia. La verdad radical es agresiva y puede ser fatal, no debes producir conflictos. No crees conflictos por temas económicos. No debe crear conflictos diciendo la verdad, busca en qué contexto debes decir la verdad sin que cause un conflicto. Caemos otra vez en la limitación del lenguaje pero tenemos dos opciones posibles para resolver la cuestión del lenguaje que nos dieron a conocer dos místicos: no tiene sentido escribir, porque cada vez que uno escribe limita, se dogmatiza.

> «No hables tanto, porque el silencio te habla».
>
> Isaac Luria

«Utilicemos el lenguaje hasta sus últimas consecuencias».
ABRAHAM ABULAFIA

El arquetipo bíblico de *Hod* es Aaron, el sacerdote que utilizó el lenguaje para manipular, pues en el texto bíblico habló mal de la mujer de Moisés con su hermana Miriam, rumoreaban que era una mujer negra y la discriminaron. Método de agresión. Estamos en un problema de interpretación, en *Yesod*; a veces, vemos una imagen pero no conocemos todo el contexto. No se puede juzgar. Tenemos una interpretación muy limitada para juzgar la realidad. La tradición de la Cábala nos dice: «Duda de ti mismo hasta el día de tu muerte». Es decir, duda de lo que tú veas, no juzgues rápidamente, porque no sabes qué está pasando. Hemos de poner en suspenso la situación. «Cuando alguien tiene que salvar la vida, tiene que mentir». Mientes para sobrevivir. Supervivencia y conflicto cambian la realidad de todos los mandamientos. Todos los mandamientos de la Torá dicen: «La justicia es superior a toda la Torá», es decir, el mandamiento de no robarás quedaría anulado si tu hijo pasa hambre y robas para que coma. Todos los mandamientos quedan en suspenso por la justicia y la paz.

- El arquetipo planetario de *Hod* es Mercurio.
- La figura arquetípica es Aaron, el primer sacerdote.
- El color de *Hod* es el rosa oscuro.

NETZAJ

Victoria. Es la expresión de los sentimientos. Exterioriza las emociones, es el lenguaje emocional o simbólico. Control de las expresiones: expresión en el arte, en la música, en la pintura, en la danza, cómo miro, cómo abrazo, cómo me expreso. Existe el campo de la creatividad, donde la *Tiféret* desea exteriorizarse. La música es un lenguaje limitado a las frecuencias audibles para el ser humano, ya que hay niveles de hercios a los que no tenemos acceso. Los humanos podemos llegar a oír como máximo una frecuencia de 8.000 hercios, mientras que los gatos pueden alcanzar los 40.000 hercios y los delfines los 100.000 hercios. La pintura es metalenguaje, nos traspasa el arte. Posiblemente, un japonés y yo no nos entenderemos hablando, pero ante un cuadro de Picasso los dos nos sentiremos afectados, habremos superado el lenguaje y estaremos en la misma frecuencia.

Klipá de *Netzaj*: es el descontrol al expresar las emociones: la ira. Un desequilibrio en *Netzaj* sería el hedonismo, que es un placer que te lleva al displacer. Si se lleva al límite, es un problema y desaparece el placer. Podríamos hablar de un alcohólico, que empieza a beber por placer y esa conducta acaba convirtiéndose en un problema. Los extremos que se utilizan como placer pueden dar lugar a desequilibrios. Otro desequilibrio sería negar el placer. Moisés solía tener ataques emocionales. Tuvo un ataque de ira cuando se encontró frente a las aguas y no podía abrirlas, se puso nervioso y golpeó una piedra, tirando las tablas al suelo.

- El arquetipo planetario es Venus.
- La figura arquetípica es Moisés.
- El color de *Netzaj* es el rosa claro.

Las seis *sefirot* restantes pertenecen a la interioridad del alma; desde fuera no hay registro, no se pueden ver. Son *sefirot* del interior, sentimientos y pensamientos.

Triada intermedia: *Jesed, Guevurá* y *Tiféret*

EMOCIONES, SENTIMIENTOS

JESED

Es la misericordia, la bondad, aprendo a dar. Damos amor, aunque el otro no lo necesite. Es la necesidad de dar. Amor adolescente, sin límites, amor platónico. Me perdono, pero no anulo mi responsabilidad. En esta dimensión existe el perdón, ya que no puedo vivir con la carga de la culpabilidad de la conciencia. Esta dimensión es la energía de la *Teshuvá*, del retorno a la esencia bondadosa.

Jesed se escribe:

Delet		*Samej*		*Jet*			
4	+	60	+	8	=	72	(como los 72 nombres de D*os)

La misericordia: «Amarás a tu prójimo como a ti mismo». La misericordia siempre nos otorga una nueva oportunidad para comenzar, nos refuerza la autoestima. Las *Klipot* de *Jesed* son: la humillación (cuando amas más que a ti mismo) y la soberbia (si amas menos que a ti mismo).

La Cábala dice que hay que amarse mucho, porque si uno no se ama mucho no va a poder amar al prójimo y no cumplirá el mandamiento. Es decir, para amar mucho a la gente, debo amarme mucho. La gente lo entiende como egoísmo, pero es incorrecto. Desde el punto de vista de la Cábala, hay que ser tan misericordioso con uno mismo como con los demás.

- El arquetipo planetario es Júpiter, es el planeta más gaseoso.
- La figura arquetípica es el primer patriarca, Abraham.
- El color de *Jesed* es el blanco, mezclado con plata.

El patriarca Abraham era muy desequilibrado en la misericordia, siempre atendía a todo el mundo, siempre invitaba a gente a su casa. Poca solidez.

GUEVURÁ

Es la fortaleza. Los límites de cómo saber decir no. Es muy difícil, porque a veces se asocia el decir Sí al amor. Decir que no es limitar. Tener fuerza para saber establecer los límites, pero no por ello podemos operar con los mismos límites en todas las energías. Aquí aprendo los mecanismos de ajuste y corrección. Es el amor pasional: recibir.

- El arquetipo planetario es Marte, el planeta de la guerra. Como no hay acuerdo en el límite, hay guerra. Es el planeta rojo; todos los países totalitarios tienen el color rojo en su bandera: la Alemania nazi, la Unión Soviética, China, que son dictaduras.
- El arquetipo bíblico de *Guevurá* es Isaac, el segundo patriarca, hijo de Abraham. A los treinta y ocho años fue al sacrificio y quiso morir por D*os. Él se quiso dar en sacrificio por propia voluntad. Es el fundamentalismo religioso. Es peligrosísimo:

> «El extremismo es innecesario en cualquiera de sus formas».
>
> NAJMAN DE BRESLEV

- El color de *Guevurá* es el rojo mezclado con oro. Siempre hay más plata que oro, hay más misericordia que límites.

Las *Klipot* de *Guevurá* son: la iracundia, el resentimiento, la rabia, el extremismo y la severidad. Cuando una persona pone demasiados límites y dice que no en todo momento, cae en la severidad. Puede tener ataques de ira. Esto les ocurre a todos los dictadores.

Dicen los cabalistas que en *Guevurá* se recibe la misericordia. Si tú pones límites, también impones cierto respeto. Para que sea la misericordia equilibrada debes poner el límite, pones *Guevurá*, pero no puedes decir no a todo todos los días. Sin embargo, la misericordia total no existe. Alguien le ha de poner un límite a esa misericordia, que viene de *Jesed*. Si la misericordia está correctamente limitada, entonces, nace el amor, que es *Tiféret*.

TIFÉRET

Es la belleza, la armonía y la paz. La dimensión de la interioridad, el yo interior, la introspección personal. Puro equilibrio entre *Jesed* y *Guevurá*. Es el amor de la madurez, un amor equilibrado: damos amor para compartir. En *Tiféret* encontramos dos virtudes: el amor y la independencia. El yo interior se quiere sentir independiente. La máxima virtud de *Tiféret* es la paz interior.

- El arquetipo planetario es el Sol.
- La figura arquetípica es Jacob, el tercer patriarca que se transforma en Israel.
- El color de *Tiféret* es el verde o el amarillo.

Las *Klipot* pueden clasificarse según su naturaleza. El primer desequilibrio sería el narcisismo: «el sol se mira a sí mismo». Es el centro del sistema solar y se lo cree, pero ante el universo no es nada. El segundo desequilibrio sería la baja autoestima. Significa que no tiene bien construido el yo, que tiene que hacer un trabajo terapéutico porque puede confundir la nada del vacío con la baja autoestima. Para que alguien sea una buena persona, debe tener un buen yo. Por otro lado, la jactancia es baja autoestima y es diferente a la soberbia, que es cuando alguien se infla más de lo que es, mientras que la jactancia es cuando alguien se jacta de lo que es. Otro desequilibrio es el amor a los hijos.

El arquetipo bíblico es Jacob, una figura arquetípica que cambia, porque Jacob es el yo heredado de la tradición de Abraham e Isaac. Es el que hereda, pero el que no quiere heredar y se revela en Israel, pelea contra D*os y le vence. Vencer a D*os es vencer los condicionamientos culturales como Jacob, lo que implica subir al yo potencial. El yo de Jacob es el yo condicionado de mis padres (heredado) y el yo potencial es lo que yo quiero ser (mi propia identidad), y lo que yo quiero ser es Israel. Se busca a sí mismo en el ascenso de consciencia hacia *Kéter*. Aquí tenemos el ascenso al nivel superior.

Una dimensión es una manifestación de energía en muchas áreas, que no necesitas tener como una vinculación. En la dimensión de *Yesod* se contemplan las siguientes manifestaciones: el área sexual, las relaciones sociales y el ego, pero son aspectos que no necesariamente han de estar unidos. Aunque el ego sí está relacionado con las relaciones sociales. Los actos nunca reflejarían las dimensiones. Las *sefirot* son sistemas de energía de compensación. Analizaremos algunas situaciones cotidianas para ver qué dimensiones le corresponden: supongamos que vamos a comprar una falda a un centro comercial. Si nos ponemos en el contexto, veremos que pueden darse las siguientes tres acciones:

- Buscas la falda, la ves y la compras.
- Puede ser que encuentres otra falda, pero esta, en concreto, es tan barata que decides comprarla, a pesar de que no es exactamente la falda que buscabas.
- Estoy en el centro comercial, dando un paseo, no tengo nada concreto que hacer, pero me decido a comprar una falda, que ni siquiera buscaba.

Para la Cábala, la compra de esa falda corresponde a tres dimensiones diferentes: un mismo acto que no está producido por la misma dimensión. Tenemos que averiguar desde dónde se hace el acto. Otra situación podría ser la compra de un cuadro.

- *Netzaj*. Compro el cuadro porque representa algo que mi alma siente.
- *Maljut*. Este cuadro es barato y lo compro.
- *Yesod*. Compro el cuadro para que lo vean mis amigos, muestra el ego.

«El que hace el acto de misericordia en silencio es superior
sin necesidad de reconocimiento».
MAIMÓNIDES

Desde el punto de vista de la Cábala se dice que, si alguien hace un acto de misericordia o caridad por ego, bienvenido sea. No podemos perder la misericordia, aunque haya ego en el acto. Siempre hay un deseo, el deseo ha de estar bien posicionado, lo estoy utilizando para un bien superior. A pesar de que el nivel que se encuentra es de ego, no lo podemos criticar. El tema es que yo no caiga en ese nivel. El alcoholismo, la droga y el trabajo es una huida del vacío existencial.

La espiritualidad puede ser una huida también. El problema que tiene *Tiféret* es que muchas veces mezcla el amor con la dependencia emocional. A diario, nos podemos encontrar con situaciones de *Tiféret*. Por ejemplo: mi amiga viene todos los días a mi casa y no sé cómo frenar esas visitas. He de poner un límite. ¿Cómo se lo digo para que no se ofenda? La *Guevurá* me ayuda a poner el límite. Ahora bien, la *Biná* me puede justificar racionalmente que yo no debería ponerle límites a mi amiga, aunque sienta lo contrario. La *Biná* me hace reflexionar y me condena, piensa que me domina: «No, tú tienes que recibir a tu amiga todos los días, aunque te moleste, porque tienes que mostrarte misericordiosa». Entonces, por *Jesed*, me siento obligado a recibir a mi amiga. Pero es un *Jesed* que está desequilibrado, porque amo más a mi amiga que a mí mismo, entonces es mejor decirle que venga un día o dos a la semana y no todos los días. Es un claro ejemplo de amor e independencia. Te amo, pero ven una vez por semana. Tu amiga se puede enfadar y decirte: «Ah, si no me dejas venir cada día, ya no vengo más». Ese es su Satán, yo ya no me hago cargo, cada uno tiene que hacerse cargo de su Satán, porque es el suyo, es su problema. Se mezcla la dependencia emocional con el amor.

Tiféret tiene dos virtudes: el amor y la independencia. Debo activar la *Guevurá* para poner límites, pero desactivo la *Klipá* de la *Biná,* que me está engañando con que debo ser misericordioso en *Jesed*, para seguir aguantándome límites. ¡Cuatro dimensiones al mismo tiempo! El autoengaño de la *Biná* no dura mucho tiempo porque aparece *Tiféret*, con mucho dolor, lo que nos salva. El nivel de autoexigencia que la *Biná* nos está dando es el nivel de dolor de nuestro interior. Tiene medición posible, la *Biná* sobre *Tiféret* es la exigencia primera de los padres o la exigencia del entorno, luego se vuelve en una exigencia propia. Una autoexigencia que se convierte en no placer.

Triada superior o intelectual: *Kéter*, *Biná* y *Jojmá*

SEJEL: INTELIGENCIA ILUMINATIVA

La triada superior está dividida en dos inteligencias: *Biná*, entendimiento o inteligencia racional y *Jojmá*, sabiduría o inteligencia intuitiva.

KÉTER

Es la corona. Es el conocimiento unificado de toda mi realidad psíquica. Aquí se encuentra la verdad. Es la oscilación entre ambas inteligencias. Es la Esencia de D*os. La *midá* o virtud de *Kéter* es tener consciencia de nuestra mortalidad. Comprensión de la Unidad. Sensación de plenitud por haber cumplido con nuestro proyecto. Ya nos podemos morir. La *Klipá* es creer que uno lo puede todo. Creer, porque lo dicen tus padres, pero tú no lo sientes así. Es la pérdida del objetivo.

La *Klipá* de *Kéter* es la ilusión de que has llegado a algo, a un resultado y no se debe trabajar para alcanzar los resultados, sino por el placer del esfuerzo para aumentar tu *Daat* y, por consiguiente, tu nivel de conciencia. Debes creer que nunca has llegado a *Kéter*, de lo contrario bajarás a la materia, a *Maljut*. *Kéter* funciona como un círculo virtuoso que se mete en la persona. Es muy interesante entrar en este círculo, porque en *Kéter* hay tres características:

Voluntad = *RATZON*
Confianza = *EMUNÁ*
Deleite = *ONEG*

2) *EMUNÁ*
Confianza

1) *IMUN*
Entrenamiento

3) *ONEG*
Deleite/placer

0) *RATZON*
Voluntad

Emuná es confianza, la fe, lo tienes todo. Viene del término hebreo *Imun*, que significa entrenamiento. Esto da lugar al círculo virtuoso. Cada alma entra de distinta manera. Para una primera fase de *Imun*, antes hay un momento cero, en el que has de tener voluntad o *ratzon*. Si no se tiene voluntad, por lo menos deberíamos empezar con el entrenamiento. Comenzar a entrenar me da confianza y fe. La confianza aparece por el entrenamiento y este por la voluntad. Cuando tengo confianza, comienzo a tener placer. Me levanto a entrenar por placer y ahora tengo tanto placer que me refuerza la voluntad, sería el estado de *Kéter*. Es un círculo que se retroalimenta, pues una voluntad sin placer es una autoexigencia, *Klipá* de *Biná,* que veremos más adelante.

Podríamos distinguir entre estudiar por placer o estar obligado a estudiar por tus padres. La base estaría en el placer, que está asociado al deseo, que es el fundamento del Universo, y entras en *Kéter*. Si buscas un resultado es la exigencia de la *Biná*. Cuando llegas al todo entras en éxtasis, nada ni nadie te afecta. Cuando te atacan te da más placer, te refuerzan tu entrenamiento, no es masoquismo de todo lo que tengo que aprender, sino todo al contrario. Es un aumento del deseo, del placer y de la voluntad. Si te ven tan feliz, te quieren destruir. Satán es el mejor para el entrenamiento. Cuando llegas a este estado, es que ya has hecho el *Tikún*. En este nivel, has alcanzado el *Olam Haba* o Mundo Venidero, ya no vuelves, has utilizado la materia para refinar el alma, que ya no necesita volver. No hay más elevación, se mantiene la subjetividad, no desaparece del otro lado. Ya está, se terminó. Por eso, se puede invocar al alma y aparece; si no apareciera, es que ya se reencarnó. El *Tikún* siempre se termina en la materia. Hay almas que, aunque han realizado su *Tikún,* deciden volver a reencarnarse, hacen de *maguid* o guía de otras almas en el Universo de *Asiá*.

- El color de *Kéter* es el transparente.
- El arquetipo planetario es Neptuno.
- La figura arquetípica en *Kéter* no existe, es a partir de nuestro equilibrio que construiremos nuestro arquetipo en *Kéter*.

BINÁ

Es la dimensión del logos, de las formas, de la filología. Trabaja con la lógica tradicional. Matemática lógica. La *Biná* trabaja con el orden sucesivo, no el simultáneo. Podríamos diferenciar A de B. Organiza conceptualmente toda la realidad. Es la conciencia mediadora entre mi yo y la existencia. En *Biná,* hay luz y hay oscuridad. Divide el bien y el mal. No concilia con el mal, le tiene miedo, lo combate. Tiene la ilusión de la seguridad y la virtud de la protección de *Tiféret*, del yo. La *Biná* existe debido a la seguridad, y es altamente competitiva: se gana o se pierde. Quiere el resultado del éxito.

Entendimiento, conciencia de clasificación, orden, inteligencia racional, lógica, cordura. Control de la realidad.

La *Biná* ve el mal como un enemigo. Su virtud es la organización, el útero que revela, la revelación de las formas. La gente inteligente es muy ordenada y organizada, pero tiene muchos miedos porque confía en que su organización la va a salvar de los golpes cosmogónicos. Es su defecto. El inteligente sufre mucho porque cree que va a controlar todos los aspectos de la realidad, y si un aspecto se descontrola, sufre y se enoja. Los perfeccionistas están aquí, los que están limpiando su casa todo el día, también están aquí, los obsesivos con el control y la perfección. También están en la *Biná* los dogmáticos, los que creen que poseen la verdad. Los ideólogos (cerrados en sus ideas), los teólogos (cerrados en su religión) están en la *Klipá* de la *Biná*. También es el hijo del entendimiento, la conceptualización sigue lo que dicta el texto. Conciencia de clasificación, orden, inteligencia racional, lógica, se seduce a sí mismo. Está muy conectada con la *Guevurá*, porque la *Guevurá* es el control de las emociones, también podría estar desconectada de la *Guevurá*. La *Biná* en su *Klipá* es la autojustificación racional de lo que quiero o no cambiar, igual la *Tiféret* quiere hacer un cambio, pero la *Biná* se autojustifica y se convence de que no es el momento de cambiar. A lo mejor sientes en *Tiféret* que quieres cambiar en tu interior, y viene la *Biná* y te dice no, no, mejor mantener todo igual, de lo contrario me tengo que divorciar, etc. Es utilitaria, no es honesta, piensa en su seguridad, pero te vende la moto, te convence y te dice que esto es transitorio, dentro de una semana le dices la verdad y a lo mejor pasan veinte años, pero la *Biná* te mantiene en una posición de deshonestidad por seguridad.

La *Biná* mantiene el *statu quo* para que nada cambie. Todas las justificaciones racionales desde la *Biná* están basadas en esta postura, por eso es muy utilitaria a costa de tu felicidad y de tu honestidad, ya que no le importa nada más que el éxito, la competitividad, el resultado y el dogma; esto es su *Klipá*. La parte buena de *Biná* es su organización, la protección. El problema de conciencia de la *Biná* es que debería ser más evolucionada que la *Tiféret* por estar más superior, pero no lo es en muchos casos. Solamente a veces. Otras veces:

- La *Biná* es pequeña, la *Tiféret* es grande.
- La *Biná* es pequeña, la *Tiféret* es pequeña y *Maljut* es grande.

El problema es que hablamos de conciencia, no del potencial energético del alma. En el potencial energético del alma, la *Biná* debería estar más desarrollada que la *Tiféret* pero, si hay desequilibrio, la *Biná* podría estar más baja que la *Tiféret* o más alta que la *Jojmá*. El arquetipo bíblico de la *Biná* es Eva, la madre protectora, la creadora de las formas. Normalmente, los arquetipos son los más desequilibrados, no malos, porque hacen crecer. Pero Eva sería el equilibrio de la *Biná* porque protege a sus hijos, pero entiende que esa protección es sin control.

Una madre en equilibrio es una *Biná* que, sobre todo, acepta *Jojmá*. Si nos autoinfligimos dolor a través de la *Biná*, ¿cómo es que no liquidamos este desequilibrio? Porque la *Biná* está acostumbrada a recoger la fuerza de la tradición, lo bueno y lo malo es heredado. Nosotros nos causamos dolor, pero mantenemos los patrones heredados. La fuerza que recoge la *Biná* es la tradición. La *Biná* es altamente repetitiva: lo heredado es bueno por definición, por eso mantiene los patrones habituales.

«El mal habitual es el peor».
ABRAHAM ABULAFIA

Porque no puedes ver lo que está mal. Uno no quiere acabar con la tradición, aunque sea negativa. Son patrones operativos. Pero esta exigencia va machacando a la *Tiféret* y uno solamente cambia cuando el dolor es tan brutal que no aguanta más. A la *Biná* no hay que llevarla al extremo, tiene la capacidad de administrar el dolor, pero nos puede llegar a matar si nos resistimos. Cuando entramos a *Jojmá*, le dice al yo que es fuerte. Cuando reconoce su debilidad, cambia el sistema de la *Biná* (el yo fuerte).

Si la *Biná* pasa a *Jojmá* entra en la humildad. Si uno quiere trabajar la humildad, solo tiene que hacer una visita al cementerio y ver las tumbas de los muertos y mirar hacia el universo diciendo: «Soy polvo y cenizas». Uno se tiene que empequeñecer lo máximo que pueda para entrar a la *Jojmá*. Lo importante y el éxito no son las respuestas, sino la calidad de las preguntas. Cuando empiezas a tener placer por la pregunta más que por la respuesta, entras en *Jojmá*.

«El silencio dilata la respuesta para adquirir entendimiento».
NAJMAN DE BRESLEV

La *Klipá* de la *Biná* es el perfeccionista, el dogmático convencido de una única verdad. El dogmático niega a D*os. «La Torá es explorar el Todo», interpretándolo en la Torá. En su texto se encuentra la verdad, el texto no es la verdad literal, dentro se encuentra la verdad. No te puedes alejar de la realidad, las leyes de la Torá se pueden violar en la vida, dependiendo del contexto donde se encuentran.

«No juzgues a tu prójimo, hasta no estar en su lugar».
Avot 2:4

Lilith es el Satán de la *Biná* porque es la mente que me seduce. Solo quiero tener razón y me alejo de la verdad y hay que dar paso al conocimiento real. Debemos recorrer el camino que nos lleva al mundo de las preguntas, que es *Jojmá*, a desarrollar las preguntas. El problema de la Cábala es regresar. Es la *Biná* la que me hace regresar. La *Jojmá* quiere que mi alma se ilumine y suba.

El alma tiene este sistema porque pertenece al mismo proceso del *Tzim Tzum* (expansión-contracción). Podríamos hacer la comparativa con un átomo: los electrones, protones y neutrones se mueven dentro porque hay un núcleo que los atrae, están en movimiento, pero no salen. El núcleo es la fuerza de atracción, hay límite, sino todo volaría, pero en el átomo hay espacio para que se mueva. Si la fuerza de contracción fuera brutal, nada se podría mover, pero si fuese expansiva, todo volaría y no habría núcleo. Si existe el átomo, es por las dos fuerzas: *Jojmá* y *Biná*. El alma pertenece a esas fuerzas. La *Biná* es la estructura nuclear, la que cuida la familia, la comunidad. Su objetivo es la seguridad. Por el contrario, la *Jojmá* es polígama, ama a todo el mundo, porque todo el mundo es mi familia. Hay verdad en las dos si oscilamos. Cuantas más oscilaciones tengamos aparece el *Daat* o conocimiento.

¿Quién tiene la *Klipá* de la *Bina*? El que se seduce con su propia inteligencia, pero quien utiliza la inteligencia para ser feliz, que es el objetivo de la *Jojmá*, entonces emplea la *Biná* correctamente. La *Biná* se puede usar para ganar o para aprender. Si la usas para ganar, es posible que, ganando, no aprendas. Cuidado con ganar en la *Biná*, porque siempre es una victoria pírrica, gana mal, gana por competitividad. Un caso práctico sería un adulto que ganó la copa de golf ante unos niños de cuarto de la ESO. En este caso, a la *Biná* no le interesa jugar con esos niños, le interesa la copa.

La *Biná* hace referencia al Universo de *Briá*. El arcángel es *Metratrón*, es el azul celeste del universo. Es el útero del universo. El manto de la Virgen. El color de la *Biná* es también, el celeste del molusco o púrpura, el lila o el color violeta. En otras tradiciones de la Cábala, la *Biná* aparece como el conjunto de todos los colores. Los colores funcionan superponiéndose. «Mi única verdad es amarilla, mi única verdad es azul, etc.». Cuando superpongo todos los colores aparece el negro, ya que todos quieren ser la única verdad pero, con todos los colores en movimiento, llegamos al blanco. Entonces pasa una cosa misteriosa, todos los colores superpuestos son oscuridad y si tú le dices al color en qué situación se encuentra, y que ayude a todos los colores en movimiento, aparece el blanco. La luz y la oscuridad son los mismos colores, la diferencia es qué vamos a hacer con esos colores. Si a esos colores los utilizamos en conjunto, tenemos blanco, y si a esos colores los utilizamos para combatir, porque tengo una verdad absoluta, aparece la oscuridad y el color negro.

- El arquetipo planetario de la *Biná* es Saturno.
- La figura arquetípica de Biná es Javá o Eva.

JOJMÁ

Si *Biná* es la dimensión de las respuestas, *Jojmá* es la dimensión de las preguntas. Es la *sofia*, la filosofía, la sabiduría. La conciencia y la inteligencia intuitiva. Sabe cómo funciona la realidad y ve el mal como un aprendizaje. Es más flexible y es la humildad. A la *Jojmá* se puede acceder de manera directa, sin necesidad de pasar por otras dimensiones. La felicidad no es el resultado, la felicidad es el camino por transitar.

> «Una persona llega a la sabiduría si entiende que el bien
> y el mal tienen la misma raíz».
> JOSEPH CARO

En *Jojmá* hay un bien y un mal del que se aprende, por lo tanto, el mal es integrado, no es combatido. Se aprende de mi mala tendencia. El inteligente se asusta del mal y lo combate, el sabio lo integra. De mi tendencia hacia el mal, se aprende a crecer. En *Jojmá*, me adelanto al mal, quiero poner la energía en la posición correcta del bien. Pensemos en esta situación: si unos vándalos que rompen autos para producir una violencia fueran contratados en un desguace de coches, se sacaría provecho de su fuerza, ya que harían lo mismo pero en la posición correcta.

¿Quién es sabio? Solo D*os. Por lo tanto, la persona que trabaja en *Jojmá* es el *Talmid Jajam* o aprendiz de sabio. Si estoy en la sabiduría, nunca soy sabio, siempre soy aprendiz de sabio. Si me considero sabio, me ganó la *Biná*. Sabio es el que se considera aprendiz de sabio; el sabio no puede decir nunca que es sabio. Si se considera sabio o lo llaman sabio, está perdiendo sabiduría.

La *Jojmá* es la sabiduría y la humildad. Se entra por la capacidad de hacer preguntas. Hay un nombre en hebreo que está mal traducido: *Tam*, que significa el simple, pero no de tonto, sino de inocente. Para ser sabio hay que ser inocente, porque el estratega es el inteligente. La única estrategia de la *Jojmá* es no tener ninguna estrategia, ya que eso es inocencia en Cábala. Inocencia no es que el otro me utilice, la *Klipá* de *Jesed*, sino que soy inocente sin que nadie me utilice. No me dejo manipular por el otro. Inocencia es simpleza, hacer las cosas simples, fáciles. La mente racional de la *Biná* lo hace todo complejo, difícil. La gente no simplifica por la seducción de la *Biná*. El sabio dice: sé simple, conecta rápido. El concepto de *Jojmá* es expansión. Los cabalistas también la denominan *Koajmá*, la fuerza de la pregunta.

> «Lo complejo en realidad es muy simple».
> NAJMAN DE BRESLEV

- El color de la *Jojmá* es el blanco puro.
- El arquetipo planetario es Urano.
- El arquetipo bíblico de *Jojmá* es *Adán*. La parte de tinieblas es Satán.

Cuando Eva funciona de manera desequilibrada, hablamos del aspecto satánico de Eva, la llamamos Lilith pero, para la tradición de la Cábala, Lilith y Eva son la misma mujer, lo que significa que la primera es la parte de tinieblas de Eva. Satán, representado por la serpiente o *Najash*, sedujo a *Eva, y Adán* fue seducido por Lilith. La parte del *Najash* seduce al equilibrio de Lilith; es decir, que la parte oscura de *Jojmá* seduce al equilibrio de la *Biná* y, por tanto, la parte oscura de la *Biná* seduce al equilibrio de la *Jojmá*. Lo satánico son las tinieblas de Adán y las tinieblas de Eva. Las pretensiones de Lilith son tener relaciones sexuales arriba de Adán. Quiere decir en términos simbólicos que la *Biná* se imponga a la *Jojmá*. Dominar al hombre es la pretensión de Lilith, y Satán pretende dominar a la mujer.

¿Que pretende la Cábala? Que nadie domine a nadie, porque si hay poder no hay equilibrio. Lo que quieren las tinieblas de Adán y Eva es el desequilibrio en la parte luminosa de ambas.

«La Cábala no enseña, insinúa».
MARIO SABAN

Te puedo revelar un concepto desde la *Biná*, pero te estoy ocultando cuatro en la *Jojmá*. Es porque en el concepto de la *Biná* no puede entrar tanta información de la *Jojmá*. La *Biná*, como es más reducida, no puede asumir tanta información de la *Jojmá*. Cada vez que un maestro te revela, te oculta a la vez porque no te puede revelar la totalidad del sentido del concepto. Al concepto tienes que llegar por tu propia *Biná* y tu propia *Jojmá*, para así poder entender la *Jojmá* del otro, ya que no te la puede revelar directamente. Con el tiempo, te das cuenta de que en aquella clase el maestro te quería revelar tal cosa, pero en aquel momento no lo captaste. Los límites de la *Biná* son el lenguaje, por eso, cuando Satán seduce a Eva, lo hace por el lenguaje, le dice: «Seréis como D*oses». La *Klipá* de la *Jojmá* es la locura, a los locos les falta inteligencia. Si un loco organiza su locura, se vuelve sabio.

- *Jojmá* sin *Biná*: es la locura.
- *Biná* sin *Jojmá*: es la locura de la cordura.

¿Quién es sabio? Quien organiza su locura, ¿Quién es el inteligente? El que trabaja los conceptos, pero sabe que esos conceptos están ocultando la sabiduría. Un inteligente bueno ha de ser humilde y sabio; si quieres ser un sabio poderoso, piensas como un loco, pero has de organizar tus pensamientos. El sabio y el loco en Cábala están en el mismo lugar, solamente que mientras el loco se hunde el sabio logra nadar. Alguien que aumenta mucho la sabiduría tiene que saber que llegará a ideas muy locas. Por lo tanto, lo mejor es tener una buena *Biná* para poder estructurar bien el ascenso que vas a tener en *Jojmá*. Si en *Jojmá* ascendemos sin parar y no tenemos paracaídas en *Biná*, entramos en la locura. Cuidado con subir demasiado el nivel de *Jojmá*, no sea que no podamos regresar. Quien me hace regresar es la *Biná*, pues ahí es donde empieza el buen funcionamiento de la *Biná*.

Entonces aparece una paradoja en la estructura del alma que, por su luz, quiere subir al infinito, por eso *Jojmá* quiere volver a su naturaleza. Cuidado, pues en este caso tenemos más capacidad de volvernos locos que sabios. La inteligencia frena, pero el alma quiere sobre todas las cosas volver a su origen. La *Jojmá* es querer integrarse en la energía cósmica, me quiero ir de los límites que me están imponiendo aquí, el alma se quiere ir al Infinito, y la *Biná* le dice que el trabajo está aquí, y la hace volver. La *Jojmá* es una dimensión expansiva, pero no puede ser ilimitada, pues nos llevaría a la locura y a no percibir las formas conceptuales que se aprecian desde la *Biná*. En Cábala, la *Jojmá* dice «corre» y la *Biná* dice «regresa» y esto es al mismo tiempo. La *Jojmá* suele querer más luz, más *Or*, pero la *Biná* debe preocuparse por la expansión del *Klí* o recipiente. Se tiene que llegar a regular un sistema de equilibrio entre *Jojmá* y *Biná*. Cuando oscilamos entre *Jojmá* y *Biná* creamos *Daat*, el conocimiento. La *Jojmá* es el tiempo de estar solos con nosotros mismos, es observar el nivel superior para alcanzar la sabiduría sin el control del pensamiento. La sabiduría es la concepción interior, por la cual nosotros sabemos que todo es unidad.

¿Quién tiene mucha intuición? Aquellas personas que no han estudiado tanto. Las que estudian demasiado crean mucha *Biná*. Los médiums o tarotistas, cuanto más del pueblo sean, más analfabetos sean, tienen más *Jojmá*, ya que no tienen restricción de conceptos. Si alguien estudia mucho, sobre todo si es joven, le es muy difícil llegar a *Jojmá*. El don de la intuición es cuando alguien tiene una predeterminación en los dones. En el planetario, tenemos representados a *Biná* como Saturno, siendo el más importante de la triada superior. *Jojmá* representa a Urano y Kéter a Neptuno. Plutón no es un planeta porque está fuera del sistema.

5. *Daat*, el conocimiento. Las conexiones entre las dimensiones

«Si las diez dimensiones operan en forma correcta, comienza a elevarse la totalidad del Árbol de la Vida a los niveles superiores».
MARIO SABAN

DAAT

Es el conocimiento, la puerta de acceso a *Kéter*, la mente interna, y es una *sefira* invisible que está en todas partes. Un elemento fundamental de la Cábala, porque es la conexión desde el mundo inferior al mundo superior. Su función es la unión, *ljud*, volverse uno con el Todo. A veces se representa como *sefira*, cuando no se cuenta con la dimensión de *Kéter*. Está situada en el centro del Árbol justo debajo de *Kéter*.

El arquetipo de *Daat* es la sangre o *dam* en hebreo que recorre todos los canales en ambas direcciones, los 22 canales de sabiduría. El valor guemátrico de *sangre* es 4 + 40 = 44. *Daat* está en todos los canales. El conocimiento es la materia prima de los canales, tuberías o *sinorot*. Como ya hemos comentado, la función de *Daat* es la unión. Si dividimos la inteligencia de la sabiduría no alcanzamos el conocimiento, que siempre ha de ser unión de partes, aunque sabemos que la inteligencia fragmenta porque quiere clasificar.

El *Daat* es la flexibilidad en su virtud. Está el Sistema de Copulación entre Conciencia expandida o *Mojin de Gadlut* y Conciencia restringida, en hebreo llamada *Mojín de Kadnut*. *Mojín* significa intelectos. Cuando el *Daat* se eleva, la consciencia se eleva. Hay un *Daat* superior, que es la triada superior y tiene que ver con las preguntas del sentido de mi existencia, que me llevan a lo cosmogónico del Universo de *Briá*, las preguntas esenciales. En el *Daat* inferior estarían las preguntas de la vida cotidiana, las relacionadas con las siete dimensiones inferiores. *Daat* refleja en su construcción la fractalidad de todo el Árbol de la Vida. Básicamente, en Cábala cuando yo separo no hay conocimiento, no hay *Daat*.

La *Biná* es la que corta el cordón umbilical, la que de alguna forma separa, fragmenta y crea las formas; en cambio, el contenido está en la *Jojmá*.

Vamos a poner un ejemplo práctico: si hablamos de una mesa, la forma de esta mesa correspondería a la manera de conceptualizar de *Biná* y en la *Jojmá* diríamos que imaginamos los átomos de la madera que la componen. Cuando se produce la unión, es decir, cuando miramos la mesa y sabemos al mismo tiempo que contiene los átomos de la madera, llegamos a *Daat*.

El abismo o vacío existencial, *Tehom,* aparece en la vida cuando uno no encuentra el sentido de su vida y el yo subjetivo de la *Tiféret* empieza a cuestionarse. El *Tehom* se sitúa a la altura de la no *sefira Daat* en el Árbol de la Vida. Llegar al abismo es importante, pues es la primera vez que tenemos la conciencia de que la *Neshamá* debe tener algún sentido. En el abismo aparece la angustia, percibimos la vida como un laberinto. El abismo siempre viene por el canal del medio desde abajo. El vacío del abismo me pone ante la pregunta del sentido de mi vida y la *Biná* no puede afrontar esa pregunta y se activa la *Jojmá* por primera vez para darme la respuesta. Aparece *Daat*. La persona que no es sabia va a vivir en el materialismo más puro o en el vacío más absoluto, porque va a buscar el sentido de su existencia dentro de la *Biná*. Lo primero que se debe hacer es salir de la inteligencia para entrar en *Jojmá*. De esta manera, la *Jojmá* va a la *Tiféret* y le empieza a responder las preguntas existenciales y, por lo tanto, dará comienzo la copulación con la *Biná* y aparecerá *Daat*. Quiere decir que hemos venido al mundo solo para aprender, y lo que el alma ve ya lo ve para siempre.

«El nivel que el alma gana ya no lo pierde más».
JAIM VITAL

La primera vez que hay un estado de iluminación en *Jojmá*, la *Biná* puede reaccionar mal porque es una situación que no controla. La reacción de la *Biná* con respecto a la aparición de *Jojmá,* como nunca lo ha vivido, es un momento muy excitante, pero al mismo tiempo de mucho miedo ya que es el comienzo de un posible desorden. La *Biná* piensa que este acontecimiento puede hacer caer toda la estructura que construyó hace cincuenta años. Se asusta frente a estos cambios de iluminación de la *Jojmá*. La estrategia de la *Biná*, que tiene mucha fuerza, es equilibrar transitoriamente esta situación, entonces pone más énfasis y más fuerza sobre las dimensiones inferiores, va a la *Tiféret,* a *Yesod*, a *Maljut*... ¿Qué ocurre ante esta situación? Actúo como escapatoria en el nivel de *Maljut,* comprándome todo lo que veo en el centro comercial, me compro otro coche, voy de fiesta en fiesta, me cambio de casa, pero podría ser, también, el placer sexual en el nivel de *Yesod* o tomar vino y el alcohol en *Netzaj*. La *Biná* va a redoblar la apuesta sobre la materia porque es la fuga que tiene ante estos estados de iluminación, lo hace para aplacar la angustia. Al otro día de comprarte todo el centro comercial aparece de nuevo la *Jojmá*. La *Biná* pone a trabajar a las siete dimensiones inferiores a tope porque le sobra mucha energía y piensa: «Me sobra salud, me sobra dinero»... Pero las dimensiones inferiores no pueden aguantar esa energía, porque es una energía espiritual que debería ir a las dimensiones superiores.

¿Cómo sabemos nosotros que apareció *Jojmá*? Cuando la persona detecta que está enviando energía acumulada sobre las dimensiones inferiores. La *Biná* entretiene, porque no quiere que pienses en el sentido de la existencia. La *Biná* tiene muchas herramientas en el sistema de la materia, pero son entretenimientos transitorios. La *Biná* te dice: «Tranquilo, si vas a ser director financiero, vas a ser el hombre más feliz del mundo». La *Biná* consigue que te realices como directivo financiero, pero pasados unos meses te das cuenta de que no eres el hombre más feliz del mundo. Entonces la *Biná* te entretiene con las estructuras jerárquicas, te infla el ego. Te va ilusionando con que estás creciendo en el orden de la realidad, resultado de la materia, porque si no tienes que entrar en cuál es el sentido de tu vida pero, como te aterra, te vas metiendo más en el sistema competitivo de la *Biná*. La *Jojmá* está alerta y, cuando menos te lo esperes, volverá al ataque con la pregunta de por qué existe. La *Jojmá* estará todo el tiempo pensando en copular y la *Biná* estará todo el tiempo pensando en sus hijos, que son las siete dimensiones inferiores. Y si la *Biná* no copula, los hijos están obesos abajo, porque solo les da de comer. En *Jojmá* hay una expansión pero, por más que yo tenga expansión, sino hay *Biná*, con conceptos claros, esta expansión no la vamos a ver. El sistema se desequilibra si solo se expande lo espiritual, porque debe estudiar donde colocarlo. A medida que una persona siente más, tiene la obligación de descender más, por eso los más fuertes son los que aprendieron cuando estaban más abajo.

«Las debilidades son nuestras fortalezas».
Aryeh Kaplan

Cada vez que estudiamos Cábala, bajamos información a *Maljut*, pero si no encajamos en acciones esos conceptos que aprendemos a nivel de la realidad no sirve de nada el estudio. Es excelente bajar para equilibrar el nivel de expansión, pero si bajas sin nivel de expansión, te vuelves dogmático y entonces has de tener cuidado al ascender, porque si subes sin conceptos y sin estudiar eres un globo de gas, ya que no integras nada. Actualmente, la religión está perdiendo fuerza porque la gente no se identifica con los detalles litúrgicos y de interpretación. Hay una especie de desesperación espiritual, de necesidad de expandir la conciencia. La fortaleza de la *Biná* se basa en que los conceptos que aprendes te estructuran para luego provocar la desestructura de esa estructura que has construido. En el mundo de la *Tiféret*, la verdad es la paz interior, pero en el nivel superior es la oscilación constante; esa es la verdad. El problema de nuestra mente racional es ponernos en un punto de un extremo. El dogmático es miedoso, pero la *Biná* le enseña para que cuando se eleve, sepa bajar.

La expansión del *Klí* de *Jojmá* en el Árbol se hace trabajando en *Netzaj* en el inferior. El nivel de expresión para trabajar la *Biná* se realiza desde *Hod* y es la lectura. Si triunfamos en el mundo material, la *Biná* hace que nos distorsionemos y es una trampa. La *Biná* domina las siete dimensiones inferiores y dificulta la elevación a *Jojmá*. El que está desapegado a las cosas entra más rápido a la espiritualidad. La *Biná* nos da mucha confianza y ego, que es la vanagloria de la propia inteligencia. Hay que tener más humildad y debemos llegar a la autoestima correcta. A la *Jojmá* voy por humildad con dignidad y sin humillarme en *Jesed*.

La Cábala dice que lo que ha sucedido en el Universo está sucediendo por fractal en mi alma. Yo soy el *Tzim Tzum*. Si yo tengo una cualidad, he de ver la fuerza expansiva de esa cualidad para que no haya desequilibrio. La verdad es la oscilación. La letra *Delet* es la que comunica *Tiféret* con *Kéter* y es la puerta de acceso hacia lo superior. Para poder abrirla hacia arriba, he de tener esa frecuencia de oscilación, entre *Jojmá* y *Biná*. La *Delet* me conduce a una puerta que nunca abrí, porque en realidad las puertas que abrí están abajo, en el nivel inferior. La *Biná* me daba seguridad, pero tiene miedo del conocimiento, porque está abriendo una puerta y no sabemos quiénes somos al otro lado. Si yo abro la puerta que me conduce a quiénes somos o soy o cómo funciona la realidad, en general, tengo miedo a lo desconocido, hasta que interviene la *Jojmá*, que me da confianza para poder abrir la puerta y poder enfrentar, lo que el conocimiento me va a mostrar. Estamos en las respuestas transitorias, pues dentro de tres años cambiaré la respuesta. Leí, crecí y, por lo tanto, la respuesta ya no es exactamente la misma. A cada hora cambiamos de percepción, hay que ser muy flexible.

«El *Daat* es flexibilidad esa es su virtud».
MARIO SABAN

Si tengo todas las respuestas transitorias, ya no discuto con nadie. Si alguien quiere venir a discutir, lo tiene difícil. Si discuto con alguien, estoy en la *Klipá* de *Biná*, porque defiendo una respuesta que considero permanente. Nadie entra en discusión si no se posiciona en una parte. Deberíamos tener la flexibilidad de las posiciones, y así podríamos leer las noticias en distintos periódicos y podríamos contrastarlas. La *Jojmá* es temeraria, le da confianza a *Biná* y la desestabiliza por esa misma confianza. Cuando Satán ataca, primero te da confianza.

«Tenemos la potencia de ir, pero no sabemos a dónde».
MARIO SABAN

Es la *Klipá* de la esperanza. Cuidado con la *Jojmá*. La *Klipá* de la *Biná* es conservadora y la de la *Jojmá* es temeraria, revolucionaria. ¿Mantengo mi casa o me voy a otra casa? La *Jojma* es fuerza expansiva: vamos a invertir, vamos a abrir más sucursales, vamos a jugar a la Bolsa; y la *Biná* es más estructurada, más conservadora, se dedica a su tienda y su caja. La Cábala dice que se pueden hacer las dos cosas a la vez, lo que pasa es que siempre hay tentaciones en el extremo. A partir de los cuarenta años, *Daat* es muy potente, porque antes no tiene experiencia. Hemos de bajar a *Maljut* y tener experiencias. Los cabalistas nos dicen cómo nacieron las *sefirot* en la primera autocontracción del Universo. Cuando se produjo el *Tzim Tzum,* el primer Árbol de la Vida se componía de cuatro *sefirot* y no de diez dimensiones. Por ese motivo, el nacimiento del Universo tiene que ver con nuestro *Daat* en lo *yetzirático* o psicológico. El *Tzim Tzum* empezó en *Tiféret,* debajo de la letra *Alef*, si vas a *Shamáyim* o cielos, es fuego y agua. Cielos es *Alef*. Cuando el universo se expandió y se creó el cielo, la *Alef* se expandió.

Los cabalistas dicen que hay dos hipótesis sobre dónde estaba *Daat:* que estaba donde ahora está *Maljut*, en la posición de *Maljut,* era *Daat*, pero cuando vino la caída del Universo, *Maljut* fue a *Maljut*. Entonces *Daat* fue a la posición original de *Maljut* y las seis dimensiones inferiores se expandieron en el inferior. El *Tikún Olam* es el estado de paz, la rectificación del Universo o reparación del mundo. Es llegar al estado de control del tiempo y el espacio, sería llevar a *Maljut* al nivel de *Daat*, como cuando se creó el

Universo. Nosotros estamos creados en este mundo para el conocimiento, si no tenemos esto claro sentimos un vacío existencial. La angustia de no saber para qué venimos a este mundo y cuál es nuestra misión. El alma puede sentir que nada tiene sentido, el *Tehom* o vacío se llena con el conocimiento. Hemos venido para aprender. La vida del alma es la búsqueda constante de la luz del *Ein Sof*, es el conocimiento permanente, estamos atrapados en un sistema en el que quien no conoce se angustia y el que conoce no se angustia, pero en medio hay mucho dolor.

Kotz, el cabalista, decía que «el camino del conocimiento es un camino de dolor, hasta que el dolor se termina, y el camino del no conocimiento es el camino del dolor que nunca se termina». Por lo tanto, existen dos opciones de dolor:

- El dolor del conocimiento: que te va a liberar del dolor.
- El dolor del no conocimiento: que te angustia y nunca te abandonará.

Si caes en el abismo, aparece este problema, el de que no tiene sentido nada. La *Biná* reacciona, la inteligencia te ayuda, pero, en tu desesperación, la *Biná* te manda al mundo inferior. El problema de la angustia es que no sabes cómo gestionarla. Falla incluso la inteligencia, porque no le encuentra salida. Cuando la persona va a *Jojmá*, entonces sí, porque hay conocimiento, hay *Daat* y podrá salir de ese vacío y subir a *Kéter*, donde encontrará otro vacío. ¡Una locura! La Cábala nos diferencia estos dos vacíos:

- Vacío: tuviste que aguantar el miedo de saber que no eres nada.
- Vacío: ya sabes que estás feliz porque sabes que no eres nada.

La diferencia es que, en el abismo, tú no quieres morir a la nada, y cuando subes al vacío de *Kéter,* subes a una nada que en realidad te libera. El éxtasis de la nada es *Kéter*, la corona. Se alcanza la felicidad. En Cábala, el concepto exacto es deleite u *Oneg*, que es un placer espiritual.

«Cuando se revela más es en el silencio».

ISAAC LURIA

6. El vacío existencial. *Hishtalkelut* o encadenamiento

«El vacío es el espacio donde se produce la oportunidad
de revelar las energías ocultas de nuestra interioridad».
MARIO SABAN

El vacío existencial es un problema y la única forma de salir de él es a través del conocimiento, del *Daat*. La Cábala es la gnosis judía, ya que es un camino de conocimiento y no de creencia. Hay tres vacíos en el Árbol de la Vida a nivel superior:

- Al «no sé para qué vivo» se suele llegar a los cuarenta años, si antes hemos trabajado las dimensiones inferiores del Árbol. Llegar al vacío existencial es bueno, porque se deduce que las siete *sefirot* anteriores están bien trabajadas. Si se siente el vacío antes de los veinte o los treinta años es peligroso, porque no se tiene un yo estructurado para aguantar el vacío. Como hasta aquí su familia le ha dado todo, no tiene fuerza para crecer por sí mismo.
- El *Tehom* o abismo. Se sabe quién está en el abismo por los sueños que tiene ya que siempre la persona sueña que se cae por un precipicio o sueña que está por caer simplemente por el precipicio.
- *Kéter*, la corona, también es vacío, pero es diferente, porque aquí se comprende por qué existe el vacío.

«En Cábala descendemos al abismo existencial porque tenemos las herramientas para un regreso asegurado».
RABÍ ABRAHAM ISAAC KOOK

Cuando no comprendo por qué existe el vacío, me encuentro angustiado pero si, por lo contrario, lo comprendo, me siento extasiado. Lo más curioso es que es el mismo vacío. Entre el nihilismo de Nieztche y el éxtasis místico, estamos en una fina línea. El nihilista se da cuenta del vacío, pero no resuelve cuál es su sentido, en cambio el místico sí lo resuelve. Sin embargo, para llegar a la mística hay que ser nihilista primero. Es curioso, pero para llegar a la mística casi hay que ser ateo, si se destruye la idea de todo lo que hay, inclusive la idea infantil de D*os, la Cábala será más fácil, pues tendrá el Infinito.

El problema que tenemos es una anomalía en términos espirituales, porque el alma viene desde el *Ein Sof* y no reconoce los límites, le cuesta horrores entenderlos y no quiere estar en un cuerpo tan limitado. Desde el punto de vista del alma, no es normal la comprensión de los límites, por eso gran parte de nuestra rectificación y aprendizaje del alma es aprender sobre los límites que nos pueden frustrar. En consecuencia, el alma está encarcelada. Estamos ante un problema porque la muerte tampoco nos libera de la cárcel, porque cuando cruzamos al otro lado seguimos con la subjetividad. Aprender de los límites implica un secreto que hay en Cábala y es que, si analizas profundamente los límites, estos no existen en un orden superior. El límite que percibes en un orden inferior no se distingue desde el orden superior. Nosotros percibimos límites a partir de nuestra ignorancia, pero a medida que vamos aumentando el nivel de conciencia y conocimiento dejan de existir. Si nosotros ampliamos el *Klí*, los límites desaparecen y se crean nuevos límites. En el tema de la educación: ¿qué es mejor poner límites a los niños o que los descubran por sí mismos?

> «Para llegar al alma tendríamos que destruir toda educación».
>
> BARUJ ASHLAG

La educación es un condicionamiento terrible para el alma ya que condiciona los límites. Para entender esta posición, tenemos que recurrir a *Hishtalkelut* o encadenamiento, que tiene que ver con las limitaciones de la estructura.

Hishtalkelut o encadenamiento

Universos

ASIÁ	*YETZIRÁ*	*BRIÁ*	*ATZILUT*
			Kéter
			Daat
		Kéter………	*Tiféret*
		Daat………	*Yesod*
	Kéter……………	*Tiféret*…….	*Maljut*
	Daat……………	*Yesod*	
Kéter………	*Tiféret*…….	*Maljut*	
Daat………	*Yesod*		
Tiféret……	*Maljut*		
Yesod			
Maljut		***Daat de Briá:* entras en Cábala**	

El alma llega a este mundo en la materia más baja, no tiene ningún condicionamiento, salvo el biológico. Cuando entra a este mundo, lo hace al mundo de la materia del Universo de *Asiá* y entra en un cuerpo que tiene solamente necesidades biológicas. Entra por *Maljut* del Universo de *Asiá*. En el Universo de *Asiá* tenemos un Árbol de la Vida. Se va desarrollando, tiene nueve, diez, once años, y entra en la función sexual, entra en *Yesod* de *Asiá*, el desarrollo de la adolescencia. Se construye su personalidad, ya no le interesa tanto la materia, pero sigue con sus necesidades biológicas como el comer, pero se va diferenciando de sus padres. Y empieza su camino de autoconocimiento, dieciocho, veinte, veintidós… años, *Tiféret* de *Asiá*, personalidad, amistades, quién es él/ella. Pero además necesita sobrevivir económicamente, y va a estudiar para ejercer una profesión, llega a *Daat*, que es el conocimiento.

Daat le da las herramientas para trabajar y tener sustento en la materia. Imaginemos que después de estudiar trabaja y ha llegado a ser *Kéter* de *Asiá*, un arquitecto, un biólogo, una doctora… que está satisfecha a nivel profesional y llegó donde quería a nivel material. Con esa profesión sobrevivirá en la materia y no tendrá problemas. Ahora viene el encadenamiento. Los cabalistas dicen: cuando una persona llega a *Tiféret* de *Asiá*, se encuentra en *Maljut* de *Yetzirá*, que es el universo del autoconocimiento del yo. Si estás en *Daat* de *Asiá*, estás en *Yesod* de *Yetzirá*; si estás en *Kéter* de *Asiá*, recién estás en la mitad del camino del autoconocimiento personal, por lo tanto, estás en *Tiféret* de *Yetzirá*. Preguntar quién eres es comprender en qué estado estás dentro del Árbol. Pasaste a *Daat* de *Yetzirá*, que es todo el conocimiento no al servicio de mantenerse económicamente en el Universo de *Asiá*, sino el conocimiento que quiero tener para autocomprenderme en el Universo de *Yetzirá*. Como vemos, *Daat* de *Yetzirá* es superior a *Kéter* de *Maljut*. Las cuestiones materiales siguen existiendo, pero ya no son lo fundamental. La prioridad es crecer a nivel del yo: estudio, contemplo, medito, veo mi parte oscura, me reconcilio con mi parte oscura, ya sé todo lo que me pasa, subo, subo... y estoy feliz conmigo, estoy en *Kéter* de *Yetzirá*.

Los cabalistas saben que, si llegaste a *Kéter* de *Yetzirá*, entonces *Tiféret* de *Yetzirá* es *Maljut* de *Briá*. Esto quiere decir que cuando llegaste a la felicidad total con tu yo empezaron las preguntas de qué pasa en el Universo. Cuando entraste en la cosmogonía *Yetzirá* estaba terminada y ahora estás en *Briá*.

Cuando entras en *Daat* de *Briá*, entras en la Cábala. Esto implica que, si estás en *Tiféret* de *Briá*, estás en *Maljut* de *Atzilut,* por lo tanto empiezas a pensar en términos de Eternidad y no de espacio-tiempo. Aquí estás en *Maljut* de *Atziltut*, en *Yesod* de *Atzilut*, y no podemos llegar a *Kéter* de *Briá* porque nuestra capacidad limitada nos impide verla, ya que entraríamos en *Tiféret* de *Atzilut* y nos moriríamos. Nuestro *Klí* físico no aguanta *Kéter* de *Briá*. De acuerdo con el nivel en que te encuentres, estás limitado en algo. Un alma que llega del *Ein Sof* y aparece en lo más bajo de la materia tiene que hacer todo este trabajo. No todos los Árboles en los universos funcionan al mismo nivel. No es lo mismo estudiar para sobrevivir que estudiar para saber quién soy o estudiar para entender los misterios del universo. Los objetivos pertenecen a universos totalmente diferentes. Cuando se plantea la educación ante un problema, la educación está al servicio de la salida profesional, estás en *Daat* de *Asiá*, de autoconocimiento personal estás en *Daat* de *Yetzirá*. Tienes que mirar desde dónde se enfoca. Los universos no se pueden saltar, porque ese es el grado de madurez. En *Asiá* tienes el desarrollo del alma del nivel de *Nefesh*, en *Yetzirá* el nivel de *Ruaj* y en *Briá* el nivel de *Neshamá*. Pasar desde *Daat* de *Yetzirá* a *Kéter* de *Yetzirá* es ver todos los condicionamientos de la educación que te dieron, y liberarte de esos condicionamientos es ir a *Daat* de *Briá*. Aquí hay una paradoja, al niño debemos condicionarlo para que suba y después deberíamos descondicionarlo. La primera etapa de su vida es para educar, pero tiene un límite, y la segunda es para «deseducar», los límites no me sirven porque pueden provocar que no crezca más. Es decir; que cuando aprendo a conducir me enseñan a frenar, pero cuando ya sé conducir no estoy todo el tiempo frenando. Las leyes cambian con respecto a cada Universo.

> «En un nivel, la memoria es buena, pero en otro nivel debes borrar todo lo que conocemos».
>
> Aryeh Kaplan

El *Daat* es diferente en su naturaleza, en uno me ayuda a sobrevivir económicamente y en el otro es un *Daat* de crecimiento. La escuela que se acerca más a esta comprensión de la realidad es la de Montessori y la antroposofía como las escuelas Waldorf Steiner. Todo esto no tiene nada que ver con la edad, aunque hay almas muy evolucionadas, pero lo mejor es no saltarte ningún paso. Si tú sientes que te saltas un paso está «el corre y regresa», que te permite retomar, ya que no te mereces el nivel en el que estás.

> «Todo retroceso en Cábala es avance».
>
> Aryeh Kaplan

Si retrocedes ves la realidad de un modo más sólido, puedes avanzar mucho mejor. Uno tiene que autolimitarse, si no te ha limitado la educación o bien te pega el mal y te limita. Nosotros tenemos libre albedrío, no me limito, porque me limita la realidad. El mal tiene su función y D*os te lo envía, porque uno se lo merece, por no ponerse el límite a sí mismo. Por amor o por temor, el límite llega. El mal hace de correctivo para subir más rápido.

> «El sabio entiende con su propio entendimiento».
>
> Sefer Yetzirá

Otro caso es cuando un niño tiene un talento. A veces, los talentos son potencialidades que no tienen que ver con la felicidad, porque no tienen que ver con el carácter predeterminado del alma, no es su sentido en la vida. En Occidente se confunde el talento con el sentido de la vida, pero el éxito en la realidad no es el talento, que es donde uno se siente feliz. El talento se desarrolla porque es biológico. Cuando estés en *Daat* de *Briá*, puedes activar *Daat* de *Asiá*. La trascendencia no implica que no estés en funcionamiento, puede haber desequilibrios, no para descender sino para ascender más. Repito que el retroceso es avance.

> «Cuando una luz baja y la hacemos subir, ya no sube al mismo lugar».
>
> JAIM VITAL

Es decir, estudio Cábala y trabajo lo espiritual de ascensión de consciencia, pero en Navidad me reúno con la familia y me peleo con un familiar, esto no tiene sentido. El nivel de ascenso supone poder controlar un ataque en esa cena, hace de correctivo para subir más.

Dice la Cábala: «Todo lo que sean desequilibrios en el inferior me provoca subir a un nivel superior». Nosotros bajamos a la materia y podemos llegar a *Atzilut*, por eso dice el Zohar que nos envidian los Ángeles en *Yetzirá* y los Arcángeles en *Briá*. Ellos no pueden subir más porque nacieron ahí, están hipotecados ahí. Nosotros sí podemos cambiar de universos, podemos subir a *Atzilut,* porque venimos de la materia. Cada uno encuentra el sentido de su vida. Hay dos historias que nos pueden dar ejemplo, que ocurrieron en un campo de exterminio durante la Segunda Guerra Mundial: una fue el caso de Viktor Frankl, que encontró el sentido de su vida en lo peor de la materia. Percibió los universos superiores en lo peor de los inferiores. Otro caso fue el de Primo Levi, que percibió los inferiores y luego se pegó un tiro. No pudo aguantar, no tenía los superiores, no encontró el sentido, no vio la luz. Son dos modelos de ser humano. Hay gente que cae y no se puede recuperar y gente que, al contrario, ve más luz desde más abajo.

7. Los 22 senderos o *sinorot*. Las letras hebreas

«El camino de la iluminación es aceptar lo zigzagueante de su curso».

MARIO SATZ

Todas las energías del universo existen para cumplir una función, el problema es que muchas veces no conocemos esa función. Las diez *sefirot* tienen la misma estructura, son dinámicas, dependen unas de las otras, se diferencian por diferentes energías y vibraciones. Están interrelacionadas, todas son fractales de todas, porque tienen un Árbol de la Vida en su interior. Una persona se siente realizada en la materia. Desde el punto de vista del alma, las *sefirot*, están todas activadas, pero no somos conscientes.

«La única forma de ascender espiritualmente
es trabajar y dominar nuestros desequilibrios dimensionales».

MARIO SABAN

En realidad, la estructura está, pero el problema es qué dimensión se está activando y cuál no. La actividad de cada una sería el grado de consciencia que tenemos cada uno en cada dimensión. Por eso es importante *Daat*, la consciencia. Cuando uno analiza el Árbol de la Vida y las diez dimensiones en Cábala, a la *Biná* le damos un mapa de orden porque está distraída. Este carro te dará consciencia a través de *Daat*. Cuando esté bien alineado y trabajado el carro, y las dimensiones en dinámica constante, ya puedes acceder al Infinito, *Kéter*.

«Cuando ya no hay camino, tú mismo eres el camino».

SAN JUAN DE LA CRUZ

El camino soy yo. Se estudia Cábala para encontrar el camino que tenemos en nuestro interior. El alma busca su propio camino. Estudiando Cábala, ingresaremos en un mundo de revelación interior, alcanzando la luz.

«Nosotros entre los senderos del Árbol de la vida, tenemos dos niveles, el sendero general y el sendero personal, que tenemos que construir dentro del sendero general».

ARYEH KAPLAN

En el Árbol de la Vida hay una unión extraña entre subjetividad y objetividad porque los senderos son subjetivos, pero las *sefirot* son objetivas. Cada uno transita los 22 senderos, pero cada uno a su manera. Mi realización en el sendero es mía absolutamente, yo decido cómo voy de una *sefira* a otra. En los canales hay libre albedrío y las *sefirot* están predeterminadas.

Los 22 canales se corresponden con el *Tzim Tzum Bet*. La primera autocontracción, *Tzim Tzum Alef*, eran energías que entraban sin control y con toda la fuerza chocaron entre sí. Cuando estas energías vuelven a aparecer en el *Tzim Tzum Bet* tienen una diferencia y es que entran en la realidad del Universo con algo que las une, es *Daat*, es la consciencia, el conocimiento. En los canales del Árbol de la Vida aparecen a partir del *Tzim Tzum Bet*, las letras consonantes en hebreo son materiales y a las vocales las llaman puntos o rayas, las *Nekudot* o vocales son formas geométricas, no son letras, ya que son vibraciones, pertenecen a la primera autocontracción. Las energías que chocaron en esa autocontracción son energías traducidas por las vocales, como energía pura. Las consonantes son más densas para poder soportar a las vocales.

«Las vocales son el alma de las consonantes, porque las consonantes son el cuerpo de las vocales».

ABRAHAM ABULAFIA

Una consonante no puede vibrar, si no tiene una vocal, que da energía de vibración. En el nivel de *Adam Qadmon*, las energías se representan por las vocales y en el nivel de *Atzilut* por las consonantes. En las consonantes se encuentran los niveles de interrelación entre las energías, porque tienen un nivel más bajo que las vocales. En el libro de la Torá, no hay vocales, pero por tradición sabemos la vocalización, que es interpretativa, por eso los cabalistas dicen que en la era mesiánica las vocales van a cambiar y leeremos otro texto, que está oculto en la vocalización actual. Las almas descubrirán niveles en los que todavía no son conscientes de que los tienen. Ahí descubriremos el verdadero sentido de la Torá, porque cuando llegue el Mesías vocalizará perfectamente el texto. Ahora las herramientas son secretas, el que esté preparado puede alcanzar los niveles de profundidad del alma, no se puede alcanzar rápido, ya que el *Klí* físico no lo aguantaría. El problema de llegar a estos niveles es que hay imposibilidad de transmisión del lenguaje, se llega por merecimiento. Los ciclos son épocas o eras, son eones, grandes períodos de la historia. En la Cábala hay diez épocas, nosotros estamos en 5784, sexta época, entrando en la séptima del calendario hebreo.

- Del 1 al 1000 es la época de *Maljut*.
- Del 1000 al 2000 es la época de *Yesod*.
- Del 2000 al 3000 es la época de *Hod*.
- Del 3000 al 4000 es la época de *Netzaj*.
- Del 4000 al 5000 es la época de *Tiféret*.
- Del 5000 al 6000 es la época de *Guevurá*.
- Del 6000 al 7000 es la época de *Jesed*.
- Del 7000 al 8000 es la época de *Biná*.
- Del 8000 al 9000 es la época de *Jojmá*.
- Del 9000 al 10000 es la época de *Kéter*.

En la época de *Tiféret* nació Abraham Abulafia; se creyó que era el Mesías porque entraba en una época y terminaba otra. Actualmente, estamos en la época de *Guevurá*. Se dice que hasta el 2240 los países van a estar en guerra y la paz se va a producir entre el 2240 y el 2241, cuando pasemos a la época de la misericordia total, del 6000 al 7000. En la época de *Jesed*, desaparecerán todos los estados, «unificación de la Humanidad», desaparecerán las fronteras. Seguimos subiendo al 7000, corresponde al 3240 de nuestra era; en el 8000, en la época de *Biná*, cambiaremos el *Klí* de la inteligencia, el hombre va a desaparecer y seremos sobrehumanos, cambiará nuestra naturaleza, nuestra condición física. En la época de *Jojmá*, será la época de la sabiduría, ya no necesitaremos de nuestro físico, seremos pura energía, por eso empieza la Resurrección de los Muertos, podremos resucitar toda la información que desapareció, después llegaremos a la época de *Kéter*. En el 10000 desaparecerá el tiempo, llegaremos a la Eternidad. Las almas que han hecho el *Tikún* antes ya salen de este sistema. En la época de *Jojmá* se hará el *Tikún* general de todas las almas. En el nivel de *Kéter* dominaremos el tiempo y el espacio. Nuestra mente no entiende todos estos cambios que se van a producir en estas épocas. Nosotros estamos acabando la época de *Guevurá* y todavía nos quedan doscientos años de guerras entre países, de conflictos políticos.

En la época del cristianismo, en la Edad Media, hubo un monje católico que escribió algo parecido a los ciclos, pero pidió que se publicara a su muerte, pues lo hubiesen condenado a morir. Era Joaquín de Fiore, su obra *El Evangelio Eterno* creó la escuela joaquinista del siglo XI de monjes católicos que acabaron siendo perseguidos por la Inquisición. En su obra, hablaba de que había épocas: la época del Antiguo Testamento, la época del Nuevo Testamento y la época del Reino, donde el Nuevo Testamento se iba a caer y la Iglesia caería por completo. Fue una obra perseguida por la Iglesia.

Retomemos el tema de las letras hebreas... Las tuberías o *sinorot* llevan y traen información de las *sefirot*. El elemento simbólico es *dam* o sangre en hebreo, es la representación del movimiento sanguíneo, venas y arterias del cuerpo humano son los llamados senderos.

Delet	+	*Mem*	
4	+	40	= 44 (22 x 2)

Representa los 22 canales bidireccionales. Es decir, no es lo mismo ir de *Tiféret* a *Yesod* que de *Yesod* a *Tiféret*. Son 44 relaciones. *Dam* es la sangre que cuando reconoce que el Infinito es 1, es *Alef*, se convierte en *Adam*. Si reconozco la consciencia que tengo en la sangre, reconoces el Infinito, eres hombre. El alma está en la sangre. *Ruaj* está en *Dam*, en la sangre está la consciencia que nosotros llamamos *Daat*, que circula. Nuestro Árbol de la Vida nació a partir de los elementos del Universo. Hay una explicación cosmogónica a la aparición de nuestro árbol. El punto central, por el cual nace el universo, es *Tiféret*. Imaginemos que se da el *Tzim Tzum*. En Cábala decimos que hay tres tipos de energías fuera del sistema: *Kéter, Jojmá* y *Biná*. Cuando el Infinito realiza su contracción en ese punto, aparece *Tiféret*. En el árbol cosmogónico, *Tiféret* es el centro donde chocó el *Tzim Tzum*, *Tiféret* representa el amor, quiere decir que D*os produjo el Universo por amor. Es el punto uno de expansión y la Alef, está entre *Guevurá* y *Jesed*. Es la primera que aparece en el *Tzim Tzum*.

Isaac Luria dijo que *Daat* es como *Kéter* en nuestra realidad. Como a *Kéter* no llegamos, tenemos a *Daat*, que es el conocimiento. En la Cábala cristiana, *Alef* está entre *Kéter* y *Jojmá*, porque no entendían el Árbol de la Vida desde la construcción cosmogónica. Pensaron que si *Kéter* es la dimensión más alta, indudablemente *Alef* debe estar en *Kéter*. No entendían la

Naturaleza desde la Cábala hebrea, que era en el centro de la *Tiféret*. El primer elemento que aparece en el Universo es la *Shin,* que simboliza el fuego, que es el hidrógeno y el helio. Son los primeros elementos químicos que se ven cuando explota el *big bang*. Los tenemos entre *Biná*, *Daat* y *Jojmá*, estos elementos se van a revelar y aparece la fuerza expansiva que *Jojmá* produce, llega a su límite en *Biná*, fuerza de autolimitación y de expansión. *Kéter* aparece como un vacío en el medio. Los tres elementos se revelan dentro del Universo de la *Tiféret*. El vacío de *Kéter* se va a llenar con *Daat*, porque estamos en el *Tzim Tzum Bet*. El punto de *Tiféret* no es el primer punto que se revela, ya que metidas hay *Jojmá, Daat* y *Biná,* y del helio y el hidrógeno aparece el oxígeno igual a *Alef.*

Hidrógeno + helio = *Shin* (fuego)
Hidrógeno + oxígeno = *Mem* (agua)

También aparecen *Hod*, *Yesod* y *Netzaj*. El Árbol va explicando la aparición de los elementos químicos del Universo. Esto fue en el siglo II, época de los cabalistas antiguos.

SHIN + ALEF + MEM

Es el verdadero nombre de D*os oculto, más potente que *Yud Hei Vav Hei*. Por eso hay una paradoja en el mundo judío: la gente dice *Hashem* para ocultar el nombre de D*os y está revelando el nombre más oculto. El cuarto elemento químico es cuando llega el nitrógeno + carbono y se forma la Tierra, que es *Maljut*. Los cuatro elementos de la antigüedad son fuego, aire, agua y tierra, que están en el Árbol de la Vida. Son las cuatro fuerzas cosmogónicas del Universo. En Israel, las cuatro madres son la energía electromagnética, la nuclear débil, la nuclear fuerte y la gravedad que percibimos en el reino de *Maljut*.

Hay tres canales que son tres madres, fundan las contradicciones: en el Árbol de la Vida tenemos la parte izquierda y la parte derecha y tenemos *Shin, Alef* y *Mem,* que unen la máxima dualidad en el campo del Árbol de la Vida. Esa dualidad no existe en *Kéter,* porque está *Alef,* y en *Maljut* está *Alef* también. Todo lo que sucede en el medio es en realidad una contradicción de mi percepción dual que no existe. Cuando yo percibo dual, hombre-mujer, esas dualidades no existen. Son unidades, por eso *Kéter* y *Maljut* son unidad.

La dualidad es un sistema transitorio de distorsión de nuestra percepción. Cuando vemos *Biná* y *Jojmá*, estamos distorsionados, deberíamos ver *Daat* cuando vemos *Guevurá* y *Jesed*, deberíamos ver *Tiféret* cuando vemos *Hod* y *Netzaj*, deberíamos ver *Yesod*. Todas las dualidades son contradictorias. Por naturaleza, las distorsionamos. Nuestra existencia está en la materia, la propia existencia de la materia me marca la distorsión, la dualidad. Los cabalistas nos están diciendo que esta realidad tal como la veo está distorsionada porque la veo como la estoy viendo, la estoy distorsionando. Esto es física cuántica.

«El observador modifica lo observado».
JIDDU KRISHNAMURTI

El Talmud del siglo II nos dice: «Somos lo que vemos». Nos está trasmitiendo el mismo mensaje que la física cuántica. Vemos contradicciones en nuestra estructura, todos nosotros somos asimetría dual: dos piernas, dos ojos, dos manos. Esta construcción dual marcaría un problema en la concepción de lo que estamos viendo. Si nosotros proyectamos la dualidad de lo que somos, estamos distorsionando la realidad, que es el eje *Kéter-Maljut* que se iguala a uno.

Los cabalistas nos dicen que, si aceptamos la dualidad de nuestro ser, estaremos en un conflicto permanente. Cuando una persona dice: «Me siento mal» es porque está viendo dos cosas en contradicción, si no se sentiría bien. Cuando alguien se siente bien es porque percibe *Alef* como una consciencia de unidad; de otro modo, tiene dos *sefirot* peleándose en percepción *Bet*. Satán, antes de atacar, divide, seduce una parte y provoca un desequilibrio. La conciencia es una y no hay dualidad. Para que la oscuridad no nos ataque, debemos tener unidad en todas las *sefirot* de nuestro interior. Los humanos al estar en la materia estamos divididos, pero si subimos al nivel del alma, todo está unido. Si tú te entendieras desde el punto de vista del alma, no tendrías división. Por supuesto, hablamos de la percepción y no de lo físico. Si entro en un nivel de profundidad de mi alma, llegamos a la consciencia de unión, y ese es el trabajo.

El concepto de Amor en hebreo se denomina *Ahavá*, dos que se vuelven uno, *Bet* que se vuelve *Alef*. Si tú no sientes que con el otro eres uno, no hay amor. Pero al mismo tiempo eres dos, porque es *Bet*. Hemos de tener conciencia *Alef* para la unidad. El amor se ha de sentir uno. En la Cábala hay un misterio con respecto al amor, que solo puede venir cuando profundizas sobre la autoestima personal, porque te debes elevar en el nivel de profundidad de tu alma. Yo soy incapaz de amar desde el punto de vista de la Cábala, si yo no hago mi trabajo interior de amarme a mí mismo hacia dentro y descubrirme. Mi autoconocimiento personal profundo me lleva a unos niveles del alma que me unen con el otro, sino tengo incapacidad de amar. El autoconocimiento de *Daat*, que es elevarme en el nivel de conciencia en la rectificación del alma, es que me estoy elevando a un punto en el que me encuentro con todas las almas. Con *Alef* y *Bet* en hebreo, llegamos al Padre, porque en Cábala dos es uno y uno es dos. Es una unidad permanente y detrás de todas las letras está el uno, la *Alef*, el Infinito.

«Son vestimentas del *Ein Sof*».
ABRAHAM ABULAFIA

Cuando digo «Padre Nuestro» se está diciendo que mi *Bet* (dual) se sienta *Alef*. La palabra «padre» ya me une dos en uno, nos sentimos uno, por eso estoy conectado con el Padre, somos todos hijos. El mal aparece cuando dices: «Yo» y te divides del uno.

«Prohibido decir "Yo"».
ISAAC LEVI DE BERDICHEV

Se ha de transformar el yo en consciencia *Alef*. Por el contrario, la consciencia *Bet* es cuando defiendo mis ideas. En Cábala somos transmisores de energía; cuando una persona dice que algo es suyo, vamos por mal camino. Nada es mío. Ni mi yo es mío. Soy transmisor de energía cósmica, pues dentro tenemos el ADN de nuestro padre, y hay que reconocerlo. Hay muchas personas que tienen mala relación con su padre, me refiero al padre literal. En terapia, si tu padre murió, debes crear un padre simbólico en tu interior si quieres curarte. De esa manera, conquistas tu *Jojmá*, te inventas un padre, ya que el literal no funcionó, realizó o no su *Tikún*, y tú no eres responsable, pero sí eres una consecuencia. Has de trabajar la *sefira* aunque ya no esté.

En la tradición de la Cábala hay que ir a hablar a la tumba; es simbólico, porque no hay nada. Cuando tengo una idea que sale de la *Biná* es un fractal del Árbol de la Vida. Toda idea es una mezcla, pues no hay ideas puras. La idea es una energía cósmica que recibes y verbalizas, pero si te apoderas de ella, puede aumentar la soberbia, y eso no es bueno. Los antiguos cabalistas no querían decir que las ideas o manuscritos eran de ellos, que les venía el *Ein Sof*. Hay muchos que no querían que se les nombrara ni en sus tumbas porque querían ser solo un canal. Todo lo contrario de ahora ya que, en Occidente, queremos controlar el saber. Cuando una idea no es tuya, sí la puedes nombrar, pero cuando es tuya, no puedes autocitarte. Es reafirmar el yo, el ego de la *Yesod*. ¡Es una trampa!

En el texto de Isaías, se habla de D*os como madre. En la Cábala, la *Shejiná* es D*os en sentido femenino. La madre recibe, el padre da. Es padre, *Alef,* y madre, *Bet,* ya que la madre tiene sentido de división por el cordón umbilical. Sensación de abandono. En el canal *Biná-Tiféret* es *Ain*, es el canal del libre albedrío o cordón umbilical; hay que cortarlo para volver a construirlo y así se confirma el libre albedrío. La *Biná* tiene mucha fuerza por eso, cuando te separas de la madre, viene una sensación de dualidad que genera el abandono. La sensación de unidad genera sensación de estar en el Todo.

Haremos un esquema de los 22 senderos o canales:

3 MADRES/HORIZONTALES		ENERGÍA dentro del Universo
7 CANALES/VERTICALES		TIEMPO
Kéter- *Tiféret*	Jojmá – *Jesed*	
Tiféret-Yesod	*Jesed- Netzaj*	
Yesod- Maljut	*Biná- Guevurá*	
	Guevurá- Hod	
7 días de la semana de la creación		
7 etapas de construcción del Universo		
12 DIAGONALES		ESPACIO
12 meses del año		
permutación del Nombre de D*os		
12 tribus de Israel		
12 apóstoles		

Einstein sostuvo que las constantes que están operativas en el Universo son tiempo, espacio y energía. El cabalista Aryeh Kaplan dice que, a pesar de que las diagonales son más extensas, se va más rápido porque el Satán no opera tan fuerte. Cuando opera de frente, te ataca más directamente. Los cabalistas dicen: «Cuando encuentras en tu vida un obstáculo, no lo enfrentes, pulverízalo con otra estrategia». Coger a Satán de frente es una obstinación y la gente lo mezcla con voluntad, entonces Satán te confunde. La voluntad es estrategia, es flexible, no es obstinada. No hay que obstinarse en un tema o un libro, si vas a leerlo todo, quizás esa página luego la entiendas con mayor claridad. Hay que dejar el obstáculo y seguir por otro camino. Ese obstáculo se pulveriza solo si tomo una diagonal. En la vida tiene más voluntad el que más flexibilidad tiene y, por lo tanto, es el menos obstinado.

En los canales hay movimientos permanentes de conocimiento de *Daat,* aunque los cabalistas dicen que, cuando alguien baja a *Maljut*, ya no sube consciencia desde abajo. Pero mi maestro sí cree que sube consciencia desde abajo, *Daat* está en medio del *Tehom*. El canal *Kéter-Tiféret*, marcado por la letra *Delet* se corresponde con *Daat*, mi conocimiento experimental o consciencia. Hace que se equilibren las partes izquierda y derecha del Árbol de la Vida. De *Kéter-Maljut* es el equilibrio perfecto. La última trampa de la dualidad es trabajar en la no dualidad de *Kéter*, porque si uno va demasiado a *Kéter*, no está equilibrado en *Maljut*. Sucede que, para llegar a la unidad, la dualidad real, no hay que subir sino bajar también a la materia. Se van desvinculando de la materia y se dualizan más por ir en contra de la materia. La única forma de avanzar es siempre retroceder. *Daat* me dice si yo bajo a *Maljut*, en la medida en que bajo estoy subiendo a *Kéter*, hago el mismo camino. Pero si yo solamente subo a *Kéter* y abandono *Maljut,* entonces en el fondo no subo a *Kéter*. Aparecen los gurús con ego, no intencional, porque trabajan la no dualidad, aparece el ego, utilizan la no dualidad para aumentar la dualidad. ¡No se dan cuenta!

Hay un canal oculto, el canal 23, va de *Tiféret* al *Ein Sof* (te ahorras *Biná, Jojmá* y *Kéter*). No se ve porque pertenece a la *Shin* de cuatro ramas. Hay una tercera letra, la *Shin* de cuatro ramas, que la necesitaremos cuando cambiemos las vocales para descifrar el texto. No sabemos bien cuál es el mensaje. La tradición hebrea tiene la mezuzá que se pone en las puertas y tiene la *Shin* de cuatro ramas.

¿Cuántas energías tenemos?

10 *sefirot*
22 canales: muestran espacio, tiempo y energía

---

32 energías (32 es corazón en hebreo)
1 canal oculto (canal 23) *Shin*

---

33 masonería

Cuando entiendes las 10 *sefirot* y los 22 canales, llegas a *Tiféret*. En Cábala, cuando hablamos de lo cosmogónico, a veces parece que hablemos de nosotros, de cuestiones interiores del alma. Aplicado al alma humana, no dejes la energía en algo que no lo merece, porque puede que estés entrando mal para enfrentar ese obstáculo. Por eso las diagonales son un tema de estrategia. A veces, sin darse cuenta, cuando una persona no quiere resolver un problema personal es porque ese problema forma parte de su identidad. Entonces, hay un problema mayor dentro del problema. Si tú se lo resuelves, le estás desactivando su identidad y nada tiene sentido entonces.

La *Klipá* de *Biná* es el problema. Por lo tanto, tienes que darle sentido antes de resolverle el problema y quitarle su identidad, sino caería en una vida vacía. Hay personas que tienen relaciones problemáticas que dan sentido a su vida, que está basada en esa relación. Son problemas que se enraízan en su identificación y, cuando quieren resolverlo, no saben quiénes son. La persona debe enfrentarse con el sentido de su vida, pues esos problemas son inventados por la mente, con el fin de tener algún sentido en su vida. Es contraproducente. A veces, aparecen problemas insolubles, hay que ver qué estrategia utilizar para que ese problema se resuelva. El problema sería que una contradicción no esté resuelta y solo se puede resolver si se opera en otros niveles. Cuando nos metemos en el problema, lo hacemos irresoluble. El obstáculo hay que dejarlo un tiempo, ir avanzando por esas diagonales y, cuando se vuelve al obstáculo, ya ha dejado de ser un problema. Pueden pasar diez años y darte cuenta. Lo importante del problema son los niveles operativos en los que se encuentra. Es como cuando llega tu hijo pequeño que ha perdido su juguete, no debemos reírnos de él, porque para él es su máximo problema en su nivel. Lo más importante en la vida es ser conscientes de que, si tomamos las diagonales, llegamos más rápido y los problemas desaparecen solos.

8. Análisis de los 22 canales de energía

«Cada descenso nos sitúa en un lugar más elevado».

ZALMAN DE LIADI

Alef y Bet: Jojmá visión de largo plazo y *Biná* visión de corto plazo

El profeta en el nivel de *Jojmá*, su consciencia, percibe anticipadamente. Puede ver cosas que se pueden cumplir o no y no define si es bueno o malo. Si recibes la información antes, puedes modificar la situación antes de que aparezca, depende de cómo reaccione el individuo que la recibe. Puedes actuar con la consecuencia de la información anticipada y, si tú actúas, esa información va a cambiar. Pongamos que estás en una situación mala o buena y *Bet* no la ve venir. Se mete en la situación y reacciona. Si no esperabas estar en esta situación es que no tenías *Jojmá* pues, de haberlo tenido, hubieras actuado en consecuencia. La *Biná* está desprevenida. La gente cree que cuando tiene una *Biná* rápida puede prevenir, al contrario, te metes en bucle, la rapidez te lleva al mismo lugar.

Jojmá es visión a largo plazo, una visión desde arriba es la perspectiva. Cuando nosotros tenemos nivel de consciencia *Bet*, consciencia reactiva, estamos en *Briá,* y cuando uno se eleva a consciencia *Alef*, está en *Atzilut* y ve anticipadamente. Tienes que ver la situación con la elevación del nivel de consciencia, que es lo que produce *Daat* en el Árbol de la Vida. Todo lo que existe en la realidad tiene que salir de sí mismo para dar algo, si no, no tiene sentido. Tiene que trascender, tiene una función que va más allá de sí mismo.

En Cábala hay dos conceptos:

- Vanidad de vanidades: cuando alguien no entiende la trascendencia o función de algo. Se utiliza como fin y no como medio.
- Trascendencia o sentido: si encuentras el sentido de la función, es trascendente. Cuando nosotros logramos encontrar el sentido a algo, somos felices.

Estamos elevando la chispa hacia la Divinidad, estamos ejerciendo la función que tiene, vamos hacia la función correcta. Los sistemas en Cábala siempre son asimétricos, tienen que salir de sí mismos, descubrir la función para trascender. Es muy importante, ya que en cada Universo hay un tipo de energía. Este Universo no está cerrado, es asimétrico, hay apertura, es el vacío. El Ba'al Shem Tov, el fundador del jasidismo, nos habla de este vacío y dice: «El estudiante de Cábala ha de encontrar la falla del sistema». No debemos cerrar el Universo, porque no existe el sistema cerrado. Esta apertura del sistema hacia el nivel superior es *Kéter*, que es el agujero que me permite ir de un sistema a otro. Las leyes cambian según el Universo. Es decir, subimos a *Yetzirá*, que tiene un vacío que nos llevará a *Briá*, el vacío de *Kéter*. A la energía que sube y baja a través del vacío de *Kéter* la llamamos *Daat* o conocimiento. En *Yetzirá* está situada la identidad de nuestro yo.

En Cábala se dice que es una suerte llegar al vacío. Lo que sucede es que la *Biná*, la mente racional, cuida el *statu quo* del nivel en que se encuentra y le aterroriza el vacío, quiere cuidar su casa, su sistema, que todo esté organizado. La *Jojmá* es la que nos muestra el vacío y le dice a la *Biná*: «La casa no es independiente del sistema, el sistema está metido dentro, porque las cosas vienen de fuera». La *Biná* tiene miedo al vacío y no conoce su función, por lo que la persona suele sentirse angustiada. La función del vacío es subir a un nivel superior; la gente quiere crecer, pero le tiene miedo al crecimiento. La *Biná* utiliza las siete dimensiones inferiores como los únicos elementos existentes para tapar el vacío, creando deseos artificiales o superficiales, como ir a gastar al centro comercial, una y otra vez, satisfaciendo su ego... Cuanto más lo tapa sin sentido, más angustia se crea.

El miedo a encontrarse a sí mismo es la clave por la que el yo se da a la fuga, pero uno, si es honesto, se da cuenta. La *Jojmá* al final le dice a *Biná*: «Date cuenta de que hay un vacío y has de pasar por él», entonces la *Biná* se rinde. Toda estructura tiene un vacío en su interior. Los autoengaños son estrategias para acabar de entrar en el vacío, porque para la *Biná* nunca es el momento, es un sistema perverso y el yo queda atrapado en su propia dinámica. Debemos ser conscientes del autoengaño, y la persona tiene que rectificar. La *Biná* se justifica, se autoconvence y hace pasar los autoengaños como deseos reales. Mientras, la *Jojmá* sigue operando, buscando el agujero, buscando la angustia. Si estoy utilizando a la *Biná* transitoriamente, es un autoengañado transitoriamente feliz, per he de saber que los autoengaños son estrategias que con toda certeza acaban llegando al vacío. La *Biná* desgasta la energía en algo que ya no tiene sentido, pues se tendría que liberar la energía para subir.

Cuando entiendes la función del vacío, te liberas y pasas al nivel superior. La función de una persona que estudia Cábala es ir a buscar el vacío, porque la *Biná* se quiere fugar de él, la *Biná* quiere tapar y la Cábala te dice que hay que destapar, en realidad tienes que adelantar la angustia y meterte hasta el final, si no nunca lo vas a terminar de arreglar. Hay que entender que en cada nivel hay una fisura en el sistema, si la encuentras no hay que angustiarse, es la gran oportunidad para elevarte a un nivel superior. Aunque Satán está en todas partes, hay que vigilarlo, pues nos gana cuando dormimos, ya que trabaja vienticuatro horas al día, no hay que bajar la guardia. Hay que aprender y trabajar mucho.

Cuando te liberas de tu *Biná* has acabado con tus miedos, ya no te detiene nadie, pues comienzas el proceso de autoconocimiento. Liberado total. La *Jojmá* quiere que crezcas. Si fuera por la *Biná*, mantendrías el autoengaño, acabarías enfermando y una *Biná* normal tiene que dejar que el hijo se libere de la casa y con la ayuda y la valentía de la *Jojmá*. Para poder pasar a *Kéter*, has de tener deseos, no carencias (los que tienen carencias tienen una autoestima baja). Los deseos están en todas las *sefirot* y el deseo más alto es crecer. Hay que entender la naturaleza de cada *sefira*. Al final, por *Kéter* sube la *Jojmá* con la *Biná*. La *Biná* cree que la dejamos abajo y por eso no quiere subir. Cuando suben juntas y se encuentran en el nivel superior, la *Biná* se siente cómoda, está mejor. La *Biná* es conservadora hasta con lo malo, lo conserva todo, en cambio la *Jojmá* es liberadora. Son dos fuerzas que se necesitan.

Mi fisura es saber dónde me estoy angustiando, y si la he encontrado es una gran oportunidad. En Cábala deberíamos buscar las fisuras de toda realidad, porque ello nos eleva a un nivel superior a través de ese vacío. Si creemos que el sistema está cerrado, estamos en forma dogmática, y el dogmatismo tapa a *Kéter*. ¡No crece más! Las leyes dejan de funcionar cuando llevas algo al extremo, un ejemplo de ello es que si algo va a 290º bajo 0, en 280º se destruye el átomo.

> «La plenitud de la experiencia no es el sentido de la perfección,
> es el alejamiento de todo dogmatismo».
>
> ATLAN

Mientras más problemas tengas, visualizas más el Árbol. En una guerra, no queda pulverizado el Árbol, al contrario, se resitúan todos los valores. Durante el Holocausto, Primo Levi actuó por la influencia de su *Biná* y se suicidó, mientras que, desde el punto de vista de Viktor Frankl, observado desde su *Jojmá*, analizó la guerra y decidió seguir viviendo, dijo: «La vida tiene sentido». Un cabalista que los observaba vio que se abrazaban y lloraban, entonces, apiadado por la situación, les dijo: «A pesar de que no tienen cuarenta años, yo les voy a proponer algo: no dormir en toda la noche para enseñarles Cábala en siete horas... ¿Están de acuerdo?». Ellos respondieron: «¡Si, lo estamos!». Lo curioso fue que, al otro día, los dos jóvenes fueron alegres a la cámara de gas, porque indudablemente les había cambiado la percepción. Seguramente, el cabalista les habló de la reencarnación, ya que cuando la muerte se acerca, la madurez aumenta. Lo importante es la percepción que tienes ante la vida, no solo ante la muerte. Si tu percepción es negativa, la vida es un desastre, pues toda la realidad está de acuerdo con la percepción que tenemos.

Veamos los diferentes niveles de angustia, una es la del vacío, pero es diferente a otras que pueden aparecer por desequilibrios en las *sefirot*, que no son las del vacío por crecimiento. Si la angustia no la puedes poner en una *sefirot*, indudablemente es una angustia para crecer. Sigmund Freud describe la angustia como un sentimiento de melancolía sin motivo que no sabemos cómo se resuelve, ni de dónde viene. No supo percibir que la psique está unida al cosmos y que la solución no está en el interior, sino que está fuera. Cuando nosotros pasamos de Universo, no estamos en las *sefirot* del Árbol, que sube entero; cuando uno pasa el vacío, el Árbol entero pasa arriba. Puede llegar un momento en que tu *Maljut* actual sea el *Kéter* de hace viente años. Te elevas tanto que *Daat* mueve tu percepción de todas las *sefirot*, aumenta tu consciencia y eleva de forma integral todo el Árbol. Imaginemos que viene una chica joven muy apenada porque la dejó su novio y tú en cambio le contestas que tendría que celebrarlo. La chica no entenderá en absoluto la respuesta, pues no tiene sentido por la posición de su Árbol. Las percepciones son distintas.

¿Cuándo sabes si mereces algo y cuándo te estás adelantando? Lo analizaremos desde la función del límite, todo el Universo es *Guevurá*, desde la función del límite, frente al *Ein Sof*. La base de todo es *Guevurá* que está al servicio de *Jesed* del *Ein Sof*. El *Ein Sof* es *Jesed*, pura luz, pero hizo *Tzim Tzum*, en plan *Guevurá* para ver a *Jesed*. Es un tema de la función del límite, lo que se plantea en la pregunta. La parte central del misterio del *Alef* –¿Qué es mundo inferior y qué es mundo superior?– es donde está este límite. Hay un límite que se puede relacionar con el Infinito y otro con los espacios finitos. El límite en el Infinito es un límite relativo porque, si hay Infinito, el Universo se puede expandir infinitamente, así que es un límite transitorio.

Si vamos a lo físico, a la teoría del *big cranch*, el Universo llevado a tal límite de velocidad se expandiría tanto que se descompondría y habría muchos universos. Sería como una pompa de jabón gigante que se rompe en otras más pequeñas, cosmogónicamente. Los límites para la Cábala se tienen que analizar de acuerdo con el contexto donde operamos y en qué universo nos encontramos. En el Universo de *Asiá*, la materia, es donde está más limitado, ya que no todos los límites funcionan igual en todos los universos. En el universo de *Yetzirá* son más extensos. Primero, hemos de situarnos en el Universo. El merecimiento viene de la vasija donde te encuentras. No depende de si soy bueno o si soy malo. Detallemos algunos tipos de merecimiento físico, según la edad de la persona. Un bebé de dos meses de edad no podría estudiar Cábala; un niño de seis años no merece que se le hable de sexo, y un adolescente de quince o dieciséis años no se merece ir a la universidad o casarse. Los 22 canales o senderos unen las *sefirot*. No olvidemos que dentro de los canales está la consciencia llamada *Daat,* que es la que recorre todos los senderos. La letra *Delet* es la puerta. Estamos abriendo puertas en todas las dimensiones. La primera letra es *Alef* en el alfabeto hebreo. Recordemos que la primera letra de la Cábala es *Yud*, porque es cuando se produce el *Tzim Tzum*. *Alef* sería la segunda letra, que es cuando baja al mundo inferior: *Guevurá, Alef, Jesed.*

Jesed---------ALEF--------Guevurá

Alef es la energía del equilibrio y es intermediaria en todos los opuestos. Trabajamos la energía de la no contradicción: la *Consciencia Alef* es la consciencia de comprender que los opuestos en realidad siempre pertenecen a la misma raíz pero que trabajan en oposición aparente dentro del mundo de la fragmentación cuando son en realidad complementarios. Si no existiera *Guevurá*, no se podría revelar a *Jesed*. Si miramos el Árbol de la Vida, *Jesed* va hacia *Guevurá* a través de *Alef*, que es el sistema de intermediación, de no contradicción entre el mundo superior de la *Iod* y el mundo inferior. *Alef* nos está diciendo que no vueles al mundo superior olvidándote del inferior, que no te quedes en la materia de lo inferior sin ascender a lo superior. Es la energía del equilibrio constante, porque equilibra los opuestos en su carácter de Interinclusión, que es ver toda la misericordia que tiene la fuerza y toda la fuerza que tiene la misericordia. Ver en *Jesed* lo que tenemos de *Guevurá* y ver en *Guevurá* lo que tiene de *Jesed*, qué tiene cada uno dentro del otro.

«Uno elige en la pareja lo que querría ser en el otro sexo».
CARL JUNG

En la restricción de la severidad tengo posición de fuerza, soy misericordioso, pero no dejo que me tomen el pelo. Si soy misericordioso sin fuerza me están humillando, y si tengo fuerza sin misericordia, no estoy utilizando la fuerza, porque la fuerza es el elemento limitativo de la misericordia. La fuerza concentra la misericordia en un punto, *Jesed* es la misericordia expansiva y *Guevurá* es la misericordia restringida, y si lo pasamos a lo cosmogónico, tenemos en el mundo superior la expansión de la luz y en el inferior la restricción de la luz. *Alef* viene del término *Avir*, respirar. Cuando entra el aire, los pulmones se expanden, es la *Yud* superior, y cuando sacamos el aire, restricción, es la *Yud* inferior, por ese motivo es la meditación. Utilizamos la energía *Alef* para meditar. Estamos en un sistema de oscilación constante.

Vamos a *Guevurá* sin olvidarnos nunca de la misericordia, porque la *Guevurá* está al servicio de la misericordia y cuando yo estoy en la *Guevurá* no me olvido, porque ambas están en el mismo sistema. Es la oscilación constante que mantiene el equilibrio de todos los opuestos, ya que fueron creados para que oscile la energía. No hay opuestos contradictorios y enfrentados, siempre son opuestos que se van a ayudar entre sí, son complementarios. Si yo encuentro las energías como contradictorias, me encuentro en la *Biná*. Si las entiendo como complementarias estoy en la *Jojmá*. El *Sefer Yetzirá* analiza:

32 senderos de sabiduría = 22 canales + 10 *sefirot*

Jojmá en el cosmogónico es *Atzilut*. ¿Qué pasó en *Atziltut* a diferencia del *Tzim Tzum Alef*? ¿En la segunda autocontracción, *Tzim Tzum Bet*, el sistema de letras hizo que el sistema de consonantes pusiera mediación en el sistema en relación con el *Tzim Tzum Alef*? Es decir, *Daat* aparece para rectificar el mundo, el conocimiento.

Para la Cábala no existe pecado de comer del Árbol del Conocimiento del Bien y del Mal, sino que fue a destiempo, porque D*os lo permitió. Cuando se adelantaron, fue el error. Tenemos que merecerlo, no adelantarnos a comer de ese *Daat*. Buscar en todos nuestros actos el equilibrio, porque esa es la consciencia *Alef*, no ponernos en opuestos, en extremos. Los extremos son momentos transitorios de oscilación, debemos oscilar en el medio. *Tiféret* es el corazón. La virtud de *Tiféret* es la paz interior, no quiere el conflicto interior de la persona. Las personas que están en los extremos discuten con todo el mundo, ya que no están oscilando. *Alef* nos dice que vayamos de restricción a expansión, en la oscilación se encuentra la verdad. Consciencia *Alef* es el «equilibrio constante de los opuestos», sino pierdo el conocimiento y no logro la fuerza de la mediación:

Jojmá -------BET-------Jesed

Bet es la energía de la sabiduría. La energía de la vida privada, la energía de la soledad, de estar en mi casa. Para alcanzar la sabiduría, el sabio debe estar solo. Momentos de soledad para hacer meditaciones y tener sus espacios de soledad. No se alcanza la sabiduría si uno no está solo consigo mismo.

«Antes de morir la gente se arrepiente de no haber estado
más tiempo sola consigo misma».
NAJMAN DE BRESLEV

Si entiendes lo que pasa con el vacío existencial y no te angustias, directamente subes adquiriendo la sabiduría, has sabido captar el sentido de tu existencia, la búsqueda hacia el *Ein Sof*. Si te angustias ante tu soledad, no consigues subir, incluso se puede sentir el vacío existencial estando con gente. Las personas que utilizan a la gente para tapar su vacío lo hacen mal, ya que utilizan lo social para no sentir su propia angustia. Por otro lado, yo puedo estar solo sin sentir el vacío, dado que ya superé el vacío.

Los problemas de las dimensiones inferiores se relativizan y pasamos a ser conscientes de nuestras fuerzas. La sensación de soledad es estar solo y abandonado, no es la sensación de soledad acompañado. El que tiene angustia está solo o acompañado, pero está solo. El que tiene angustia y, por lo tanto, se siente abandonado se relaciona con el vacío existencial. La soledad no siempre es un vacío. Si escoges la soledad es que la estás administrando, entiendes el sentido que tiene el vacío. Pero si viene la soledad y no la puedes aguantar es porque cuando te encuentras con el vacío no le encuentras su sentido. Si huyes del vacío, es porque te produce angustia, huyes del estado de soledad. El cabalista va a la soledad porque siente cuál es la función del vacío y lo hace crecer, tiene más fuerza en la soledad, le da más intensidad.

La *Biná*, el yo mental, siente el último miedo que es el miedo a su propia muerte y nos hace afrontar el poco tiempo que tenemos con consciencia, por lo que vamos a aprovechar el vacío administrando y valorando bien ese tiempo. La *Biná* también nos puede dar una perspectiva de consciencia falsa de inmortalidad. Si no aceptamos nuestra muerte, nos va a provocar angustia. Al aceptarla, esos espacios de vacío no nos causarán angustia, sino soledad, ya que tenemos un límite.

> «El otro problema será cuando seamos inmortales».
>
> Mario Saban

Yijud es la unificación con la Divinidad, Uno con el Todo, y la *Iejidá*, Unificación con la totalidad. El nivel más alto del alma. Hay personas que experimentan en su soledad su conexión con *Yijud* a través de la música, a través de la naturaleza, con una oración en la que D*os nos saca el alma del cuerpo. Es una sensación tan placentera que no quieres seguir en este mundo, puedes tener un paro cardíaco, porque es peligrosa esa Luz. No debes desconectar del mundo de la materia, a pesar del placer de la Luz. Hay que saber integrar la Luz y, en ese estado de soledad, el místico llega al éxtasis. Cuando otros pierden el tiempo angustiándose, el místico asciende por el vacío para llegar al *Yijud*, hasta la Luz infinita del *Ein Sof*. Sube por todos los vacíos, llega al estado de *Iejidá* del alma. Si llegara este momento, hemos de bajar rápidamente, aun sabiendo del éxtasis que nos da, porque el alma se puede ir de la materia. El cabalista Isaac Luria murió a la edad de treinta y ocho años por el nivel de Luz que llegó a alcanzar. Tanta meditación en *Yijud* acabó con su vida, no pudo volver del nivel de Luz, el *Klí* no le aguantó. Se aconseja subir al Universo y bajar, siempre bajar, si quieres aprender a integrar.

Los cuatro sabios que entraron en el *Pardés*

> «Cuatro sabios entraron en el *Pardés*, uno murió, otro perdió la cordura, el otro se volvió hereje y el último entró en paz y salió en paz».
>
> CUENTO TALMÚDICO

Hay un cuento del Talmud del siglo II que también se hará eco en el *Zohar* que cuenta la historia de cuatro sabios que entraron en el *Pardés* o las aguas profundas del *Sod*. El cuento relata que tres sabios se embriagaron de *Sod*, luz profunda y no lo consiguieron, tan solo uno, *R*abí Akiva pudo entrar al paraíso y salir en paz. Estos cuatro sabios fueron: Ben Azái, Ben Zomá, Ajer y Rabí Akiva. Representan los arquetipos de los alumnos que estudian Cábala, pues los cuatro sabios querían entrar en el Paraíso, es decir, a la Luz.

Ben Zoma: entró en el Paraíso, observó y murió. La Luz lo pulverizó.

Ben Azai: entró en el Paraíso y salió loco. No pudo equilibrar *Biná* y *Jojmá*. *Klipá* de *Jojmá, que* es la locura.

Ajer: entró en el Paraíso, salió y se volvió hereje. Afirmaba desde una mente dual que existen dos dioses, luego que no existe justicia y que, por lo tanto, se hace lo que se quiere. Representa la *Klipá* de *Biná,* lo racional.

Rabí Akiva entró en el Paraíso en paz, miró y salió en paz.

Ninguno de los tres primeros entró en paz a la Luz. Dicen que, por eso, Rabí Akiva pudo ver la Luz, porque estaba en paz consigo mismo, en su interior (*Shalem*). Si no tienes paz interior, la Luz aumenta tu desequilibrio interior. Tenía hechas las paces entre el mundo físico y el espiritual. Los procesos de los sabios del *Pardés* tienen toda la relación con una persona que adopta el *Daat* en su vida... La paz interior, el conocimiento y la sabiduría residen en *Daat*. Es decir, todo depende del acercamiento o el alejamiento entre *Jojmá* y *Biná*...

¿El Árbol del Conocimiento del Bien y del Mal comienza con *Daat*?

Estando en el Árbol de la Vida, todo va a depender de cómo copulen *Biná* y *Jojmá*. Si están divididas y no tienen relación, entonces *Daat* es el jefe del grupo. Si *Jojmá* va creciendo y la *Biná* también, se acercan a *Kéter* y *Daat* va subiendo, ascendiendo hasta que se transforma en *Kéter*. Si permanecen duales, *Jojmá* y *Biná* están en posición *Bet* pero, si se van uniendo, están en posición *Alef*. Si *Daat* aumenta, puedes ir accediendo a *Kéter*, pero si *Daat* es precario, es síntoma de que aún estas transitando en el Árbol del Conocimiento del Bien y del Mal. Es un proceso bidireccional.

«Nosotros nacemos en la dualidad porque nosotros nacemos
en la contracción del Infinito y el Universo».
ISAAC LURIA

Cuando aparece *Kéter* frente al *Ein Sof*, hay dualidad, no es nuestra percepción, es por orden cosmogónico. Hay un problema de realidad objetiva, el fractal de la dualidad interior es cosmogónico. Si yo entiendo que la revelación de la Luz dentro del Universo es la misma revelación que el *Ein Sof*, entonces, por fractal, puedo entender en unificarme yo al nivel de *Kéter*.

La realidad objetiva es dual. Nosotros somos copia de esta dualidad. El problema no acontece por mí, sino por la estructura en la que me encuentro, que es la cosmogónica. Lo que pasa en el Universo da respuesta a la psicología. Nosotros somos copia de la distorsión del Universo, pero también tenemos la solución en el Universo. *Biná* y *Jojmá* se encuentran en esta situación. *Biná* se encuentra con lo limitado y *Jojmá* es ilimitada, se enfrenta a *Bet*. *Jojmá* es consciencia *Alef* y *Bet*. Está en una dualidad, pero es capaz de percibir la unidad de *Alef* y sabe que *Kéter* es *Alef*, porque se dio cuenta de que *Bet* no existe. En realidad, en *Kéter* no hay *Alef*, la consciencia de *Kéter* es no llegar jamás. El *Tikún* es el cambio de percepción de la realidad. Para rectificar, hay que madurar y cambiar el *Klí* de recepción, ampliar el *Klí*. La rectificación siempre es un cambio de percepción. Los ignorantes no lo pueden rectificar porque siempre ven lo mismo y no saben en qué nivel se encuentran. La consciencia biológica también es consciencia. Cada vez que aumentamos de nivel de consciencia lo podemos notar en si estamos unificando partes fragmentadas. Quizás últimamente te peleas menos con la gente, ya que los conflictivos tienen bajo nivel de consciencia. Alguien puede tener un Satán malo, pero a mí no me afecta porque no va conmigo. Pero si me hacen una broma y me afecta, cuidado, es la percepción que tengo de mi *Klí*.

La parte satánica se considera una parte oscura, que es una zona en la que estás mal con esa parte y, con o sin intención, la puede activar cualquiera. Lo bueno sería activársela uno mismo para ir limpiando. Uno se suele enojar cuando alguien le descubre su parte oscura pero, si yo lo reconozco antes, mejor, porque me lo he trabajado. Por eso, cuando uno cambia, se desequilibra todo el entorno familiar. Hay relaciones que están unidas por el desequilibrio satánico. Cuando yo me libero, los otros ya no pueden entrar por ahí. Satán les rebota y los rebotes pueden ser terribles. Cuando alguien crece interiormente se desequilibra el entorno porque se rebotan todas las satanizaciones en las que se encontraba el sistema de equilibrio. ¡Es alucinante! Uno se pone fuerte y se va curando, Satán les va rebotando a los demás, por eso no olvidemos vigilar nuestro ego. Con la familia, aunque no compartimos la raíz del alma, sí compartimos estas relaciones de desequilibrio. La familia es el gran Satán, en el buen sentido, pues me hace crecer y aprender, me entrena ante los obstáculos, ante los problemas interiores de la familia que, si me protege y me cuida, cuando salgo tengo un problema muy gordo.

Guimel, Delet, Hei

Biná---------GUIMEL--------Guevurá

El arquetipo de Guimel es el camello, en hebreo *Gamul*. *Guimel* significa benevolencia *guemul*.

Es la fuerza de la resistencia, el autocontrol. Representa la energía del libre albedrío, como resultado de los actos buenos y malos. Es la energía que supera las contradicciones del bien y del mal. Es la madurez de la personalidad.

> «Todo está predestinado, lo que cambia es mi percepción de lo
> que va a estar predestinado para mí».
> MOSHE SEGAL

En esta frase se refleja dónde está nuestro libre albedrío. Puedo escoger con qué *Kli* lo voy a elegir. El libre albedrío es *Daat* en el Árbol de la Vida, es la elección entre cosas que ya están predeterminadas.

El libre albedrío llevado al extremo se acaba perdiendo. Pongamos una acción cotidiana como comprar chocolates: hay tanta variedad que, al final, nunca elijo, acabo comprando otra cosa. Si pones en una mesa cinco productos y en otra veinte, acabo comprando en la de cinco, en la otra el libre albedrío me marea. Por eso, en el libre albedrío tiene que estar predeterminada la limitación; es decir, tiene que haber algo que te limite para tener libre albedrío y saber elegir. Los elementos con que está producido el Universo para que yo pueda elegir están predestinados, tu genética está predestinada, pero lo que tú vas a hacer con tu genética no está predestinado, es tu libre albedrío. En la naturaleza esencial del alma, el alma corresponde al *Ein Sof*, por eso al alma le molestan los límites, por definición, no aguanta. *Biná* y *Guevurá* son los límites que se nos imponen en la realidad. Muchas veces, causan sufrimiento, el problema suele venir del lado derecho, porque nosotros subimos por el izquierdo, *Biná, Guevurá* y *Hod*. Le llaman el lado del mal, porque el alma se frustra cuando está limitada. Por eso, en las experiencias del alma fuera del cuerpo, no quieren volver. Están flotando porque no quieren aguantar la restricción del cuerpo.

La *Guimel* marca todo lo contrario que *Bet*, restricción y autocontrol. Entrenarse para el autocontrol. Esa energía hay que tenerla, tiene que ver con la organización de la *Biná*, la organización de las formas, con no perder el tiempo. Hay gente que en la vida no tiene resultados, se esfuerzan mucho pero no tienen buenos resultados porque no tienen la energía del autocontrol, agenda, no saben canalizar los fluidos, no tienen límites ni organización. El río fluye porque hay un cauce, sino se desborda. Hay que fluir con cauce. La *Biná* marca los objetivos y la *Guevurá* los límites.

Kéter---------DELET--------Tiféret

Delet pertenece a varios nombres en hebreo:

Dam: sangre.

Daat: conocimiento, consciencia.

Delet: puerta. Cambio de dimensión.

Davar: palabra.

Es donde se encuentra la semidimensión de *Daat*, es una puerta para elevarme a un nivel mayor de consciencia, por eso la *Delet* es el camino, el sendero, es el aumento de consciencia. Es la puerta que se abre a través de la palabra. Es el ascenso constante. *Kéter* es el yo potencial, lo que yo puedo hacer. La energía de la *Delet* es el número cuatro. Representa al humano que pasa los cuatro mundos: *Atzilut, Briá, Yetzirá y Asiá*. También representa los elementos de la naturaleza: aire, fuego, tierra y agua, y los niveles de lectura de la Torá: *Peshat, Remez, Derash y Sod*.

Los cabalistas tienen siempre presente cómo mejorar su potencialidad, en qué se puede mejorar. Mañana tengo que hacer *Tikún*, rectificar de lo que soy hoy a lo que voy a ser mañana. El concepto de *Tikún* es rectificar, hacer lo malo en lo bueno, pero también convertir lo bueno en lo mejor. Se potencia lo que está bien, no es siempre buscar lo que considero que está desequilibrado, sino observar dónde yo no estoy trabajando y es algo bueno de mí, se busca potenciar lo bueno.

El *Tikún* tiene dos niveles:

- Cuando alguien dice: «Yo no estoy rectificando». No tienes que seguir progresando en esa área. La *Delet* es una puerta para aumentar el nivel de consciencia y por ese motivo el *Tehom* va a *Daat*, porque es justo ahí, aunque el nivel de consciencia está en todas las dimensiones. La *Dam* o sangre las recorre.
- *Daat* es el aumento permanente del nivel de consciencia. Es no llegar nunca a *Kéter*; en realidad, siempre se puede aumentar el nivel de consciencia, que se puede establecer como ampliación del *Klí*.
- *Klí* del recipiente, cada vez ir más al recipiente. La fuerza de expansión de la apertura del recipiente, el trabajo de apertura del *Klí* lo hace la *Jojmá*, y la que pone el límite de hasta aquí llegamos es *Biná*.

El *Klí* se forma con la fuerza de *Jojmá* y los límites de la *Biná*. Por eso, *Daat* es un aumento permanente del *Klí*, *Daat* es *Jojmá* y *Biná* juntas, porque es a la vez expansión y límite. La *Biná* es altamente conservadora y tiene miedo de que el *Klí* siga expandiéndose. La *Biná* puede que ponga un límite antes de que sea necesario. Todos operamos igual en el entrenamiento, el saber cómo regresar es más importante que el expandir. La *Jojmá* es expandir, pero también regresar hacia atrás, porque vuelve cuando la *Biná* le pone un límite.

¿Cuál es el nivel de consciencia de ese límite?

La *Biná* quiere frenar porque se da cuenta. Normalmente, los incidentes ocurren con más facilidad en la juventud, cuando uno no tiene la experiencia de los límites en la *Biná*. A medida que se va madurando, se conoce más el límite. Eso no te tiene que frenar para no expandirlo, lo que puede pasar cuando uno se hace mayor es que tiene tanta consciencia de los límites, que no hace nada. Tenemos que expandir el *Klí* hasta un momento en el que se puede percibir que hay un desequilibrio psíquico. Se expande por deseo del alma, no por la *Biná*, ya que, si fuera por esta, siempre se quedaría en el *statu quo* que te protege y no te deja crecer. La *Biná* distorsiona la posibilidad de crecimiento y es tan protectora que no quiere que te vayas de casa. Podría ser el caso de la madre de noventa años que protege a sus hijos como bebés.

Sin embargo, es muy difícil dar un consejo porque, cuando lo das, puedes estar proyectando tu propia *Biná* y tu propia *Jojmá* a la otra persona y puedes estar aconsejándole al otro desde tu propio paradigma, e igual esa persona necesita más años, para pasar ese límite. Generalmente, cuando alguien se proyecta sobre otro, es porque le gustaría que esa persona pudiera captar la luz que intenta trasmitir y viera la luz que él ve, pero esto no es como uno pretende proyectarlo, porque cada persona tiene su crecimiento y su entendimiento. Cada ser percibe la luz que es capaz de soportar y no la que el otro pretende depositar en él. En Cábala, no se puede evangelizar a nadie, cada persona tiene el libre albedrío de comandar sus decisiones y elegir sus acciones, pasar por sus propios filtros lo que le resuene para su propio crecimiento. Hay que saber en qué lugar se encuentra la consciencia del otro, un consejo podría ser: «Si yo estuviera en tu situación, haría esto, pero como no lo estoy, tú tienes que hacer otra cosa». El mejor consejo es lo que el otro necesita, no lo que uno quiere. Es muy difícil dar un consejo porque tienes que conocer las limitaciones de la otra persona, sus condiciones y no es cuestión de empatía, sino de estructura.

> «La verdad solo existe en el contexto del Universo en que uno se encuentre».
> SHNEUR ZALMAN DE LIADI

El descubrimiento de la Cábala es que «*Delet* es un camino de potencial infinito». El deseo infinito, no el deseo finito, ya que está en las siete dimensiones inferiores. Un potencial ilimitado donde puedes seguir creciendo porque no hay un dogma que te frene. Siempre llegas a tu propia capacidad mental y has de hacer una relectura de los textos para encontrar algo que no viste.

Todo lo que pensamos está limitado porque está dentro del Universo. El Infinito no piensa, pues no está limitado. Deberíamos percibir más que entender, a partir del sistema de fractal, es decir, a partir de entender que todas las energías estamos aquí, y también están ahí infinitamente. Por las diez *sefirot* se puede llegar a percibir. Cuándo uno mira al espejo, ¿a quién mira? A la imagen del espejo, uno nunca se debe mirar, moriremos sin ver realmente nuestra imagen. En el espejo yo no me miro a mí, miro lo que el espejo puede reflejar, solo veo imágenes, no soy yo. La *Delet,* a medida que uno va adquiriendo consciencia, tiene un efecto poderoso porque sabe elegir más rápido y mejor y, además, tiene la flexibilidad de comparar más rápido.

¿Qué nivel de consciencia tiene alguien que le afecta algo emocional?

Tiféret, consciencia del yo interior, quiere aumentar y fortalecer el yo potencial en *Kéter* y ha de ser a través del *Daat,* siempre en Universo de

Yetzirá. Si *Tiféret* se enoja, puede ser un enojo externo, aunque no sea intencional por parte del otro. El otro me hizo una broma y yo me enojé, el otro no tenía consciencia de atacarme. *Tiféret* debe estar resguardada por *Biná* y por *Jojmá*, no es que sea un insensible, pero seré más fuerte ante los ataques externos. Si me atacan, nos referimos a un ataque psíquico o una broma de mal gusto, pero yo pienso: «Ese es el nivel que tiene él», la *Tiféret* se defiende con *Biná* y *Jojmá*, junto con *Daat*, y protege al yo para no sufrir. Una persona que sufre es ignorante. Si aumenta su nivel de consciencia, cada vez sufrirá menos porque entenderá cómo funcionan las cosas, entenderá la muerte, la enfermedad, lo que pasa a su alrededor. Comprenderá cómo son los límites de la realidad, no por fe, sino porque relativizará los problemas de las dimensiones inferiores.

Daat te enseña que la vida tiene un final, la muerte, debemos aceptarlo, aunque el alma continúa viviendo del otro lado. Si no eres capaz de aceptar esta realidad, sufres como producto de tu ignorancia. Hay que aceptar las leyes. Cuando acepto la realidad aumento el nivel de consciencia, aumenta mi nivel de *Klí* y soy más feliz.

Kéter---------HEI--------Jojmá

Hei es la energía cinco.

Hei es pensamiento, palabra y acción.

Representa los cinco niveles del alma. La letra *Hei* tiene dos partes, hay cabalistas que la analizan de dos maneras:

Una *Delet* con la *Vav* = 4 + 6 = 10.
Una *Delet* con una *Iod*.

Una *Delet* que está protegiendo a las diez *sefirot* es como si las diez dimensiones estuvieran ocultas detrás de la puerta de *Daat*. La luz del *Ein Sof* baja a *Kéter* y hay muchísima cantidad de luz y la *Jojmá* es expansiva, pues es una letra femenina. Los cabalistas dicen que dentro de la *Hei* (es como un tubo que da vueltas) entra la luz de *Kéter* y se sitúa en *Jojmá*. La *Hei* hace de canal de energía y es una muestra de una dualidad que se ve, es el número cinco, y en *Cábala* se usa cinco frente a cinco, que representa las dimensiones femeninas frente a las masculinas.

	BINÁ		*KÉTER*
FEMENINAS	*GUEVURÁ*	MASCULINAS	*JOJMÁ*
Restrictivas	*TIFÉRET*	Expansivas	*JESED*
(Recibir)	*HOD*	(Dar)	*NETZAJ*
	MALJUT		*YESOD*

Isaac Luria anula a *Kéter* y pone *Daat* como masculina. Mejor *Kéter*, ya que *Daat* recorre todo el Árbol. Cinco del masculino frente a cinco del femenino, ocultando la *Yud*. *Daat* se abre como puerta y encuentra la *Iod* 5 + 5 = 10 es *Yud*, la unidad.

Hei es la unión de *Kéter* y *Jojmá* y es el elemento que canaliza la fuerza que viene de *Kéter* a *Jojmá*, es el elemento que limita. Cuando se limita, aparece como cinco, cuando algo deja de estar limitado aparece como diez. Lo oculto que está en el cinco es la *Yud,* que, en realidad, es diez. Lo que está pasando por sustancia de energía a través de la *Hei* son las diez dimensiones. Hay energía expansiva y restrictiva. La *Hei* marca como una restricción, porque no se ven las diez, se ven las cinco frente a las cinco, es como una dualidad. Podríamos decir que *Hei* es una letra de *Biná* para poder hacer de conexión de dos fuerzas de luz expansivas. Hay tanta expansión en *Kéter* y en *Jojmá* que necesitamos poner una letra que restringa la Luz. No podemos poner una que expanda la Luz. En los cinco libros de la Torá, D*os se mostró al mundo, se limitó en esos cinco libros; es decir, hay una limitación. Todo lo que nosotros percibimos como forma tiene una limitación. La *Hei* nos muestra esto para poder llegar bien a *Jojmá*, ya que para acceder adecuadamente a la sabiduría necesito ordenarme porque, si no, puedo enloquecer. Se repite el *Tzim Tzum* en todo, podemos verlo en nosotros mismos también. La luz viene simple, nosotros la complicamos.

En el texto de la Torá aparece la espada de *Kerub* que está traducida como la espada flameante que da vueltas y que custodia y guarda el camino alrededor del Árbol de la Vida. En la Torá hay un Árbol de la Vida Eterna que D*os colocó en el Jardín del Edén y, si accedemos a él, alcanzaremos la máxima felicidad, alcanzando supuestamente *Kéter.* En cierto modo, es la felicidad de trabajar el yo potencial. La espada es la mente, la *Biná,* que hace que no entres ahí, pues si entráramos podríamos perder la razón y morir, y la *Biná* nos proporciona una protección de luz excelsa.

«La Torá más que un camino hacia la Luz son las gafas de protección para que la Luz no nos deje ciegos».
LEVINÁS

Todo intermediario solo existe para que puedas aguantar la luz que te viene, ya que es tan poderosa que desaparecerías. Hay un sistema de supervivencia y de seguridad, en el sentido de que parece tan complicado que la luz simple no podrías recibirla directamente, no estarías capacitado. Solo se puede ir avanzando por merecimiento. Con cada obstáculo que encontramos para llegar, estaríamos mereciendo la luz. Somos limitados contra algo ilimitado. Es una luz muy potente y nosotros somos muy pequeños. Hay un proceso de madurez, de consciencia, porque tenemos que estar en el estado de intención, de *Kavaná*.

Vav, Zayin, Jet, Tet

Kéter---------VAV--------Biná

A la *Vav* siempre se le ha atribuido el falo masculino y se ha asociado a *Yesod*, ya que *Yesod* es lo masculino que va a copular con lo femenino en *Maljut*. La letra *Vav* es disruptiva porque rompe algo que tiene que ser fecundado. La Luz de *Kéter* baja como un canal a *Jojmá* y se forma la letra *Hei*.

Los cabalistas dicen que por aquí entra y sale la luz. La *Hei* es una letra de apertura, como *Jojmá*, es dadora, está recibiendo por el canal superior. Así entendemos que la *Vav* es justo lo contrario, es un canal masculino y la *Biná* es femenina, se cierra a la luz de *Kéter* porque tiene su propio pensamiento. Así, estamos convencidos de las verdades que tenemos en la *Biná*. El inteligente está convencido de su propia inteligencia, pero no puede ser sabio ya que la *Biná* está llena. La *Biná* tendría que ser penetrada por el espermatozoide; es decir, cortar la *Biná* para que cree algo. La *Biná* ha de ser fecundada por el falo masculino. La *Vav* representa a Joseph, lo masculino tiene tendencia a ser seducido por lo sexual más que lo femenino. Joseph era seducido por Potifera, la esposa de Potifar y, por ese motivo, Joseph es el arquetipo de la *Yesod*, es la seducción sexual hacia lo masculino. La *Vav* representa el canal de la energía del pensamiento, es un pensamiento de apertura donde se abre a la *Biná* para ser fecundada. Es la energía de la potencia de *Kéter* que tiene que entrar en *Biná* directamente. Hay una gran apertura y lo bueno de la

Biná es que, cuando entra la *Vav*, medita sobre el Infinito. La *Vav* representa el número seis, los seis días de la Creación. La creación tiene seis etapas, seis días (representa el nacimiento del Universo). Cuando representamos el Árbol de la Vida cosmogónico, *Biná* es el universo de *Briá,* de la Creación. La *Vav* es la que traerá la información de lo que va a pasar durante los seis días dentro del Universo.

En el esquema a nivel cosmogónico, en el primer *Tzim Tzum*: *Jojmá* se va a revelar con la sabiduría de D*os. Estalla el Universo y este se vuelve una *Biná* gigantesca. En este Universo de *Briá* entra información del *Ein Sof* que se va a revelar en seis etapas, dando lugar a la formación del Universo de *Yetzirá*. La información que pasa de Kéter a *Biná* es la información encriptada de *Jesed, Guevurá, Tiféret, Netzaj, Hod* y *Yesod*. Las seis dimensiones inferiores, menos *Maljut,* de la formación del Universo de *Yetzirá*. Toda esta información viene por la *Vav,* que viene desde el Infinito a *Kéter*, penetra con la *Vav* sobre el universo y trae la información que va a dar lugar a estas 6 etapas, que están encriptadas en la *Vav*, dentro está la formación de lo que va a ser. Son existencias que están en potencia dentro del sistema. Por eso, hay que tener cuidado cuando uno piensa y tiene un hijo, porque la Cábala dice que: «El pensamiento del padre llega a la uña del hijo».

Hablamos de una entrada dentro del Universo de información que, por el sistema de fractal, opera en la misma situación que cuando una idea entra dentro de nuestra mente y la fecunda. Cuando entra una nueva idea por la *Vav* está fecundando en la *Biná*, en el fractal, en la copia de lo que el Universo fue cuando apareció el Universo. El cerebro es muy parecido al Universo, ya que el mapa de ambos es increíblemente parecido. Los cabalistas tenían razón cuando decían que somos un fractal del Universo, porque tenemos un pequeño universo dentro del nuestro, pero lo que pasa es que algunos tienen más cometas que otros. También hay agujeros negros, las implicancias de la *Vav* son que tiene que entrar nueva información, ya que no puede crecer. El problema que tiene la *Vav* es que no quiere dejar entrar al falo. El arquetipo del cristianismo es la Virgen María, y la Iglesia católica la pone en el Universo de *Briá*. La *Vav* sería en realidad el Espíritu Santo que entró en la Virgen y la fecundó.

En la Cábala no hay Virgen, hay una mujer pura, y es el falo de la *Vav* la que tiene la relación. Nuestro cerebro tiene que dejar la virginidad para que entre la información nueva. Pero ¿qué hace nuestro cerebro? Nuestra *Biná* quiere ser virgen porque de esta manera será dogmática y no tendrá ninguna influencia del exterior, pero en consecuencia no podrá crear nada dentro de la mente. Ha de entrar alguna idea. La *Vav* quiere romper la estructura dogmática de la *Biná*. Las personas dogmáticas se quieren quedar con sus ideas durante años, no tienen flexibilidad alguna, y la *Biná* ha de ser flexible con la *Vav*, ha de crear un universo dentro. Si fuera por el dogmático, el Universo nunca se hubiera expandido y no hubiera traído información del Infinito. La *Biná* tiene miedo de lo que pueda entrar, de nuevas ideas, pero no podemos estancarnos en viejos paradigmas. Venimos a revelar e innovar, y no podemos contemplar solo las tradiciones antiguas, basadas en estructuras que eran adecuadas en la sociedad de aquel momento. Lo ideal es poder traer la sabiduría ancestral e inseminarla y dotarla de crecimiento e innovación.

«¡Qué felicidad aquellas personas que innovan sobre las ideas de la Torá!
¡Eres una luz que ha venido a bajar Luz!»
Zohar

Todos, de alguna forma, representamos una *Vav* porque extraemos información de *Kéter* y ampliamos el *Sod*, secreto de la Torá, pues cada uno viene a revelar una luz única en la tierra. Rabí Shimon Bar Yojai, supuesto autor del revolucionario *Zohar* del siglo II, fue uno de los más grandes sabios porque abrió un camino de sabiduría y fundamento hasta nuestros días: la sabiduría de la Cábala. Debemos tener una *Vav* que constantemente entre en la *Biná*. La letra *Vav* se escribe de la siguiente manera:

Trece es la Unidad de D*os, la unidad fundamental (4 + 8 +1 = 13).

Ejad es la unidad de D*os, *Adonai Ejad*, D*os es único, es uno.

La *Vav* nos trae información de la Unidad. La *Biná* no quiere, no cree en la Unidad, es «yo soy yo», es *Bet*. No quiere recibir información de *Alef*. No quiere ser uno, quiere ser Yo. La *Vav* me trae el nombre de *Ejad* que es 13, donde Amor y Unidad confluyen.

ALEF HEI VAV HEI

El amor es la búsqueda de la Unidad desde la dualidad (entre lo masculino y lo femenino). La *Vav* no se unirá a la *Biná* de una forma forzada u obligada, ya que la única forma de unión es a través del amor. En la unidad por amor, dos partes se van a unir, porque las dos así lo desean, desde la libertad, no hay presión ni insistencia por parte de la *Vav,* y es tan solo ahí que la *Biná* acepta la unión.

Existe un misterio dentro de la letra *Vav:* sabemos que es masculina, pero cuando coexiste en una palabra adquiere ambos aspectos, el masculino y el femenino, aportando el equilibrio a la *Alef,* que es el *Ein Sof*. La unidad de *Alef* une el cielo con la tierra, y la *Vav* es la diagonal. Cuando un alma llega a su diagonal, está llegando a los confines de su finitud, a su verdad, y es entonces cuando reconoce que tiene femenino en su interior, por lo cual la *Biná* va a aceptar que la *Vav* entre, pues el útero está listo para ser fecundado porque el alma reconoce su deseo, su verdad, es la hora de la unión. ¿Qué sucede cuando alguien tiene la mente obstinada y tiene una *Biná* tan dura que ninguna idea de la *Vav* le entra? Es un problema. ¿En qué situación nos encontramos ante la insistencia de la *Vav* de seguir tratando de entrar en una *Biná* que no quiere innovar? La *Vav* nos trae ideas que para nosotros son nuevas, pero estas ideas son antiguas, porque en realidad están en el *Ein Sof*. Nosotros no descubrimos nada, sino que revelamos lo que ya existe. Hay un misterio, todo existe, pero no todo está revelado para nosotros.

La *Vav* nos trae la consciencia de abrirnos en la *Biná*, para que la *Biná* pueda innovar de acuerdo con la percepción de la *Biná*. Pese a que, según la percepción de *Jojmá*, no se innova nada, en realidad se está volviendo al origen; por ese motivo, el mayor exilio es el mayor retorno. Parecemos muy revolucionarios o heréticos, pero estamos volviendo más al origen. Los verdaderos ortodoxos son los herejes y los verdaderos herejes son los ortodoxos. El ortodoxo me cierra la *Biná* a la información del *Ein Sof* y el hereje me la abre. Vav no cumple su función, no puede penetrar en la *Biná*, ni la *Biná* se abre a crecer. La *Biná* desea la luz de *Kéter*, pero ha de ser capaz de organizar la luz y la energía.

Jojmá---------ZAYIN--------Guevurá

La letra *Zayin* es conflictiva, pero también nos da equilibrio, ya que es la fuerza de la sabiduría que se conecta con la fortaleza. Es el número siete y representa los siete días de la Creación, los siete días de la semana, los siete palacios celestiales, los siete períodos de siete años para alcanzar el jubileo *(yovel)* y las siete ramas de la *menorá*.

La *Zayin* nació como un arma de guerra, por eso es como un martillo. Es la energía de la autodefensa, va a *Guevurá* y, por lo tanto, hay límite aquí. Al mismo tiempo, esos límites emocionales de *Guevurá* nos conectan con la *Jojmá*, con la sabiduría, que es muy extensa, amplia y muy receptiva de la Luz que le viene de *Kéter*. Es el combate interior entre lo que queremos ser (*Jojmá*) y lo que podemos ser (*Guevurá*). Este canal nos viene a decir que el arquetipo más elevado del ser humano es el sabio, aprendiz de sabio, *Talmid Jajam,* y el sentido es alcanzar *Jojmá*, donde están los valores que yo quiero alcanzar en mi vida pero, en la realidad física, lo que tengo tangible en mi vida es *Guevurá*, es lo que yo soy. Si una persona no tiene en su vida un proyecto de lo que quiere ser no puede alcanzar nunca la sabiduría, salvo que modifique patrones de conducta y de inteligencia cognitivos.

La *Guevurá* me muestra los límites. La frase «Es lo que hay», que a menudo oímos por la calle, intenta justificar los acontecimientos, muestra el conformismo con la situación, algo que personalmente me pone nerviosa. En Cábala, no es lo que hay, es lo que hay y lo que no se ve que hay. La persona que dice esto se cree muy realista pero en verdad es muy pesimista y carece de conocimiento sobre la situación en sí, pues lo que no se ve es mucho más de lo que se ve, y esto lo sabe solo el sabio, pues percibe lo invisible y utiliza la información. La letra *Zayin* es una letra complicada porque es la lucha interna que el alma tiene entre lo que ve en la materia que hay y lo que ve invisible de lo que también hay. El alma se confunde, quiere ser realista por *Guevurá,* pero cuando viene *Jojmá* piensa que hay un mundo misterioso a su alrededor, que es secreto, donde hay un montón de cosas que no sé cómo funcionan, al que no puede acceder. La *Jojmá* me tira hacia arriba, «no te creas que lo que ves es lo único que hay» y la *Guevurá* me tira hacia abajo: «No te creas que existe algo aparte de lo que ves, lo único que existe es lo que ves». El nivel más *guevúrico* es *Maljut*, el más restrictivo. La gente muy realista en la economía se vuelve muy pesimista porque siempre ve los límites densos de la materia, ya que la gente es más feliz en los universos superiores. Cuando vas a *Jojmá* te das cuenta de que en lo invisible hay un montón de cosas que no sabes, pero que sí existen.

La Cábala dice que el alma empieza a tener una lucha interna entre lo buena que quiere ser en *Jojmá y* la sombra que tiene en *Guevurá*. De todo lo que quería hacer en *Jojmá* pero lo que estoy pudiendo hacer en *Guevurá,* que me marca el límite en todo momento y la posible frustración en marcarme el límite porque tenemos una gran contradicción en nuestro interior. Imaginemos nuestra *Neshamá*, que se encuentra en *Jojmá* a *Kéter* para arriba, está en el Universo de *Briá*, nuestra *Neshamá* que quiere entrar en el Universo de *Yetzirá*. La *Neshamá* nos dice: «Mira toda la luz que tienes en el *Ein Sof*», y la *Neshamá* se vuelve loca por la luz y quiere subir. Imaginemos a alguien que está en *Jojmá* y está recibiendo luz de *Kéter* y, por lo tanto, recibe la luz del Universo de *Briá*, se está deleitando de información, le gustaría estar ahí encerrado como un monje, solo estudiando, meditando... Pero viene el cuerpo, el *Nefesh,* y dice: «Tengo hambre», y la *Neshamá* dice: «Déjame, que estoy meditando». El problema que tenemos aquí es el *Ruaj,* el Universo de *Yetzirá* tiene que hablar con la *Neshamá* y decirle: «Tranquila, que ahora vamos a comer». Cuando estoy con el *Nefesh*: «Come rápido», porque quiero estar con la *Neshamá*. El *Ruaj* se encuentra en una contradicción desesperante, como pensando que no le alcanza el tiempo. El *Nefesh,* desesperado, quiere dormir, reclama límites; la *Neshamá* es feliz, está en el aislamiento...

La letra *Zayin* es la guerra entre la *Neshamá* y el *Nefesh,* y en medio está el *Ruaj,* que, tiene que darle todo lo que puede a la *Neshamá,* pero tiene que cuidar el *Nefesh* al mismo tiempo. Con esta letra vamos a calmar a la *Jojmá* dándole su tiempo, aprovechando el confinamiento, pero después le dedicaremos tiempo al *Nefesh*, pues ha de ir a trabajar. Lo ideal es satisfacer a ambos, sabiendo que la *Neshamá* siempre estará insatisfecha, pues su insatisfacción permanente nos tiene que llevar a la sabiduría para entender que esa guerra interior entre *Neshamá* y *Nefesh* se tiene que terminar. A la *Jojmá* le decimos que, dentro de las limitaciones del *Nefesh*, vamos a hacer todo lo que podamos. Al *Nefesh* lo domesticaremos para que pueda estar suficientemente ordenado para cumplir al máximo posible el deseo de luz de la *Neshael*. Terminar la contradicción entre lo bueno que quiero ser y lo bueno que soy. La *Zayin* es feliz en la oscilación entre los límites de *Guevurá* y la expansión de *Jojmá,* si no la persona vivirá permanentemente en la contradicción y en consecuencia subir a *Jojmá* será muy autoexigente y no debemos tener autoexigencia, sino placer. Son las contradicciones que tiene el alma con esta letra.

Contradicción = *STIRA* = *Samej Tav Yud Reish Hei*

En Cábala, las contradicciones no existen, pero la palabra en hebreo sí que existe, y hay algo oculto dentro de la palabra contradicción. Si miramos lo que se y hay dentro de la palabra, veremos no una guerra interior sino una solución para el alma.

Seter = Oculto = *SOD* = *Samej Tav Reish*

Seter es como tapado, más que oculto, y está más cerca de una *Klipá*, que sería una cáscara que está tapada. *Seter* queda oculto porque está tapado. Las otras dos letras de la palabra contradicción son:

Briá Hei Yud Atzilut

Son las primeras letras del *Tetragrama* de D*os: *Yud Hei Vav Hei*, que es muy interesante, porque *Stira*, contradicción en hebreo, es *Seter IA*, el Secreto de D*os. Cuando en Cábala nos encontramos con una contradicción, esta no es insoluble, estamos operando mal para poder resolverla. Se puede resolver seguro porque es algo secreto del nivel de la *IA*, pertenece a los dos universos superiores de *Briá* y *Atzilut*.

Si analizamos cosmogónicamente cómo funciona el Universo en *Briá* y *Atzilut,* nos podemos encontrar con que no hay más contradicciones. Quiere decir que la contradicción que siente el alma en la letra *Zayin* del Árbol es una contradicción que desaparece si se profundiza sobre la realidad. En Cábala, cuando una persona se encuentra con una contradicción, en vez de solucionar la contradicción tiene que mirar si los puntos contradictorios pertenecen a niveles diferentes y ponerlos en el mismo plano. Hay contradicciones muy complicadas que resultan difíciles de solucionar, que son niveles de secreto de IA; puede que no alcance mi luz, mi mente o mi *Klí* para resolverlas. Puede que yo me mantenga en las que resultan difíciles; parece una contradicción porque no opero sobre axiomas y no pongo niveles diferentes, sino que opero sobre axiomas y las pongo al mismo nivel.

«La solución siempre se encuentra en un nivel superior al problema».

EINSTEIN

A veces la solución no se encuentra en el análisis de un problema determinado sino en la búsqueda de nuevas estrategias que nos dirijan a zonas aún inexploradas.

«Para alcanzar una solución entre dos o más contradicciones se debe primero ajustar al mismo nivel las diferentes argumentaciones».

MARIO SABAN

Una síntesis no resuelve nada porque es una mezcla entre tesis y antítesis. No funcionó, y Einstein se acercó un poco más. Según la Cábala, si nosotros tenemos una contradicción en este nivel, puede que este axioma pertenezca a este nivel y este a otro nivel superior. La solución no es enfrentar dos niveles que pertenecen a niveles diferentes, no es que la solución se encuentre en un nivel superior, es que, cuando yo subo este axioma a este nivel, este axioma se va a encontrar con otro que pertenece a un nivel superior; por lo tanto, una parte de la contradicción la elevo a otro nivel. No son los dos axiomas los que se quedan en ese nivel, es que uno lo pueda subir a ese nivel, y en el nivel superior ese axioma encuentre su solución.

En cuanto a las contradicciones en cada nivel, uno de los axiomas puede ser verdad en el nivel, pero no puede ser real otro axioma en ese nivel, hay que subirlo. La *Stira*, la contradicción, es que ubicamos al mismo nivel cosas que no van al mismo nivel. Pongámonos en la situación de una persona justa, que tiene un hijo de dieciocho años y otro más pequeño de seis. ¿Debería darles las llaves del coche a sus dos hijos? Sería una contradicción, ya que estaría operando con los dos al mismo nivel. Las contradicciones aparecen cuando opero con dos axiomas de niveles diferentes en el mismo nivel. Por eso, todos los conflictos que terminan en una contradicción, en realidad pertenecen a la ignorancia de no saber en qué nivel se encuentra el axioma en que está operativo. Hay un problema en la definición antes de debatir un tema, dicen los cabalistas, si definimos los términos que vamos a utilizar, los mismos para debatir, desapareció el debate. En la Cábala te mueves por niveles: en el literal, en el simbólico, en *Asiá*, en *Atzilut*, en *Yetzirá;* por eso, los conceptos tienen diferentes definiciones.

El problema en la *Zayin* es la confusión que puede tener internamente una persona por una cantidad de contradicciones que no puede resolver a causa de la ignorancia que tiene en la operativa de los diferentes niveles. Si alguien quiere paz interior, el tema es entender en qué niveles estamos operativos y dónde está la contradicción. Podemos apuntar, durante el confinamiento, qué contradicciones tenemos en nuestra vida y ver si los niveles se mezclan. Puede haber una solución desarticulando la contradicción, no tratando de resolverla. El inteligente en la *Biná* no quiere desarticularla, la quiere resolver en el mismo plano porque cree que podrá hacerlo con su propia inteligencia. Y esto se soluciona con la sabiduría, porque el sabio dice que el inteligente está uniendo cosas que no podrá unir porque operan en autocontracciones del *Ein Sof* totalmente diferentes.

La *Biná* tiene que definir bien los contextos y en qué niveles operan para evitar confundir y mezclarlos. Veamos un ejemplo: si haces un negocio con un amigo, o perderás el negocio o perderás al amigo, o a los dos. Si un amigo te pide que le prestes dinero, más vale que se lo regales, porque, si no te lo devuelve se cortocircuitará el pacto y se verá mermada la amistad. Esto es un ejemplo de dos dimensiones interactuando en una misma acción, y los cabalistas nos previenen de sus consecuencias. Hemos de entender los marcos contextuales diferenciados, los compatibles con los no compatibles, como si de átomos se tratase. Si tratamos las energías y las posicionamos en marcos diferenciales, estamos de alguna forma operando con la luz sin riesgos de cortocircuito o sin riesgos irreparables que puedan alterar nuestro Universo de *Yetzirá*. La Cábala nos enseña a ser sabios a través del entendimiento, pues es el camino que aporta la base para que la sabiduría repose.

Jesed---------JET--------Tiféret

Es la energía de la división entre las cosas importantes y las transitorias. Es la misericordia que lleva al amor, es el amor que tiende al equilibrio personal. Es la energía que nos permite diferenciar las cosas importantes de la vida de las cuestiones intrascendentes.

«En la vida aprendí que uno debe saber recortar lo secundario
y concentrarse en lo fundamental».
AZRIEL DE GIRONA

Jet es el número ocho, los números pares son conflictivos. *Jet* viene de transgresión, de pecado. Marca la fortaleza interior, porque la letra *Jet* es la energía de la purificación de nuestros errores y la energía del perdón. ¿Cuándo nos perdonamos? Cuando comenzamos a poner luz en las aguas estancadas. Desde el punto de vista de la Cábala, culpabilizarse no es lo correcto; en todo caso, deberíamos asumir la responsabilidad de las acciones e intentar poner luz donde antes había oscuridad. Sentirse responsable es poner en marcha la trascendencia de la situación, pues la intención es el principio del movimiento y del cambio de paradigma frente a la situación anterior.

«El más alto grado de culpabilidad es ser culpables sin saber por qué».
FRANZ KAFKA

Hay gente que vive en una culpabilidad innata, son culpables dentro del sistema familiar, tipo chivo expiratorio. La energía ocho es la superación del 7, es el mundo del futuro, es la resurrección de los muertos.

Los cabalistas dicen que en el año 8000 resucitarán los muertos. El octavo día es el día mesiánico, se hace la tercera comida al finalizar el *Shabat*, esperan que entre la Era Mesiánica donde Elías, el profeta, regrese a la tierra dentro de la *Merkabá* en las últimas horas del *Shabat*. La superación del siete es la superación de todo conflicto, el ocho es la paz interior que se alcanza con el perdón que va desde *Jesed* a *Tiféret*. Perdonarse los errores es de humanos, la autoculpa por los errores cometidos estanca el crecimiento de nuestra alma y nos retrasa en nuestro *Tikún* personal. Es un derroche y una pérdida de energía de luz vital en nuestro cuerpo de luz. Hay muchas personas que son incapaces de perdonarse a sí mismas y entran en un continuo bucle de autorreproche y pérdida de energía vital. Pueden perdonar a los demás, pero no a sí mismos, con un rigor excesivo. Sin embargo, el autoperdón, el ser misericordioso con uno mismo, es imprescindible. He cometido un error e intentaré ser más responsable, pero puedo seguir cometiendo errores porque sé que soy un ser limitado. Si el error es intencional es otro tema, pero si lo he cometido porque soy imperfecto y me enojo o me siento culpable del error es que no entiendo la naturaleza imperfecta de lo que soy, creo que soy perfecto. El que no perdona cree que es perfecto e incurre en la soberbia.

Así pues, ¿quién es culpable, el soberbio o el ignorante? La raíz de la soberbia es la ignorancia, y la raíz de la culpabilidad es la ignorancia o la soberbia derivadas del hecho de no considerarse imperfecto. Las personas que intentan trabajar en sus cuerpos de luz y crecer continuamente, porque son conscientes de sus imperfecciones, dejan de autoculparse por todo y centran sus energías en crecer y adquirir conocimiento para mejorar el entendimiento. Ninguno de nosotros es perfecto, somos seres imperfectos que a través del perdón van trascendiendo en entendimiento y comprensión con el *Jesed* de la Creación.

El perdón sana la trasgresión de la *Jet* y así alcanzamos la paz espiritual. El que nunca se perdona no puede alcanzar la paz que es la virtud de la *Tiféret* y llega a través del perdón desde *Jesed* por la *Jet*. El final de la culpabilidad es el comienzo de la responsabilidad. Uno no deja de ser culpable para ser irresponsable. Salimos de Egipto para abandonar el becerro de oro y tomar las Tablas. No salimos de la esclavitud y la autoculpabilidad para entrar en una situación de «a dónde vamos». La *Jet* representa el borrón y cuenta nueva. La energía no la pongo al servicio de la culpabilidad, sino al servicio del crecimiento personal. El canal *Jet* divide lo importante de lo accesorio. Simplificar la vida de las cosas que aportan paz, *shalom* al corazón.

Jojmá---------TET--------Tiféret

La energía del odio y la energía de la bondad oculta. *Tet* es el número 9, la energía de meditar sobre mi propia vida personal, una autocontemplación de mi yo, para saber cómo está. Es la energía que busca la sabiduría en el amor, en mi centro del yo. Se llama de la bondad oculta, porque de alguna forma yo sé quién soy en mi interior y no necesito hacer el *marketing* del exterior. El yo en este canal no se vende. Es un canal de felicidad interior, llegué a ese nivel de sabiduría y lo gozo en mi interior. No tengo necesidad de comunicación en este canal. Interioridad. Crezco meditando sobre el yo y tengo la autosatisfacción de lo que estoy creciendo en mi interior.

Es difícil para los menores de cuarenta años esta energía porque ellos necesitan del *marketing* (*lamed*) de valorar la *Tiféret* a través de lo que dicen los demás. Después de los cuarenta años ya no tienes tanta necesidad de que valoren tanto tu crecimiento interior, que es tuyo. Lo importante de este canal es que estoy satisfecho del nivel de conciencia que estoy adquiriendo en mi interior. No necesito de un juez en el exterior que me diga qué nivel de sabiduría tengo. El nivel de sabiduría que está alcanzando mi yo en lo individual provoca una satisfacción interior tal que no es comunicable.

«El cabalista tiene cosas que se pueden registrar, pero no se pueden comunicar».
Mario Satz

«Todos mis libros son introducciones».
Najman de Breslev

Es magistral, es canal *Tet* absoluto, no necesita mostrar fuera, es crecer yo en mi interior. Todo lo que hacemos con bondad surge de la energía *Tet*. Todo es una introducción para crecer más, para llegar a una introducción, me estoy preparando en todo momento. Toda mi vida es preparación.

«Me estoy preparando para volver a prepararme».
Cabalista de Polonia, siglo xvii

«Para alguien que estudia Cábala, no hay retiro».
MARIO SABAN

Uno nunca puede dejar de ser creativo o de crecer. La Cábala te da el deseo de seguir creciendo, creciendo, creciendo..., y no te puedes inhibir de este deseo. Entramos en una dinámica en que la luz del *Ein Sof* es tan brutal que difícilmente la puedes ignorar. Mi yo puede crecer a un nivel infinito. El sabio *Talmid Jajam* sabe que, frente al *Ein Sof*, puede crecer infinitamente. El yo de la *Tiféret* es tener paz interior y, al mismo tiempo, crecer infinitamente. Hay mucha gente ansiosa, ahí está la *Biná*, que nos mete el gusanillo de un resultado. Si estuviéramos fuertes en el canal *Tet* tendríamos un crecimiento hacia el Infinito sin ansiedad. Crezco + paz interior. Se crece con paz espiritual interior, no estás ansioso de cumplir objetivos.

«La gente exitosa se caracteriza por entender el éxito,
como secundario al placer».
ABRAHAM MASLOW

Lo primero es la motivación. Si una persona quiere el éxito en su vida no lo va a alcanzar; el éxito se alcanza como un elemento secundario de la automotivación. Canal *Tet*. El éxito está en el proceso de crecimiento del canal *Tet,* no en el resultado.

Las resquebrajaduras de la *Biná*

Quiere decir que, cuando la *Vav* ya no puede penetrar porque la *Biná* es muy dogmática, nosotros tenemos que crear estrategias para que nuestra mente cerrada pueda salir de su propio encierro. Desde la Cábala, lo vemos con la perspectiva de no saber el nivel de cierre que tenemos en la cabeza.

«El nivel espiritual de la gente siempre es, teóricamente,
superior a lo que es en realidad».
EDUARDO MADIROLAS

La gente cree estar mucho más elevada de lo que en realidad está, por lo tanto, eso quiere decir que, a la inversa, la gente es mucho más cerrada de lo que piensa. Somos abiertos teóricos. Es como esa película francesa *Dios mío, pero ¿qué te hemos hecho... ahora?* en la que una mujer, al enterarse de que una hija se va a casar con un judío, otra con un musulmán y otra con un negro del Senegal, le dice a su marido: «Esto te pasa por ser tan cristiano, ¡tanto amor al prójimo!». Esta película marca la práctica y la teórica de la *Biná*, lo cerrados que estamos, no de manera intencional o como los dogmáticos, de manera intencionada. Muchos nos engañamos diciendo: «Bueno, algo hemos evolucionado, como hormiguitas, algo nos estamos abriendo», pero es mentira.

Las fuerzas de la *Biná* son centrífugas hacia dentro y son terriblemente cerradas. Otro ejemplo sería cuando queremos pertenecer a una tribu en la que todos van a veranear al mismo lugar («¡Pues vamos a ese lugar!»), eso implica una *Biná* que no puede salir de sí misma. La *Biná* es sectaria; si la gente piensa como tú y está de tu lado, la secta se agranda, pero tú no te agrandas. La *Vav* dice de cortar la cáscara del huevo, que es cortar todo lo que tú creías que era real. Mucha gente cree que el pelo es real y...

> «La gente no se da cuenta de que el pelo está muerto».
> ARYEH KAPLAN

Es curioso, pero los únicos que están vivos son los capilares, el pelo está muerto. Si no lo estuviera, al cortarlo nos dolería. Nos cuesta entender que hay algo que está muerto y que las formas cambian.

> «Vivimos con formas que mueren y viven
> y vuelven a morir permanentemente».
> ARYEH KAPLAN

Crece el pelo y estamos muriendo, esto implica, a un nivel simbólico, que estamos muriendo en todo momento, porque las formas se renuevan constantemente, porque sigue entrando energía nueva dentro de la estructura, no solo a nivel de estructura biológica, sino también a nivel espiritual. La *Vav* abre a la *Biná* por amor, lo que quiere decir entender la función de la *Biná*; es un *Klí* muy bueno que tenemos que cuidar, pero que ha de entrar al servicio del crecimiento.

Yud, Kaf, Lamed, Mem

Tiféret---------YUD--------Netzaj

La *Yud* es la energía de la humildad que tiene el potencial de la grandeza. La letra *Yud* es la letra matriz, aun siendo la más pequeña de las letras hebreas, pero es la que concentra un enorme poder de manifestación energética.

Es la letra que más se acerca a las vocales, nace de un punto y es la primera consonante que se va a revelar. Los textos dicen que D*os la va a escoger para empezar su Nombre: el Tetragramatón, *YUD HEI VAV HEI*.

En el Sagrado Nombre de Divino (D*os) podemos visualizar la *Yud* matriz y las *Yud* ocultas en las *Hei* y en la *Vav*. Todo es *Yud* en diferentes percepciones. Es el sendero que une *Tiféret* con *Netzaj*, es la última dimensión en el interior, en el interior del yo, y *Netzaj* es la primera revelación. ¿Qué es lo que revelamos ? Lo más silencioso de yo en el interior.

Es la revelación vía *Netzaj*, revelación de sonido, fuerza y energía que se convierte en palabra. *Netzaj*, su revelación, se convierte en *Hod*.

En la *Yud* tenemos la primera revelación del Infinito a lo finito, es el *Ein Sof* que se va a revelar en todos los Universos. Para revelar no se necesita algo grandioso; para revelar algo muy grandioso se necesita solo que, aquello que revelamos, tenga potencia interior.

Los sabios cabalistas dicen que, cuando alguien es grande no necesita mostrarse grande, porque la muestra de ser grande es el ego, y está a nivel de la *Yesod*. El inseguro, el que tiene miedo, el que apela al ego, necesita mostrarse al otro, necesita que el otro lo valide. Que lo identifique como grande.

La *Yud* no compite contra nadie ni contra nada, conoce su propia grandeza, no tiene competencia. La *Yud* muestra que la potencia está en el interior y no en el exterior. La potencia viene a través de la *Tiféret*, pero en *Tiféret* se encuentra la potencia de todas las dimensiones de las energías superiores. Porque, antes de revelarme hacia fuera, todo cae en mi *Tiféret*, en mi interior, lo que pienso y lo que siento. Cuando yo tomo mi *Tiféret* como recipiente de todo lo que yo soy, revelaré hacia el exterior en *Netzaj*, y se tiene que revelar con la *Yud*, porque la *Yud* es la máxima honestidad de mi interioridad.

La humildad se adquiere con la conciencia de nuestra finitud material y la grandeza a través de la energía infinita que todo lo trasciende. Soy polvo y cenizas.

Jesed---------KAF--------Netzaj

A esta letra también se la denomina *Koaj,* letra de la fuerza, y equivale al número veinte. Es el sendero que canaliza el amor y es muy bonito porque es totalmente expansivo, pero *Kaf* tiene un problema, porque es dual. Aparece el tiempo de amar y el tiempo de odiar, el tiempo de plantar y el tiempo de retirar lo plantado. El veinte marca la dualidad de esta letra, que no es muy buena, ya que dualiza la realidad. Esta letra es tan expansiva que se puede desbordar, no tiene restricción, está permanentemente viendo las diez *sefirot* con respecto a las diez impurezas que tienen las *sefirot*. En este canal *Kaf* hay demasiada fuerza, no es bueno, y además la fuerza está dividida, puede ser que una persona tenga demasiado sufrimiento. *Netzaj* es la confianza y la dualidad.

En Cábala se dice que se puede perder la confianza, pues la confianza se pierde cuando hay una guerra interior, una dualidad muy grande. Por más que tengas mucha fuerza, si ese canal es dual, es un problema. Para transitar ese canal, malo o bueno, porque tiene gran potencia y es muy absoluto, a veces se tiene que elegir entre extremos. Controlar los extremos es muy difícil, ya que uno puede caer en ellos. Si una persona se pone en una posición extremista, esa posición tiene un sobrante de energía, lo que es muy malo, aunque la riqueza de este canal es expresar las emociones porque es un canal de gran comunicación; se ha de intentar comunicar y expresar todo. *Netzaj* es la expresión. La máxima victoria es poder expresar todo. Algo que no se expresa se empieza a pudrir dentro, la gente inexpresiva tiene muchas enfermedades, sobre todo de riñones e hígado, de filtro. Hay que expresarse obligatoriamente, dice la Cábala, con el arte, con la música... Esa expresión me dará la confianza que necesito, pues toda revelación que pueda hacer me produce confianza en mi interior.

«La omisión es peor que hacer algo que sin intención termine en transgresión».

MARIO SABAN

La energía de la *Kaf* me impulsa a generar la fuerza suficiente para acabar un proyecto; y si se estoy llevando a cabo algún proyecto y el resultado no es muy positivo no importa, pues lo más importante es haberlo intentado. Es peor pasar toda la vida pensando que quieres hacer algo y, finalmente, no hacerlo; cuando esto pasa, estás condenado porque no te expresaste.

El canal *Kaf* es un canal de energía que me obliga a la revelación, a mostrarme hacia afuera. Sin embargo, no debo caer en la dualidad, porque toda esa energía que yo pongo para mostrarme hacia el exterior va a entrar en una guerra en mi propia alma que me va a causar sufrimiento. Lo primero es resolver la dualidad interior para poderme expresarme bien en el nivel de *Netzaj*. Una verdadera victoria es la expresión de mis emociones, pero sin caer en los extremos en plan dogmático. Defenderme es malo, porque mi yo no existe. La verdadera victoria es no sentirse atacado nunca. Se gasta mucha energía sosteniendo una dualidad permanente, ya que Satán me la puede poner siempre ante una nueva dualidad.

El adversario te acorrala a la dualidad y, si confrontas, has caído en su trampa. Debemos salir de la dualidad a un nivel superior. Se sube más rápido por las diagonales que por las líneas rectas. La *Kaf* es línea recta, la *Yud* es diagonal. La diagonal no tiene tanta dualidad, es más rápida, ya que Satán pone más resistencia en la línea recta, caigo más rápido en su trampa. Hay que tener cuidado con la seducción de las dualidades de la *Kaf*, que te da mucha energía, pero a veces esta se desperdicia en una lucha interior. En este caso, podría existir el concepto de duda a nivel *Biná*, pero en la dualidad de la *Kaf* la duda puede ser muy negativa, puede llevarme a dos caminos y quedarme sin saber cuál escoger, aunque siempre es mejor escoger porque uno tiene que estar activo. Se puede descansar en una *Sefira*, está bien, pero ello implica reorganizar fuerzas para volver a avanzar. La dualidad no me deja descansar, me hace creer que no estoy activo y con la *Kaf* no estoy inactivo, porque estoy tomando la decisión de no elegir, tengo temor a la decisión que voy a tomar. Cuidado con esta energía, pueden pasar veinte años mientras dudas entre elegir o no elegir, y permanecer en la inactividad; por lo tanto, no hay que caer en las racionalizaciones de las autojustificaciones de la *Biná*, que me quiere hacer creer en el paraíso y luego es el infierno. Tengo que activarme, a pesar de que ello significa cometer errores lo que tenga que venir vendrá, pues la *Kaf* es la superación de la dualidad.

¿Qué hay oculto dentro del veinte? El número veinte representa un problema, pues enfrenta a dos grupos de diez. Debemos controlar la fuerza negativa del diez con la fuerza positiva del otro diez. No es diez contra diez. Son diez energías las del veinte. No es amar y odiar, es la misma energía. No es nacer y morir, es la misma energía. Los cabalistas dicen que, si tú ves veinte en los veinte, estás viendo mal. En realidad, cuando estás viendo *Kaf* estás viendo la *Yud*, pero la estás viendo de otro modo, estás viendo diez. Son diez energías básicas que, vistas desequilibradas, hacia un lado u otro, uno podría entender que las ve en desequilibrio, pues son diferentes. No, no hay diferencia, por lo tanto, cuidado, en la Cábala, no hay oposición interior en los números pares. Toda oposición que nosotros podamos ver siempre es exterior. Esta letra es peligrosa porque nos muestra lo superficial, no la interioridad, y en la superficie vemos todas las diferencias. En lo profundo, no hay diferencias, la superficie es *Kaf*, lo profundo es *Yud*. Describimos a la gente con generalizaciones; por ejemplo, a alguien que bebe mucho alcohol lo etiquetamos rápidamente como alcohólico.

«Todas las definiciones conducen a la idolatría».
KOOK

Cuando defino a una persona (es pobre, es rica, es negra, es alta, es sudamericano, es gorda...) ya estoy haciendo un mal porque la estoy posicionando en un sitio, que es el sitio de mi propia definición. La estoy diferenciando, ya no lo veo como hija de D*os. Toda clasificación es discriminación. Hay que tener mucho cuidado cuando alguien habla de alguien. Cuando defines, caes en la dualidad, que define entre lo que es y lo que no es. Uno se vuelve juez con la definición de las palabras, la letra *Kaf* divide entre lo que yo considero bueno y malo, y me puede volver dogmático.

«Cuidado con los poseedores de la verdad, porque son los satanes de la mentira».
MARIO SABAN

Todo aquel que se crea poseedor de la verdad en la fragmentación es una dualización del canal *Kaf*. Nadie tiene la verdad, la representamos todos o nadie. Si alguien dice que tiene la verdad, malo, porque me quiere poner en el camino de la dualidad: estoy con él o estoy contra él. Terminan siendo sectas.

Hod---------LAMED--------Yesod

La letra *Lamed* representa la energía de enseñar y aprender. Es el número 30, por eso se dice que a los veinte tenemos mucha fuerza y no sabemos utilizarla y que los treinta es la mejor edad para estudiar. *Lamed* viene del hebreo *Lilmod*, que significa estudiar, enseñar y aprender.

Hod es la palabra y *Yesod* es el otro. Yo me comunico a través de la palabra con el otro. Al mismo tiempo que estoy enseñando, aprendo, pues es un canal bidireccional. Al enseñar y aprender, descubro mi corazón, la energía del movimiento de la enseñanza. Todos los que enseñan están aquí. *Lamed* no es el conocimiento teórico, es el conocimiento que se encuentra en nuestro interior y que el otro recibe en la *Yesod*. La *Lamed* también me marca: «Vete de tu tierra y de la casa de tus padres a la tierra que yo te mostraré». D*os le dijo a *Abraham:* «Quieres saber quién eres tú, sal de donde estás». Solo puedes aprender quién eres si te mueves y te vas. Es el aprendizaje de uno mismo. Hay que salir de la zona de seguridad para aprender y no estancarse. Tenemos que seguir el mandato divino.

Nosotros nos comunicamos a través de la palabra, en hebreo es *Davar,* y cuando estoy hablando me estoy comunicando a través de la palabra, donde se revela el *Davar*, en el *Midbar*, que significa desierto. Solo la palabra se puede revelar cuando estoy en mi desierto privado. Cuando logro crear mi desierto privado (por eso la palabra divina baja en el desierto del Sinaí) entra en el *Midbar* la palabra, la misma vibración que el desierto. En el desierto, el místico escucha la palabra. Tú puedes construir ese desierto para que se encarne la palabra. El desierto privado es el que logra experimentar la palabra en su interior, entonces se forma el *Debir.* Cuando entra la palabra a los treinta años, se hace carne, y a los cuarenta años tu alma se vuelve el sanctasanctórum, el tabernáculo. El alma es el Templo de D*os vivo. Permanentemente estás creciendo, estás recibiendo información a través de la palabra, que entra por la *Lamed* y va a *Hod,* y luego pasará por *Samej* hacia la *Tiféret*. *Lamed* es la fuerza del *Lilmod*, la fuerza de enseñar, la fuerza de aprender, la energía del aprendizaje de uno mismo.

«El que cuida de sí mismo es más valioso que el que molesta a los demás».

Galia Razia

Netzaj---------MEM--------Hod

Es el canal número cuarenta. En la *Mem* se hace la transformación de la juventud a la madurez. Toda transformación lleva el número cuarenta, es el final de la forma. En cuarenta días, Moisés subió y tomó las Tablas. Cuarenta días después de la concepción, la Neshamá se posa sobre lo que se está creando. Si nosotros tomamos consciencia de esta letra se nos puede elevar mucho el nivel de consciencia.

Con la *Mem,* los grandes cabalistas decían que el Nombre de D*os, *Shemá me Forash*, puede ser transmitido en el agua, porque la *Mem* viene de agua,

Maim. La *Tevilá* es la inmersión en el agua, es un rito judío. El agua es un sistema de transformación, hay mucha gente que tiene dones en *Jojmá*, que cuando se ducha empieza a tener revelaciones, experimentan una alteración del nivel de consciencia. La intuición se despierta, pueden tener imágenes mientras se duchan o se lavan. La *Jojmá* se activa debajo del agua, por eso, se recitaba el Nombre de Di*s en el agua, pues el agua canaliza la energía. Imágenes del futuro, de que alguien va a nacer o morir; la *Jojmá* va hacia delante y hacia atrás. El agua produce este cambio de consciencia que activa los dones, y el conocimiento intuitivo se pone en movimiento. Por ese motivo, había que cruzar el mar Rojo a la tierra prometida, *Tiféret*. Había que crecer, la *Mem* desde *Yesod* para llegar a *Tiféret*.

Delet + *Mem* = *Met* o Muerte *Demut* = Imagen de D*os

Hay tres niveles de transformación:

MUERTE TRANSFORMACIÓN CONOCIMIENTO

Transformación de algo, que es el final de la forma. Es la destrucción de las formas. La muerte permanente renace todos los días.

«Crecer es morir».

«De lo simbólico a lo conceptual».

«De lo conceptual a lo simbólico».

Hod – Netzaj

De mi Egipto interior a la *Yesod,* a la tierra de Israel, que sería la *Tiféret*. El arquetipo es *Jacob*, que se transformó en Israel. *Yesod* figura que es el ego que quiere crecer, madurar, no quedarse como Peter Pan. Quiere llegar a ser el yo, del nivel de la *Tiféret*, conquistar su propia *Tiféret*, debe pasar el nivel de la *Mem*, que es la crisis de los cuarenta, que es brutal. Ahí haces un cambio terrible de todo, cambias de pareja... La *Mem* es la destrucción de las formas.

¿Por qué la gente se pone contenta cuando alguien nace y triste cuando alguien se muere? Tendría que ser al revés: la gente debería ponerse triste cuando alguien nace, porque no se sabe todo lo que le espera, ¡pobre alma!, y cuando alguien muere, debería hacerse una fiesta, ya que esa persona se ha liberado de todo. Nosotros lo vemos al revés, porque dicen que hay que tener la misma dinámica, siempre queremos vivir en la misma casa, ser conservadores, no cambiar nada…, pero esa no es la naturaleza de la realidad. Ha de haber un cambio y una transformación constante. La *Cábala* dice que el crecimiento del alma tiene que ser igual al crecimiento del feto. Es la transformación para pasar al yo, un nivel superior de consciencia y de trascendencia. Es una *Mem* continua. Cuando termina el día, ¿qué he aprendido hoy?, ¿en qué me he transformado? A un hijo no le puedes decir que se quede en el mismo nivel, ha de transformarse, energía *Mem*. El alma, nuestra alma, tiene una energía permanente de transformación. La *Mem* es *Met*, la muerte, porque también es un cambio.

Los libros de Cábala presentan algunas dificultades para las personas que se inician, que están acostumbradas a la comprensión conceptual y literal de los términos, y el cabalista escribe insinuando un sentido oculto en lo simbólico. No debes quedarte con lo literal, ya que te volverías muy dogmático, perderías la simbología y todo el lado derecho del Árbol, te quedarías en *Hod*. La Cábala te quiere revelar cosas ocultas, desde la letra revelada pese a que, cuando se revela, ya no tiene la misma fuerza de lo oculto. Tenemos que hacer visible lo invisible. Cuanto más invisible, más raigal, más cerca de la raíz, más verdad. Cuanto más visible, más mentira.

Nun, Samej, Ain, Pei, Zsadi, Kuf

Netzaj*---------*NUN*--------*Yesod

Es el número cincuenta. Es la línea del autoconocimiento. La forma en que nos mostramos a los demás. A los cincuenta años uno alcanza la *Biná,* el entendimiento. Por eso, se habla de las cuarenta y nueve puertas de acceso, para acceder al nivel cincuenta de la *Biná*. Son las meditaciones de la cuenta del *Omer,* que son cuarenta y nueve formas de ascenso espiritual, combinando fuerzas energéticas entre dos dimensiones. Este ejercicio espiritual se realiza entre la festividad de *Pesaj (*Pascua*)* y *Shavuot* (Pentecostés).

Conecta las emociones inconscientes de *Netzaj* con nuestra personalidad en *Yesod*. El entendimiento es la máxima honestidad de lo que podemos expresar en *Netzaj*, con respecto a lo que mostramos en la *Yesod*, hacia el exterior, por lo tanto, tenemos que desarrollar la máxima honestidad posible. *Netzaj* es la energía emocional que nos lleva al autoconocimiento y autodescubrimiento permanente. Muestra nuestra personalidad hacia el exterior. Nuestra personalidad *tiférica* muestra nuestro yo interior, se muestra por *Netzaj, Hod* y *Yesod*. La *Nun* es una letra de límite. Dicen en Cábala que a los cincuenta años una persona llega a autoconocerse en las emociones más profundas. A los cincuenta años, para alcanzar la *Biná*, ha de tener una cierta humildad para tener entendimiento. Esa humildad también es necesaria para alcanzar *Jojmá*. En el canal *Nun* hablamos de *Biná*. Los cabalistas dividen el término de *Biná* en dos palabras: *Nun* y *Ben*.

Ben significa hijo en hebreo, es la energía 52 (50 + 2).

Cuando nos referimos a *Biná*, también podemos decir el Nombre de D*os, hijo de *IA*, hijo de la inteligencia, el que tiene entendimiento es *BEN IA*. El entendimiento tiene dos partes, es *Bet*, la dualidad. Entiende porque diferencia entre una cosa y otra, y la *Nun* implica un grado de humildad, que define la persona en su expresión hacia los demás. La *Lamed* es el canal del estudio, el aprendizaje y la enseñanza, y la *Nun* también es una especie de enseñanza, ya que es una revelación hacia afuera, pero no desde una enseñanza conceptual como enseñar en clase como un profesor. Cuando estoy en la energía *Nun*, no muestro los conceptos, me muestro yo en mi personalidad.

LAMED: Nivel 30, conceptual
Buen profesor, empatía
No desde su persona

Comunicación

NUN: Nivel 50, concepto + personalidad
desde su ser. Experiencia

En el Talmud aparecen dos grandes sabios: Hillel y Shammai. Cuando debatían, casi siempre ganaba Shammai ya que tenía las mejores argumentaciones. Era muy inteligente, pero al final siempre le daban la razón a Hillel, porque las conclusiones a que llegaba eran desde la humildad, mientras que Shammai llegaba a las suyas desde la soberbia. Aunque sus argumentaciones eran muy sofisticadas, ganaban las que llegaban desde la humildad, esa es la energía 50. Es la energía que te enseña desde el ser, no desde el saber.

En Cábala, no es saber lo que se sabe, sino saber lo que se experimenta. La *Nun* es la transmisión del saber desde la experiencia de los cincuenta, no lo que se sabe desde la experiencia de los treinta. Lo que se sabe por la experiencia ha pasado por el tamiz del alma, la propia experiencia personal. La humildad siempre gana a la inteligencia.

Tiféret---------SAMEJ--------Hod

Esta letra es complicada, pues está cerrada por todos lados: es la autoprotección. La energía que me permite encerrarme a mí en mí mismo y encontrar una fuerza en mi autoprotección personal.

Llegaríamos a la conclusión de «qué bien se está en casa». Me cierro hacia el exterior sin ver gente, meditando, estudiando... No quieres ver a nadie. Es el poder del encierro peligroso. Estás tan bien contigo que no quieres ver a nadie. Es una madre que te sobreprotege y crea una cárcel con esa protección. Encierro en sí mismo *Samej* es bueno cuando se te protege, pero puede crear una cárcel. Es la energía del perdón de todas tus transgresiones. Tú te perdonas todo, pero es un problema porque has de ser responsable de algo. A los sesenta años entras en la onda *Samej*. Uno se ha de obligar a salir con los amigos, porque si no se encierra en sí mismo y no aprende de los demás.

Samej = *Hod* (me comunico) + *Tiféret* (mi interioridad).

Hablo solo todo el día. Debería tener el equilibrio de *Samej* y *Lamed*, es decir, comunicarme con los demás y conmigo.

¿Cómo me comunico conmigo? Es un elemento de introspección. El lenguaje al servicio de la *Tiféret*, de conocerme a mí mismo. La *Tiféret* es el sol y *Hod* es Mercurio. El nivel de Mercurio es muy bajo frente al Sol y más pequeño. El Sol atrae a Venus y a Mercurio. Por lo tanto, la persona quiere estar consigo misma. Si estás demasiado cómodo contigo mismo es posible que no tengas pareja, que no quieras salir con amigos..., y eso es malo. No encuentras adversarios.

En Cábala se dice que tienes que ir a buscar a tus adversarios, las relaciones sociales; si te encierras mucho, no creces. Si estás mucho tiempo contigo mismo, empieza un tiempo de autojustificación, y la clave es que tenemos que aprender de los demás en todo momento. No podemos cortar relaciones y encerrarnos en nosotros mismos. Si estamos mejor cuando estamos solos que con los demás quiere decir que hay una parte nuestra que no está cómoda con los otros. No son los demás los que nos molestan, son las partes oscuras que descubren en nosotros. Los otros nos activan las partes oscuras. Esta energía es la de: «Me encierro, me protejo, estudio, tengo horario solo…», pero he de estar en el mundo social, porque ahí están los adversarios que me hacen crecer. No existe retiro en el mundo judío, nadie se jubila, no hay monacato, siempre hay actividad, no te puedes jubilar del crecimiento. El método de crecimiento puede ser la autocontemplación, pero me lleva a la trampa, ese es el problema de *Tiféret* en *Tiféret*, uno no puede autocontemplarse todo el tiempo, porque eso es narcisismo.

La *Samej* es una energía peligrosa, es la raíz del secreto pero no es un secreto bueno, pues *SOD* es el secreto que está para que nosotros lo podamos revelar. Ahora, yo me mantengo en el secreto de mi propia personalidad si no tengo un adversario que me ilumine. Quizá el otro tiene un método que a mí no me gusta, porque pincha donde más me duele, pero lo que hay que hacer es debatir, crecer y estar con el otro, no irse al lado oscuro de la *Samej*, donde uno se encierra en sí mismo.

Biná---------AIN--------Tiféret

Se dice en Cábala que cuando uno cumple setenta años tiene el nivel de la profecía, puede vincular lo externo con lo interno. Es un canal importantísimo, que une *Biná* con *Tiféret*, es el canal del cordón umbilical o también el canal del libre albedrío. Es el canal que une al hijo con la madre. Es la protección de la *Biná* sobre *Tiféret*, pero en realidad una *Tiféret* que ha de crecer con la ayuda de la *Biná*. *Ain*, en hebreo, es ojo, lo que yo puedo ver por mí mismo, mi subjetividad. Si la *Samej* nos encierra en nosotros mismos, la *Ain* nos libera de ese encierro.

Vamos a analizar la subjetividad, porque en Cábala hay dos conceptos con respecto a la creación:

1. Crear algo de la nada (de una sustancia sin forma).
   - Es *Briá*, creación del Universo, creación de la nada.
   - Viene del *Ein Sof*, el Infinito es todo igual a nada.

2. Crear a partir de algo anterior a lo que nosotros hacemos.
   - Es *Yetzirá*. Ejemplo: creamos un libro de un papel del árbol.

Los cabalistas dicen que, en realidad, nosotros podemos imitar a D*os. Podemos crear como *Yetzirá* a partir de algo creado como dice la tradición. En la Torá, nosotros hacemos la interpretación de ese texto. También dicen que es un proceso de revelación directo del *Ein Sof* a nuestra alma, se salta todo el sistema de intermediación de la Creación desde algo. Nuestra alma puede crear algo de la nada. Ideas de la nada, ideas del *Ein Sof*. Vamos directos al *Ein Sof*, recibimos su información, pero no es información que esté en ningún texto anterior. Los cabalistas en el *Zohar* dicen que no está todo revelado, que es un contrasentido, como decimos que todo el Infinito está revelado. Es imposible. El Infinito se va revelando poco a poco, pero no de energías preexistentes dentro del Universo, sino en forma directa dentro de nosotros. Por eso, la letra *Ain* hace referencia al sujeto que puede tener una energía que le baja directamente del *Ein Sof* y puede revelar cuestiones que nunca se revelaron en toda la historia. Es el poder de la Profecía, del ojo, de lo que puede llegar a ver el alma, que es superior a todo lo que hemos podido ver hasta ahora. Cada uno de nosotros tiene un poder de revelación de algo en esta realidad que no tiene antecedentes en la realidad espaciotemporal. Tiene información arquetípica de la Eternidad directa, es como recibir información directa que *Atzilut* nos baja saltándose las variables de espacio-tiempo.

Cuando hablamos de *Yetzirá* hablamos de formación como de un elemento anterior (hierro, cobre...) creado en esta realidad espaciotemporal y se crea algo de algo, pero se puede crear algo de nada, porque nosotros somos fractal de todo el Universo y todo el *Tzim Tzum*. Cada uno de nosotros reproduce la creación del Universo dentro de sí mismo. Por lo tanto, un universo entero se está produciendo dentro del alma, ya que nuestras neuronas, átomos, energía..., son un universo entero. Si comparáramos las fotografías del Universo y del cerebro veríamos que tienen una estructura parecida. Además del parecido físico, ambos tienen que ver con el Infinito. Nuestro cerebro también está dentro del Infinito. Por eso, nuestro cerebro, como pequeño universo, contacta directamente con el Infinito y nos llega información del *Ein Sof*, sin pasar por el proceso de 13.500 millones de años del Universo. Tenemos dos tipos de información: la que nos da el tiempo y la que nos da el espacio. Tenemos la información que se acumuló durante los 13.500 millones de años: el plomo, el hierro, los agujeros negros, la materia oscura, la energía oscura... Todo lo que no hemos descubierto, pero dicen los cabalistas que sigue operando el *Ein Sof* fuera de nuestro Universo. El alma está vinculada a todo esto que hay aquí creado en los niveles inferiores del alma, yo como cuerpo, como un plátano, que está en el tiempo, en la materia. En los niveles inferiores del alma me voy yendo del tiempo y llego a la *Neshamá,* dejo el tiempo y subo a *Jaiá,* cuando estoy más arriba de la *Neshamá* estoy fuera del tiempo. Mi alma está recibiendo información directa del *Ein Sof*, eso se llama revelación. Cuando alguien lee el texto bíblico comprueba que profetas como Isaías o Jeremías dicen lo mismo que Moisés: «La Palabra de D*os vino a mí». Revelación directa. Tuvo una información que le vino directa de arriba, por eso se sacralizó. Los cabalistas dicen que no es que nuestras almas tengan revelación directa del *Ein Sof*, sino que «son revelación del Ein Sof». Cuando empezamos a conocer nuestra alma, estamos conociendo a D*os. Cada vez que indagamos en nosotros, estamos indagando en la forma de D*os, que tomó nuestro *Klí*, dentro de nuestro *Klí*. No estamos atrapados en un alma, sino que el alma es el fractal de todos los niveles del *Tzim Tzum* conectados con el *Ein Sof* y estamos creando universos en todo momento.

Cada vez que operamos en este plano estamos extrayendo información del Infinito, una información que probablemente no vio nunca nadie. Nosotros tenemos el privilegio de verla porque sabemos de esta conexión directa con el *Ein Sof*. La gente más tradicional se pregunta dónde está escrito? E *Isaías* dónde estaba escrita la palabra de D*os que recibió en la primera revelación? La voz de D*os fue directa al profeta, y de la misma forma se produce la revelación directa en nuestra alma. Su palabra está en mi alma porque D*os escribió en ella.

Los cabalistas abrieron toda la subjetividad. El sujeto es un elemento clave en Cábala porque es una forma de D*os en este mundo, que baja información por lo que tiene la misma categoría que Moisés en el monte Sinaí. Lo que tú estás revelando en tu casa, en el silencio de tu apartamento, tiene la misma categoría que lo que reveló Moisés. No existe una revelación mayor o menor, existen diferencias con respecto al *Klí*, por eso cada profeta tiene su lenguaje. Eso es la *Ain*, tu propio ojo, ver por tu propio ojo. Tu alma tiene el privilegio de traer a este mundo luz que nadie ha podido ver. Isaac Luria trajo un nivel de luz que nadie pudo ver antes. Jaim Vital, Einstein, los que destruyeron el planeta también trajeron luz, pero fue luz oscura. El texto ha de servirme de anclaje para que mi alma suba al cielo. Pero el texto también puede confundirme; es lo que le ocurre al dogmático, que se queda en el dogma. El texto de nuestra realidad material no ha de impedirnos la conexión con el cielo. Los cabalistas utilizan el texto de suelo, no de techo, siempre como anclaje para ascender. Es la fuerza de la *Ain*, ver por uno mismo. La pregunta es: ¿qué trajo tu alma a este mundo?

La letra *Ain* es lo que tu alma ha traído a este Universo. La revelación de la energía de tu alma es tu *Tikún*. Rectificas con tu propia energía. El Tikún es el privilegio de lo que has venido a revelar o aportar a tu vida y a este mundo, es un tipo de energía única y genuina que solo tú puedes extraer. En el *Ein Sof* hay una biblioteca infinita. Uno tiene que pensar cuál es el libro que tiene que escribir que no está escrito. Indudablemente, tenemos un libro que escribir sobre la energía de nuestra alma que no está escrito aún. Nuestro *Tikún* en nuestro nivel, tenemos que seguir revelando. Todos los libros escritos son de almas anteriores que han revelado en su nivel lo que han podido revelar. La pregunta de la *Ain* es si *Tiféret* quiere revelarlo. Dice la tradición judía que cuando la energía te pertenece nadie te la puede quitar; es decir, lo que es de uno, lo es por ley, se ponga como se ponga la vida. El destino se encargará de que tengas lo que te pertenece, pues es parte de tu esencia de vida. Al alma nunca se le roba lo que te pertenece, alguien te puede copiar, pero nunca te copiará igual, porque tú tienes una energía original. Los acechos que recibes a diario podrán pretender atacarte por intentar suplantar áreas tuyas energéticas, pero no podrán extraer nunca el hilo de luz que te hizo brillar. Cada persona tiene que hacer su propio trabajo y extraer su propia luz, los que copian o plagian a otros lo único que consiguen es acomodarse en la energía del otro para su propio beneficio.

Este tipo de circunstancias no son brillos reales, sino más bien bisutería brillante. Supongamos que un amigo tuyo tiene una heladería fantástica, con un ambiente entrañable y acogedor. Hace unos helados caseros deliciosos, es amable y muy trabajador, y se esfuerza por hacer el bien todos los días con su trabajo, haciendo felices a los niños. De repente, abren una heladería mucho más grande justo al lado, moderna, con todos los sabores del mundo, con una decoración impactante y con más trabajadores, pero el ambiente que se respira en ella no es cálido, carece de esa energía amorosa que se respira en la otra heladería, tan original y genuina. Lo que podemos apreciar en este ejemplo es que la gente que compite o envidia a los demás son pobres ignorantes que no saben cómo funciona la realidad. Miran hacia fuera, en lugar de mirar hacia dentro porque no entienden que cada alma trae una energía diferente a este mundo. No todos los psicólogos son iguales, no todos los médicos son iguales, cada uno tiene su energía diferente. Quien tiene miedo a la competencia es que no reconoce la energía que tiene en su interior. No tiene seguridad y desconoce su *Tikún,* pues se evalúa en función del otro. Eso es una trampa, nadie se debe evaluar en función del otro; tenemos que revelar nuestra propia energía en el Universo. La máxima originalidad que tenemos está en la profundidad de nuestra alma. En el interior de nuestra alma está D*os y es la forma que nos ha dado para podernos manifestar en esta realidad, esa es la *Ain*.

> «Tener el ojo para ver lo que nuestra alma vino a revelar».
> MARIO SABAN

Tenemos que conocernos en nuestra interioridad para poder revelarnos a nosotros mismos. La *Ain* pone a la *Biná* al servicio del Sol, Saturno mira al Sol. Saturno tiene que subir al Sol a *Kéter*, le tiene que dar la suficiente confianza a *Tiféret*. Mira con tu ojo, con la *Ain*, el nivel de energía que hay dentro de ti, dice la *Biná*, para poder subir a la máxima expresión posible. La fuerza del setenta es la fuerza de poder visualizar que lo interno y lo externo no tienen contradicción, sino que son compatibles.

Guevurá---------PEI--------Hod

Es el número ochenta. La *Pei* representa la boca. Es la energía del poder. Los cabalistas dicen que el máximo poder es cuando callas y no cuando hablas, el que domina esto llega a la sabiduría. Cuando llegas a los ochenta años, tu energía es más sosegada, ya no lideras tanto las conversaciones, aprendes a escuchar y a observar con más tranquilidad. Es la energía del control de la lengua. D*os hizo dos ojos, dos oídos, dos orificios en la nariz y una boca, ya tendrá tiempo de transgredir con una boca. Equilibrio entre hablar y ser silencioso. La virtud del silencioso es un tonto que parece sabio. Ser sabio hablando es mucho más difícil.

La cuestión es que quien alcanza este control tiene mucho poder. Saber cuándo hablar y cuándo callar en cada contexto. La lengua es un arma muy peligrosa, con un rumor puedes destrozar a alguien. Una palabra puede destruir una familia, hay que pensar lo que se dice, cuándo y cómo se dice. Si lo dices de manera educada, agresiva..., cómo, cuándo y por qué.

> «Cuando te humillen, acuérdate de tus virtudes, y cuando te glorifiquen, acuérdate de tus transgresiones».
> MARIO SABAN

Hay que aclarar lo que se dice, controlarlo, saber qué palabras escoger, en qué contexto estamos... Es una energía que hay que trabajar mucho. El control de la lengua: tiempo para callar y tiempo para hablar.

Guevurá---------ZSADI--------Tiféret

Es el número noventa. Es la ayuda al necesitado, la energía de la justicia social, *Guevurá* desde el punto de vista de la *Klipá*, puede ser la *sefira* del poder, pero también la que restablece la justicia. Justo e injusto, hay que poner un límite positivo. No existe la caridad, es el restablecimiento de la justicia. Antiguamente no existía la propiedad privada, todos tenían una misma tierra. La Cábala dice que, cuando hay un necesitado, debemos darle ayuda, la *tzedaká*.

En realidad, nosotros somos los que hemos creado el sistema de propiedad privada, que por casualidad la genética nos ha hecho heredar. Podíamos no haber heredado nada. No hay igualdad de nacimiento, la desigualdad la hemos creado nosotros. Durante el año sabático se permitía que la gente con pocos recursos entrara al campo de otro y cogiera naranjas. El otro le dejaba, pues había mucha pobreza. Desde el punto de vista de la Cábala, cuando ayudo al necesitado, no estoy ayudando, sino que estoy restableciendo la justicia original.

Zsadik es un justo que intenta restablecer la justicia, no le teme a nadie para aplicarla, es la representación de la energía de *Guevurá*. *Guevurá – Tiféret*, siempre hay que tener en cuenta dónde está la justicia más allá de las ideologías, no de la política. La Cábala dice que al final ganará la justicia, que la justicia acabará imponiéndose. Tenemos que actuar de forma justa, restablecer la justicia. Sin justicia, el mundo no puede continuar existiendo. Debemos discernir cuándo actuamos por venganza y cuándo actuamos por justicia. Debemos abandonar la venganza, ya que nos puede hacer actuar injustamente. La autojustificación de la justicia, aunque la venganza sea en secreto, significa que soy vengativo.

Biná---------KUF--------Jésed

El número cien. La energía de la transformación, de ver más allá. La consciencia de más allá. Esta energía es muy importante porque se dice en Cábala que detecta las ilusiones transitorias. Es la energía de darse cuenta de cómo funciona la realidad, cómo opera la energía dentro del espaciotiempo. En el fondo, es una energía que busca lo importante al servicio del crecimiento. No busca los detalles, sino lo importante. ¿Cómo organizar la misericordia desde la *Biná*?

«No me pierdo en los detalles».
MOSHE JAIM LUZZATO

Hay almas que son como administrativas. Debemos estar siempre concentrados en los principios generales, en cuál es mi proyecto a largo plazo.

La *Kuf* son tres vibraciones energéticas diferentes:

1	+	10	+	100	= 111 = *SEJEL*
Kéter		*Jojmá*		*Biná*	
Ein sof		*Sefirot*		*Subsefirot*	
ALEF = 1		80 + 30 + 1 = 111 = *ALEF*			

La letra 1 extendida es 111. El misterio del 10 y el misterio del 100 lo tiene la letra 1.

El 1 es la unidad, la energía del *Ein Sof*, 10 de las *sefirot* y el 100 de las *subsefirot* de las 10 *sefirot*, pero como no las podemos ver como únicas, vemos 50, de ahí vienen las 50 puertas de la *Biná*, que lo unimos a la *Nun*. Vemos 50 y no 100 directamente. La *Biná* opera con *Bet*. La energía *Kuf* es la energía donde nos detenemos en lo importante de las cosas, no en las ilusiones, en lo intrascendente, no en los detalles. Nos quedamos con lo importante.

La Cábala dice que si el ser humano no hace el trabajo de la *Kuf* no hay problema porque viene el mal y lo hace por nosotros. Tenemos que saber diferenciar lo importante de lo no importante, sino Satán aparecerá para mostrarnos el sendero que hemos de transitar para aprender a priorizar en nuestra vida, que es lo realmente importante para nosotros y nuestro crecimiento. Es decir, podemos extraer la esencia de lo fundamental a través de nuestras decisiones, nuestro libre albedrío o, por lo contrario, si no hacemos lo que hemos venido a experimentar, Satán aparece para hacernos redireccionar y tomar conciencia del que realmente es nuestro camino. A veces, a pesar de la experiencia dolorosa, en realidad lo que está haciendo es llevarnos a donde realmente pertenecemos, podemos elegir ir tranquilamente sin pasar por ninguna situación difícil para nosotros, pero que el fondo nos hará crecer.

> «Lo más importante de la Torá es el texto blanco
> sobre el fondo negro de las letras negras, hay verdad en lo blanco
> y no en la letra negra».
> NAJMAN DE BRESLEV

Las letras negras son lo revelado, lo que apreciamos, y el fondo blanco representa el Divino *Ein Sof*. El fondo blanco no se aprecia sin las letras negras. ¿Cómo vemos el fondo blanco sin las letras negras? Y en el *Sefer Ayun*, la vocalización del texto actual de la Torá es arbitraria, porque pertenece a la Torá de *Briá* y no a la Torá de *Atzilut*. Existiría otra vocalización. Nuestra visión está distorsionada en el nivel en que nos encontramos, la Torá tendría otro funcionamiento en el futuro que nosotros no podemos ver.

Las revelaciones son válidas en el nivel que operaron, pero existirán más revelaciones en niveles más altos que no invalidarán los anteriores, se comprenderán en otro nivel. La Cábala dice que el cristianismo tuvo su función histórica. Actualmente, puede ir perdiendo interés así como el judaísmo, el islam y otras religiones, para tomar revelaciones de luz diferentes.

¿La ley de Moisés invalida la ley de Abraham? No, la trasciende, pues la Torá es un nivel de crecimiento evolutivo de la espiritualidad, en revelaciones divinas que van ascendiendo a la Era Mesiánica. En nuestro camino no hay Mesías físico, vamos de camino a la Era Mesiánica. En cada uno de estos niveles hay un ascenso de nivel. La luz divina se revela hacia la Era Mesiánica.

Las fuerzas de la innovación dicen que D*os se sigue revelando y las fuerzas de los conservadores dicen que D*os se ha revelado a través del texto, validado por nosotros. Cuidado, si el poder de los hombres lo valida será un desbarajuste, pero si viene de D*os, no será destruido. El poder nunca paró a D*os. La Era Mesiánica es inevitable y ya está operativa. En el momento en que tú activas en el nivel más alto de profundidad a tu alma puedes entrar en la Era Mesiánica, que es del interior de tu alma. Cuantas más almas hagan el *Tikún*, más podrán ser ayudadas otras almas en el proceso, se irán arrastrando hacia la luz. Pero cuidado con la trampa que tenemos en la *Biná*, de creer que los que nos hacen daño solo nos atacan y nos dan oscuridad, porque no debemos olvidar que también nos están dando luz. Si te enfocas en que todo te está dando luz en todo momento, estás creciendo; está el que te ayuda desde el bien y el que te ayuda desde el mal.

Aprendizaje continuo.

Al crecer, tú iluminas a los demás pero, cuidado porque también puedes hacerles sombra y te pueden odiar. El otro puede proyectar en ti la sombra. Si haces un cambio de conciencia muy grande en tu familia puedes terminar muy apartado de los tuyos, porque das tanta luz que les proyectas su propia sombra. Te vuelves peligroso porque ven un cambio en ti. Aunque en realidad ellos sienten que están percibiendo su sombra y, cada vez que la luz aumenta, la sombra también, interior y exteriormente. El otro puede atacarte desde la bondad y puedes llegar a tener más enemigos porque les activas más la conciencia de su sombra.

Reish, Shin, Shin 4 Ramas, Tav

Tiféret---------REISH--------Yesod

Quien es cabeza de sí mismo es líder de su propia vida. Es la energía de la paz interior y también la energía del liderazgo, que en Cábala es como yo puedo seguir a mi alma, si no sería un líder falso. A través de la *Teshuvá* y controlando nuestro ego, alcanzaremos el equilibrio interior. Recordemos que la *Yesod* son las influencias exteriores: cómo actúo yo frente a estas influencias exteriores.

¿Cómo sabemos si estas influencias externas nos afectan? Cuando nos enojamos. La prueba de que nosotros no lideramos nuestra *Tiféret* es cuando alguien se enfada. ¿Por qué quiere defender el yo, la *Tiféret*? ¿Alguien sabe quién soy yo? Nadie lo sabe, porque mi yo es *Tiféret*, mi interior. Los demás siempre me ven en la *Yesod*, en el exterior. Ven imágenes de mí, no mi interioridad. ¿Por qué me voy a enojar si dicen algo de mí que yo no soy? Por supuesto, siempre dirán algo que no soy porque no están en mi *Tiféret*. El enojo de uno frente al ataque de alguien externo es desde la *Yesod*. ¿Por qué me enojo? Piensan de mí tal cosa porque el *Klí* que tienen les permite pensar en ti de acuerdo con su *Klí*. Va a pensar de nosotros lo que nosotros pensamos sobre nosotros. Hay gente que sufre toda la vida por el qué dirán; la cuestión de qué dirán los demás está en *Yesod*.

¿Ninguno va a coincidir conmigo? ¿Cuándo tendré paz interior? Nadie coincidirá contigo porque es imposible. Es imposible que *Yesod* sea igual a la *Tiféret*. Tendré paz interior cuando entienda que el otro nunca va a pensar de mí lo que yo soy. Nos enfadamos porque queremos que sepan quiénes somos, pero nadie nos conoce porque no pueden percibir cómo somos en nuestro yo, en la *Tiféret*. No puedo tener la pretensión de que piensen de mí lo que pienso yo de mí. Es demasiada soberbia. Nadie tiene acceso a mi *Tiféret*. Cada *Klí* recibe la luz que se merece, la percepción que tienen de mí está de acuerdo con la luz que ha recibido de ese *Klí*. A veces, los contextos tienen que ver con la percepción de la persona, porque no la conoces en otro ámbito. Es como si yo me encontrara en clase de Cábala con el dueño de la frutería de mi barrio. ¿Me sorprendería? Sí, porque nunca lo relacionaría con la espiritualidad tan profunda de la Cábala. El contexto hace mucho. Los cabalistas dicen: «Si tú quieres entrar en *Tiféret*, busca la profundidad, busca el *Omek*. Si quieres estar en *Yesod*, busca lo superficial». En general, es difícil llegar con el otro a *Omek*, porque el contexto no lo permite.

La primera cuestión de la *Reish,* la energía del liderazgo es que mi liderazgo interior va a provocar mi propia seguridad interior. Si yo soy una persona insegura voy a vivir muy de cara al exterior, porque el exterior tiene que validar mi propia personalidad. Si soy una persona segura, el exterior me afecta muy poco, pero eso no quiere decir que yo no escuche la crítica del otro y que no aprenda. La desesperación de mucha gente es construir una máscara frente al exterior, pues es el fracaso de toda espiritualidad.

La construcción que diseña la gente en modo social es el fracaso de la espiritualidad. En realidad, lo que uno o el otro tienen que mostrar es lo máximo que se puede del interior de la *Tiféret*. Con la máxima honestidad, es lo que se llama alineación en otras culturas o espiritualidades. Estar alineado es estar en *Tiféret* y *Yesod* juntas. Trato de mostrar en Yesod lo que yo soy en *Tiféret*, ¿lo voy a lograr? Los cabalistas dicen que no. Nunca lo logras, pero si consigues la paz interior de no ser deshonesto contigo, lo que se logra en la energía *Reish,* te vuelves líder de ti mismo. Serás alguien con seguridad en su interior, alguien que no depende de la mirada del exterior. Si no es así, tomarás decisiones altamente influenciadas por el qué dirán y, si tomas decisiones basadas en la *Yesod*, nunca podrás llegar a ser líder de ti mismo. Has de tener la suficiente fuerza interior para no seguir la moda, la tendencia del otro. La moda está en *Yesod*: voy de verde, aunque a mí me gusta el rojo, porque todos van de verde. Es el fracaso de la espiritualidad. La moda existe para sentirte aceptado dentro de un grupo social pero existe también lo que eliges desde tu interioridad, desde *Tiféret*.

Debemos tener cuidado con la adaptación de la justificación social, que uno se resigne. Por eso, hay una diferencia entre la psicología clásica y la Cábala: la primera quiere que el sujeto se adapte a la sociedad, pero la Cábala quiere que la sociedad cambie para que el sujeto sea más feliz. A veces, uno debe ser el precursor para que la sociedad cambie, pues la sociedad puede estar enferma. Ese es el verdadero liderazgo: me crucifican pero muero con mi verdad, yo sigo con mi *Tiféret* a pesar de la sociedad enferma. Mi *Tiféret* es lo que yo siento en mi interioridad.

Desde el judaísmo, en la festividad del Rosh Ha Shana, hay muchas bendiciones para ser líder de uno mismo, para estar el primero, pero no por competencia con los demás. Ser primero de ti mismo es sentir que tu *Tiféret* está primera, luego te adaptas en la sociedad, en la *Yesod*, porque viene de tu liderazgo. Eso no quiere decir que no tengas limitaciones en tu *Guevurá,* recordemos que *Jesed* y *Guevurá* tienen que estar en equilibrio para que *Tiféret* pueda estar en equilibrio. Por eso, ya venimos con una *Guevurá* propia que tiene que funcionar en relación con *Yesod,* hasta cuando me voy a adaptar al otro y el otro a mí, o si yo siempre voy a estar en función de adaptarme al otro como una ameba. ¿Cuál es mi verdadera *Tiféret,* si siempre me adapto a los demás? Mi *Tiféret,* suponiendo que esté *Jesed* mal situado, va a reaccionar mal y se va a enojar consigo misma. La *Tiféret* se enfada consigo misma cuando no pone límites a los demás. Cuando uno no pone límites a los demás se van a enojar con uno, y eso es bueno porque significa que tienes paz interior. He de cumplir con la esencia de mi ser, si no enfermaré; por lo tanto, hay momentos en la vida en que el conflicto con los demás es inevitable, pues hay que defender la *Tiféret* ya que uno es líder de su propia vida. Si uno cede, cede y cede en la *Tiféret*, llega un momento en que no sabe quién es ni para qué vive. No se puede ceder la *Tiféret* a la *Yesod,* ese es el verdadero liderazgo de esta realidad: ser firmes en la defensa de la felicidad de nuestra alma, de la felicidad interior de la *Tiféret,* porque las fuerzas sociales nos pueden llevar a desnaturalizar el camino de nuestra alma, y eso es un *Jesed* mal situado y una *Yesod* mal situada, por eso hemos de poner *Guevurá* a los demás.

Nosotros nos ponemos *Guevurá* para tener una verdadera *Tiféret* y debemos poner *Guevurá* a los demás también, antes de que salga la *Klipá* de *Guevurá* y nos enojemos. Uno podría vivir sin enojos poniendo la *Guevurá* siempre a su tiempo. Quizás la otra persona se ofenda, pero es mejor que se ofenda por un no que por un sí que luego no puedes responder. Yo me puedo hacer el misericordioso, diciéndole que sí al otro, pero en realidad la misericordia no se esconde en la falta de *Guevurá* para tener una buena *Tiféret*, se esconde la cobardía de no decirle al otro que no. No confundamos misericordia con cobardía. Si es cobardía es que no tengo puesta mi *Guevurá* en mí mismo, no sé actuar con *Guevurá* conmigo para defender la *Tiféret*.

Si yo no defiendo la *Tiféret,* ¿puedo ser líder de mí mismo? Si no soy cabeza de mí mismo, ¿cómo opero dentro de la realidad? Si realmente no soy líder de mi proyecto personal y si las circunstancias de la *Yesod* me van cambiando, evidentemente mi *Tiféret* irá cambiando según lo que me dicen los demás. Tener mal el canal de la *Reish* es tener falta de personalidad por cobardía, por no enfrentar inevitables conflictos que hay en esta existencia. Si a veces se tiene que llegar a poner un límite, es mejor ponerlo a tiempo sin llegar al conflicto, porque si se hace a destiempo aparecerá el conflicto. Un límite puesto a tiempo es una buena *Guevurá*, conlleva una buena *Tiféret* y, por lo tanto, crea una buena *Reish*. Si quieres paz interior, pon límites adecuadamente, pues la *Guevurá* equilibrará a la *Tiféret*, que equilibrará a la *Yesod*, las fuerzas del exterior.

Jojmá---------SHIN--------Biná

Es la energía del mejoramiento continuo. Es cambiar para mejorar. D*os dice en el *Zohar*: «Si no me hubiera ocultado, ¿me hubieras buscado?». Toda nuestra existencia es buscar al *Ein Sof*. La letra *Shin* tiene tres ramas, pero hay una letra *Shin* de cuatro ramas que es el *canal oculto 23*, se llama canal de *Atzilut,* ya que va directamente a *Atzilut*, saltándose a *Briá*. Representa el mundo oculto, el *Olam haba*.

La *Shin* es la raíz del Árbol de la Vida: *Nefesh, Ruaj* y *Neshamá*. Es una energía que tiene consciencia del tiempo. Trabaja en el presente, nos equilibra el pasado de la *Jojmá* con el proyecto futuro de *Biná*. La *Shin* de 3 ramas es la fuerza del fuego. La primera letra del Tetragrama tiene que ver con *Atzilut*, con el universo del dar, prácticamente un dar total, sin restricción. *Briá* es el universo de la recepción. El hombre es el fuego masculino que da *Yud* y la mujer es el fuego femenino que recibe en *Hei*. Los cabalistas dicen: ¿qué pasaría si excluyo a D*os de una relación de dos personas? Si quito la *Yud* y quito la *Hei,* me queda *Esh*, que es fuego: la relación entre dar y el recibir, la energía de la *Jojmá* y la energía de la *Biná*. Un problema para la simetría del Universo. Sabemos que *Jojmá* tiene mucha más fuerza que *Biná*, tiene más dar que recibir. La *Biná* es más pequeña como receptora, representa la Luna y la *Jojmá* representa el Sol. La relación entre *Tiféret* y *Yesod* también es la relación entre el Sol y la Luna. En Cábala, se dice que el Sol y la Luna nacieron con la misma potencia, pero que a la Luna la tuvieron que restringir porque no podía tomar toda la energía que venía del Infinito. Cuando hablamos de la *Shin* hablamos de la energía del cambio, también llamada «Energía de la Superación Personal».

¿Cómo se cambia? Al recibir, la *Biná* representa la fuerza de los límites y la *Jojmá* representa la fuerza de la Luz, esa luz ilimitada. El alma humana opera yendo hacia la luz con los niveles del alma, que ya conocemos: *Nefesh, Ruaj, Neshamá* y *Jaiá*. El alma quiere ir al deseo infinito de la luz del *Ein Sof*, pero para poder subir va rebotando en los límites. Así sube el alma, estos límites tan importantes son la *Biná,* que hace crecer a la persona y hace que la *Jojma* se pueda desarrollar. *Jojmá* es la luz que está subiendo y la *Biná* es el sistema de límites que le está poniendo para que pueda crecer en la luz. La *Shin* es cómo superarnos a nivel personal, pero puede aparecer Satán y decirte: «Has conquistado la luz, esto es tuyo, no es mío, ¿para qué vas a seguir creciendo?». Te seduce. ¿Qué ocurre entonces? Se desvía totalmente la energía que era para tu superación personal, pero terminó defendiendo una forma o *Tzura*. Te cierras en una forma y la empiezas a defender, así has dejado de crecer.

Todas las energías están al servicio de defenderte. Satán te sedujo diciéndote que eso es lo suyo. Los cabalistas tienen una manera de conseguir que Satán no nos seduzca: es crecer, es la función del *Daat*, siempre crecer. Se dice en Cábala que para todas las personas la charla sin sentido no está mal vista, pero para alguien que la estudia es una transgresión, porque es una pérdida de tiempo y no me ayuda a crecer. Si tenemos *Jojmá,* consciencia, es una ventaja para ver venir a Satán, pues tengo la intuición, la vibración, porque siento la energía. El otro que no capta tiene la energía desubicada, pues Satán se la desubicó. Yo puedo percibir por mi parte su malestar, no se puede explicar. Puede que, con la otra persona, ni siquiera hable, pero siento la energía mal situada y es una sensibilidad que me recorre, como una vibración que me transmite que tiene mal puesta su energía, y no seré yo el Mesías que lo salve, se tiene que dar cuenta por sí mismo. Si no se da cuenta, pueden pasar diez años y seguirá reiterando esa energía mal puesta.

La conclusión es que nosotros no debemos caer en eso, tenemos que ver si nuestra energía está bien posicionada y que Satán no nos saque de esta posición. Imaginemos que tenemos estos límites en la relación de *Jojmá* y *Biná,* que es *guevurónica* cosmogónicamente. Tenemos que ver cómo percibimos estos límites. Si los percibimos para que sean laterales de crecimiento o si los percibimos para quedarnos atrapados en la forma y defendiendo la forma. Si yo me enojo aquí, celos, envidia, cualquier transgresión, como estoy perdiendo el tiempo, defendiendo la forma, creo poner *Guevurá*, pero no la estoy poniendo. La gente se enoja porque no pone bien la *Guevurá,* y la luz no combate a la oscuridad, la luz ilumina. Si creemos que combate a la oscuridad, nos volvemos oscuridad. La luz solo tiene que iluminar y estar concentrada en iluminar cada vez más. El problema que va a tener la luz cada vez que ilumine más es que mostrará a los oscuros el nivel de su oscuridad. Los demás se darán cuenta de su oscuridad, pero lo que nos interesa es no enfrentar a la oscuridad porque le damos identidad, y si le damos fuerza al Satán, se hará más fuerte. Si dejo de pensar en Satán, no me atacará, pero si estoy obsesionado con él, es fatal, porque entonces lo tendré presente todo el día. Hemos de trabajar en nuestro interior para crecer de forma permanente. Pueden aparecer pequeños obstáculos, pero no el Gran Satán. Si vas por el camino del crecimiento de la luz del *Daat,* Satán no se te aparece en ningún momento para poder elevarte a una luz superior. Pero si te cierras en una *Tzura,* logrará su objetivo.

El ocio es el origen de todas las transgresiones. Tu vida será un desastre si no sabes qué hacer con ella. Al tener tanto tiempo disponible hablas mal de los demás...Todo el tiempo disponible debe dedicarse al crecimiento. La *Cábala* dice que deberíamos saber la fecha de nuestra muerte y llevar con nosotros siempre un cronómetro. Pensamos que somos eternos y que ya tendremos tiempo de hacer el *Tikún*... El trabajo es más grande que el alma, venimos a hacer el *Tikún Olam*, la redención del Universo. Un aburrido es un ignorante, no sabe a qué ha venido a este mundo, tiene que trabajar, estudiar, pensar... El ritmo ha de ser de crecimiento. Se puede uno relajar, descansar, pero la *Cábala* nos dice que el tiempo es muy corto y que debemos trabajar. Nuestro tiempo físico es muy poco, por eso nos mandan de vuelta en cada reencarnación. Pero si alguien aprovecha el tiempo entonces se encuentra en el proceso de su rectificación personal. Mi deseo es hacer *Tikún* definitivamente. Según la Cábala, te puedes reencarnar tanto en la riqueza como en la pobreza, o viceversa. Tenemos que agradecer por cómo vivimos aquí, ya que muchos hemos venido con privilegios. Debemos apreciar nuestra vida y nuestras pertenencias.

«Cuando vayas al cielo y seas juzgado, te van a juzgar por todos los momentos que pudiste estar alegre y no lo hiciste».

ANÓNIMO

Siempre puedo superarme, tengo el *Ein Sof* enfrente. No hay límite, la *Shin* te dice que puedes crecer hasta encontrar un camino oculto, el de la *Shin* de cuatro ramas, que nadie sabe dónde está. Todos estamos tratando de crecer para ir cumpliendo nuestra redención de *Tikún Olam,* y esa es la fuerza de la *Shin*, la autosuperación permanente de crecimiento. Pero no la superación competitiva con el otro, porque el otro está cumpliendo su función donde está, y la función que tú tienes no la puede cumplir nadie más que tú. Lo que no traigas de luz a este mundo, yo no lo puedo traer; nunca daré la luz que tú puedes traer a este mundo, pertenece a tu Árbol de la Vida, es tu *Shin*. Cada uno ve cosas que los demás no pueden ver.

En la tradición de la Cábala se dice que cuando te llamen del otro lado del *Olam haba*, del mundo futuro, no te van a preguntar si fuiste uno u otro, sino quién eres tú. Autosuperación constante en el dar y el recibir. Si estás trabajando en tu crecimiento, Satán jamás te pillará. La *Shin* de cuatro ramas, la letra secreta. Los cabalistas dicen que la *Shin* termina en cada una de las ramas, *Jojmá, Kéter* y *Biná*. La cuarta rama va directamente al *Ein Sof*. La rama secreta de la *Shin* está diseñada para que en ningún momento se necesite a *Jojmá*, *Kéter* o *Biná*. Solo merecen este camino los que entrenaron mucho en esta realidad, ya que quiere decir no ser consciente de *Biná, Jojmá* y *Kéter* porque en un punto este camino los unificó al mismo tiempo. Están concentradas en una energía muy potente, pues esa energía la tienen las tres al mismo tiempo, como un rayo láser.

Cuando nosotros estamos abajo, *Jojmá, Kéter* y *Biná* están diferentes, pero cuando subimos más arriba, se pueden unificar en un punto. La posición *Kéter*, la posición *Jojmá* y la posición *Biná* se encontrarían al mismo tiempo, es dar, recibir y subir simultáneamente. Es un acto en el que no hay diferencia entre dar y recibir, porque está todo unificado. En este camino secreto están unificadas las diez *sefirot*, pues es un camino *Yud* total. La unificación de todas las *sefirot* donde no entra la oscuridad y te lleva directo al *Ein Sof*. Ahí no hablamos de muerte o renacimiento, como en la *Tav,* hablamos de Nacimiento Total o Muerte Total. Nacimiento-Muerte es entre *Jojmá* y *Biná*. *Biná* te hace nacer la forma y *Jojmá* te quiere matar la forma. Cuando estás en este punto, nacimiento y muerte son exactamente lo mismo. Estás en un proceso simultáneo en el que todo sucede al mismo tiempo porque este factor desaparece.

En las demás dimensiones operamos con el tiempo, ahora pongo mucha *Guevurá*, ahora mucho *Jesed*... Pero en este camino todas operan simultáneamente y no nos damos cuenta de esta simultaneidad. Si alguna dimensión la vemos en otro lado ya no estamos en este canal, que casi nadie ve, pues siempre vemos a las *sefirot* independientes. Pero cuando alguien experimenta este canal, es que está operativo en todos desde la experiencia; es decir, es como dar *Jesed* y *Guevurá* en el mismo momento en que se desarrolla *Jesed*, tiene todas las *sefirot* dentro, es una energía unificada que nos lleva al *Ein Sof*.

Una energía que no esté unificada implica que nos lleva a alguna parte en el tiempo y el espacio pues al final, las *sefirot* están allí situadas. *Daat* es el que organiza el tiempo y espacio de las energías. Por ejemplo, esta energía se va del *Daat* porque es una energía que contiene información de la Eternidad del *Ein Sof*. Este tipo de energía se puede captar cuando hay mucho entrenamiento en lo inferior, que puede al principio servir para estar en *Jesed,* un poco de *Guevurá*, en *Tiféret* con un poco de *Yesod*, al principio en *Maljut,* poniendo un poco de *Kéter*. Pero luego, con mucho entrenamiento, parece que operas en una *sefira* y estás operando en cinco o seis, hasta llegar a operar en las 10. Es un arte operar con las diez simultáneamente y es experiencial, no conceptual. Se juega todo, desde el acto en *Maljut* hasta el agujero de *Tiféret* que te lleva al *Ein Sof*. Se llama «rodear el *Nadir*». El Árbol de la Vida se pliega y derecha e izquierda se quedan en posición central, subiendo hacia arriba directamente. Tengo las cinco frente a las cinco, en equilibrio total,

Yesod---------TAV--------Maljut

Es la letra que llega al fin de la vida existencial y representa la muerte física. No es la aceptación de la muerte física, sino la aceptación de la muerte de todas las formas anteriores. Como yo muero, muere mi yo anterior. Es el final para crecer y subir. He de destruir la forma anterior, muriéndome todo el tiempo para reconocer todo el tiempo. Es el final de todos los finales.

Terminamos una forma para ir de nuevo al inicio, morimos para que con esta energía podamos volver a nuestra fuente, al *Ein Sof,* y retornar aquí con otra forma. Una célula es información, mi alma es un *Klí* de información;

cuando cambia la forma, se renueva la información y puedo ver más. En esta realidad, la muerte de la forma renueva la forma anquilosada; alguno no puede crecer y mantener la forma, pues el precio a pagar es mantener la forma. Tiene que cambiar el *Klí* y expandirse, por eso es muy doloroso, es como pasar de la adolescencia a la juventud o de la juventud a la adultez. Uno cambia de forma, pero se siente identificado con esa forma, y el cambio duele, ya que las formas son modelos de identidad. La tarea de la *Tav* es recrear permanentemente la energía de la forma, destruirla y volver a construirla. La consciencia es que todas las formas que yo estoy teniendo son todas transitorias para llegar a formas más elevadas. «Muero todos los días a todas horas».

La *Tav* es más radical que la *Shin*. En la *Shin* ponemos el cronómetro de cuándo vamos a morir y, en la *Tav,* hoy nos morimos a esta forma para cambiar a otra forma. El crecimiento va a depender de si tu *Klí* ha cambiado de forma, si tu vasija de recepción se expande o no se expande. Todas las formas están diseñadas para obtener la luz, pero si crees que debemos sostener la forma volvemos con el problema de la falta de conocimiento. Los cabalistas más radicales dicen que esto es una muerte y un nacimiento continuos también. No debo aferrarme a ninguna identidad; solo entonces subo más rápido al *Ein Sof*. Cuando uno deja una casa después de muchos años, llora porque en ella tiene grandes recuerdos. La tradición judía celebra el *Sukot*, los cuarenta años en el desierto. Se hacían cabañas, las desmontaban y se hacían otras. El alma es nuestra residencia fija, nuestro hogar. Si lloras es que tienes un desastre en esta energía. La energía de la *Tav* te dice que tu templo, tu casa, es tu alma, es tu *Neshamá*. Al igual que nos aferramos a las cosas creyendo que no cambian, que nunca van a desaparecer, también nos aferramos al cuerpo, pero el cuerpo cambia en todo momento. En consecuencia, al no comprender cómo funciona la naturaleza, nos cuesta entender a nuestra alma. La naturaleza es constantemente dinámica, como también lo es nuestro dinamismo interior, todo lo que pasa fuera nos ayuda a aprender y todos los cambios que se suscitan en la vida de una persona, todas las etapas por las que pasa, son entrenamientos para entender el Gran Entrenamiento.

> «Todas las horas tienen su poder,
> cada hora tiene un poder diferente de la otra».
> Isaac Luria

Todo se transforma, todo cambia. La gente que queremos desaparecerá, porque morirá algún día; las casas desaparecen, las cosas se venden, se compran, se destruyen... Lo que realmente queda es el *Ein Sof*, pero el Universo siempre cambia. Nuestro Sol también desaparecerá, al igual que la Tierra y el Universo, solo quedará el *Ein Sof*. Lo único que nos queda es crecer, no hay otra alternativa, pero ¿crecer cómo?, ¿crecer contra el movimiento o con el movimiento?

La dinámica es que mi alma crezca, pero crecer tiene un precio, es necesario esforzarse y soportar ese dolor permanente de la muerte de todas las formas anteriores a todas horas, a cada momento. La letra *Tav* es la energía de la muerte permanente. Los cambios son parte de la naturaleza y vienen a modificar el *Klí* para poder tomar la luz. La función de toda forma no es mantenerse como forma, sino dar luz.

La función de todo lo que existe es que cambie de forma y desaparezca. Todo se transforma y yo también me transformo, para transcender a un nivel superior y captar una luz superior; esa es la fuerza de la *Tav*. En el Árbol, estos 22 canales son simultáneos. El orden de cómo nacieron depende de las energías, pues las primeras que nacieron fueron las tres letras madres, las siete dobles y las doce diagonales. Las energías están situadas en el Árbol, no por orden alfabético sino en el orden de revelación en el Universo. Los cabalistas entienden que el Nombre de D*os oculto es *Shin, Alef, Mem* y no *Yud Hei Vav Hei,* como Cordovero nos decía. Entiende que están más cerca del Divino *Ein Sof* con este nombre.

Yud Hei Vav Hei marca una secuencia temporal, mientras que *Shin, Alef, Mem* marcan una simultaneidad. Hoy se trabaja todo en simultáneo, tanto los canales como las *sefirot*. En el *Tzim Tzum* todo estaba en simultáneo, pero en potencia *Alef* y en el *Ein Sof*. Si nosotros hacemos una cuestión temporal y decimos los 22 canales, nacen a consecuencia del *Tzim Tzum Bet,* porque en el *Tzim Tzum Alef* solo estaban las *sefirot*. Podríamos decir que las dimensiones son más antiguas, están en el *Ein Sof* y los canales están en el espacio-tiempo. Por ese motivo, cuando se juntan los canales, nos llevan a través del *Ein Sof*.

Los canales se revelaron en el *Tzim Tzum Bet*, desde el *Ein Sof*, a través de *Daat* para poner orden entre las dimensiones. Los canales no operan simultáneamente porque no estaban en el *Tzim Tzum Alef*, solo operan en el *Bet*. A nosotros nos operan simultáneamente con las *sefirot* porque ya nacimos dentro del sistema pero, cuando se creó el Universo, unas estaban en el *Tzim*

Tzum Alef y otras en el *Bet*. Hay un crecimiento engañoso y otro verdadero. El engañoso es el resultado en el orden de la materia, en el sentido de que, por haber alcanzado mi objetivo, creo que avancé en los niveles de consciencia. La confusión la crea *Biná*, que obtiene resultados como anclajes.

9. El alma

«En el Universo de Briá, el alma se mantiene subjetiva».
MOISÉS CORDOVERO

La rectificación del alma

Cada alma es única, y única es también su función dentro de la existencia. Cuando te mueres, el alma no se reencarna enseguida pues se va a un espacio, a un estado fuera de la materia, lo que no implica que no estén por aquí las almas, todas se quedan aquí. Quiere decir que se mantiene en el mismo otro lado, en hebreo *Olam Habá*. Es el presente, pero es el futuro de cómo va a estar el alma después de la muerte. El *Olam Habá* tiene que ver con el nivel de rectificación que hizo en esta vida. Se puede ir a un estado infernal si no rectifico, pero se puede ir a un estado paradisíaco si hizo *Tikún* y rectificó.

Todas las almas están aquí, excepto las que se reencarnaron. La Cábala dice que las almas son subjetivas y se quedan aquí, pero en otro plano. Otra cosa es cuando nosotros buscamos vida extraterrestre dentro de la materia, aunque puede ser que estemos equivocados y que la vida extraterrestre esté al otro lado de la materia. Esto significa que solo pueden ver otras inteligencias los muertos, no los vivos. Son distintos niveles de energía, ya que en lo físico nosotros vemos la mosca, el elefante…, pero en los niveles más sutiles, en el campo de energía, puede haber civilizaciones fuera de la materia. Por lo tanto, las almas de los muertos ven mucho más que nosotros y nos envían información anticipatoria, porque están en otro tiempo y espacio. Te pueden hacer advertencias porque nuestra ventana de comunicación con el otro lado es la *Jojmá*. Nuestro Árbol de la Vida tiene que ver con el Universo de *Yetzirá*, el universo espaciotemporal, la psique.

El Universo de Yetzirá a través de *Biná* tiene relación con el Universo de *Briá* y con *Jojmá,* el Universo de *Atzilut*. *Biná* y *Jojmá* crean *Daat*. Si estuviera la *Biná* sola, la tendencia sería ir hacia abajo, pues funciona así. Cuando tiene un sistema de seguridad, como mi partido nacional, mi equipo deportivo, mi partido religioso, son mi identidad, la fuerza de mi identidad. La *Klipá* de la *Biná* es creer que mi equipo es superior. La *Jojmá* es universal y todos somos iguales: amor universal y amor a tu tribu. En cambio, la *Biná* enraíza en el sistema material, controla las seis dimensiones inferiores. Le interesa lo que vas a comer, lo que vas a comprar..., porque es muy material y te estabiliza en lo corporal y material psíquicamente. A la *Jojmá* le interesa el nivel del alma y subir y subir a niveles superiores. Si estás solo en *Jojmá* puedes abandonar el cuerpo o la materia, y eso es un problema. La *Jojmá* lo que quiere es luz, y si la tenemos muy desarrollada podemos ver la *Neshama* de la gente muerta. Es el conocimiento intuitivo o, en la Edad Media, la profecía, que en hebreo es *Nebua*.

Desde el punto de vista de la Cábala, todos tenemos profecía. Todos somos profetas. Las almas que no ves están, pero no necesitas su información porque lo que ve el recipiente es lo que necesita. No necesitas ver más. A las almas que no ves las estás apartando, y las que se van con dolor y no resuelven vuelven al otro lado con dolor, porque están atrapadas. Quedan en un estado infernal, en un estado de angustia por no haber rectificado. No van a un sitio, sino que están atrapadas en esa angustia. Una variable sería que vieras las almas caminando en paralelo y a través de cortinas; entonces son visiones, son energías paralelas. Hay que ver el alma del otro lado, según la percepción espaciotemporal que tenga uno para captar esto. Hay que tener la *Jojmá* muy abierta y, en definitiva, que la *Biná* afloje un poco. Cada vez que fortaleces la *Biná*, cierras la *Jojmá*, pero si haces crecer la *Biná* con mucha lectura y mucho estudio, la *Jojmá* también puede crecer. La *Biná* es defensa, pero a veces deja entrar y también rechaza la intuición de *Jojmá*. Si alguien está muy metido en lo racional, lo sacaremos con *Jojmá* en sistema circular. La *Biná* piensa que A y B son diferentes y *Jojmá* piensa que A no es diferente de B, o viceversa. Todas las diferencias son de posición. Todos los condicionantes son espaciotemporales. Por ejemplo, según tu clase social, votas a un partido u otro, pero si te sacan de tus circunstancias y te meten en otras, puedes pensar diferente.

Si un electrón está en un átomo donde hay dos o cuarenta electrones cambia el elemento químico, pese a que es el mismo electrón uno con dos y otro con 40. Helio o hierro, solo al cambiar un electrón. Desde la Cábala, todos los electrones son el mismo, solo cambia el número de electrones, pero helio y hierro son diferentes. No, no es cierto, ya que la base del átomo es electrón, protón y neutrón. Cada vez que te vas más al *Ein Sof,* las diferencias desaparecen. La matriz de las diferencias es la *Biná*. La *Jojmá* es el sustrato de energía común a todas las diferencias, por eso en *Jojmá* amo al prójimo como a mí mismo. Si vas mucho a *Jojmá,* todo se mezcla, y si vas mucho a *Biná,* todo se cierra. Si te abres mucho, desaparece tu identidad; si te cierras mucho, te vuelves fundamentalista.

> «*Daat* nos hace pensar de lo particular a lo universal».
>
> MARIO SABAN

Cuando se te abre lo universal, empiezas a captar las almas del otro lado y te darán la información que necesitas para este momento. Si haces de médium es posible que un alma quiera conectar con tu amiga, que tiene la *Biná* tan potente que bloquea su *Jojmá* y tú le das la información. Las almas van a tomar a alguien de tu entorno para enviarte información, pero si tu entorno y tú tenéis la *Jojmá* cerrada el mal te atacará para que te des cuenta. La información de las almas sirve para invitarte a combatir el mal. Profeta, no es el que hace una profecía y esta se cumple. En la Cábala, el profeta profetiza para que no se cumpla, ya que trae una información anticipatoria para que el otro o yo podamos modificar o cambiar. El profeta previene y, si su profecía se cumple, mal asunto. La *Jojmá* solo se amplía con esta percepción circular, en hebreo tiene una característica muy potente, los que lo entiendan pueden modificar de *Biná* a *Jojmá*.

Si enumeramos:

Ein Sof = 1 + 10 + 50

El infinito es la nada que lo contiene todo.

Ein es la esencia.

A la inversa dice la palabra *Ani* (con Alef) que significa Yo = Alef 1, Nun 50 y la Yod 10.

El yo es la nada distorsionada o parte del Infinito distorsionado, son las tres letras que pertenecen a la nada o al Infinito, pero en una forma distorsionada. En el espacio tenemos muchos yos, eso implica que el Infinito entra a cada uno, en nosotros. Lo distorsionamos dentro de nuestra vasija o sistema de recepción o estructura. Nosotros distorsionamos toda la energía que viene del Infinito. Tenemos que abrir *Jojmá* para entender que nuestro yo es esa distorsión del Infinito y volver al Infinito. En el sistema circular, si yo pongo a mi yo correctamente, mi yo desaparece y se vuelve parte del Infinito.

En *Jojmá*, no es Yo contra el Infinito, porque dentro de la dimensión de la sabiduría la realidad opera en términos de unificación. En *Biná*, en cambio, mi yo es yo y el Infinito es el Infinito, una situación dual. El hebreo nos revela el carácter circular de la verdad de *Jojmá*. Abraham Abulafia trabajaba mucho lo circular del hebreo; si uno va a las raíces de los idiomas puede entender el carácter circular. Podríamos pensar en alguien original que crea algo original. Aparece algo nuevo, pero si vas a la matriz, ese algo viene del origen. En *Biná,* lo tenemos distorsionado. Cada vez que pienses más, te puedes estar alejando más de la matriz, y hay que pensar circular. *Jojmá* es un futuro que se percibe a través de unir pasado, presente y futuro. La *Biná* es un futuro que no se percibe.

Cada vez que vas más a la raíz puedes ver más el futuro. Hay un misterioso momento en la Cábala que dice: «Toda la comprensión del Apocalipsis está en el Génesis». Son dos libros que son lo mismo, ya que el final está en el principio. El final es una vuelta al principio. Los sueños son salidas del alma del cuerpo. Las almas se pueden comunicar a través de los sueños. También pueden aparecer en el sueño sin hablar, y en el duermevela tienes visiones que son una mezcla de duermevela y sueños; todos son canales de información. La pregunta es: ¿qué tipo de información me traen? Ahí nos perdemos un poco porque cada cultura tiene su arquetipo. Los Reyes Magos son formas simbólicas para adoctrinar a los niños. *Jojmá* es amoral, *Biná* es moral con hipocresía. Toda pregunta puede ser un dogma que me está marcando la respuesta. Tengo que librarme de la pregunta. En la Cábala, cuando alguien pregunta tiene que ver la pregunta desde arriba, porque si se mete en las coordenadas de la pregunta está dogmatizando la pregunta y condicionando la respuesta. La *Biná* quiere saber lo que quiere escuchar.

> «El bien y el mal tienen la misma raíz».
>
> JOSEPH CARO

No puedo caer en la trampa de mi propia *Biná*, en lo correcto o lo no correcto. En el nivel de *Jojmá*, solo me interesa ver la energía, qué es y dónde está posicionada, en qué nivel está. Hay que mirar los arquetipos y las circunstancias históricas.

Vendrá la *Biná* y mi identidad querrá controlar la información, así que tengo que ser consciente de que estoy seccionando una parte de la realidad, porque me conviene, según las órdenes de mi *Biná*. Pero si esa realidad es así porque me conviene, hay que ir siempre a lo que es incorrecto y no me conviene. La *Biná* tiene la amenaza de lo incorrecto, crea el mal, en cierto modo: yo soy bueno y el otro es malo. Con la *Jojmá* aprendo del bien y del mal. Cuando se potencia mucho la *Jojmá* luego ha de venir la *Biná* a poner orden, pero debe ser una *Biná* fuerte. Durante la meditación puede entrar mucho material en la *Jojmá* que luego no se puede organizar en la *Biná*. Las drogas como la ayahuasca, etc., son peligrosas porque abren a la *Jojmá* y salta por el aire, explota. Normalmente, se hacen por ego para luego poder contar las visiones. Como consecuencia, una *Jojmá* abierta no encaja sobre la estructura de la organización de la *Biná*. Meditas, meditas, pero ni lees, ni estudias, no encajas y acabas perdiendo el estado psíquico. En Occidente no pasa porque tenemos la *Biná* más fuerte y una *Jojmá* débil. Hay gente que hace explotar la *Jojmá* por la intuición, pero luego hace trabajar a la *Biná* y así llega al equilibrio. Una *Tiféret*, en el campo emocional, tiene una mente muy desarrollada, tanto en lo intuitivo como en lo racional. Después estás desesperado emocionalmente porque en la sociedad no tienes vínculos y no funcionas bien. Entonces ¿para qué abriste todo eso si tampoco lo puedes bajar?

10. El nacimiento de las almas y sus fases

«Cuando el alma se eleva a los niveles superiores,
se pueden alterar las Leyes de la Naturaleza».
ABRAHAM ABULAFIA

Reconocimiento de almas

En el Universo del *Adam Qadmon* tenemos el nivel del alma de *Iejidá*, y en este nivel no hay almas en cuanto a estructura subjetiva. *Atzilut* es el Universo de la Emanación del *Tzim Tzum Bet*, también llamado *Olam Aticum* o Universo de la Rectificación, aquí tampoco hay almas. Nuestra energía está en el nivel del alma de *Jaiá*, es la información de la raíz del alma. La estructura subjetiva del alma se encuentra en:

- Universo de *Briá: Neshamá.*
- Universo de *Yetzirá: Ruaj.*
- Universo de *Asiá: Nefesh.*

En estos tres Universos hay alma. Cuando una persona muere, del cuerpo sale su *Neshamá*. Como está en el Universo de *Briá*, el orden espaciotemporal cambia, pero no podemos hacer cálculos, ni en días, ni en años, ni en siglos, por lo tanto, tampoco sabemos cuánto tiempo pasa en el otro lado, cuándo se encarna. Así que, por ejemplo, una persona que murió ayer se puede reencarnar en dos días o en dos siglos, pero esto lo contabilizamos en nuestro universo, no en el Universo de *Briá*. En *Briá,* esta secuencia de tiempo cambia y no sabemos cómo funciona, por lo tanto, cuando un alma se reencarna dos siglos después, esos dos siglos pueden parecer dos días, no sabemos la sensación de espacio y tiempo del otro lado. Lo que sí sabemos es que es otra sensación de tiempo.

El alma que nace en el Universo de *Briá* de raíces que se encuentran ahí, esas raíces son las verdaderas almas, ya que las nuestras son fragmentos de información de las raíces. En el nivel de *Jaiá* recibimos una información como de raíz, podríamos decir que son como pequeños destellos que caen en esta realidad, que nosotros llamamos almas, pero que en verdad son fragmentos de almas y ya no se fragmentan más. Cada vez hay más humanidad y se siguen dividiendo en chispas de la misma energía. De todas maneras, podemos ser veinte mil millones más de personas, pero no sabemos qué almas están encarnando en otros universos. Hablamos de raíces del alma de todo el Universo, pero no podemos saber cuántos entes hay en todo el Universo. Las almas son consciencia del *Ein Sof*, del Infinito, son conciencia de información, tienen que revelar información. Todo lo que tiene estructura en el Universo tiene un propósito. Entre todas las estructuras, nosotros no sabemos nuestro propósito, pues es el nivel de *SOD*, del secreto. Ignoramos el propósito de muchas partes de energía de la estructura. La Cábala evalúa el propósito de esta estructura, pero algunas partes no las conocemos pues han de seguir revelándose. Si existen es porque hay propósito.

En 1492, en la época de los Reyes Católicos, se expulsó a los judíos de España. El ministro de Finanzas, Isaac Abrabanel, fue invitado a bautizarse o a abandonar el país. Prefirió irse a Portugal, donde también fue de ministro de Finanzas. Más tarde, también lo expulsaron de allí y se marchó a Venecia. El pobre hombre estaba desesperado y decidió estudiar y elevarse hacia el *Ein Sof*. Entre 1496 y 1515 hizo una exégesis impresionante de toda la Biblia hebrea. Dijo: «Todo es información del Infinito que acaba en el Infinito». Todo vuelve a D*os. Cuando se termine el Universo, las almas se volverán a reunificar con la raíz, en la Era Mesiánica. *Tikún Olam* o Rectificación es el nivel de consciencia superior, *Jaiá*. Cuando se acabe el Universo estaremos todos unidos, aunque estemos fragmentados, porque vamos a estar en la *Neshamá* del Universo de *Briá*.

¿Cuándo termina el Universo? ¿Qué nivel de sutilidad de energía puede alcanzar el alma? Existen dos fases:

- Cuando nos conectamos con las raíces y no sentimos las diferencias, aunque seguimos siendo diferentes. *Tikún Olam*: rectificación del mundo.
- Fin del Universo, es la vuelta a toda la información del *Ein Sof*. No hay tiempo.

Lo más inquietante es que toda la información queda en el *Ein Sof*, por lo tanto, el *Ein Sof* puede volver a desplegarla infinitamente y puede ser que infinitamente estemos aquí porque en el Infinito del *Ein Sof* quizás ya se ha desplegado esta información. Es posible que uno tenga trocitos de almas de otros. ¿Una conglomeración de almas? No, pues desde el punto de vista subjetivo nosotros somos un alma en la raíz y estas chispas se le están uniendo. Somos una unidad de la *Neshamá*, no tenemos diferencias a no ser que exista el *Ibur*, que es la entrada de una energía diferente a la nuestra. Tenemos diez frecuencias diferentes de la misma energía, son las diez *sefirot*. Las dimensiones marcan frecuencias y vibraciones que pertenecen a la misma raíz del alma. Cada vez que aumenta el nivel de consciencia podemos reconocer más, pero los reconocimientos pueden ser de dos tipos: de raíz del alma o de una vida pasada.

¿Cuál es la diferencia? Desde el punto de vista de la Cábala, las almas tienen tres tipos de relaciones:

1. Cuando las almas están unidas por una o más dimensiones, es decir, por la condición. Podría ser por un negocio en *Maljut,* compartimos una *sefira,* o cuando estoy con una persona, compartimos un hijo, estoy en *Yesod*, me une el hijo. Si voy al cine todos los miércoles con una amiga, me uno a través de *Netzaj*. Hay relaciones de pareja muy buenas, de amor, por la *Tiféret*, se siente amor hacia la otra persona. Estas relaciones son muy estables, pero están marcadas por la *Biná*, son relaciones condicionales y operan menos por el amor y más por la inteligencia. Son relaciones utilitarias, no tienen mala intención pero solo comparten *sefirot*, la *Biná* domina, pero también son de amor: con hijos o con padres, etc.
2. Cuando es la misma raíz del alma. Esa alma apareció y quedaste enganchado para siempre. Energéticamente no puedo hacer nada para no pensar en esa persona. La misma raíz del alma es algo inevitable, te arrastra, eres un espectro, enganchado energéticamente. Es fusión, es de amor necesariamente, a nivel de *Kéter*. Cuando estás con esa persona, el mundo desaparece. Pueden ser maestro y alumno, dos amigos, amor sin sexo; es fusión, la misma energía. No hay regresión a vidas pasadas. Quedas anulado frente al otro y el otro frente a ti.
3. Cuando es por conocimiento de una vida anterior. Esta alma se capta desde *Jojmá* a nivel intuitivo, no es fusión como en *Kéter*. Es reconocimiento de un alma, de una vida anterior. Siempre hay un final.

La gente confunde las relaciones del tipo 2 y 3. La diferencia es que en el reconocimiento de una vida anterior tengo algo pendiente con esa alma y, cuando se termina lo pendiente, se termina la relación. Puede ser un año, cinco años, pero se termina, porque no es una relación de raíz. Se puede sentir de raíz, ya que es muy fuerte, pero no lo es. Puede ser la relación de padre e hijo, dos cuñados, la familia, etc.

Nivel de percepción de las almas en la línea media del Árbol:

Biná - Tiféret
Kéter
Jojmá - Daat

Amas en las tres categorías, pero son amores totalmente diferentes por la vibración. Una relación de pareja que comparte el mismo nivel del alma estará junta toda la vida, y es inevitable.

«Por el olor de una persona se puede conocer la categoría de su alma».
ISAAC LURIA

En general, la relación de pareja se elige: la otra persona es de la misma tribu, la misma ciudad, el que le gustará a papá, el que encaja en la cena de Navidad, etc. Se asocia al nivel social, económico y cultural. Si los miembros de una pareja no tienen nada que ver el uno con el otro, la suya es una relación de fusión, se destruye la *Biná*, que queda anulada. También puede ocurrir que tengas una relación en que amas al primero, pero también amas al otro por fusión total y llegas a *Kéter*. En los tres casos, amas, pero de manera diferente.

Dos personas con el mismo nivel de alma, la misma raíz, se enganchan, pero puede pasar que, por un tipo de moral, se reprima la relación, Eso es otra historia. La represión puede pasar en los tres tipos. En la relación de tipo 2, con energía pura de *Kéter,* no queda en el aire, la gente quiere bajarlo a la materia, energía pura, baja a *Maljut* y lo acabas realizando. En el caso 2 también puede ocurrir que dos personas se encuentren, pero tengan diferente nivel de consciencia y la misma raíz del alma, entonces la energía sigue vibrando en ese nivel. Los niveles de consciencia no están relacionados con el nivel de vibración, ya que son diferentes, el nivel de consciencia lo determina la vasija. El nivel de vibración es de dónde viene tu energía desde el *Or*. En este caso, cuando hablamos de almas, hablamos desde la Luz, desde el *Or*, los niveles de consciencia vienen de lo que el *Klí* capta de Luz. Puedes tener un *Klí* bajo pero puede pertenecer a tu misma raíz, es la energía lo que te une.

¿Por qué quiero más a un gatito que a otro? Las raíces del alma se diferencian por la posición de las *sefirot* en el Universo. Si tu raíz del alma proviene de una zona del Universo cercana a la dimesión de *Guevurá* te va a atraer porque perteneces a una raíz más *guevúrica*, pero no hablamos de *Guevurá* como dimensión del alma, en términos de la 1, sino del alma en la raíz cosmogónica que pertenece a esa *sefira* en el cosmos. Todas las almas tienen las diez dimensiones. Hay una paradoja en la Cábala, las almas que vienen de una raíz determinada tienen que luchar para equilibrarse de acuerdo con esa raíz, ya que es la que las desequilibra.

«Donde eres más fuerte, eres más débil».
MARIO SABAN

Cuando tienes que desarrollarlas todas para estar en equilibrio, hay otra paradoja, la raíz no te es beneficiosa, la raíz es el punto donde Satán te va a atacar por la confianza que tienes en esa energía donde tú vibras. Cosmogónicamente, perteneces a una raíz donde tú tienes confianza, así que te dará miedo y te resultará más difícil trabajarte dimensiones que no pertenecen a tu misma raíz. Podemos compartir dimensión, pero energéticamente no estamos unidos. Cuando ya no hay relación en esa *sefira*, esa relación se acaba, no es de raíz.

Tenemos que aprender de todas las relaciones, el aumento de nivel de consciencia en *Daat* no tiene que esperar a que llegue el nivel 2. Nuestra primera cuestión es el aprendizaje en cualquier nivel para aumentar el nivel de *Daat*. No me puedo escapar del aprendizaje. *Daat* tiene que ver con *Maljut*. El problema que se plantea es entre el condicionamiento de la moralidad social y estas energías. La moral es un control social y, además, tenemos el problema de que cada sociedad tiene a su vez tendencia a una *sefira*. Si mi raíz del alma no coincide con el territorio donde esa *sefira*, se está desarrollando. Es posible que alguien se vaya a vivir a un país y no sea compatible con esa energía. También puede ocurrir que no encajemos físicamente en *Maljut* con el sitio o el espacio que estamos ocupando, ya que opera en un tipo de *sefira* que no pertenece a mi raíz y en esa ciudad me siento mal. Tengo que desarrollarme en otro lado. El alma se siente asfixiada. Esa gente no entiende tu energía, te tienes que ir de allí. Los que se adaptan entienden que o pertenecen a esa energía o acaban enfermando el cuerpo. La fusión se da por energía, puedes entrar en fusión por un paisaje, con una música, con un animal… Hablamos de vibraciones de energía que te llevan a *Kéter*. La energía que tiene el alma es exactamente correlativa a la energía que está en el Universo y la puedes encontrar en cualquier cosa de la realidad, objeto o sujeto.

> «El alma divina de la persona tiene acceso a cierta información, que no le es transmitida por el pensamiento».
> MOSHE JAIM LUZZATTO

Alma es energía con diversos niveles de autoconsciencia y cada energía tiene su nivel de autoconsciencia. La Cábala diría: «Si yo le pego a esta mesa, la mesa siente». Tú no sabes el nivel de consciencia que tiene esa mesa, ya que nosotros no lo percibimos. Cuando hablamos de almas, no solo nos referimos al ser humano, también pueden tener alma otras cosas.

La *Biná* debería tener mucha más flexibilidad con *Jojmá*, ser antidogmática y salir de la zona de seguridad. La *Biná* es como una fotografía, no piensa en términos de «yo estoy siendo», sino de «como yo soy». Al definirnos, establecemos una estructura cerrada de nuestra identidad. Me clasifico en un envase: soy catalán, soy español, soy asturiano. La primera cuestión de la *Biná* es cómo va a ser utilizada la identificación, si será un instrumento para crecer o como refugio en el que me voy a encerrar, pero también puedo tomar lo mejor de mi identidad para volverme universal: *Biná-Jojmá*. La *Biná* no quiere salvar al hijo del vecino, quiere salvar a su hijo, es madre protectora y establece una relación de seguridad. ¿Cuánta flexibilidad tiene mi *Biná* para adaptarse a una situación? Si la *Biná* no tiene flexibilidad, tranquilos, porque para eso está el mal, vendrá y entonces la *Biná* no sabrá dónde está su zona de seguridad. La gente debe ser sabia y volar a *Jojmá*, ya que el mal te hace reaccionar. Cuando a alguien le va mal, aumenta su sabiduría. Si ataca el mal, no tienes opción, *Jojmá* te salva, porque ve el mal como un aprendizaje y la *Biná* como un enemigo. Cuando la persona tiene miedo, anula el aprendizaje. La familia es el gran Satán, nos envían a *Jojmá* volando. El sistema cambia y, cuando uno va, los otros han de recolocarse. La familia te empuja a dar el salto.

Volviendo a las almas, hay almas que tienen más fuerza que otras… Si comparamos las almas con la misma raíz y las que se conocen de vidas pasadas, vemos que siempre tienen más fuerza las almas con la misma raíz. Si a estas las comparamos con las que están unidas por alguna *sefira* o por varias, también ganan las que tienen la misma, ya que las almas que comparten *sefira* no comparten ni vida pasada ni raíz. En la regresión a vidas pasadas, las almas pueden compartir *sefira*. Sin embargo, las almas de raíz pueden compartir vidas pasadas y *sefira*. Hay gente que te puede atraer a nivel de raíz, pero no compartes ninguna *sefira*. Puede que pienses en esa persona toda la vida y no estés unido a ella físicamente, pero siempre estarás fusionado a ella, no enamorado; es como una obsesión, es como algo reiterado. Cuando sucede esto, la conexión es tan brutal que si uno piensa algo el otro también lo está pensando. El otro lo puede captar hasta tal punto que te mande un whatsapp; es increíble. La energía está operativa, vibra en esa misma energía. Nada cambia, solamente revelamos información cuando nosotros cambiamos, vemos las cosas del otro lado, has revelado un nuevo nivel de consciencia que ya preexistía y lo has descubierto. Todo lo que nosotros consideramos que es cambio es descubrir un nivel de consciencia que ya preexistía en la información anterior, lo captamos con el *Klí*. Nadie descubre nada, solo estamos revelando, nada cambia. Se capta lo que hay, no es libre albedrío. Desde el Universo, nada crece, solo se está revelando del *Ein Sof*. Es volver al origen, conectarse con las energías que preexisten, pese a que nosotros lo distorsionamos desde el ego. Encontramos fuera, lo que ya está dentro. Si yo voy fuera, me encuentro a mí, y si voy dentro, encuentro al Universo.

«Todo el Universo existe dentro de mí».
ABRAHAM ABULAFIA

La fusión también se puede dar con el otro plano, con una persona que estuvo alguna vez en tu vida. El propósito de tu alma tiene que ver con la raíz de tu alma, todas las chispas tienen el propósito de revelar información, de aumentar el nivel de consciencia. Revelar de forma permanente, para eso vinimos.

Si alguien no encuentra su propósito, enferma y desaparece. El deseo de la consciencia es aumentar sus niveles, por eso un deseo que llega a este nivel, pero no puede quedarse en este nivel, vuelve otra vez a desear. Somos deseo puro. Las *sefirot* son diez deseos, si frenamos ese deseo con estructuras de energías deseantes, hay que analizarlas y focalizarlas para que el alma pueda llegar de alguna manera a bajar el nivel de energía de su yo potencial hasta donde pueda, no hay límite porque nos enfrentamos al *Ein Sof*.

Tenemos una posición de *Daat* permanente, el conocimiento es nuestro Espíritu Santo, que está trayendo Luz del Infinito a este Universo. Cada uno tiene que hacerlo de acuerdo con su raíz, en una energía particular dentro del Universo. Nos tenemos que ayudar, porque lo que yo vine a revelar, no es lo mismo que lo que vino a revelar el otro. Hemos de estar atentos. La observación, *Jojmá,* es superior a la inteligencia. La observación me saca de mí hacia afuera, mientras que la inteligencia me introduce dentro el sistema y los conceptos, es egoica, me seduce. El inteligente tiene rasgos de soberbia, pero la sabiduría tiene que salir a observar al otro y, si observas con juicio, te alcanza la *Biná*. La *Jojmá* no es juicio, ni crítica, ni pensamiento. Observo lo que hay, no lo que yo quiero para mí. Cuando observo, suele volver la *Biná* y muchas veces le molesta lo que estás observando y produce rechazo, porque la *Biná* está estructurada según lo que conoce. Lo observado siempre estaría jaqueando el sistema de creencias o el sistema de pensamiento en el área de la *Biná*. No es meditar para quedarse en blanco, es meditar para observar. Todo juicio es prejuicio y todo concepto es preconcepto. La *Jojmá* quiere saber cómo funciona la realidad y la *Biná* quiere controlarla. La forma como funciona la realidad no es como tú quieres que funcione. Por ejemplo, la *Jojmá* ve la tierra sin los países y la *Biná* crea los países, como la división de Irlanda del Norte e Irlanda del Sur.

El Árbol de la Vida de Gaón de Vilna. Pensamientos

El Árbol de la Vida de Gaón de Vilna nos dice que cada una de las dimensiones te contacta con el *Ein Sof*. Seduce a la *Biná* para dejarla tranquila, mientras conectas *Jojmá* a la *Biná* sin que se dé cuenta. A la *Biná* la dejamos tranquila porque la seducimos con los conceptos y, mientras tanto, la vamos mareando con *Jojmá*. Todas las *sefirot* tienen *Maljut*. El Infinito llega directamente a la materia sin pasar por las demás dimensiones, y cada dimensión tiene llegada directa del Infinito. Gaón de Vilna dice: «No existiría nada en la materia si se cortara la relación con el Infinito». En este análisis tenemos *Jojmá* pura. Aryeh Kaplan dice: «Una *sefira* es un elemento de transición entre el Infinito y lo finito». Si yo medito en *Maljut* llego al *Ein Sof* directamente y también con el resto de las dimensiones.

> «Si meditas sobre cualquier fragmento de esta realidad, contactas con el *Ein Sof*».
>
> ABRAHAM ABULAFIA

Jojmá va directamente al *Ein Sof*, en cambio *Biná* necesita de intermediación. Un intermediario también puede ser un concepto, un dogma. La *Biná* necesita un intermediario entre la inteligencia y la realidad. Mientras *Biná* aumenta su inteligencia, está más disociado de la realidad, pero la controla más, pues es un efecto de control ilusorio. Se va del objeto de la realidad después de tanta interpretación. La *Biná* cada vez te aleja más, es su seducción.

En las relaciones, la gente piensa, pero debería observar más. El pensamiento no puede salir de su propia estructura mental, de su sistema cerrado, es muy cuadrado. Todo lo tiene bajo control. En cambio, *Jojmá* es más abierta. No todo es tan cuadrado, hay una apertura. Para observar, no es que haya que dejar de pensar de manera circular, como *Jojmá,* y no de forma lineal. Cuanto más puedas abrir a *Jojmá*, más caudal entrará. Debemos trabajar la *Biná* para que entre. La dificultad que tenemos como occidentales es que rápidamente pensamos algo sin dejar que fluya. Nuestro defecto es que queremos una respuesta rápida, pues no sostenemos la pregunta, nos genera ansiedad e incluso un cierto nivel de tensión. En realidad, cuanto más podamos sostener la pregunta, más estaremos elevando la categoría de la posible respuesta. El inteligente responde rápido, pero el nivel de respuesta es muy bajo. El sabio tarda en responder, responde muy lento, no responde o se queda con la pregunta, porque ello le genera mucho más pensamiento que dar una respuesta rápida. El que da una respuesta rápida muestra miedo, no tiene la realidad bajo control. Si alguien se puede sostener en el mundo de las preguntas, mientras no se obstruya el campo de *Maljut*, sigue trabajando y viviendo como siempre. Para que realmente la información pueda entrar, debe hacer un esfuerzo de observación. En Cábala se piensa con el cerebro, con el corazón y con el sistema gastrointestinal. Si estás sintiendo, estás pensando. *Tiféret* piensa, no siente. Hay tres tipos de pensamiento:

- Pensamiento cerebral: *Jojmá-Biná*.
- Pensamiento emocional: *Tiféret*.
- Pensamiento gastrointestinal: *Yesod*.

Tendríamos que ver si el pensamiento del cerebro está en combinación con el pensamiento del corazón. El pensamiento se refleja en el sentimiento. En *Yesod* es un nivel de pensamiento más bajo, le influye el entorno, sus condicionantes de educación y su entorno actual. La *Tiféret* es el yo y también está bajo los mismos condicionantes. Las fuerzas sociales impulsan a actuar, el yo se disuelve e impera la moda, ahí no sabemos lo que sentimos. Hay una situación de masa, que es *yesódica*.

El nivel más alto de consciencia es la *Tiféret*, yo soy yo con todos mis condicionantes de la *Biná*. Sin embargo, para que el yo se libere, debemos tomar el camino de la *Jojmá*. Observar lo que piensa la *Biná* y observar lo que siente la *Tiféret*. Desde la *Jojmá*, se observan todas las dimensiones, inclusive la *Jojmá* de la *Jojmá*. Es cuestión de tiempo, la propia vida te baja la ansiedad y la *Jojmá* aparece naturalmente. La única forma de entrar en *Jojmá* es dejar de identificarte con el mal y entenderlo como cosmogónico. El problema de que *Biná* haga que la *Tiféret* no pueda conectarse a la *Jojmá* es el lado oscuro de la *Tiféret*, es lo que la *Biná* corta. La *Biná* opera inmoral o moralmente, opera en las dos, y la *Jojmá* es amoral, ya que suspende el juicio. La flexibilidad de la *Biná* estará en lo que amoralmente puede ver. La *Biná* divide porque esa es su función dimensional, pero no quiere admitir su parte oscura, su dolor inicial es admitir la realidad tal cual es, porque la secciona según sus parámetros de justificación. La *Jojmá* nos pide aceptar la realidad tal cual es, ya que debemos desintegrar el mal e incorporarlo como un aprendizaje. Está claro que te has de autocontrolar. Los muy morales son sospechosos, no pueden sostener la situación amoral de que la realidad es tal cual es. Cuando Voltaire entró en Venecia dijo: «Tanta virtud es sospechosa».

11. *Teshuvá* o retorno a la esencia del alma

> «Cuando una persona se mejora a sí misma,
> se le otorga un alma de un nivel superior».
> MOSHE JAIM LUZZATO

El nivel del alma de la *Neshamá* se puede definir como: «Lo que nosotros somos. Lo que el alma es». Paradójicamente, en Cábala, nosotros no somos lo que somos. Hay dos aspectos:

- Nosotros queremos ser lo que somos. La *Neshamá* quiere ser lo que es.
- Nosotros no terminamos de ser lo que somos.

Esto, que parece contradictorio, desde el punto de vista de la Cábala tiene su lógica, así que trataremos el asunto en profundidad. No es una contradicción, sino que son dos percepciones diferentes. Decimos que existe en el alma un estado de infelicidad cuando el alma no logra ser lo que es. De alguna manera, está actuando algo que es lo que no es. Cuando alguien se enoja, es porque en realidad no está siendo lo que es.

En el Día del Perdón, *Yom Kipur*, en la sinagoga se lee a Jonás ya que estaba llamado a terminar con las transgresiones en Nínive y, en vez de ir allí se fue a Nafo. Se arrepintió, pues no podía cumplir su misión en la vida. No cumplió su proyecto de *Neshamá*, su proyecto de alma. La *Teshuvá* quiere decir rectificación, retorno a lo que uno es. Cuando uno se arrepiente, está eligiendo lo que a uno no le conviene para su *Neshamá*, no resuena con su vibración y elige mal. Aunque dos personas escojan lo mismo, no es lo mismo para cada *Neshamá*. Si estás en conexión con tu *Neshamá,* tu elección es válida. Vamos a centrarnos en la subjetividad de la Luz. Cada alma es luz en un tiempo y espacio determinados. La bombilla eléctrica no nació para ser agua, nació para ser bombilla, si un día decide ser agua, será malo, porque no sabrá que es bombilla eléctrica.

«La *Neshamá* ha nacido para iluminar desde donde tiene que iluminar».
MARIO SABAN

Si has nacido en la riqueza, ilumina desde la riqueza, y si has nacido en la pobreza, ilumina desde la pobreza. Desde donde has nacido tienes que iluminar, en las condiciones donde el *Ein Sof* te puso. Tienes que mirar en tu interior. Lo del exterior tiene que ver con el *Nefesh* y el *Ruaj,* pero no con la *Neshamá*.

Vamos a hacer un análisis desde el punto de vista de la *Neshamá*. Imagina unos círculos concéntricos donde lo primero que se revela del alma es *Nefesh* (cuerpo): ¿Cuánto engordaste este año? Pero si alguien formula la pregunta «¿Cómo estoy?», esta pregunta está en el nivel del *Ruaj*. Cuando el alma está buscando su *Neshamá*, el problema lo tiene con la *Biná,* ya que tiene un error de percepción. Cuando tú encuentras la esencia de la *Neshamá* vas a encontrarte a ti absolutamente, pero cuando encuentras la *Neshamá* y sigues profundizando, te encuentras con el vacío. El *Ruaj* se asusta con el vacío, ya que desde el punto de vista de la *Biná* está buscando la esencia de la *Neshamá*, de lo que es realmente. Imaginemos que encuentro a la *Neshamá*, pero quiero profundizar más e ir a la esencia de lo que yo soy, y encuentro que ahí no hay nada (vacío). El *Ruaj* se desespera, pues no cree que allí no haya nada. El *Ruaj* insiste en que esto ha de ser llenado y empieza la desesperación del llenado. Según la tradición de la Cábala, la desesperación del llenado es la base de todas las transgresiones de la historia en el texto de la Torá. Cada vez que se desespera por ser llenado comete un error que le lleva a la transgresión. Nosotros aprendimos en su momento, cuando Adán y Eva estaban en el Paraíso y se les iba a permitir comer del Árbol, porque la transgresión fue comer a destiempo. Quisieron adquirir rápidamente el conocimiento.

El *Zohar* cuenta en el capítulo 136 que las almas de Betsabé y David eran gemelas. Pero el problema fue que David se adelantó a querer a *Betsabé* y mandó matar al marido para poder estar con ella. Se adelantó por la desesperación de tener a Betsabé. Los primeros padres, ¿qué motivo tuvieron para adelantarse? Querían tener *Daat*, tener consciencia. La pregunta del *Ruaj* es: cuando uno va al supermercado con hambre, ¿compra más? ¿Por qué motivo pasa esto? El vacío desde el punto de vista del *Ruaj* se desespera para llenarse, porque entiende que la identidad es la esencia del sujeto, que es el *Ein Sof*, porque en el interior de ese vacío nosotros encontramos los dos niveles del alma que conectan con el *Ein Sof*: *Jaiá* y *Iejidá*. Esa es la información que le está llegando desde el *Ein Sof,* a ese vacío. El *Ruaj* quiere llenarlo desesperadamente, la gente joven todavía más, con un botellón, yendo a un centro comercial, porque recibe y retiene para quedarse su propia identidad. Cuando vuelve a aparecer el vacío, el *Ruaj* no sabe cómo controlarlo y entonces aparece la noción del orden, como si la paz se encontrara en el orden. Sin embargo, la paz no tiene nada que ver con el orden, sino con la flexibilidad para poder entender los desequilibrios cósmicos. El *Ruaj* cree que teniendo un orden subjetivo tiene un orden universal, por eso se enoja cuando el vaso se cae, porque está fuera del orden. Una persona que tiene mucho orden tiene miedo a la muerte, quiere que todo esté bajo control, pero lamento decir que nada está bajo control. Desde el punto de vista de la Cábala, sabemos que hay un orden cosmogónico en los niveles de *Atzilut* y *Adam Qadmón,* pero es un orden que viene predeterminado, es decir, que existe un orden anterior que no es cuando nosotros nacemos, sino que nacemos dentro de un orden cosmogónico.

La pretensión del *Ruaj* es terminar con el vacío de modo subjetivo, creyendo que en el interior del vacío está la *Neshamá,* y empezamos con espiritualidades que dicen: hay que ir a la esencia de uno, no es nada, es el vacío, es el *Ein Sof,* es D*os. Es como si la bombilla eléctrica quisiera ir a la electricidad que hay dentro. Como ya sabemos, la electricidad no está en el cable, viene de otro lado. La energía no es de la bombilla eléctrica, está fuera, es la misma energía que desde otro ángulo le está dando energía al agua y al aire. Es la misma energía que se mueve desde el Infinito, solo que está encarnando en el mundo *Bet* de fragmentación, por lo tanto, no hay esencia ni existencia. La *Neshamá* pertenece al mundo de *Bet* de la fragmentación. El concepto es muy diferente, ya que lo que existe está dentro del tiempo y el espacio. Cuando decimos que algo existe, ese algo está en *Asiá*, *Yetzirá* o *Briá*, y cuando queremos ir a la esencia, es información que siempre está en el *Ein Sof*. No es el verbo existir, sino el verbo ser cuando yo soy, pero en realidad no soy nada, porque estoy en un vacío.

«Mientras más espiritual es un hombre, más libre es».
Moshé Idel

¿Cómo voy a administrar el vacío? Si no sé cómo administrarlo, nunca haré *Teshuvá*, nunca retornaré a la esencia de mi *Neshamá*, porque la relación del *Ruaj* con el *Ein Sof* y la relación de la *Neshamá* con el *Ein Sof* son diferentes. La relación del *Ruaj* con el *Ein Sof* es de desesperación.

El religioso quiere cumplir un mandamiento del texto de la Torá, y el religioso lo cumple, pero hay un problema: la *Mitzvá* o mandamiento del religioso es finito, lo cumple y lo cumplió. Los profetas nos llevaron a un punto más alto, nos pusieron mandamientos morales infinitos: ayuda al pobre, cuida de la justicia..., y lo que pasa es que el *Ruaj* se encuentra ante el *Ein Sof* y no puede cumplir con D*os porque es infinito. ¿Cómo un ente finito cumple con el Infinito? Puede cumplir un mandamiento finito, pero no puede cumplir con una exigencia infinita y del Infinito. Es imposible, por eso muchos religiosos caen en la impotencia. Visto desde el *Ruaj*, nosotros seríamos personas absolutamente fracasadas, impotentes, que no podemos conquistar el Infinito frente al *Ruaj*, puedo estudiar un libro, dos, diez libros, pero no llego, me canso, no tengo premio. El *Ruaj* se enloquece y se agota porque vive de acuerdo con un resultado. El *Ruaj* está desesperado porque quiere llenar el vacío. Está ansioso, pues quiere algo que no existe, ya que nunca llenas el vacío y si lo llenas estás peor que antes porque lo llenas mal, pones objetos: casa, regalos, coche, pero nada te sirve.

La *Neshamá* dice que tienes capacidad de traer toda la Luz del Infinito a este mundo. Y ese es el deseo: no es un infinito que te exige y pulveriza, es un infinito que te lleva al Infinito. Al religioso que quiere cumplir con todos los mandamientos, el D*os lo condena, porque no está en paz. El religioso es un ente finito frente a un infinito de exigencias. Tiene que ser un infinito de placer, no de exigencia. Tiene que ser un infinito de camino, de proceso, de aprendizaje de *Daat*. La *Neshamá* va a D*os y el *Ruaj* se siente condenado por D*os. Ser completo es no llenar nunca el vacío desde el punto de vista de la *Neshamá*, que no quiere llenar ese vacío. Lo que pasa es que por llenar el vacío, por desesperación, nos llenamos de cosas que no pertenecen a la bombilla eléctrica.

La *Teshuvá* es reconocer qué energías hemos introducido en el vacío, qué hemos metido por desesperación pero no nos corresponden. Las hemos metido por la soledad, por la angustia, por el hambre que teníamos, pero no por la calidad. El *Ruaj* actúa tomando energía e identificándola, pegándose a un tipo de energía, haciéndola subjetiva y creando un concepto falso de esencia del yo, cuando no hay esencia del yo. En realidad, la esencia del yo es la entrada de energía cósmica, de una energía divina dentro del vacío en que nos encontramos. La oscuridad del vacío la crean las energías que no nos corresponden, que metemos en el vacío por desesperación. En el día del Perdón, pero también todos los demás días, deberíamos arrepentirnos por llenarnos de energías que no nos corresponden y que quizás nos pertenecen, porque la luz en la que hemos sido predeterminados es algo que tenemos que saber que somos. Tenemos que saber que somos bombilla eléctrica y dar luz como bombilla eléctrica, sin envidiar al otro.

«Quien es Luz, nunca envidia al otro».
MARIO SABAN

Cada uno de nosotros da una luz determinada donde fue determinado por el sistema. Pero si nos hemos llenado de oscuridad de esas energías que no pertenecían a nuestra luz y, por lo tanto, nos las tenemos que sacar, la gran pregunta es: ¿cómo hacemos para sacarnos esas energías? Hay una forma de detectar cuando tú no estás en modo *Neshamá*.

Seguramente, en algún momento de la vida habremos dicho de algo o de alguien: «¡Qué pérdida de tiempo!». ¿Por qué? Porque alguien sintió que en algún momento era una pérdida de tiempo. Podemos estar en la playa felizmente y el otro pensar que es una pérdida de tiempo. Cuando tomas consciencia de dónde estás o lo que está pasando, tu alma siente que es una pérdida de tiempo, lo que se traduce en pérdida de vida, porque la *Neshamá* siente que no está enfocada en lo que tiene que hacer. Nosotros tenemos consciencia de cuando la *Neshamá* no cumple su función, de cuando no está enfocada en lo que tiene que enfocarse. Si nuestra *Biná* estuviera enfocada permanentemente en lo que la *Neshamá* realmente es, en ningún momento estaríamos en pérdida de tiempo, todo sería ganancia, todo el tiempo estaríamos aprendiendo. Si una persona quiere saber que tiene la *Neshamá* totalmente alineada en lo que realmente está haciendo de su vida, entonces nunca siente que pierde el tiempo, sino la *Neshamá* deja de operar, ya que está sintiendo que exige que el tiempo de tu vida se invierta en lo esencial de la *Neshamá*.

¿Qué es *Daat*, que es la consciencia del crecimiento? La *Neshamá* sabe que quiere crecer porque quiere tener Luz del *Ein Sof* en el vacío, para eso vino tu alma al mundo. Por lo tanto, quieres crecer, tienes que saber qué posición te predeterminó el *Ein Sof* dentro de esta estructura espaciotemporal. ¿Por qué motivo? Porque a mí me corresponde dar luz desde donde he nacido y desde el sitio en el que me han puesto. Si soy panadero, doy luz desde la panadería...Tengo diez luces dentro que son las diez *sefirot*. La clave es la función del vacío, pues si te sientes angustiado, la función del vacío viene del *Ruaj* y está distorsionada, incluso la puedes llevar al ego y llenarla de cualquier cosa. Mientras que, si tu relación es desde la *Neshamá* con respecto al vacío, entonces estás recibiendo Luz, *Daat* consciencia de crecimiento permanente, para traer toda la luz que le pertenece a la *Neshamá*, para autodescubrirse, para autorrevelarse. El nivel del alma de *Jaiá* es la información potencial que le pertenece a la *Neshamá*, pero que la *Neshamá* no conoce.

«El alma es lo que es y el alma es lo que todavía no sabe que es».
MARIO SABAN

Para que nosotros podamos conocer el potencial de nuestra *Neshamá,* debemos desarrollar nuestro *Daat*. De esta manera, la información de *Jaiá* entra en la *Neshamá* y podemos saber qué potencialidad de crecimiento puede tener nuestra *Neshamá*. Nuestra *Neshamá* no es una fotografía, es una película, pues encarna y desencarna, entra y sale. Se encarna en cuerpo en *Nefesh*, tiene un proceso cultural y genético y, a través del *Ruaj,* va obteniendo sus condicionantes. Recordemos que la *Neshamá* aparece en nosotros a los cuarenta días de la gestación.

Conceptos de la *Teshuvá*

Vuelve a lo que es tu *Neshamá*, no tengas angustia del *Ruaj*, porque veas la imperfección como un problema y quieras poner un orden subjetivo a un orden que es cósmico. El orden cósmico está en el centro del alma, nivel de *Jaiá* y *Iejidá,* que son los potenciales que tiene mi *Neshamá* de crecer. Todo lo que yo puedo ser, pero que todavía no soy. Tengo la responsabilidad de traer la luz que me pertenece al mundo, tengo la responsabilidad de traer lo que yo tengo que ser en el potencial. Tengo la obligación de llevar a la *Neshamá* a la máxima potencialidad.

«El concepto de *Teshuvá* no es solo elegir entre lo bueno y lo malo,
también es elegir entre lo bueno y lo mejor».
MARIO SABAN

Tengo que sacar lo mejor de mi *Neshamá* para desarrollarla a los niveles de *Jaiá*. Si la *Neshamá* está cumpliendo su función permanentemente, tengo el éxtasis de que nunca pierdo el tiempo. Es un nivel de éxtasis en el que lo que estoy haciendo está anulando esa sensación de pérdida de tiempo, de vida o de pérdida de foco en la continuidad de crecimiento de mi potencia.

El concepto de la *Teshuvá* proviene del jasidismo, del libro de Tania, del siglo XVIII del *Baal Shem Tov*, donde la pregunta era: «Si yo soy bueno y me estoy comportando de acuerdo con lo que dice mi *Neshamá,* no tengo que hacer nunca *Teshuvá*». Sí, tengo que hacer *Teshuvá* de todo lo que no aproveché de mí, y debo seguir trabajando hasta descubrir toda mi esencia en la *Neshamá*. Jaim Vital en su obra dice: «Supongamos que la persona logró la felicidad total porque está en su camino de *Neshamá* total y tiene el *Ruaj* al servicio de la *Neshamá*, por supuesto esta persona ya no tiene angustia, está en felicidad constante, en crecimiento constante, ya terminó, debería no volver, solo puede volver para enseñar». Pueden venir *Neshamot* corregidas absolutamente en su *Teshuvá*, pero en realidad esta vuelta no es para rectificar, sino para enseñar a rectificar.

> «Seréis redimidos por el retorno y el descanso,
> y en la tranquilidad y en la confianza se encuentra vuestra fuerza».
> ISAÍAS 30:15

Vamos a hacer un análisis de este texto:

El retorno: misión *Neshamá*. Si yo sé cuál es mi *Neshamá* y mi misión en la vida.

Tranquilidad: aceptación del orden cósmico, no subjetivo. La *Biná* desde el *Ruaj*, cree que voy a estar tranquilo si lo controlo todo. Mal asunto, pues la tranquilidad viene por aceptación de un orden superior.

Confianza: deseo. El deseo lo puede traspasar en unos niveles más altos.

Vuestra fuerza: saber lo que quiere tu *Neshamá*. No hay poder económico, ni intelectual que pueda lograr destruir el poder de tu *Neshamá*. Nadie te puede dominar desde ningún punto de vista, tienes dominio total sobre tu *Neshamá*.

En este texto, se explica la naturaleza del alma. Hemos observado la profundidad de este versículo. Aquí tenemos toda la Cábala resumida. La *Neshamá* ha aceptado que en un nivel superior lo que entra por el vacío son las leyes cósmicas, que el *Ein Sof* está produciendo para ti y, si tú sabes el *Klí* predeterminado que tienes, para que ese *Or* pueda bajar a ti, la fuerza está correctamente puesta por el límite de tu propia finitud. Aceptas la finitud de tu propio límite en tu estado de fragmentación, pero lo aceptas al servicio de una luz que te está utilizando como revelación de su fuerza universal. Si no entiendes cómo te está utilizando esa luz y quieres iluminar desde otro lado, que sepas que eso es luz oscura. Jaim Vital dice: «te van a reencarnar en un cocinero en China para que desde ahí puedas dar luz como cocinero en China, o como un pobre en Bután, o como un rico en Suiza. Donde te pusieron, desde ahí tienes que iluminar». Vamos a tratar de comprender el tema de la angustia:

Desesperación del ser llenado.

De llenar lo que no queremos llenar.

Desde la *Biná*, la culpa de nuestro sentido de imperfección.

Quien no se perdona tiene un gran problema para conectar con su *Neshamá*. Muchos cabalistas dicen que el perdón está en *Jesed*, porque es la misericordia, pero el perdón está en *Hod*. Nosotros tenemos que ser conscientes de perdonarnos de palabra a nosotros mismos, no hemos de buscar un perdón hacia el exterior, un confesor, alguien que nos perdone. Al perdonarnos a nosotros mismos, dejamos de cargar la culpa, y como decía Kafka: «La culpa más perversa es ser culpable y no saber de qué». Es una culpabilidad absoluta, que proviene de una imperfección absoluta. Hay gente que se culpa de todo, pero lo curioso es que la culpa nos saca de la responsabilidad, porque nunca seremos responsables al cargar la culpa, para ser realmente responsables tenemos que perdonarnos, sino es imposible.

No nos referimos al perdón en lo intencional, sino al perdón del error con respecto a la imperfección, es decir, en la escrupulosidad de hacerlo todo bien, como un concepto general al que es imposible acceder. Todos tenemos algo bueno en la teología, Nuevo Testamento, Tanaj, Biblia hebrea, todos los personajes son imperfectos. En la Cábala, todos son imperfectos: Moisés, Abraham... Si analizamos la Biblia hebrea, veremos que nadie es perfecto. En la mitología griega, el griego buscaba la perfección del cuerpo. El único perfecto es el *Ein Sof*. Nada en la fragmentación puede tener el título de perfecto. La *Neshamá* no tiene que aspirar a la perfección, tiene que aspirar a ser la máxima versión de su imperfección, pues está diseñada para extraer la máxima versión en que tenemos que progresar para tener la mejor versión de la *Neshamá* y, a partir de ahí, seguir creciendo y seguir progresando.

«No se crean que son Ángeles, porque van a sufrir
una exigencia de tal nivel, que no van a poder cumplir».
Zohar

Todos los obstáculos y todos los límites de la imperfección de la forma finita, dentro de la realidad imperfecta, están diseñados para que la *Neshamá* busque su completitud y pueda comprender la función de su propio vacío interior. A través de su propio vacío interior, ha de encontrar el potencial de poder subir la Luz hasta donde le pertenece, corregir y hacer *Tikún*.

Si la *Neshamá* hace *Tikún* de su autocorrección, pasa indudablemente a tener más luz y empieza a trabajar por el *Tikún Olam*. No podemos establecer diferencia entre el *Tikún* y el *Tikún Olam*, porque nosotros no sabemos lo buenos que somos. Trabajándonos en nuestro interior, terminamos trabajando por los demás, al final la Luz ilumina, aunque no quiera iluminar. Por lo tanto, si en nuestra alma encendemos la luz, esa luz ilumina, no es una luz que busca iluminar, es una luz que aumenta su potencia e ilumina porque es su naturaleza. Una luz que busca iluminar es ego, y eso es oscuridad. Nos damos cuenta de la luz que quiere iluminar a los cuarenta años, porque la gente cree que es el Mesías, pero después sabes que no lo eres. Tenemos mucha motivación en la primera etapa de la vida, sobre todo durante los primeros cuarenta años. La gente quiere crecer y confunde el crecimiento, pues cree que crecer es crecer, pero no sabe en qué nivel en las cortezas del alma. Creen que crecen porque tienen un coche, un barco, y cuando se dan cuenta de que aquí no se crece y que la única forma de crecer está en la profundidad máxima del adentro, es el vacío; es cuando a uno se le permite ingresar en el *Ein Sof*.

En el concepto de *Teshuvá,* primero me arrepiento de no ser lo que yo soy y luego me arrepiento de no estar realizando todo mi potencial en la *Neshamá* para seguir desarrollándome. En cambio, voy perdiendo el tiempo por ahí, envidiando al otro... Cuando uno se aburre, no está en conexión con la *Neshamá*. Imaginemos que estás viendo una película que te deja una enseñanza, estás creciendo, pero si ves una película que te aburre, que no tiene mensaje, pierdes el tiempo. Tu *Neshamá* necesita otro tipo de información para hacer su *Tikún*. Es posible que otra persona sí tenga conexión y aprendizaje con esa película. Esta persona recibe información desde un lugar que le pertenece para desarrollar su *Neshamá* y yo estoy recibiendo luz desde otro lado, no estamos compartiendo esa luz, porque esa persona necesita esa luz que probablemente yo no puedo ver. Tal vez, de aquí a veinte años, me da luz y fue una película adelantada a la luz que necesitaba o es un nivel de luz al que todavía no tengo acceso. El otro sí tenía acceso anticipadamente a ese nivel de luz y a ese nivel de *Daat*, estaba haciendo su *Tikún*, su rectificación.

«No somos un producto terminado», según Isaac Luria. Tenemos que seguir enseñando y dar luz para el *Tikún Olam*.

Tenemos dos fases:

- *Teshuvá* personal: la luz que recibo. Es el cambio personal.
- *Tikún Olam*: la luz que yo recibo debo entregarla al otro y no retenerla nunca. Jamás retener y siempre dar. Es el cambio general de la sociedad.

El *Tikún Olam* opera en tiempo futuro porque la redención general aparecerá cuando todos hayamos logrado nuestra *Teshuvá*. Lo único que se lleva de este mundo una persona son las buenas acciones. Siempre debo trabajar en ese sentido si puedo ayudar al otro a encontrar el sentido de su vida, mi luz ascenderá. Estás iluminando por una luz que te viene dada en tu estructura porque has aceptado no retener luz.

¿Qué pasa si retienes luz? Si pienso que esa luz es mía, la luz se corta. La luz del *Ein Sof* entra, pero yo estoy ocupándolo todo con la retención que hago, no estoy dando la luz. Es como el profesor de universidad que tiene una teoría y no se la cuenta a nadie. No tiene sentido, pues debe ser en favor de la humanidad.

Estamos aquí para aprender y bajar la luz, para que las próximas generaciones sigan bajando luz, hasta que la materia no tenga más función, es decir, que la materia está al servicio de bajar luz. Mientras tanto, bajemos luz, sabiendo que no debemos retenerla en el vacío, ya que si se retiene en el vacío es oscuridad. ¿Hasta dónde mi diversión es *Tikún?* Si no enfoco bien mi tiempo y miro la película cuando debería estar leyendo la Cábala, no disfruto, o no sé si disfruto, o confundo el disfrute con la obligación. En realidad, no hablamos de diversión, estamos hablando de felicidad en un proceso de crecimiento que puede no ser divertido. No asociemos diversión con felicidad, ya que alcanzarla no puede ser muy divertido, la diversión puede ser muy aburrida. Hay mucha gente que se divierte, pero lo pasa muy mal, siente angustia y está aburrida de tanta diversión. La diversión es más exterior y no tiene que ver con la profundidad del alma.

En Cábala se llama «la risa del mono», y hay dos tipos de risa:

- Que te rías desde la *Neshamá*. Es felicidad.
- Que te rías como un mono. Es superficial.

Después hay un choque de virtudes o un choque entre *sefirot*, eso lo tiene que organizar la *Biná,* y es: «A mí esa película no me hace crecer, pero esa película la estoy viendo con mi hijo y me hace crecer». Yo no tengo que ver el crecimiento en una sola dimensión intelectual, lo tengo que ver como experiencia global.

El conocimiento en Cábala habla siempre de experiencia, no de intelecto, ya que puedo leer un libro y aumentar mi *Biná*, pero no mi experiencia. A veces, el aburrimiento es el precio que debo pagar para tener relación con mi amigo, el *Daat* es crecimiento experiencial en todas las dimensiones. En los trabajos a partir de los cuarenta años te piden experiencia y no conocimientos, porque la experiencia es parte del conocimiento. En Cábala, a los alumnos no se les enseña, han de aprender a desarrollar su propio *Klí*. Nos enseñan el método, para que nosotros adquiramos solos el conocimiento. Son las herramientas para ampliar el *Klí* y cada uno recibe la información ajustada a su propio *Klí*. Pongamos que captas una luz que solo te pertenece a ti. Pero la compartes conmigo. Los dos estamos felices de compartir esa luz que desde mi *Klí* nunca me hubiese llegado.

«En la máxima oscuridad es cuando amanece».

ANTIGUO REFRÁN JUDEO-ESPAÑOL

12. El mal

«El primer paso de la ascensión a los niveles espirituales consiste en atravesar los dominios del mal».

ARYEH KAPLAN

¿Cómo existe el mal y qué graduación tiene? En el Infinito no hay ni bien ni mal. Por un lado está el *Or Ein Sof,* luz infinita y, por otro lado, dentro del Infinito está esa potencia de finitud que tiene el Infinito, que va a provocar el *Tzim Tzum*. Vamos a llamarlo: «El palacio de la oscuridad» o «La lámpara de la oscuridad». Es la que crea la finitud, que se caracteriza por el comienzo de la oscuridad. En esta situacion del Universo de *Adam Qadmon* va a existir algo, que será el comienzo de la finitud. Sin oscuridad no hay luz; esta fue dada para percibir la luz, en términos de Cábala. El mal fue diseñado para percibir el bien.

Para la Cábala, el bien y el mal son buenos. Tenemos dos tipos de bien:

- El bien en el que percibimos el bien.
- El mal en el que percibimos el bien.

La luz del Infinito se percibe a través de los dos tipos de bien. Tenemos un problema si un día llegamos a la Eternidad, ya que puede que ahora nuestra consciencia esté basada en la carencia de vida. La muerte nos pone el límite y nos salva, porque podemos estudiar, trabajar, viajar, etc. Si no tuviéramos la muerte, ¿cómo valoraríamos la intensidad de la vida?

La muerte y el mal nos están ayudando hasta que nos elevemos a un nivel de consciencia en el que no necesitemos a la muerte para seguir avanzando. Ahora, como no tenemos tiempo, queremos hacerlo todo, pero cuando lleguemos a tener todo el tiempo del mundo y del universo, ¿haremos lo mismo que ahora? La muerte fue diseñada para valorar el aumento de consciencia. Texto de Isaías: «La muerte será tragada para siempre en la Era Mesiánica». Llegará un momento en que no habrá muerte, pero habrá consciencia. Tenemos algo de oscuridad en el *Adam Qadmón* y bajamos a *Atzilut*, que es la contracción de la segunda contracción *Bet*, donde hay más oscuridad, pero hay muchísima luz todavía. En el Universo de *Briá* está la *Neshamá*, es decir, las almas que salen del cuerpo cuando nos morimos. La luz es mayor que la oscuridad, aunque la oscuridad sigue avanzando. Llegamos al Universo de *Yetzirá*, donde estamos nosotros encarnados. Tenemos mitad y mitad de oscuridad y luz.

La Cábala dice que el ser humano nace con tendencia al bien y tendencia al mal. En *Yetzirá*, si tengo que decir algo, las fuerzas operan 50 %, yo soy el que decido; quien decide si gana el bien o el mal soy yo. Si elevo mi consciencia a *Jojmá* puedo captar el Universo de *Briá*, en el grado de *Jojmá* capto más luz que oscuridad. Si lo llevo al Árbol de la Vida, la que domina el Universo de *Yetzirá* es *Biná*: me conviene hacer esto o lo otro… ¡Cuidado! Porque si le conviene hacer el mal, lo hace. La *Biná* es utilitaria. Cuando bajamos al Universo de *Asiá*, es el universo de la biología, la comida, la supervivencia. La oscuridad es el 75 % mal y el 25 % bien. Si vas a hacer un negocio, piensa que las fuerzas del mal son más fuertes. La materia es más oscura. El amor al prójimo como a ti mismo dejó de funcionar. En *Asiá* estamos como un animal que mata a otro animal. Es normal. Supervivencia biológica. Una persona muy materialista está cerca del mal. Te vuelves malo, dependiendo del universo en que estés y de la frecuencia en que te encuentres, porque la materia es un problema por el nivel de densidad que tiene.

> «El objetivo del mal no es hacernos pecar, es hacernos perder el tiempo, para que no realicemos nuestra rectificación».
>
> MARIO SABAN

Cuando un alma involuciona tres veces al grado de mal absoluto, ¿qué pasa? Las almas van hacia delante, pero también hacia atrás. No todas van al desarrollo de la luz. Tres veces mal absoluto es *Karet*, la desaparición del alma. Antes de llegar a la desaparición, está el mundo de las *Klipots*, que son las partes de oscuridad donde había luz. Todo es mal, pero hay cáscaras que contienen el bien dentro. La luz está cerrada dentro de cada cáscara, pero es una luz que viene del *Adam Qadmon*, que viene del *Tzim Tzum Alef*.

Quiere decir que, si profundizamos en lo más bajo de la oscuridad, vamos a encontrar la luz del *Adam Qadmon*. Dentro de lo más denso del mundo de la materia, se ocultan energías de luminosidad que se corresponden al grado de luminosidad de la primera contracción. ¿Cómo liberamos las energías atrapadas en las cáscaras? Entre *Asiá* y las *Klipots* hay unas *Klipots* que se rompen fácilmente, pues la cáscara es más blanda y podemos ver la luz más rápido. Se denominan *Klipá noga* y son tres cáscaras. Si meditamos en ese mal, podemos liberar rápidamente esa energía, que nos permite entrar al mundo de la *Klipot* y liberar más energías.

Algunos dicen que son *Kéter*, *Jojmá* y *Biná* de la *Klipot*. Las chispas de la *Klipot* son 288, son las nueve dimensiones que chocaron del primer *Tzim Tzum* multiplicadas por 32 (10 *sefirot* + 22 canales). Debajo de las *Klipot* está *Amalek*, el mal absoluto. Pero en el 99,99 % mal absoluto siempre hay un punto de luz. Cuando alguien dice que no existe alma, no existe matriz, ni existe nada. Todo esto es biología, materialismo en su máxima plenitud. No hay moral. A*malek* es falta de consciencia absoluta. Hitler es el ejemplo de *Amalek*, «pero cuidaba a su perrito» y tenía 0,00000000000001 de luz. Hay un hilo de luz que lo mantiene vivo. D*os lo mantiene vivo. Tenemos la estructura de todo el mal desarrollado en todos los universos, de acuerdo con el grado de consciencia que uno tiene, se encuentra en cada Universo.

¿Por qué alguien tuvo que sufrir en un campo de concentración? Podemos hacer un análisis desde el punto de vista cosmogónico o bien desde la parte individual, caso por caso, analizando el Árbol de la Vida individual. Cosmogónicamente, el sufrimiento es producto de la ignorancia. Si sufres y no aprendes nada, también eres ignorante. Se aprende del sufrimiento y la base del mal es la ignorancia. A partir de la consciencia, tú eliges entre el bien y el mal. Si elevas *Daat* a la máxima potencia, terminará el mal y la muerte para siempre. La Cábala dice que tenemos un problema de inconsciencia, que es producto de nuestra falta de conocimiento. Por ejemplo, tenemos conocimiento de que el cáncer se puede curar, pero no lo tenemos porque no lo hemos estudiado. *Daat* tiene que aumentar a un nivel que permita llegar al estado de *Kéter,* Reino de los Cielos, *Tikún Olam*, la Era Mesiánica. Hacia ello vamos. *Daat* me eleva en los niveles de consciencia.

> «El mal te convence de que no existe ni puerta ni llave, el bien sabe que la llave y la puerta están ocultas y que tú eres capaz de encontrarlas».
>
> Mario Saban

En la naturaleza del alma están las restricciones, *Biná*, *Guevurá* y *Hod*, que no me permiten llegar a entender esa situación. A la *Biná* le duele porque no comprende, ya que el dolor está basado en la no comprensión. El aprendizaje del dolor es producto de la ignorancia, no acepto lo que ha sucedido. Si tú entiendes el mal cosmogónicamente, entiendes el mal que puede infligir cualquiera. Es la naturaleza del ser humano, por su bajo nivel de consciencia. Desde el punto de vista de *Jojmá*, opera desde su ignorancia y se corregiría si el otro aumentara su nivel de consciencia.

La tradición judía en el siglo XVII decía que los que estudiamos Cábala hemos llegado al nivel en que operamos en el nivel de consciencia de la tradición de la Torá de *Atzilut*. Cada vez que se eleva el nivel de consciencia, la sociedad cambia. Ahora hay gente que está en contra de los toros, de matar un mosquito... (en tiempos pasados, el esclavo era un muñeco). El sufrimiento se tiene que entender en el contexto de cada alma. En un contexto cosmogónico, es por el bajo nivel de *Daat*. Al alcanzar el nivel de *Kéter*, ya no debería existir el sufrimiento, desde el punto de vista del otro o de unos contra otros. El sufrimiento que alguien le inflige al otro es una falta de rectificación de la propia alma, por eso quien te hace sufrir tiene solo una ventaja: que no se enferma, te enfermas tú. El conflictivo no sufre, sufre el otro.

El conflictivo no enferma, mientras tiene a alguien para castigar, pero si no lo tiene, se enferma también. Mucha gente que no quiere enfermar es conflictiva. Es un sistema de supervivencia. Inteligencia no quiere decir nivel de consciencia, muchos nazis eran doctores. Hay dos males: el mal absoluto, *Amalek* y el mal relativo, Satán. Cuando un alma baja en términos satánicos, puede volver a subir, pues no perdió lo que subió. Si baja a *Amalek*, desde luego lo pierde para siempre. Un ejemplo práctico sería un estudiante que saca un siete en antropología, pero necesita un ocho para aprobar el curso. El tribunal académico le formula una pregunta que en principio el alumno no sabe responder. ¿Qué ocurre en esta situación? Lo hacen sufrir, le están queriendo elevar, ese es su Satán. Finalmente, responde bien la pregunta. Pero le dicen que, si quiere obtener un nueve, tendrá que seguir respondiendo otra pregunta más. El pobre alumno, desesperado, acaba respondiendo la pregunta y le suben la nota. Satán es el obstáculo por el que voy a crecer y lo que yo gane en términos del Satán lo ganaré yo. Siempre me elevo. Cuando hay un alma en un nivel, que se relaciona con *Amalek,* es que no ha encontrado el sentido a su vida y está en el Tehom, en el abismo, y empieza a matar. Esto les sucede a los asesinos de los cárteles de la droga de México. Se anula su libre albedrío y, por lo tanto, puede caer tres veces en *Amalek* y destruir su alma, que se está uniendo a lo más oscuro. Se autodestruye, pues solo que caigas una vez en *Amalek* ya estás perdido. Es una pérdida de consciencia total y una involución real. Únicamente un porcentaje muy bajo de la humanidad conecta con *Amalek pues* el alma se pulveriza, *Karet*. Es el contrario de *Kéter* en mala posición.

Satán te desafía con las preguntas, pero *Amalek* empieza con odio y acaba con odio. Odio gratuito. El suicidio, por ejemplo, puede ser un acto consciente o inconsciente. Si es lo primero, puede entrar *Amalek*, pero la Cábala dice que todos los suicidas pierden el equilibrio psíquico y, por lo tanto, no pueden ser responsables de su suicidio por la ignorancia del valor de la vida. *Amalek* busca la parte más débil y ataca con toda su fuerza, así mata a mujeres y niños por la espalda. En la guerra se lucha con dignidad y se ataca de frente, hombre contra hombre. Alguien que tiene alzhéimer o demencia senil suele hacer actos fuera de su control. ¿qué pasa con su alma? La *Neshamá* de estas personas sigue oyendo y sigue avanzando. A una persona en coma hay que seguir hablándole porque la *Neshamá* escucha. Con un autista, pasa exactamente igual. Las limitaciones físicas no implican que la *Neshamá* no escuche. En las enfermedades mentales, puede que la *Biná* no esté operativa, ya que no le entra luz de la *Jojmá*, los canales ya no funcionan. No tiene neuronas para captar, se queda desconectado. Se puede volver a activar la consciencia a través de Satán. En la curación del alma tenemos al arcángel san Rafael, pero en el nivel de prevención de la enfermedad tenemos a *Daat*, que aumenta el nivel de consciencia.

La función del mal. Concepto de trascendencia

> «La única venganza que tiene el bien
> sobre el mal es hacer el bien».
> MARIO SABAN

A medida que vamos adentrándonos en la sabiduría de la unidad, podemos apreciar que en los dos primeros años nos apasionamos por este tejido cósmico ancestral, hasta tal punto que estamos sedientos de conocer más y de adquirir más información. Conforme nos adentramos en el tercer y cuarto año de estudio, nos vamos sintiendo pequeñitos ante la inmensidad de la sabiduría celestial, nos vemos ante la majestuosa *Ein Sof*, que nos hace entrar en una especie de éxtasis por la Luz; pero a su vez nos genera la angustia de que ya no hay un punto o una meta, porque es una fuente inagotable de conocimiento y, por más que hagamos, siempre sentiremos esa pequeñez ante lo macro y es cuando la *Biná* comprende la magnitud y le embriaga la humildad. Durante el quinto y sexto año de estudios cabalísticos, vamos comprendiendo el equilibrio que nos aporta la herramienta del Árbol de la Vida, y, adquiriendo práctica en nuestras decisiones, nos vamos armonizando con nuestra fuente.

Estas pautas dependen de cada uno. El concepto del alma para la Cábala es el concepto de la raíz del alma, y las raíces se pueden dividir infinitamente. Si todo estaba en el primer *Tzim Tzum*, que era un punto, ¿por qué nos reproducimos a través de un punto inicial? La raíz del alma implica que provenimos de un alma general y que esta raíz se va subdividiendo en su información. Cuando yo conozco a alguien que pertenece a mí misma raíz, esa persona me está informando del alma general, en la cual yo coparticipo. Para la Cábala, nosotros no tenemos un alma, tenemos el fragmento de un alma.

Alma general del Universo = *Adam Qadmon* = energía de nuestro universo, que se divide en 12 primero y después en 600.000 (simbólicamente).

La división de doce significa que todas las diagonales que existen en el Universo parten del punto del *Tzim Tzum*. Tenemos doce diagonales que son las doce tribus de Israel, doce apóstoles, doce meses del año, doce signos del zodíaco. Representan doce desde el punto del *Tzim Tzum* y esos doce se identifican con permutaciones del *Tetragrama*.

Tendríamos un alma general, el *Adam Qadmon,* una subdivisión de energías dentro del Universo, dentro del contexto donde se encuentran, dentro del espacio y dentro de cada uno, a su vez están divididos por raíces, y yo puedo venir de una de esas raíces. En todo el Universo se producen estas manifestaciones fragmentarias. Esto quiere decir que, si existe un planeta del otro lado del Universo con vida, también se darían las mismas variables de fragmentación y de elementos químicos, con sus diferencias. Hay infinitas fragmentaciones que se siguen fragmentando. Cuando llegue el momento del *Tikún Olam*, cuando ya no necesitemos de la materia, será el fin. Para la Cábala, nuestro estado material es un estado transitorio para llegar a un estado de energía que no necesite de la materia. Nuestro cuerpo será superado por otras formas más sutiles y no tan densas.

¿Por qué motivo hemos sido encarnados en niveles tan densos? Para aprender de las máximas limitaciones e ir encarnando en niveles más sutiles.

Nuestro cuerpo es un estado transitorio de la historia. Los bebés que nacen ahora son más sutiles, tienen otra percepción de la realidad, porque vamos avanzando en el nivel de consciencia. El *Tikún Olam* es inexorable y no se puede frenar, pero el mal quiere frenar esta rectificación del Universo, pues es ignorante. El mal tiene su función para que aceleremos el proceso. A partir del *Tikún Olam* no sabemos si las almas se fragmentan en niveles más sutiles o si nos vamos a unificar. No lo sabemos.

Primero hay un estado de transición, nosotros estamos actualmente en esta etapa:

2240	6000	7000	10000
Ahora	EÓN	EÓN	EÓN

2240- 6000, no llegamos a lo sutil, alargamos la posibilidad de vivir eternamente en la materia.
6000: desaparece la muerte. Llegaremos a lo inmortal.
7000: empieza a ser sutil la materia.
10000: desaparece la materia. Inteligencia sin materia.

Quizás en otras civilizaciones ya no necesiten del cuerpo para ser inteligentes. Nosotros, al morir, estamos en la sutilidad para poder contactar con otras inteligencias. Volvemos a las doce diagonales… Son posiciones en el espacio, la cualidad energética es la misma.

Esa alma está viendo algo que el alma de mi raíz no puede ver. Si yo dialogo con un alma de una raíz diferente a la mía, teniendo en cuenta que yo extraigo todos mis condicionamientos de la *Biná* (clase social, religión, donde vivo, trabajo…) para llegar al alma, ya tengo una labor grande. Después, he de darme cuenta de la percepción de mi alma con respecto a la otra y de que está viendo algo distinto, pero que si logramos elevarnos mucho podemos llegar al mismo punto. Sí, podemos profundizar cada uno, en cada uno de nosotros. Supongamos que yo pertenezco a la raíz de *Hei Hei Vav Yud* y que tú perteneces a la otra; a medida que nos vayamos elevando, estaremos unidos en el contenido, pero no en la posición. Sin embargo, debo entender cuál es la posición del otro.

Para entender el mal, el primer problema es la percepción de la limitación, es no entender cómo funciona la limitación. Para solucionar este problema, debemos entender los diversos niveles de limitaciones que tenemos. Nosotros tenemos conceptos, que pueden estar idolatrados como fragmentos de la realidad. La *Biná* cree en un dogma, en una idea. Pero si yo me quiero elevar de los conceptos, opero sobre los símbolos, algo que es muy habitual en Cábala, ya que tienen una ventaja sobre los conceptos, pues tienen límites mucho más amplios. El arte, como tal, tiene símbolos que expresan más que una clase de Cábala. Después tenemos los arquetipos, que están menos limitados. Debemos llegar a la no limitación, a lo no manifestado, a lo oculto. Todos los intermediarios, conceptos, símbolos o arquetipos me mantienen en un estado de intermediación, yo envío energía y me encuentro atascado. Lo importante es la trascendencia, no quedarme en los intermediarios. Cuando me quedo en las limitaciones de los intermediarios, empieza a aparecer el mal.

¿Cuál es la raíz del mal? Es la percepción de que las limitaciones son reales, es no entender que todo es un continuo sin limitación. Por ese motivo, tenemos un problema con la gente materialista. En lo más bajo del Universo de *Asiá*, las limitaciones son mayores. Para entenderlo, hemos de ir al Árbol del Conocimiento del Bien y del Mal, del texto de Génesis de *Bereshit*. La *Biná* es la que marca las máximas limitaciones y debemos trascender del concepto. Nosotros somos todos fragmentos del Infinito, pero si vemos el fragmento estamos ante un problema. Tenemos que ver en cada fragmento el Infinito, pero no vemos el Infinito, vemos todas sus manifestaciones, lo que vemos es un velo de la realidad del Infinito. En hebreo, lo que nos conecta con el Infinito es poder captar el *Or Ein Sof*, la Luz del Infinito. *Or* se escribe con *Alef*, pero si lo escribo con *Ain*, es piel. Todos los mundos tienen una piel que recubre el *Or*. Hay velos de densidad setenta para tapar la Luz de la unidad. Todo se manifiesta a través del *Or*, pero del *Or* de la letra *Ain*, que significa piel. Todo lo que se manifiesta es el Infinito a través de las limitaciones de la manifestación, el problema es no captar cuál es el sentido de la manifestación, que es cuando el Infinito opera sobre el velo, creyendo que tiene entidad propia y no que el Infinito opera sobre él.

Por lo tanto, me limita el velo de la piel, pero yo tengo que llegar al Infinito a través de él. Toda forma existe porque lo que muestra en su contenido es una función oculta dentro de la forma. Si yo me creo la forma, me quedo en lo superficial porque no veo el sentido que me oculta esa forma. Lo que veo no es lo que veo, es lo que se oculta detrás de la forma. Todo es *SOD*, secreto. Cuando no ves la conexión es cuando aparece el mal. Si alguien me formula una pregunta, la puedo tomar desde dos niveles: como intermediaria, es decir, le doy identidad y entonces hay conflicto, debato sus ideas, porque las considero suyas, subjetivamente, o como representante del *Ein Sof*. El Infinito me habla a través de él y me da información.

Tengo que intentar salir de todo conflicto si pienso que todo viene del *Ein Sof*. Cualquier pregunta es información del Infinito. Hay que observar mucho, porque el Infinito me habla por el fragmento. Hay que tener humildad y dar importancia a todos los canales. Si vas a los niveles de lo no manifestado y oculto encontrarás el éxtasis o *Taanug* del nivel de *Kéter*, donde captas esa no forma. La paradoja está en que tu cuerpo y tu personalidad viven en esa forma, porque no puedes actuar como si ella no fuera ella y anularla. Es la voz del *Ein Sof* a través de ella. Si me anulo con respecto a ella o me anulo frente al *Ein Sof* cometo la *Klipá* de *Jesed*, pues ella es imagen y semejanza del *Ein Sof*, yo me autoanulo tomando su pregunta. En el inferior, admito la limitación de *Guevurá*.

El Universo es *Guevurá* con respecto al *Ein Sof* pero, cuidado, porque la *Guevurá* con que nació el universo es *Guevurá* solamente para mostrar el *Jesed* del *Ein Sof*. Es mostrar la luz del infinito, por lo tanto, las limitaciones están al servicio de mostrar lo oculto y lo manifiesto a través de lo manifestado, pero no está al servicio de las propias limitaciones, está al servicio de demostrar lo que es ilimitado a través de lo limitado, pero sin quedarse en lo limitado, que es un estado transicional, para poder captar la luz del *Ein Sof*. Las *sefirot* son simultáneas, puedes captar éxtasis arriba y abajo, no se divide. Es sostenible en la línea media del árbol. Se sostiene el éxtasis de comprar en un centro comercial, el éxtasis sexual, del amor en *Tiféret*, del conocimiento del *Daat* y el éxtasis en *Kéter*. Has de estar preparado para aguantar eso, porque de *Kéter* a *Maljut* has de estar preparado con el recipiente para recibir. Se activa todo en la línea media. Espiritualmente, el nivel inferior activa el éxtasis superior. El alma tiene una función de cono. El alma opera a través del cosmos. El problema es en qué nivel operativo del alma te encuentras y el nivel operativo del otro, pues es posible que, al ser diferente, no lo entiendas y además te puedes sentir agredido. La respuesta a cualquier tipo de diálogo es en base a qué nivel nos encontramos. Muchas veces hay crisis con amigos de la infancia porque no tenemos nada que ver con ellos ahora, somos desconocidos, ya no conectamos como antes. Hemos cambiado, hemos evolucionado, y a nivel de pareja también ocurre. Pasa en todos ámbitos. Cuando un alma se eleva en su propio desarrollo se va quedando sola porque no encuentra con quién hablar y se centra en el monólogo. Empieza a no encontrar este cono, a no ser que el otro también se eleve, lo cual produce un esfuerzo personal.

¿Dónde nos encontramos en los niveles del alma, para poder compartir? La persona más evolucionada, cuando ve al que está menos evolucionado, aprende. El problema vendría si el menos evolucionado te ataca. Primero, porque proyecta su falta de evolución y te considera su enemigo, aunque tú a él no lo ves así, pero él se potencia, dado que se vuelve más loco. Alguien que está en su proceso de crecimiento espiritual tiene un problema con su entorno inmediato, porque los demás lo ven como una amenaza, se están reflejando en su avance, y esa persona puede ser atacado por quienes están en niveles inferiores. Si estás en un nivel alto, a veces el diálogo es imposible, monologas en ámbitos diferentes, no es mala intención, es un tema evolutivo. Cuando hablamos de lo sutil, hablamos de lo superior, y cuando hablamos de denso, hablamos de lo inferior. Mirando el Árbol de la Vida, la primera *Guevurá* es *Kéter* frente al *Ein Sof*. La *Guevurá* tiene sentido porque dentro se va a mostrar *Jesed*. Vamos a poner un vaso representativo como *Guevurá* y el agua es *Jesed*. Para que *Jesed* sea aprovechable, necesito los límites de la *Guevurá* que están al servicio del contenido, pero también he de saber cuál es la función del vaso, que está para que yo beba. Muchas veces, la gente no lo entiende e idolatra el vaso. Es como el cuento sufí de un musulmán encarcelado: un sufí dijo: «*Por favor,* D*os *libérame*». Y Alá le contestó: «*Te voy a liberar*» y le dio la llave. El preso la colgó y empezó a idolatrarla.

La Cábala dice que hay que pensar todo en función de lo que oculta. Las limitaciones solo existen para que yo pueda ver la luz, la oscuridad existe para que yo pueda ver la luz. La oscuridad siempre está al servicio de la luz, por eso Satán es el primer trabajador divino porque, trayéndote oscuridad, te está mostrando y delimitando la luz que puedes sostener. La función del mal en este mundo es que nosotros pongamos más luz. Pero siempre con la conciencia de que el límite no tiene sentido por sí mismo, sino por la luz que transmite. Un ser humano por sí mismo no tiene sentido, sino por la luz que transmite. Este es el concepto de trascendencia y no tiene que ver con si creo en D*os o no, es otra cosa, se trata de la función por la cual vinimos a nuestro mundo: vinimos para hacer luz hacia fuera, no solo hacia adentro, porque nos anquilosamos. No es para defender mi límite, es para utilizarlo y ver cuánta luz a partir de mis límites voy a poder llevar afuera. Por eso, de todo hay que buscar su función, y, si no la encuentras, ten cuidado de creer que los límites son reales. Todo lo que nos va a suceder a nosotros se refleja en el inicio del Universo. Es decir, hay dos tendencias en la mente que son exactamente las mismas tendencias que en lo superior cuando nació el Universo, *Tohu y Bohu*. *Tohu* significa caos en hebreo y es la *Klipá* de *Jojmá*, y *Bohu* significa vacío y representa la *Klipá* de *Biná*. Dependiendo de si hay caos o vacío, las personas están equilibradas, caóticas o vacías, porque reflejamos la misma estructura simbólica del Universo. El caos tiene que ver con el descontrol de la *Jojmá*. Cuando las personas reciben mucha información, están en permanente caos, *Klipá* de *Jojmá*. Esa persona no se pregunta cuál es el sentido de ese vacío, porque el vacío también tiene sentido y debemos saber de qué va a ser llenado. Si es mucha la información que me está entrando, puedo entrar en el caos. Hay una ambivalencia en *Jojmá*, puedo verme sumido en el caos por la cantidad de información de *Kéter*, ya que se produce el caos por no tener límites. El vacío se origina por tener demasiados límites y no tener contenido. Vives una vida superficial. La gran pregunta, si alguien quiere saber cómo vivir, es tener claro dónde poner los límites: poner los límites en una relación, a nosotros mismos, a las horas de estudio o de gimnasio…, En fin, es organizar nuestra agenda. Se puede conocer el reflejo del alma de una persona observando sus acciones, porque estas denotan su esencia. Ese es el reflejo del alma de la persona.

> «¿Quieres saber cómo es una persona?
> Mira cómo distribuye el tiempo».
> GAÓN DE VILNA

Lo importante es distribuirnos bien el tiempo y no entrar en caos. Si tenemos diez cosas que hacer al final no hacemos ninguna, seremos presa de la ansiedad y nos quedaremos paralizados. Pero si solo tienes una cosa que hacer, la terminas sin problemas. La *Biná* organiza el caos de *Jojmá*. Normalmente, las médiums o personas muy sensibles caen en estado de caos porque les entra mucha información. Alguien que está en caos necesita *Biná* y alguien que está vacía necesita *Jojmá*, que es contenido. Por lo tanto, el mal es un desequilibrio en los límites, pero la cuestión es que cada una de las dimensiones tiene sus propios límites, al igual que cada persona tiene sus propios límites. Hemos de estudiar el Árbol de la Vida para conocer los límites de cada dimensión y operar, según esos límites, dando más o menos energía a la dimensión que la necesita.

El Árbol de la Vida es el mapa de redistribución permanente de energía, y tiene relación con conocer profundamente cuáles son los límites en cada dimensión, ya que, si no, podemos crear el mal sin darnos cuenta. Nos podemos extralimitar en una dimensión con una energía que no le pertenece. Cuando una dimensión anda mal, todo el sistema anda mal, porque la energía sobrante empieza a ser compensada por otras dimensiones, que se sobrecargan y causan serios problemas a los límites estructurales de esas dimensiones. Si haces un negocio con un amigo, pierdes el negocio o pierdes el amigo. Está mezclando *Yesod* con *Maljut*. Es muy personal, ya que tiene que ver con la raíz del alma y el estado evolutivo. La manifestación del amor hacia un hijo, en *Netzaj* sería: «Lo voy a abrazar», lo abrazo porque lo amo. Para demostrarle que lo amo, tendría que estar todo el día abrazándole. El abrazo es una limitación de una energía superior. ¿Se llega a demostrar el amor del nivel de *Tiféret* en un abrazo? Evidentemente, no. El problema de las dimensiones inferiores es que siempre estamos frustrados por los límites de la densidad de los inferiores. Nunca podremos demostrar lo que sentimos y lo que pensamos en los inferiores. Es un fracaso total. Si yo le digo a mi hijo «Te amo», se lo estoy diciendo en *Hod*, pero no puedo demostrar el amor, porque el amor pertenece a *Tiféret*. En definitiva, son niveles muy restrictivos de manifestación. Las manifestaciones de la realidad se pueden medir en experiencias, ya que tienen otro tipo de limitación en cuanto a la percepción o no de la realidad.

Maljut no es la mesa física de *Maljut*, es si tú estás feliz con esa mesa o no. El tema es qué necesidad tiene el alma con respecto a esa mesa. Nunca se pueden manifestar las energías superiores en las inferiores, porque imaginemos que dijéramos todo lo que uno piensa. Sería imposible la convivencia, uno debe medir lo que dice. El mal anida en la confusión de los límites estructurales de las *sefirot*. Cuando uno conoce perfectamente una dimensión, conoce cómo puede operar y hasta dónde llegar. Pero si una persona no tiene sentido del humor, no le cuento un chiste, es el límite que tiene, y como yo lo conozco he de conocer mi límite cuando hablo con ella. ¿Cómo se conoce el límite? Pasando el límite, aunque si lo paso, tengo un problema. También, desde una dimensión puedes trabajar otras y potenciar las relaciones, el trabajo interior... Cada una de las dimensiones tiene su Árbol de la Vida. Si a una persona no le gusta la historia y le gusta el arte, estudia historia del arte, al final algo de historia le va a gustar, porque tiene relación con el arte. Lo que hace la Cábala con este sistema es que puedes saltar a todas las disciplinas desde una disciplina madre, donde estás más fuerte, porque puedes operar en una dimensión. Es una buena estrategia. El sistema es dinámico, por lo tanto, siempre está en desequilibrio, no tenemos una pauta de equilibrio perfecto, porque el equilibrio está en la propia dinámica del movimiento. El primer desequilibrio es que el alma lo compensa para sobrevivir. El problema es que no lo veamos como compensación o energía real en lo transitorio, pues la *Biná* siempre lo vuelve permanente. Pongamos que hoy me duele un hombro y pienso en ir al médico, pero comienzo a caminar y compenso el dolor del hombro. La compensación terminó siendo que debería ser transitoria. Te acostumbras y no lo ves mal.

> «La mayor libertad es nunca tener miedo a equivocarse».
>
> George Steiner

Toda compensación es transitoria porque tiene un precio, y es que es una dimensión que no está recibiendo la energía que necesita o que se merece. He de compensar primero mi *Biná*, de lo contrario puedo creer que es energía natural. La *Biná* trabaja el autoengaño porque es la madre de la vida y de la muerte. Tenemos un problema en la pluralidad, nos hace pensar que existen las diferencias y volvemos al tema del mal con la idolatría y los intermediarios. Nuestro pensamiento parte de la distorsión, porque así es nuestro pensamiento egoico. No tenemos el pensamiento del *Ein Sof*. Para entender esto, la Cábala hace un análisis del misterio del nombre *Elokim*, que es el nombre de la Divinidad en plural. Los sabios cabalistas conocían que en el nombre residían ocultos *Biná*, *Daat* y *Jojmá*.

JOJMÁ: (EL) Es la Matrix de la unidad, no cree en la diferencia, hay un infinito que se está manifestando dentro de cada fragmento finito.

BINÁ: (IM) Es la pluralidad, marca los contornos de límite de la *Biná*, son los límites de la diferenciación.

DAAT: (O) *Hei*. Espíritu Santo.

En *Elokim* está oculta la Unidad, la pluralidad y la copulación o la oscilación del conocimiento entre la unidad y la pluralidad. Si yo veo este esquema, entonces compenso energías; este mismo esquema se da en todas las triadas. Todas reflejan este sistema de equilibrio. Si yo tengo una dimensión desequilibrada, toda la triada de esa dimensión está desequilibrada, por tanto, todo el Árbol está desequilibrado. Toda la triada puede contagiarse por una *Klipá*, las demás se solidarizan. Imaginemos una energía en *Guevurá*, si una persona no sabe decir que no, el día que dice que no mejor no estar presentes, pueden volar los platos porque está juntando una *Guevurá* que no se ha manifestado nunca. Si a todo el mundo le decimos que sí, falla nuestro *Jesed*, falla nuestra

Guevurá y, además, no tenemos buena autoestima para enfrentarnos y decir que no, por lo tanto, falla también la *Tiféret*. La tradición de la Cábala dice que los rabinos más misericordiosos fueron los que más tenían que controlar la *Guevurá*. Si ves a alguien muy misericordioso, debes saber que viene del otro lado, y si ves a alguien muy *Guevurá*, es que trabaja lo contrario, lo opuesto.

¿Podemos analizar nuestro propio Árbol?

«Uno puede desdoblarse».
ABRAHAM ABULAFIA

Tenemos que analizar si hay neutralidad o no, proyección y contraproyección. En psicología y en psicoanálisis, el paciente suele ocultar su *Tiféret*, que es donde está la verdad de uno. Como no me está revelando el 1% de la información de esa estructura, se distorsiona toda la estructura. Si uno va hasta el fondo de su personalidad, no va a encontrar nada, hay vacío. Para la Cábala es una alegría, para la persona, un desastre. Para la Cábala, dejo la corteza de la estructura cultural y los condicionantes. En este vacío interior de la persona, es donde va a entrar la luz del infinito. Todo análisis en psicología tiene un límite, siempre da vueltas alrededor del yo. Una situación habitual podría ser: «Su padre fue un déspota». Pasan diez años y al padre no lo cambia nadie, porque él es así. Es el hijo el que tiene que fijarse en su vacío, en lo que debe construir. Aquí hay un problema porque la psicología clásica se queda dando vueltas con la poética del lenguaje.

«Desestructuremos el lenguaje y empecemos de cero».
ABRAHAM ABULAFIA

En realidad, lo más importante es el vacío, no la persona. El vacío es el abismo, porque es donde encontramos esa gran oportunidad de llenar y construir nuestra propia personalidad, sin darle tantas vueltas a los condicionamientos. «Mi abuelito me dijo esto y lo otro…». Tenemos que llegar a donde no hay yo, donde no hay nada, pues allí está la oportunidad de construir algo. Debes ser consciente de lo que vas a construir en ese terreno vacío, porque tu oportunidad para construir es lo que tiene que hacer el alma, el *Tikún*.

Análisis del mal

El tema del mal tiene muchas facetas. El primer problema que se plantea es la confusión de conceptos. Los cabalistas tienen siete desequilibrios dentro del Universo que no son todos lo mismo. En Cábala no se puede hablar del mal como un concepto unificado, porque ya la misma palabra crea confusión. El mal no se desactiva, porque está desordenado.

El nivel del mal en *Ruaj*, que pertenece al Universo de *Yetzirá*, es el mal que me ha impreso mi propia familia en esta realidad física; es decir, que si mi padre, mi abuela o mi tío me hicieron daño, me dieron una idea negativa y yo la heredo. Sería un mal por herencia, que es donde trabaja la psicología clásica, pero aquí hay un problema que los psicólogos no pueden solucionar y es el mal en el nivel de *Neshamá*, es el *Tikún* que tiene que hacer la *Neshamá* en esta vida; es decir, en la rectificación del alma. Lo que sucede en la terapia tradicional es que el psicólogo dice que quiere corregir el mal y, como no ve la causa, no encuentra la raíz. Según la Cábala, no la encontrará nunca, ya que la raíz viene del alma que ha rotado y es el *Tikún* que tiene que hacer. Tenemos el mal de herencia, pero también tenemos los desequilibrios que hemos venido a rectificar en nuestra alma, independientemente de nuestra familia. Puedo pensar en la familia y estoy feliz, pero puedo tener un desequilibrio y este pertenece al nivel de *Neshamá*. Imaginemos qué ocurriría si coincidieran el desequilibrio de la familia, el que vinimos a rectificar. Ahí el psicólogo estará más perdido, porque puede solucionar el nivel de *Ruaj* pero no el de la *Neshamá,* y él tratará a su paciente pensando que es un problema del *Ruaj*. Si fueran cosas diferentes, bien, pero el problema es si estas cosas son iguales, si justo lo que tengo que rectificar es el desequilibrio de mi familia. Tu alma vino a rectificar esto, olvídate de tu papá, tu abuela o tu tío... Pasas veinte años en terapia y no llegas a ninguna parte, porque esto tiene que ver con el alma, no con la psique. Lo primero que tienes que saber es que tienes que revisar todo lo que tiene que ver con el nivel de psique del *Ruaj* y estar tranquilo de que has hecho tu labor, pero los sistemas y mecanismos desequilibrados de la familia no se te están uniendo con la rectificación.

El primer trabajo es el del psicólogo tradicional. Una vez descartado el *Ruaj*, debemos mirar la *Neshamá*. En Cábala, sabemos que el psicoanálisis trabaja los sueños en el nivel de *Ruaj*, nosotros trabajamos los sueños en la *Neshamá*, ahí es jaque mate. Porque cuando estás en Cábala sabes que lo que estás soñando no tiene relación con la represión del inconsciente freudiano, tiene relación con el *Tikún*, el desequilibrio del alma. Tenemos una ventaja: los sueños no sirven al nivel de *Neshamá* ni del *Ruaj*, es la Jojmá la que capta intuitivamente los sueños y visualizaciones. Toda la psicomagia de Jodorovsky, lo simbólico, también viene de *Netzaj*, sube a *Jojmá* y lo toma. El lado derecho del Árbol de la Vida se conecta con la *Neshamá* y el lado izquierdo con *Ruaj*. Aunque todo sea *Ruaj* en *Yetzirá*, la apertura a un nivel superior que es el contexto del Universo de *Briá*, donde está la *Neshamá*, lo hago desde *Jojmá*, porque tengo la apertura. Cuando vengo de una teoría psicológica, no entiendo nada, porque le estoy imponiendo desde la *Biná* unos parámetros, pero no voy a entender la subjetividad que tiene el alma.

El primer problema es saber si es un mal por:

- *Ruaj*: herencia.
- *Neshamá*: rectificación del alma.
- *Ruaj* + *Neshamá*.

Concepción cosmogónica de Isaac Luria:

- *Klipot* Universo. Falta de *Daat*. Imperfección.
- *Hazayots* o velos. La unidimensionalidad. Se opera o vive en una sola dimensión
- Falta de *Daat*. *Tikún Real*.
- La vocación también unidimensional.
- Descompensación *sefirótica*, autoengaño en la *Biná*.
- El mal moral.

> «Cuando estalló el Universo quedaron dentro de las Klipot, esa luz extensa que proviene del Infinito, el mal es estructural al Universo».
>
> ISAAC LURIA

> «Si un ser humano es malo, hay un tipo de mal del que él no es culpable, porque es un mal que deriva de la imperfección de la naturaleza del Universo».
>
> ISAAC LURIA

Como el universo es imperfecto y nosotros estamos dentro, cometemos mal por imperfección, pero no es un mal que hagamos intencionadamente, lo hacemos porque nosotros no sabemos cómo funciona la materia. El mal estructural es como la falta de *Daat*, de conocimiento. Es como cuando queremos ayudar a alguien y, al final, todo termina mal. ¿Cómo puede ser? Tiene que ver con los límites del universo y tiene que ver con la falta de percepción de los límites de la materia, porque si nosotros tuviéramos un *Daat* más alto, este mal desaparecería.

Las *Klipot* son la ignorancia de no poder ver esto que está por pasar. No son las *Klipot* del Árbol de la Vida de mi alma, sino del universo donde yo participo, y soy imperfecto con el universo. Es como un pecado original, una imperfección. La imperfección del universo por falta de *Daat*, la ilusión de la contracción, que te crea la ilusión del límite. No hay inicio ni fin de nada, puede ser que todo esté aquí al mismo tiempo y espacio. La interpretación de uno es mal para mí, pero a lo mejor no para ti. Cuando tú interpretas el mal, lo estás interpretando desde los límites de tu *Klí*, límite del lenguaje, límite de *Hod*. ¿Quién tiene la razón? Ninguno. Todos estamos descodificando limitadamente dentro del Klí. Yo estoy viendo lo que yo soy, no lo que yo veo, entonces soy imperfecto, lo estoy metiendo en los límites de cómo yo fui educado.

Cuando se creó el primer Universo que nosotros conocemos como *Briá*, que representa la letra Bet 2, ese Universo de transición finito lo llamamos *Atzilut,* que es con *Alef*. *Atzilut* empieza con *Alef*, cuando hablamos de conciencia *Alef*, rompemos la percepción del *Tzim Tzum* en el fondo; el *Tzim Tzum* existe si tenemos conciencia *Bet*. Si tenemos conciencia *Alef*, el *Tzim Tzum* es una ilusión, porque es lo que nos divide el infinito, es una ralentización del infinito lo que hace el *Tzim Tzum*. Imaginemos que el infinito es una película, pero el universo que nosotros vemos es la fotografía que corta la película. Entonces yo digo: «¡Ah! ¡Esto pasó aquí!». La frase de lo estático «estoy mal» es en la película, en lo dinámico. El *Daat* está corriendo por el Árbol de la Vida, no se queda estático, solo las *sefirot*. El *Daat* da movimiento al sistema. Si ves movimiento en el sistema, no hay límite entre el infinito y el universo, cuando uno piensa en términos de límite, a partir de aquí empezó el mal.

El psicólogo americano Ken Wilber dijo: «Toda frontera es una línea de batalla». Si hay vecino, hay conflicto potencial; ya somos dos, hay límite. El problema es la percepción del límite. ¿Qué tiene que hacer *Daat*? Es saber que los límites en el Infinito no existen, que los límites que veo son arbitrarios, son fruto de mi bajo nivel de *Daat*. Si la especie humana desapareciera, este mal seguiría existiendo porque otras formas de revelación de la conciencia tendrían el límite del propio universo, tendrían límites estructurales del propio universo, no verían la totalidad. Para ver la totalidad, se precisa la liquidación del yo, cada vez que sabes que no existes, estás mejor. El problema de esta dualidad es que, si tú sabes que existes, estás peor, porque te pones un límite con lo que está fuera. Por ejemplo: si yo existo y soy autónomo, quiere decir que ni respiro, ni como. ¿Cuánto aguanta el yo? Nada. El yo es un dependiente absoluto del no yo. El aire es un no yo y me lo estoy apoderando.

Si digo que yo existo es mentira, ya que existir de manera absolutamente independiente es mentira, yo muero, desaparezco. Necesito comer, beber, respirar... Estoy interrelacionado con lo de fuera. Dependemos absolutamente del cosmos. Somos entes de intermediación de energía cósmica. El yo es una especie de fotografía del Infinito que toma la foto mía, yo respiro el aire, lo saco y soy un intermediario. No existo. A partir de aquí es la felicidad total, porque si yo no existo, yo no muero, ni vivo, ni nací, y los pensamientos también vienen de fuera. ¡Tanta soberbia! Mi aire, mi cuerpo, mis pensamientos... los que tengo yo, el yo no existe. Si lo piensas mal, lo tienes que experimentar. Si tienes miedo de no existir, es que hay yo. El yo tiene que desaparecer. Que no seas nada no significa que no seas nadie. Eres alguien, pero no somos nada. Mientras tú sepas que no eres nada, no sientas que no eres nada, vas a ser infeliz, porque vas a estar peleando por algo, para algo que no existe.

En un nivel muy alto de *Daat*, se pueden anular o romper las *Klipot* y tomar conciencia de que el Universo es un continuo infinito. Vences al mal. Este mal desaparece, porque este mal es pensar este universo con límites. Si pensamos el universo con consciencia *Alef* sin límites, desaparece el mal. Depende del nivel de *Daat*. La gran pregunta es: si hemos transgredido y nos hemos desequilibrado por comer del Árbol del Bien y del Mal, ¿cómo estamos diciendo ahora que *Daat* me va a llevar a lo mejor, porque aumentando el *Daat* llego al *Alef*? ¿Qué pasa? ¿No era que comimos del Árbol y en realidad nos desequilibramos? ¿Cuál fue la transgresión? La transgresión no fue comer del Árbol, fue comer del Árbol a destiempo. El conocimiento del bien y del mal parte de que no es el problema conocer, sino conocer antes de tiempo. Por ejemplo: a un niño de tres años no le puedes decir que los Reyes Magos no existen, es cruel, pero si se lo digo a alguien de dieciocho años, nadie me va a criticar. La diferencia es que el niño de tres años no está preparado para saber que es una mentira lo de los Reyes Magos. Estudiar la Cábala a destiempo puede causar un mal, se puede perder el equilibrio psíquico. En este sentido, *Maljut*, la materia hace de reaseguro para poder seguir abstrayéndome más. Me asegura ir subiendo.

El tercer tipo de mal son las *hazayots* o velos. Este tipo de mal se fundamenta en la unidimensionalidad, cuando uno vive solo en una dimensión. Por ejemplo: todo el día hablando de dinero o de otros monotemas. El problema añadido a este mal es que puede venir la *Neshamá* y hacer *Tikún* ahí, entonces se juntaría el monotema con el *Tikún* real. Pero no consigue hacer *Tikún,* porque la gente por ego está seducida por la dimensión que controla, y para qué va a hacer *Tikún* si está encantado en esa dimensión que domina, pues el ego no quiere salir de la zona de seguridad. La vocación es satánica, porque te puede conducir al ego, esa vocación se puede volver unidimensional también. Debes equilibrarla con todo el Árbol, no la debes cortar. Un ejemplo: la gran empresaria que pierde a su familia. La vocación te puede hacer perder todas las dimensiones, te seduce; por eso se debe controlar. Es una *hazaya* que te impide subir, crea una *Klipá* en esa dimensión. Detrás del velo, está la *Klipá*, que es la cáscara. Las *hazayots* se podrían identificar con los palacios, pero los palacios son una entrada a *Briá* y las *hazayots* pertenecen a *Yetzirá*.

El cuarto mal es la descompensación sefirótica. Si tienes una *Klipá* con una dimensión, ¿qué haces con las demás? El resto de *sefirot* van en su auxilio para ayudarla a compensarse, el alma es muy inteligente. Entre todas le dan energía y parece que uno está tranquilo. Entonces, aparece el mal habitual, al que hace referencia Abraham Abulafia. Este mal es difícil de percibir, a no ser que una *sefira* esté trabajando más. No se puede percibir, porque las *sefirot* compensatorias del desequilibrio son las desequilibradas. Entonces, podemos ir a terapia y decir, por ejemplo: «Me siento desequilibrado, trabajo demasiado». No, no estás desequilibrado por trabajar demasiado, estás desequilibrado porque, al trabajar demasiado, te está equilibrando. Si dejas de trabajar te encontrarás con el desequilibrio. Este mal se esconde rápidamente por compensación. Por ejemplo, puede que seas una persona que no tiene pareja, ni relaciones de familia..., y que entonces venga *Maljut* y te dé un montón de trabajo. La *Tiféret* te dará mucha introspección interior y pensará en rescatar a la *Yesod*, que es donde fallas con la familia. ¿Cuál es el problema? *Maljut* y *Tiféret* se ponen a trabajar, pero estas dos dimensiones están en desequilibrio, con lo que han de venir otras dimensiones a rescatarlas. Se desequilibra todo el Árbol. Al final, se vuelve a equilibrar, porque lo que le falta a la *Yesod* se lo están dando las demás dimensiones, pero al final el resto de *sefirot* se cansan y no le dan más energía y es cuando aparece el problema.

La *Biná* oculta te dice que está todo bien, no quiere el dolor de que la *sefira* esté mal. ¿Cuánto tiempo se puede mantener una descompensación sefirótica?

Si el problema es de una dimensión, se puede mantener, pero si es de dos, tres, cuatro, no se puede mantener; es un tema de energía, se agotan. La *Biná* envía como objetivo a la compensación sefirótica, la persona no lo ve, la *Biná* en su *status quo* nos convence de que estamos bien. Se genera un autoengaño. El mal está atacando y lo estamos registrando, estamos llevando energía a donde no debemos. La *Biná* tiene tal nivel de potencia que nos hace creer que existimos, frente a la evidencia de que estudiamos que no existimos; es una *Biná* terrorífica que, en su dualidad, nos está creando algo que no existe. ¡Hay que aceptar lo que está pasando! Hay gente muy inteligente que no lo ve, y tiene más sistemas de compensación. La *Jojmá* debería avisarnos. Un ejemplo en términos materiales: una empresa a la que no le va bien, tuvo pérdidas un mes. ¿Qué hace?, ¿cierra la fábrica? No, mantiene la esperanza, la *Biná* le dice que el próximo mes irá mejor. Pero pasan cinco años y la compañía sigue teniendo pérdidas, así que el empresario piensa: «Tenía que haber cerrado». El problema es que no tenía *Jojmá*. La *Biná* siempre cree que el sistema está estable, pero eso es negativo, hay que dar un paso y modificar algo. La Biná confía en su inteligencia ególatra y la persona se enferma.

En Cábala hay dos tipos de conocimiento o *Daat*:

- *Daat inferior,* también denominado *Daat Tajton:* en este caso, la *Biná* domina los diferentes niveles energéticos inferiores de las *sefirot*.
- *Daat superior o Daat Elyon*: necesita la intervención de la *Jojmá*. Se caracteriza por la unificación de todas las fragmentaciones, unificando tiempo y espacio dentro de la Eternidad.

Mucha gente se salta el *Daat* superior. La gente inteligente piensa mucho y en el sentido lógico piensa bien, pero la lógica no es coherente a nivel emocional, solo es coherente a nivel intelectual. Libre albedrío y predestinación al mismo tiempo. Nos cuesta entrar en *Alef* de *Atzilut*, que es la unidad de todas las dualidades.

El quinto mal es el mal moral. Desde el punto de vista de la Cábala no es mal, pero viene a confundirnos más con respecto al mal de la Cábala, que tiene un mal que pertenece a la estructura, tiene más que ver con la física que con la moral. Un ejemplo: una mujer en Afganistán sale con una minifalda y la matan. ¿Está bien o mal que salga con minifalda o que la maten? Es una ley moral. Nos confunde el mal, porque son las condiciones sociales o culturales de la sociedad donde vivo. La gente confunde el mal moral con una *Klipá*.

Ella no tiene la *Klipá*, es la sociedad afgana la que tiene la *Klipá*. No debemos confundir *Klipot* individuales con sociales por el mal moral. El problema de hoy en día es que la sociedad me dicta lo que tengo que hacer, es la *Klipá* de *Yesod*. Cuando la sociedad le mete a uno una *Klipá*, uno cree que la tiene, pero no la tiene, ni en *Ruaj*, ni en la *Neshamá*. Cuidado con las *Klipot* que se inventa la sociedad, que quizás es la que está enferma.

Hay mucha confusión en las religiones con esto, tanto en el cristianismo, como en el judaísmo y el islam. También puedes provocar confusión con el psicólogo si le preguntas cuál es el objetivo de la psicología, aunque puede que te responda: «Normalizar al sujeto en la sociedad». El objetivo en Cábala es normalizar la sociedad, porque si está enferma no puedo normalizar al individuo en la sociedad... Cuidado con las *Klipot* inventadas.

Una *Neshamá* vibra diferente en cada sociedad, no es un tema de mal moral. Una persona que nació en Barcelona puede vibrar en Irlanda. No es que Barcelona esté mal, es un tema vibracional. Es porque el alma se siente bien en ese territorio, se identifica con la vibración de ese territorio. Hay almas que a pesar de nacer en un sitio no vibran con ese sitio. La gente busca su misma vibración y por eso se traslada. Justamente, el mal moral lo que hace es tergiversar esta vibración de energía. Así como hay almas que tienen conexión por la misma raíz, hay zonas geográficas que tienen una energía determinada para personas determinadas. Cada uno tiene que ir a vivir a donde la frecuencia es mejor para él, si no se siente identificado con la sociedad donde nació. Esto tiene que ver también con la reencarnación, que el alma reconozca donde vivió. El alma puede reconocer dónde vivía, y si la persona se resiste a ir allí, vivirá frustrada.

13. Contracción de las diez *sefirot*

«La vida es placentera, solo para los que prestan atención».
MAIMÓNIDES

La contracción de las diez dimensiones que caen en cono de contracción se vuelve un rayo relampagueante en el Árbol, yendo de *Kéter* a *Jojmá*. De *Jojmá* a *Biná* se aprecia cómo va formándose un zigzagueo en la bajada o autorregulación de la Luz. Son diferentes autocontracciones de *Kéter.* Podríamos decir que *Jojmá* es *Kéter* contraído en la primera contracción, *Biná* en la segunda... y así sucesivamente hasta *Maljut,* que es *Kéter* contraído en la décima. Y justo debajo de la esfera de *Maljut,* se encuentra el mundo de las *Klipots*. Es mucho más sencillo estudiar el Árbol desde arriba, pues comprender las diferentes luces o emanaciones desde la décima *sefira*, *Maljut,* es más difícil, ya que opera la dualidad. Es más fácil entender el proceso de Luz desde el *Ein Sof.*

Comenzar por la cosmogonía nos ofrece un conocimiento de todo el espectro y de cómo opera el tejido cosmogónico del *Ein Sof* en su descenso en el Árbol. De esta forma, vamos trabajando en ensanchar nuestro *Klí* y ampliar conocimiento con todo el proceso de construcción y elaboración de la Creación. Comprender la cosmogonía y como se creó el Universo desde el divino *Ein Sof*, hasta formarse la materia, es el mapa de luz perfecto en todas sus fases y estados. Los cabalistas operaban desde los tejidos cósmicos del Universo y desentrañaban sus misterios a lo largo de la historia para poder comprender nuestros procesos en el mundo físico y cómo operan las vibraciones y energías de arriba abajo y de abajo arriba, no en términos de norte, sur, sino en referencia al Árbol de la Vida. Los sabios sabían que comenzar a desplegar el espectro energético universal desde el mundo material era comenzar por una ardua tarea de atravesar el mundo de la densidad y entrar en animadversión con los sabios especialistas de ciencias concretas, como la filosofía o la metafísica, perdiendo el norte de la intención al entrar en procesos ególatras de la razón.

La esencia infinita del *Tetragrama* o el Nombre de D*os, *Yud Hei Vav Hei,* es la secuencia de concatenación de Universos que comienza en *Atzilut,* con la letra *Yud*. Un proceso de autocontracción de la luz hasta nuestro mundo físico y conocer cómo opera la energía e interactúa con nosotros. Una vez más, apreciamos la importancia de comenzar el estudio de la sabiduría de la unidad en el haz de luz desde las aguas superiores. Podemos decir, por lo tanto, que la Cábala es más cognitiva que conductual; es decir, si corriges desde arriba, estás operando en la conducta, pero si corriges la conducta y no corriges arriba, difícilmente podrá darse el proceso de rectificación. El baile cósmico entre *Biná* y *Jojmá* es primordial para el crecimiento y la trascendencia del cuerpo de luz. Si no conocemos los mecanismos, no podremos operar en ellos correctamente. *Biná* no puede operar por separado, pues tiene su función interna, pero debe estar conectada al circuito del rayo relampagueante, que es por dónde circula la luz. Por lo tanto, una trasgresión de *Biná* sería un circuito cerrado y obsoleto que tendería a su propio fin y a su autodestrucción energética. *Biná* recibe de *Jojmá*. Las *Klipot* o trasgresiones son los niveles más densos de energía; es decir, la falta de entendimiento por la carencia de copulación de la triada superior. Cada esfera de luz puede trasgredir por exceso o defecto de luz. Todas las *Klipot* provienen del proceso de la primera autocontracción *Tzim Tzum Alef*.

Tenemos tres tipos de *Klipot*:

- Las *Klipot* que son desequilibrios energéticos en todas las dimensiones; en el Árbol hay veinte. Pueden ser por defecto o por exceso: *Klipá* de *Hod*, *Klipá* de *Jojmá*...
- Las 288 *Klipot* que quedaron en el *Tzim Tzum Alef* cuando estalló el Universo, y quedaron por debajo del nivel de *Asiá*. Son las 288 chispas de luz cosmogónicas.
- *Klipá Noga*: es una estructura de ocultamiento por nuestra falta de conocimiento. Cuando empezamos a trabajar en nuestro conocimiento estamos liberando luz (información). La *Klipá noga* es un estado de transición situado entre la *Klipot* y *Maljut*.

Si liberas luz de *Klipá noga* estás liberando luces cosmogónicas de las 288 chispas que fueron encapsuladas por las cáscaras que quedaron después de la ruptura de las vasijas en el primer *Tzim Tzum*. Veamos un ejemplo práctico: imaginemos a una persona que tiene un desequilibrio desde hace treinta años y no lo puede superar porque está muy arraigado en su estructura. El proceso de romper esos patrones conductuales es mucho más complicado para esa persona que para otra que tiene el desequilibrio desde hace tan solo cuatro meses. El desequilibrio que puedes solucionar en dos o cuatro meses es *Klipá noga*, un tipo de desequilibrio dominable con voluntad. En cambio, los desequilibrios de las 288 *Klipot* son estructurales, son desequilibrios cosmogónicos. La Cábala nos dice que la *Klipá noga* es el entrenamiento en los niveles de desequilibrio; es decir, tenemos la capacidad de poder equilibrarlos. Estas *Klipot* están dentro de la estructura del orden cosmogónico, no del orden individual. Por ejemplo, serían del orden de curar el cáncer, del nivel de autoestima, de madurar a los cuarenta, de aceptar la espiritualidad, de salir de la identidad y pasar a la libertad.

Las *Klipot* cosmogónicas son falta de información basada en la ignorancia, no con respecto a la *Biná*. Hablamos de ignorancia cuando no hay *Jojmá*, porque falta *Daat*; es decir, no es falta de inteligencia, sino falta de sabiduría en *Jojmá* y experiencia en *Maljut*. La corteza de una *Klipá* para crear cáscara es falta de *Daat*, falta de Gnosis, que es el conocimiento oculto de la realidad. Los desequilibrios hay que verlos y trabajarlos.

Las 288 *Klipots*

Cuando estalló el *Tzim Tzum Alef* explotaron diez dimensiones de siete; es muy complejo, porque tres quedaron puras, mientras que siete explotaron.

Siete es el fractal de diez, explotaron diez en el nivel de las siete. Esas diez que explotaron tienen diez *sefirot* cada una y veintidós canales cada una. Por lo tanto:

10 *sefirot* + 22 canales = 32 x 10 = 320.

Cayeron de cada una de las diez, las subdimensiones de las diez y se rompieron veintidós canales, dentro de cada una de las diez. Son 320, pero solamente una *sefira* se salvó, y fue *Kéter*.

Entonces restamos a los 320 los 32 y nos dan las 288 *Klipot*.

32 x 10 = 320
320 – 32 =288 *Klipots*

Nueve dimensiones se cayeron, pero no las del nivel de *Kéter*, y se quedaron atrapadas cosmogónicamente. Sabemos a qué pertenece cada una de esas *Klipot*, se pueden nombrar, pero son muy largas de transmitir. En Cábala hay muchas numerologías diferentes. La utilización con los números tiene que ver con las herramientas simbólicas, que nos descifran que el Uno, por ejemplo, no siempre es Uno, según el contexto puede ser diez o dos. Son símbolos contextuales.

La estructura del *Klí* y sus energías

El Universo es como un gran recipiente o *Klí*. Comprendiendo el gran recipiente comprendemos cómo funciona en nuestra vida, pues todos los mundos están dentro del ser humano. Veamos la función de un recipiente en su proceso de recibir la luz. Veamos la descomposición de la luz: tenemos por un lado *Or Jozer, que* es la luz que no puedes captar porque no te la mereces, y por otro lado tenemos *Or Yashar, que* es la luz directa.

- *Masaj*: filtro. Límite correcto móvil.
- *Gbul*: frontera / límite correcto.
- *Mitzraim*: Egipto/esclavitud. Restrictivo. ¿Cuál es tu Egipto?

MASAJ: *PE* (boca)
- Crea el *Or Makif,* Luz envolvente.
- Deseo Luz/energía.

MASAJ: *TABUR* (ombligo)
- Crea el *Or Pnimí*, Luz interior.
- Deseo disfrutar de la Luz.

El final *SOF*
- Insatisfacción.

El *Klí* desea *Or*, *Daat*, conocimiento, mayor consciencia, desea esa luz y entra, porque sobra luz en el Infinito; el *Klí* es finito, esa luz que entra es *Or Yashar* se satisface el deseo femenino. Cuando entra la luz hay un primer nivel de *Masaj* y tenemos tres clases de límites: *Masaj*, *Gbul* y *Mitzraim*.

Mitzraim es un límite que tú te pones y que no te deja desarrollar la luz. ¿Cuál es tu esclavitud? Crea la esclavitud, la oscuridad. ¿Te estás restringiendo para no sacar tu potencial? Ese límite es malo. En la actualidad, podríamos hablar de una persona anoréxica, que no come, porque sufre el límite que se está imponiendo del sufrimiento. Es un límite incorrecto, por eso caigo en *Mitzraim,* que es una restricción anticipatoria que me causa sufrimiento, no es un límite adecuado. Límite del lado izquierdo. La *Biná* pone este límite, como *Guevurá* y *Hod*, estados de mucha limitación. «Yo no puedo».

GBUL es un límite correcto. Es, por ejemplo, cuando decidimos no comer ahora porque no toca. *Masaj* es un límite correcto según dónde se sitúa, es móvil. Un día tengo más hambre, otro día tengo menos hambre. Toda estructura de *Klí* tiene un límite móvil. Cada *Klí* tiene un *Masaj*. Entra el *Or* y el *Masaj* lo recibe, porque todo receptor quiere tener el placer de recibir.

El primer *Masaj* se llama *Pe*, boca en hebreo, donde entra todo lo que yo deseo que entre. Pero en este nivel no disfruto, solo quiero que entre. Tengo el placer de comprarme el objeto, pero todavía no lo disfruto, este *Or Yashar* que entra crea, el *Or Makif* (luz envolvente). Todo lo que yo puedo desear, el potencial del deseo. Todos tenemos muchos deseos.

El segundo *Masaj* es *Tabur*, ombligo en hebreo, donde entra más luz, más energía, que se vuelve *Or pnimí*, luz interior. Esta energía ya no es *Or Makif* que yo deseo, sino *Or pnimí* que yo estoy disfrutando la energía que entró.

Entonces aparece en el interior del *Klí* algo que yo rechacé. Un ejemplo sería cuando dejo de jugar a la pelota porque ya me he cansado. Aparece un límite al disfrute, se llama *Sof*, el final, es una estructura. *Rosh* en hebreo significa cabeza; *Toj,* medio, y *Sof* final. Vamos a revelar el misterio: *Rosh* desea la luz, pero *Sof* la rechaza porque quiere mantener un vacío donde no haya luz, quiere mantener la carencia, porque *Sof* sabe que, si es llenado por completo, ya no hay más deseo. *Sof* hace que uno mantenga el deseo por la carencia. Sostiene el deseo, rechazando la luz. Mañana podré jugar a la pelota porque hoy dejo de jugar. La Cábala nos diría que somos contradictorios totalmente, porque queremos y no queremos al mismo tiempo. Esta es nuestra naturaleza. Quiero luz cuando la tengo, la disfruto, pero si la tengo demasiado, la rechazo. Ahora empiezan los problemas, ¿Qué pasa si no disfruto? Si el *Or* que viene hace que yo esté en función de *Rosh*. Si no disfruto, estaré en función de *Rosh* y no voy a disfrutar de la vida porque siempre estaré buscando que entre luz, sin poder disfrutar de la luz. Esto puede provocar que toda la luz llegue hasta el final, que ya no haya *Sof* y muera de hastío, porque no tengo carencia. Un ejemplo sería levantarse por la mañana y pensar: «¿Para qué me levanto si todo lo que tenía que hacer yo lo hice». Sería terrible. Sería como estar muerto en vida. Toda la energía la ha tomado *Sof*, quiere decir que *Sof* trata de defender el deseo. Nos dice: «Hay insatisfacción, estate feliz con la insatisfacción». *Sof* es la felicidad de la insatisfacción. *Sof* es insatisfacción feliz y *Rosh* es felicidad para la satisfacción, *Rosh* solo si hay una insatisfacción.

El texto bíblico dice: «D*os, no me hagas ni rico ni pobre, porque si me haces pobre voy a robar e incumpliré tu mandamiento, y si me haces rico, voy a creer que soy D*os». Por lo tanto, estoy desequilibrado en ambas situaciones. Vamos a analizar cada *Klí* en las *sefiro*t. Veamos *Yesod*. Imaginemos que una persona está sola y sufre. Esto pasa porque *Sof* funciona mal, y se siente abandonada. No tendría que sufrir, tendría que estar contenta de estar sola y aprovechar esa soledad. Cuando una persona está siempre con gente, acaba pensando que quiere estar sola, porque ya no aguanta más a la gente. En *Rosh* estamos llenos de gente todo el día, me canso, ya no puedo más. ¿Cuándo disfruto de estar solo? Cuando sé que puedo estar con gente. ¿Cuándo disfruto de estar con gente? Cuando sé que puedo estar solo. *Toj* es estar feliz cuando estás con gente y estar feliz cuando estás solo. *Toj* disfruta de todo, en todo momento. Tenemos que regular en la *Yesod* cómo voy a estar feliz, cuanto tiempo estaré con gente y cuánto tiempo solo. *Toj* es tener *Rosh* y *Sof* bien. Si lo trasladamos al Árbol de la Vida, sería: *Sof* representa la *Guevurá*, poner límite a los demás para estar con uno mismo; *Rosh,* en cambio, representa a la *sefira* de *Jesed* («Voy a estar con todo el mundo»). A veces, tengo un ataque de *Jesed* y lleno la agenda, pero después de tener una semana llena de actividades con gente, tengo un ataque de *Guevurá* y no quiero ver a nadie. *Toj* sería como *Tiféret*, *Yesod, Daat, Kéter* y *Maljut*, toda la línea media.

Esta es la estructura. Todos tenemos *Toj, Sof* y *Rosh*, todos tenemos algo para ser llenado, el problema es que si hago demasiadas cosas con gente y nunca estoy solo y *Sof* queda anulado, no tengo un buen *Toj*, ni *Rosh*. Las tres partes han de estar equilibradas porque si no se desequilibra todo. Si yo tengo mucho *Rosh*, dejo de disfrutar y no tengo *Toj*, porque creo que el disfrute es solo tomar luz, y no lo es. Es como si le dieras cuarenta pelotas a un niño que solo te ha pedido una pelota. Acabará frustrado el día de mañana. Otro caso podría ser: tienes dinero, pero puedes controlar lo que gastas porque no necesitas nada, estás feliz con lo que tienes, estás en *Toj*. Pero aparece *Rosh* y, si algo te gusta mucho, te lo compras. Tienes el deseo de tener algo más y lo tienes, pero al mismo tiempo tienes el deseo de no necesitar, es paradójico. Vive feliz sin nada, vive feliz con todo, hay que estar en el medio.

El problema es de percepción. Si hiciéramos un *Rosh* total, una compra compulsiva, no disfrutaríamos, ya que todo el *Or Yashar* entra en todo el *Klí* y lo llena. Podríamos decir entonces que todo es *Rosh*. En Cábala sería nada de disfrute. Un *Rosh* lleno, que no tiene la carencia de *Sof*, está en hastío, está aburrido porque lo tiene todo. Tenemos que llevar el ejemplo de la materia a lo espiritual. Una persona puede tenerlo todo materialmente, tener *Sof* y seguir creciendo espiritualmente. La cuestión aquí es la percepción del deseo de crecimiento y de que carezco de esto, porque tengo que aprender y elevarme, tengo un deseo, ahora *Toj*, es disfrutar de ese deseo. *Sof* sería «Quiero comerme una tarta de chocolate», pero no hay *Toj*, me la estoy comiendo y la estoy disfrutando como un loco. Y *Rosh* es tengo la tarta de chocolate, pero no puedo comérmela porque ya me comí una antes. *Rosh* es mucho más de lo que puedo, por lo tanto, es *Or Yashar* que se divide en *Or pnimi* es la capacidad de disfrutar lo que ha entrado de mi deseo. Estoy disfrutando. *Or makif* es todo el potencial de lo que voy a disfrutar mañana. Hay un nivel en el que a mi limitación no entra la luz, porque ni es *Or pnimí* ni es *Or makif*, es un *Or Jozer*, un *Or* rechazado, un *Or* que vuelve. Se divide en tres luces:

- Luz que retengo porque la disfruto.
- La luz que voy a tener, *Or makif*. Luz dentro de mí.
- Luz envolvente, lo que voy a hacer mañana.

Leí un libro y lo entendí. Hay una parte que entendí *Or pnimí*, me entró y lo disfruté, pero hay una parte que no entendí. No obstante, si mañana leo el libro, entenderé *Or makif*. Hay un párrafo que no hay forma de que lo entienda, hace diez años que lo leo y no lo entiendo, es *Or jozer*, la luz que tú no puedes captar porque no te la mereces. Pero *Or jozer* puede volver y ser *Or pnimí* y *Or makif*, pero siempre habrá *Or jozer*, porque estamos frente al infinito. Siempre habrá cosas que no entenderé, pues hay un nivel superior porque soy una estructura finita. El deseo de *Sof* es muy consciente, porque cuando tú no estás gastando en algo, te estás privando, pero seguir deseándolo puede ser consciente, no necesariamente inconsciente. La satisfacción del deseo tendría que dar disfrute, tendríamos que dividir y, por lo tanto, por un lado, la insatisfacción y disfrute o por exceso como la autoflagelación y, por otro lado, la satisfacción y disfrute: disfruto en casa, no necesito nada más. Disfruto el momento. Lo que me hace disfrutar es el equilibrio entre insatisfacción y satisfacción.

La Cábala dice que no necesitas tener más, pero eso no quiere decir que la estructura del *Klí* quiera tener más. No es incompatible. Pero no hay que estancarse en la materia. Imaginemos *Or pnimí*, yo disfruto en la materia, pero no me resigno a lo que tengo, quiero crecer más. En la espiritualidad, los deseos no se cumplen tan rápido porque nos encontramos frente al infinito del crecimiento. Tendríamos que invertir el deseo, el deseo ha de ir hacia *Kéter* y no hacia *Maljut*. A medida que los deseos están más bajos en el Árbol de la Vida son mucho más finitos y restringidos; a medida que están más arriba del Árbol de la Vida, son más amplios.

Mientras tú vas hacia *Guevurá*, *Biná*, *Jojmá* para arriba, tienes mucha cantidad de *Sof* de insatisfacción, de carencia de tu crecimiento, por ese motivo, la percepción del Infinito es muy buena para crear un buen *Sof*, una buena insatisfacción. La carencia te atrae, pero no puedes pasar al otro lado y tener una falsa humildad y tener o pensar que eres nada frente al Infinito. Porque algo eres. También podrías pasar al otro extremo, creyendo que todo es *Sof*. Así como el hastío te lleva a creer que todo es *Rosh*, si crees que todo es *Sof* te vas a sentir impotente. Vas a creer que frente al Infinito no puedes hacer nada. Es absurdo, pero puede aparecer impotencia frente al *Ein Sof*, es tan grande que cualquier cosa que hagamos puede parecer ridícula. «¿Para qué voy a avanzar y leer un libro más…?» podría ser una percepción de *Sof* total. El problema vuelve a ser la percepción. No puedo tener *Sof* total, porque quedo impotente, y no puedo tener *Rosh* total, porque quedo hastiado.

Toj es ver cómo se mueve el límite del *Masaj*. El caso sería: entro, compro, pero tengo que controlarme y parar de comprar, porque tengo que empezar a disfrutar. El *Rosh* lo transformé en *Toj* cuando empecé a disfrutar. Cada persona tiene su nivel de *Toj*, depende de la estructura, habría que ver la raíz del alma para ver los cambios de disfrute. La estructura es para todos. Todos tenemos espacio de *Rosh*, *Toj* y *Sof*. En Cábala sería: «Poder disfrutar de lo que tengo y no tengo siempre». ¿Se puede llegar al disfrute total? Sí, porque hay *Toj*, no sería *Tiféret*, sino sería *Kéter*. Según la Cábala, «también has de disfrutar de lo que careces y no está mal que quieras ser, pero está mal que no disfrutes». La gente confunde *Toj* con *Rosh*, tienes que disfrutar lo que no tienes o lo que te falta ser. Tienes que disfrutar lo que eres y lo que no eres. Hay *Or makif*, hay capacidad de disfrutar algo más, pero no dejes de disfrutar pensando en lo que te falta.

Hay una anécdota con un cabalista uruguayo. Este cabalista, allá por los años ochenta del pasado siglo, estaba enseñando a sus alumnos y leían una página del *Zohar*. Pasaron cuatro semanas y seguían en esa página. Uno de los alumnos le dijo: «Maestro, ¿podemos cambiar de página?».

Y él contestó: «Si el disfrute está en esta página, ¿para que cambiarla?». Ahora bien, ¿cuál es la necesidad de cambiar de página? ¿Cuál es la necesidad de terminar el libro? ¿Entendiste algo? No hay *Toj*, hay un *Rosh* descontrolado para que el ego te diga: «Ya acabé de leer el libro». Es preferible estar en *Toj* y no terminar nunca el libro, ¿para qué quieres acabar el libro, si sigue saliendo el Infinito por esa página? El *Ein Sof* te habla a través de esa página.

> «La vida es una enfermedad mortal,
> al final vamos a morir».
> NIETZSCHE

Esto ocurre en todas las *sefirot*. El que te da placer es el *Rosh* pero si no hay disfrute, no lo retienes, no dura, se vuelve efímero. Rosh es el placer, *Toj* es el disfrute. El disfrute es gracias a la insatisfacción de *Sof* que rechaza. Gracias a que no leí todos los libros de la Cábala el *Sof* está feliz, con todos los que leí y feliz con los que no leí. No te frustras porque siempre estás en *Rosh*, y siempre quieres más. A veces en la vida hay períodos de no crecimiento, y uno puede preguntarse qué hizo con esos diez años en los que no pasó nada, entonces se produce un período de consolidación entre lo que llamamos *Toj* y *Rosh*.

Rosh es la luz que todavía no entró, el *Or makif*, *Toj* y *Or pnimi*. Imaginemos que me ascienden en la empresa, pero yo todavía no estoy preparado para ser director, en consecuencia tengo un *Or makif* que tiene que entrar en *Or pnimí* y, mientras entra, el *Or yashar* casi no puede entrar, porque lo que yo estoy haciendo es metabolizar el *Or makif* en *Or pnimi*. Decido comprar diez botellas de vino. Bebo una y la disfruto, *Or pnimí*. Una botella de vino es *Toj*, pero hay nueve más que son *Rosh*, *Or makif*, no puedo beberlas todas. Si quiero tener Rosh y abro todas las botellas por la noche, ya no hay *Sof*, me quedo hastiado. Las nueve botellas están ahí, pero el *Or yashar* es el hombre que me quería vender cien y yo le dije que no, que solo quería diez. En el infinito, hay infinitas botellas de vino, el *Or yashar* me trae cien, yo me compro diez, nueve que dejo es *Or makif* y una que me bebo *Or pnimí*. Cuando termino de beber esa botella es el *Sof*, porque el *Sof* me retiene para mañana o pasado volver a abrir la segunda botella. El pan de la vergüenza en este caso sería tomarme todas las botellas y no haberlas comprado y que me las regalase otro.

El *Sof* es una consciencia de humildad, es una consciencia de límites, por eso el que es feliz en la limitación entiende el *Sof*. Es una humildad que surge de la estructura. Con lo que tengo soy feliz, no anulo el deseo de tener más. Terminé de leer el libro y lo entendí, ¿anulé el deseo de leer mañana otro libro y entenderlo también? No, tengo el deseo del otro libro, pero también debo tener el disfrute de entender lo que he leído. Puede pasar que yo esté desesperado por leer más libros, que tenga cuarenta libros y me pase todo el día leyendo uno para terminarlo, pero que lo termine y me dé cuenta de que no he entendido nada y entonces me sienta frustrado por no poder avanzar en la lectura con otros libros. Para leer un buen libro, hay que olvidarse de toda la biblioteca. *Sof* es: tengo un libro, trato de avanzar con ese libro, sé que está en la biblioteca. En el *Ein Sof* está la biblioteca infinita. Supongamos que alguien se leyó todos los libros que existen de Cábala, es inhumano, pero además los entendió, ¿qué pasaría?

«Lo más importante nunca está escrito».
David Ibn Zimra

Según los cabalistas, el mejor libro es el que aún no está escrito. Si yo hubiera leído todos los libros, a mí no se me puede acabar todo el *Ein Sof* de la satisfacción, porque me encuentro frente al infinito. El infinito me sitúa en mi limitación. Mi limitación admite la carencia de la estructura de la limitación y por la carencia de la estructura soy feliz. El *Sof* me limita para seguir deseando. El problema del *Sof* de esta insatisfacción subjetiva, es que yo quiero recibir por recibir y no recibir para dar. Es un constante *Tzim Tzum*, es un eterno *Tzim Tzum*. Hay un misterio, es lo que sucede aquí. Si, por ejemplo, la gente que termina su tesis doctoral se queda sin *Sof*, se queda totalmente llena y se tiene que vaciar. El *Sof* es el vaciamiento. Imaginemos una señora que está eternamente embarazada. ¿Puede tener un hijo? No, porque no puede entrar otro hijo. El *Sof* es como un eterno embarazo, estaríamos llenos, pero para crecer hay que vaciarse.

«La inteligencia llega a la sabiduría cuando se da cuenta
de que tiene que borrar más que llenar».
Aryeh Kaplan

Si uno se llena de información, se queda hastiado de tanta información. Tenemos que borrar información para que entre más. Tendríamos que encriptar la información, olvidarnos de todo lo que hemos leído para volver a leer otra vez. El cabalista tiene que volver a leer como si fuera un recién nacido, leer el texto como algo nuevo, no con ningún condicionante de todo lo llenado, he de vaciarme para llenarme. Si yo me lleno de mí, lo único que hago es un ego gigantesco, pero no crezco.

En Occidente creemos que es al revés, que cuanto más nos llenamos más crecemos. ¿Qué ocurriría si me bebo las diez botellas? Todo se volvería *Or pnimí*. ¿Qué consecuencias tiene que yo haya integrado el *Or makif* al *Or pnimi*? Mi *Klí* estará en expansión. Pero, cuidado, porque mi *Sof* también aumenta, y entonces aumenta mi carencia, con lo cual, cuanto más aumentas el *Klí,* más humilde tienes que ser, porque tienes más *Sof* que llenar, hasta que te des cuenta de que no hay *Klí*. Cada *sefira* tiene su deseo, el problema es que creas que la vida son tres *sefirot* y cuando están terminadas desarrolles una depresión, porque no ves las otras dimensiones que tienes que llenar. En Cábala, sabemos cómo están las dimensiones más altas casi imposibles de llenar arriba, las de abajo están medianamente llenas o están totalmente llenas y pueden provocar hastío, o gracias a las de abajo que están llenas experimentamos un disfrute que nos permite subir. En general, los casos de disfrute de las siete inferiores llevan al vacío existencial de subir. La espiritualidad se produce muchas veces cuando está todo bien. Pero la persona que tiene las siete dimensiones inferiores cubiertas puede pensar que ya no tiene proyecto. Debe percibir *Biná*, *Jojmá* y *Kéter*, ya que la vida no se reduce a las 7 inferiores. Esta persona seguro que cometerá una *Klipá*, dado que bajará a las dimensiones inferiores la energía que tiene que subir a *Jojmá* y *Kéter*; es decir, intentará compensar lo que tiene que desarrollar en niveles superiores, bajando a las inferiores (en vez de estar leyendo cuatro horas tranquilamente, estará comprando en el centro comercial). Eso llega a ser un desequilibrio.

La Cábala no niega nada, sino que lo corrige. Claro que podemos pasar un día en el centro comercial, pero debemos corregir donde está puesta la energía, ya que las siete dimensiones inferiores rápidamente se satisfacen. Cuando eres joven, tienes la ilusión de tener un coche, una casa, un trabajo... Cuando la ilusión se terminó pasados los treinta años, piensas para qué necesitas coche, que ahora prefieres ir andando. A los cincuenta años sueñas con deshacerte del coche. ¿Qué pasó a los treinta años? Que el sueño se convirtió en una pesadilla y la persona maduró.

El problema actual es que la gente mayor se ha mantenido en *Maljut*. En el siglo XX, la gente desarrollaba *Maljut*, pero la materia estaba al servicio de algo y no al servicio de la materia en sí misma. El XIX era un siglo donde la gente quería avanzar científicamente, tecnológicamente…, para que las personas tuviéramos más tiempo libre, y ahora que lo tenemos o no lo queremos, o no sabemos qué hacer con el tiempo. Los sabios de la Cábala soñaban con nuestra generación, pero no para que nos dedicáramos a enviar emoticonos, sino para que con el tiempo disponible pudiéramos elevarnos. Si vieran lo que hacemos con nuestra energía, preferirían volver a épocas antiguas.

El problema actual es que tenemos mucho tiempo libre con mucha energía disponible, pero no al servicio del aburrimiento, de la involución, no al servicio de intensificar el nivel de conciencia. La limitación es bastante complicada de situar, pues estamos en un crecimiento dinámico y esto implica que la frontera se vaya moviendo. A veces lo que consideramos que es *Toj* suele ser *Rosh*. Al estar en un crecimiento continuo, siempre estamos en modo película, no en modo fotografía. Es curioso, porque desde la Cábala se dice que *Biná* es fotografía y *Jojmá* es película. Imaginemos una fotografía, *Biná* creyendo que analiza el presente, siempre analiza el pasado. Es como hacer una tesis de sociología con los datos actuales y presentarla al cabo de tres años. Los datos manejados para hacer la tesis no tienen nada que ver con el momento en el que esta se presenta. Analizar el futuro es un problema, porque el futuro es la película, no la fotografía. El análisis desde la inteligencia es peligroso, porque la inteligencia actúa con fotografía estática, sin percibir la dinámica que es la película. Nadie sabe cómo terminará la película. Nadie puede decir: «Me va mal o me va bien», qué soberbia tiene de saber cómo sigue la película. Quizás le está yendo mal, porque lo que va a venir es muy bueno. No lo sabemos.

> «Detrás de todo bien hay mal
> y detrás de todo mal hay bien».
> ABRAHAM ABULAFIA

Pero ¿qué hacemos nosotros con la *Biná*? Fotografiamos. Lo que sí sabemos de la fotografía es que es falsa por definición. El fotógrafo te hace sonreír falsamente y la foto solo capta ese microsegundo. La verdad está en la película, en *Jojmá*. Tenemos que entender las limitaciones de la dinámica de la película. Mucha gente comete textolatría, que es la dinámica de la foto. Podríamos verlo reflejado cuando hay que cumplir el versículo tal de la Biblia, simplemente, porque está en la Biblia.

> «Toda la Luz que sube luego debe bajar, pero cuando la Luz que baja vuelve a subir siempre sube a un nivel superior donde bajó».
>
> Jaim Vital

El termostato del sistema es *Jojmá*, *Biná* y *Maljut*, que crean *Daat*. Pero a *Daat* lo sentimos en *Tiféret*. Si piensas que estás haciendo las cosas correctas, pero tu conciencia te dice que no es así, es que no las estás haciendo bien. No es tu pensamiento de autojustificación, hay un malestar que se produce. Cuando nos sentimos mal, significa que los límites están mal puestos en alguna *sefira*. La *Tiféret* es la que siente que me estoy pasando del límite. Después *Maljut*, *Biná* y *Jojmá* tratan de detectar cuál es la causa del malestar, que es el dato clave para empezar a trabajar y saber dónde está lo que tenemos que corregir.

Hazayots, velos o vestimentas

> «La vestimenta es tu propia percepción».
>
> Mario Saban

Recordemos que *Biná* es el entendimiento, logos, control de lo mental. *Jojmá* es la sabiduría. *Sofía*: saber por observación. *Kéter* es el éxtasis o estado de iluminación. Son la Triada Superior. Las tres son la inteligencia, el *Segel*. La *Biná* quiere conceptualizar, ordenar, clasificar, tiene miedos. Cada vez que quiere controlar el miedo, tiene más *Biná*. La gente muy miedosa tiene mucha *Biná*, lo cual es una paradoja. ¿Por qué una persona tan inteligente tiene miedos? La *Biná* se desarrolla para controlar la realidad de los miedos que uno tiene. Occidente es pura *Biná*, por eso hay tantos miedos. *Biná* es presente, lo femenino, y *Jojmá* es pasado y futuro, lo masculino.

Jojmá y *Biná* son simultáneos, son presente, pasado y futuro. Mi *Jojmá* se verá cuando la *Biná* se ponga operativa. Todo es lo que está siendo. Solo que cuando la *Biná* recibe una idea, esta se ha gestado en *Jojmá* sin que yo me entere. Sin ser yo consciente. Algo pasó por mi mente durante mucho tiempo hasta tener definida la idea. La *Jojmá* es un magma de ideas todas mezcladas. *Biná* da contorno y forma a esas ideas a medida que van apareciendo. La gente medita y amplía la *Jojmá*, hace canal de vacío que se llena de información, es pequeña la *Biná* pero sin esa información la Biná no pasará por ahí. La Cábala nos dice que pongamos la *Biná* en funcionamiento, los conceptos, los libros, las ideas... *Kéter* se relaciona con el Infinito y tiene infinita energía. La *Jojmá* siempre va después de *Kéter*, no puede recibir directamente del infinito y la *Biná* puede recibir lo que le llega de *Jojmá*. Nosotros tenemos en *Kéter, Or yashar* que viene del infinito, luz directa, pero nuestra alma capta de esa luz una parte de esa energía, es *Or pnimí*, luz interior. Conforme ampliamos el *Klí,* captamos más luz. Si estudio cada día puedo ampliar mi potencial de entendimiento. Este potencial sería el *Or makif* de *Kéter*, luz envolvente, pues el potencial está fuera, pero del *Or yashar* que se hizo *Or pnimí* y se hizo *Or makif*, pero hay una parte del *Or yashar* que se va, porque no la entiendo y eso es *Or jozer*, luz retornante.

A la dimensión de *Maljut* llega poca luz, solo queda un hilito de luz. Una situación donde se refleja sería: le pido sal al vecino para la cena y acabo peleándome con él. ¿Qué nos pasa? Hay un misterio para resolver en esta situación. Si tomas en *Maljut* la mayor cantidad de luz posible, haces que se potencien todas las luces de arriba. Es decir, si en *Maljut,* en vez de uno, tomas dos, en *Yesod,* en vez de diez, tomas veinte. En *Biná,* en vez de cien, tomas doscientos... La poca luz que puedas dar en *Maljut* amplía todos los *Keilim* de arriba, dando luz en todos los niveles. Si *Maljut* se abre en su *Klí* abajo, sube toda la luz y amplía todos los *Keilim* para arriba.

Esto tiene que ver con la cantidad de luz que tiene la materia, no con cuanta materia tiene la materia. La luz que tú puedas dar en *Maljut* tiene relación con la luz que puedas recibir, de acuerdo con el *Klí* que puedas expandir. Más que la luz, es la expansión del *Klí* la que realizas en *Maljut* para captar más luz. Es una potencia de ampliación de los *Keilim*, cuando sube la luz. Ampliación de la estructura de los recipientes. Puede haber luz en *Maljut*, luz que vuelva de *Maljut*, pero esa luz vuelve porque se hizo un trabajo de ampliación del *Klí* en *Maljut*. Siempre hay una ida y una vuelta. *Maljut* puede recibir más y dar más o recibir menos y dar menos. Nosotros tenemos la letra *Tav,* que es el canal 22 entre *Yesod* y *Maljut*, el último canal que es bidireccional y hay devolución de luz. Yo devuelvo luz en *Maljut* si logré expandir *Maljut*. Es una materialización de la luz, no solo te quedas en la meditación de *Jojmá*, tampoco te quedas en la inteligencia de la *Biná* teórica, no te quedas en el sentimiento de *Tiféret: «¡Uy,* yo soy muy empático!», y ¿qué haces? Nada, te quedas en la teoría, sin acción. Es una *Tiféret* que no baja y tiene que bajar a *Maljut*, pensamiento y/o sentimiento, tengo que abrir, pero en la materia. La acción de la experiencia práctica, no solo la meditación, ni la inteligencia, ni la empatía puede ser una justificación teórica de todo lo que soy, pero sin experiencia no soy nada.

En hebreo se llama *Hazaya*, el plural es *Hazayot*. Son ilusiones de autojustificación que niegan la experiencia. Los *hazayots* son increíbles, son estructuras de ilusión de la realidad de lo que yo creo que soy y no soy. En las diez dimensiones hay *Hazayots*, en todas tenemos ilusiones de creer ser algo que no somos. Es como si nosotros pudiéramos analizarnos desde el punto de vista teórico, pero cuando llegamos a la práctica dijéramos: «Dios mío, yo no soy esto». No eres lo que tu creías que eras, sino el montaje de lo que tú creías que eras.

Los *Hazayots* son también los llamados velos o vestimentas. Tenemos que entender que hay una realidad material, pero si yo me quedo en esta realidad tendré la ilusión de que todo es materia. No me baja la luz; el problema de la ilusión lo provoca el velo, pero en realidad hay una realidad verdadera. Las ilusiones son creerme que el velo existe y autojustificarme en esa dimensión.

Un caso práctico de la *sefira* del *Klí* de *Tiféret* sería: cuando la *Biná* no baja directa a *Tiféret*, primero pasa por *Jesed*, después por *Guevurá* y finalmente por *Tiféret*. Nosotros tendríamos en el yo de *Tiféret* el *Or makif* de la identidad del yo. Todo lo que soy hoy, no lo que me creo que soy, sino lo que soy realmente. Hago una autobservación de mí mismo, lo que soy en la realidad de la experiencia. Si hablamos de autojustificación o autoengaño, sería una ilusión. El *Or makif* es el yo potencial, todo lo que todavía no sé, lo que puedo ser, lo que todavía no he experimentado de lo que puedo ser. En parte sería, *Or pnimí,* sería lo que yo ya sé o he experimentado de mí. Una especie de *Biná* de *Tiféret,* porque sería el potencial del yo, que todavía yo no sé lo que soy, pero que lo soy y lo que sí soy consciente de ser está en el *Or pnimí* de la *Tiféret*. El *Or makif* de mi potencial es el futuro, es lo que entrará en el *Or pnimí*. El *Or jozer* de *Tiféret* vuelve a la *Guevurá*. Si yo amplío la *Tiféret*, el *Or makif* se vuelve *Or pnimí*, es decir, que el potencial se vuelve acto. Eso produce que, cuando me llegue de nuevo la luz y tenga mucho *Or pnimí* y mucho *Or makif*, habrá menos *Or jozer*. Siempre vuelve algo del *Or jozer*, pues nos enfrentamos al *Ein Sof*.

Los *hazayots* son parte del mal en la Cábala. Nosotros no tenemos límite de ampliación del *Klí*, tenemos que cuidar mucho la estructura física para poder seguir ampliándolo. Volvemos de nuevo a *Maljut* en lo físico, hablamos del cuerpo, del *Klí* corporal y debemos cuidar la salud para poder seguir recibiendo más luz de arriba. En Cábala, todo lo que nosotros perdemos nunca lo perdemos, pues nunca lo tuvimos. Es el pan de la vergüenza, sostener algo que no nos merecemos sostener, sino que es por merecimiento, no por inteligencia. El *Klí* nunca lo integra en sí mismo si no lo merece. Un *Klí* que se amplía como *Tiféret* se queda ampliado, pero puede que aparezca una ilusión que bloquea la entrada y entonces la *Tiféret* ya no se puede desarrollar. Puede haber involución desde el punto de vista de la Cábala, las almas pueden involucionar, el *Klí* podría involucionar, pero esto en diferentes vidas, no en esta. Los traumas o miedos están en *Biná*, se enganchan en la zona de seguridad, es la madre protectora que te dice: «No te va a pasar nada», y es mentira, puede pasar de todo. Esa falsa seguridad es la que te trae el miedo. En una determinada época de la vida estás más receptivo, tu *Klí* está más amplio, recibes más luz, pero a veces esas puertas se cierran, se estrechan, a lo mejor es que no era ganado o simplemente se te reduce el *Klí*. Puede que se cierren puertas en alguna dimensión para tener la humildad de abrir otras en otra dimensión. No hay que frustrarse, porque en realidad no estás buscando en el sitio correcto, están abriéndose puertas. En consecuencia, la *Biná* en este sentido es peligrosa, porque calcula que se están cerrando puertas. Las puertas que se abren en otras dimensiones no las estás viendo, puedes estar en un punto ciego. No es malo que se cierren puertas, siempre que uno quiera crecer.

«Nos ayudan desde arriba», según la Cábala es la clave. Esta ayuda viene con los problemas y los obstáculos que se plantean para que puedas crecer. El cierre de puertas es para que cambies de estrategia y quizás debas pensar en otra dimensión, donde no estás creciendo. A veces no somos conscientes de que cambiamos de etapa de vida y operamos con leyes de una etapa de la vida anterior. Las puertas no se cierran arbitrariamente, se cierran porque es necesario que se cierren y se abran otras. Cuando se cierra una puerta, volvemos a la fotografía y no vemos lo que viene luego, no somos sabios para entender que me están mandando un problema que me abre a un nivel superior, sino siempre estaríamos en el mismo nivel. «Sé merecedor de tu Satán», es decir, del problema que te va a venir, entiéndelo como una oportunidad de romper el nivel en el que te encuentras.

Las conexiones suelen ser temporales. Los profetas de Israel (Isaías, Jeremías...) profetizaron solo un año o dos. Recibieron la luz, dieron la luz y se cerró la conexión. Los cabalistas como Abraham Abulafia forzaron la realidad para abrir canal, no tenía el don. Tenía una meditación muy potente, el desdoblamiento y la visita de Metatrón, el príncipe del Universo de *Briá* que le bajaba y le contaba cosas. Tenía una *Biná* muy loca, pues destruía el lenguaje hebreo para reestructurarlo, sus niveles de *Biná* eran muy superiores, conceptual, metaconceptual, simbólico y metasimbólico. Abulafia hizo una *Biná* que hacía cambios, permutaciones de letras, *Seiruf,* era una Matrix. Abulafia preparó su *Klí* para soportar toda la luz que le llegaba de *Jojmá*. Vinculaba el lenguaje hebreo con los números por influencia pitagórica. Cada vez que avanzaba más, era más radical. Todo el inconsciente lo intentó volver consciente. Por otro lado, Isaac Luria no escribió nada: «Hay tanto en el nivel de *Jojmá* que no lo puedo bajar», pero se murió a destiempo, su *Klí* no pudo aguantar tanta luz.

> «Todo existe y no existe al mismo tiempo. Nada y soy, soy y nada».
>
> Moisés Cordovero

La Cábala dice que la ilusión no es ilusión, es producto del velo, a diferencia de la cultura de Oriente que dice que todo es ilusión.

Diferentes *Hazayots* según la dimensión

> «Cuando la energía está oculta, endulza, porque expande los límites, y cuando la energía se revela, lo hace de acuerdo con las restricciones».
>
> Moshé Jaim Luzzatto

La *Hazaya* de *Maljut*

La experiencia es creer que todo es materia, pero en parte no es correcto, la *Hazaya* es vivir creyendo que todo es materia, no es creer. Una persona muy materialista que tiene una dimensión espiritual es un materialista filosófico. Por lo tanto, la *Hazaya* no es lo que alguien dice, sino lo que hace, la experiencia. Puede que tú digas que eres muy espiritual, pero que actúes como alguien muy materialista, por lo tanto, la ilusión no es lo que uno se piensa que hace, sino lo que hace en realidad, pues lo que está haciendo hace que se forme el velo. Si toda mi cosmovisión cree que todo es materia, estoy ante un problema, no por no actuar en la materia, sino por trascender la materia actuando en la materia para que no se forme el velo.

La *Hazaya* de *Yesod*

Al trascender la materia paso a la *Yesod*, que es la *Hazaya* de la seguridad del grupo o de la dependencia emocional a la familia, la tribu, la nación, la religión, la estructura de contención emocional. Cuando uno está en un grupo con condicionantes opresivos, quiere escapar de ahí, pero acepta la opresión y la seguridad de la dependencia emocional. Los adolescentes están ahí. La *Hazaya* te impide subir por el Árbol de la Vida, aunque hayas podido romper todas las ilusiones, pueden quedar *Klipot,* porque las *Hazayots* son impedimentos para subir por el Árbol, en cambio, tú puedes seguir subiendo con una *Klipá. Hay* diferencia, aunque estén relacionadas. Hay que entender que el Árbol de la Vida opera en una dinámica simultánea, tú puedes haber trascendido todas las Hazayots, porque se trascienden jerárquicamente, una después de otra, pero el Árbol está en permanente movimiento.

La *Hazaya*, el velo de la familia, de las dependencias emocionales, pudiste integrarlas y pasaste a otra *sefira*; trascendiste esta *sefira*, pero con el tiempo puede aparecer la *Klipá* por exceso o por defecto, ya que las *Klipot* no provienen de haber superado los velos sino de estancamientos de energía dinámica de la propia estructura. Puede pasar que en un momento de tu vida aparezca una *Klipá* en una dimensión, donde se estancó la energía, porque tú no superaste de manera trascendente a la *sefira* con la *Hazaya*. Los *Hazayots* son niveles de crecimiento de la consciencia, vas sacándote las ilusiones y vas creciendo a nivel de consciencia. Pero la dinámica de la energía sigue, y en un momento de tu vida puede quedar atrapado un tipo de energía en alguna dimensión que es independiente de que hayas pasado a otro nivel de conciencia, sino porque de repente los *Keilim* se expandieron, pues los aumentaste, pero hay poca o más energía. Hablamos de una dinámica permanente, las *Klipot* no son permanentes, van cambiando. Mañana puedo crear una *Klipá* porque estoy distribuyendo la energía de manera incorrecta. El Árbol de la Vida opera en una dinámica de distribución permanente de energías y en cada etapa voy tomando decisiones sobre dónde las pongo. De repente, paso de poner toda la energía en el trabajo porque quiero otra cosa para mi vida, y cambio la energía. Saco energía en *Maljut* y la pongo en otro lado, se me puede crear una *Klipá*. Tomar consciencia es terminar con el velo y poner energía. Si pones más energía de lo normal, se desequilibra la dimensión. Es posible que termine con todos los velos, pero seguiré teniendo *Klipot* por la dinámica del sistema. Supongamos que tengo una fábrica con ocho obreros, como voy a crecer con el nivel de consciencia de la materia, contrato a 800 obreros. ¿Dónde tendré más problemas? Antes tenía la fábrica controlada con ocho obreros, pero con ochocientos no puedo controlarla. Aumenté mi nivel de consciencia, pero la distribución de la energía que yo tenía en ocho pasa a ochocientos, se puede formar una *Klipá*, un problema en el crecimiento. Aumentar el nivel de conciencia no soluciona nada, trae problemas. En el nivel de distribución de energías permanente, creamos *Klipot,* y cada vez que crecemos, creamos más, pues estamos seducidos por el crecimiento. El problema de la *Klipá* es que uno no viene con la *Klipá* para siempre, solo se da en el nivel de *Neshamá*.

La *Hazaya* de *Hod*

Es la ilusión de la razón y del concepto, de creer en el concepto e idolatrarlo, de que todo se puede explicar de manera lógica. La lógica es el camino a la infelicidad. *Hod* nos dice que la lógica nos hace daño, todo tiene un orden lógico y puede ser explicado, por la omnipotencia conceptual.

La *Hazaya* de *Netzaj*

Es la proyección en el entorno de nuestro mundo psíquico. El otro tiene la culpa. Una situación actual sería: cuando llega un gobierno nuevo, el anterior tiene la culpa de todo. Nunca me hago responsable, el otro es el que tiene la culpa. O cuando uno le pregunta a su pareja por la mañana si está cansada, se está proyectando en la otra persona. Para salir de la ilusión de *Netzaj* hemos de reenviar todas las proyecciones hacia nosotros mismos. Me he engordado y me dicen que estoy más delgado, es una broma.

La *Hazaya* de *Tiféret*

Es la identidad del yo. Si te cansas de ti mismo, estás rompiendo la ilusión de la *Tiféret*. Las personas que solo hablan de sí mismas todo el tiempo sin considerar a quien les está escuchando tienen una mezcla de narcisismo y victimismo.

La *Hazaya* de *Guevurá*

Es la ilusión del poder, es pensar que se es invencible, que uno puede con todo. Mentira, el poder viene de arriba, nosotros somos sistemas de transmisión. Una enfermedad o la muerte acaban rápido con quienes tienen poder.

La *Hazaya* de *Jesed*

Es cuando creemos, pero no sabemos. Es el creyente, el fundamentalista religioso, los que dicen: «Somos el grupo de la luz», «Soy el maestro ascendido». En la historia de la Cábala, vemos que los grupos más ortodoxos acabaron siendo los más heréticos. Las herejías salen de los más puros. En la Iglesia católica pasó con los cátaros, que eran ultraconservadores y acabaron siendo herejes. Cuando *Abulafia* dice: «El mesías eres tú», apunta a un anarquismo subjetivo. La mística tiende a dar el poder al individuo y, en ese sentido, lo diluye. La mística para el poder es peligrosa, pues es peor que la revolución que va contra el sistema. En cambio, la mística dice que no hay sistema. Los revolucionarios dan fuerza al sistema, el antisistema da fuerza al sistema. Las tres ilusiones superiores, *Biná, Jojmá* y *Kéter*, son muy potentes porque son las matrices de todas las ilusiones.

La *Hazaya* de *Biná*

La ilusión de que las formas existan. En la tabla periódica, la diferencia entre unos elementos y otros son los neutrones, protones y electrones. Las formas no existen como formas para siempre, están estructuradas, según lo que vemos como formas, que son descodificaciones limitadas. Por ejemplo, los gatos escuchan más que nosotros, pues su sistema auditivo y su percepción de la realidad son distintos a los nuestros.

«Somos lo que vemos».
Talmud

Nunca vemos lo que vemos, sino la forma de lo que vemos. Ilusión de las formas, las formas no existen, hay un continuo que es lo que capta la *Jojmá*. Los colores son todos luz y existen en un nivel vibracional.

La *Hazaya* de *Jojmá*

Es la ilusión de la no forma. Ya entendimos que podemos decir que entendimos que allí hay luz, pero no hay colores. Los colores están en *Biná* porque es su sistema de codificación. No tenemos toda la capacidad vibracional de ver todos los colores en nuestras limitaciones. En el sur de Francia, los pintores tienen otro tipo de vibración. Otra luz. La ilusión de la *Jojmá* es la ilusión de la no forma, porque existe debajo de la no forma una energía que tiene una forma que no podemos captar. La no forma no es arbitraria, tiene una lógica oculta, una luz oculta que nosotros no podemos percibir. La Cábala dice que existe una coherencia en la luz que nosotros no podemos llegar a percibir dentro de la propia luz, a pesar de que no tenga forma; la coherencia no es la forma, pero no porque no haya forma no hay coherencia. Lo que no tiene forma también tiene coherencia. El sabio no puede ser cualquier cosa, porque la luz oculta está ordenada, pero como está oculta, no sabemos el orden. Por lo tanto, la ilusión es creer que la luz sin forma es arbitraria, es coherente, solo que tiene una coherencia interna que nuestras limitaciones no alcanzan a ver. Y cuando rompemos la ilusión de que la luz sin forma tiene una coherencia interna oculta y entramos en *Kéter*, quedamos inmersos en la última ilusión.

La *Hazaya* de *Kéter*

Es la ilusión de haber llegado a *Kéter*. Si nosotros sabemos que nunca hemos llegado, estamos en *Kéter*. La ilusión es creer que somos un producto terminado, sabemos que podemos seguir teniendo *Or makif* que me viene del *Ein Sof* y que *Kéter* se puede seguir ampliando de forma permanente, entonces hemos roto realmente la última de las ilusiones en *Kéter*.

Las *Hazayots* son un sistema de bloqueos a la trascendencia.

14. Contracciones del nombre de D*Os

El *Ein Sof* en cada uno de los Universos marca una llegada diferente a cada Universo. En el Universo más elevado del *Adam Kadmon*, los niveles son muy elevados, y se denominan como «iluminaciones» (*Earot*) y en los niveles más bajos de dicho Universo, como «Luces» (*Orot*). Vamos a ver las contracciones del nombre de D*os en los diferentes *Olamot* o Universos. *Atzilut* es el Universo de la Emanación y tiene en su Árbol de la Vida diferentes nombres de D*os, con varias extensiones, que son:

- Inefable Tetragrama: *Yud Hei Vav Hei*.
- Las cuarenta y dos letras del nombre de D*os.

Ana becoaj es un rezo del texto bíblico, que forma seis versículos multiplicados por las siete primeras letras de cada uno de sus versículos y quedan 42. Las cuarenta y dos letras pertenecen al Universo de *Briá*, un nivel muy alto de vibración. Cuando se medita con el *Ana becoaj* conviene vigilar no descontrolarse, no desequilibrarse, y si sientes intranquilidad es mejor bajar a los 72 nombres de D*os. Las energías divinas del Universo de *Briá* se denominan como los arcángeles.

Los setenta y dos nombres de D*os o secuencias de tres letras hebreas se encuentran en el Universo de *Yetzirá*, donde se sitúan las energías divinas o de los ángeles. Estos setenta y dos nombres de D*os vienen del mapa del Árbol de la Vida general, donde tenemos las seis dimensiones de los seis días de la creación de la semana que son las seis etapas multiplicadas por doce diagonales, que dan los setenta y dos. Las doce diagonales son más potentes que las rectas. Por las diagonales se va más rápido, porque están dentro del Universo. Satán las conoce menos. Las rectas son más duales porque confrontan menos los extremos. Ejemplo de ello sería:

Guevurá--- Zayin---Jojmá

Hay más potencia de llegada que si vamos de *Biná* a *Jojmá*, se compensan más las izquierdas con las derechas. *Guevurá/Biná* mantienen el hemisferio izquierdo, y si tienes un desequilibrio en *Guevurá* y pasas a *Biná*, sigues con ese desequilibrio, pero en *Guevurá* sería una agresión física y en *Biná* una agresión psicológica. En las dos estás muy agresivo, no cambias de esquema y no compensas. Esto sería la consecuencia de la fragmentación que provocó la contracción. Entramos en más detalle de los niveles de contracción. Si vamos al Universo de *Asiá*, Universo de la materia, estamos en la fragmentación total, aunque es confuso y nos podemos perder. Es difícil ver a D*os en la materia. Este sistema de fragmentación se llama *Ofanim*.

Los nombres de D*os en *Atzilut* son fractales de lo que va a suceder en el sistema espaciotemporal. *Atzilut* va del infinito al finito, es el universo de transición, *Tzim Tzum Bet*. Los nombres de D*os en *Atzilut* operan de forma directa sin ningún tipo de fragmentación. Como en *Maljut* de *Atzilut,* hay un nombre de D*os que opera por vibración en *Asiá*. En *Tiféret* hay un nombre de D*os que opera por vibración en *Yetzirá*. En *Biná* de *Atzilut* opera por vibración en *Briá*. El nombre de D*os en *Maljut* de *Atzilut* es *Adonai Alef, Delet, Nun, Yud*. Si tomamos este nombre y lo dividimos para ver qué energía hay dentro de él, tienes *Alef* + tres letras. En Cábala, los factores no alteran el producto, por lo que si cambias estas tres letras a *Delet*, *Yud, Nun*, es *Din*, que significa juicio o máxima restricción. Significa que *Adonai* está hablando de D*os en la máxima densidad dentro de la materia.

El nombre de D*os en *Tiféret* de *Atzilut* es *Tetragrámaton Yud Hei Vav Hei*. Domina *Yetzirá* por fractal, donde están los setenta y dos ángeles. Cada dimensión dentro de *Yetzirá* tiene una vibración diferente. *Maljut* de *Yetzirá* no es lo mismo que *Yesod* de *Yetzirá,* etc. Los cabalistas pronuncian *Yud Hei Vav Hei* con diferentes vocales, de acuerdo con la vibración que tiene cada una de las dimensiones. Abraham Abulafia realizaba meditaciones del nombre de D*os, *Yud Hei Vav Hei,* porque estaba entrando en *Yetzirá*. Los que meditan con este nombre o los setenta y dos nombres en realidad operan sobre el mismo tipo de energía, aunque en el Tetragrama sabes en qué dimensión operas. *Yetzirá* es nuestra identidad, porque en *Ruaj* es muy buena la combinación de *Yud Hei Vav Hei* con la vocalización. Lo trabaja mucho nuestro cabalista contemporáneo Eduardo Madirolas.

Este árbol es el Árbol de la Estructura del Cosmos, de todo el potencial y todo lo que pasó. Moisés Cordovero desvela el misterio y dice:

> «Todo esto es *Maljut* del *Ein Sof*, no vemos en el *Ein Sof* las nueve dimensiones».

15. Aumento de nivel de consciencia en el mundo de *Bet*

«En el descenso es cuando se gana poder».
ARYEH KAPLAN

La primera cuestión es que en cada una de las dimensiones existe dentro un Árbol de la Vida pequeño, porque el Árbol de la Vida opera como fractal. La segunda cuestión es no confundir en la cuenta del *Omer* que *Tiféret* aparece como la misericordia, cuando normalmente está en *Jesed*. Esto se debe a que, en la antigüedad, en la Edad Media, los cabalistas no traducían a *Tiféret* como la belleza, sino como la misericordia, y no traducían a *Jesed* como la misericordia, sino como la bondad.

Las tres columnas del Árbol de la Vida se dividen conceptualmente en:

- Columna derecha: poder de los *Jasadim*, que es el plural de *Jesed*, es el poder de las fuerzas masculinas, el poder de dar. La primera esfera de esta columna es *Jojmá*.
- Columna izquierda: *Guevurot*, que viene de *Guevurá*, que comienza por la esfera de *Biná*.
- Columna central: *Rajamin*, concepto de equilibrio entre las fuerzas: *Jesed* y *Rajadim* contienen la misma connotación de luz.

Vamos a analizar lo que sucede en *Jojmá*, en función de que es la dimensión que domina los *Jasadim*. Es el modelo de toda la línea derecha. Si entramos en el Árbol de la Vida de *Jojmá*, en el interior aparece *Biná* de *Jojmá*, *Guevurá* de *Jojmá*, *Hod* de *Jojmá*, porque aparecen las tres *Guevurot* del lado izquierdo de *Jojmá*. Dentro de la propia *Jojmá* hay lado izquierdo. ¿Qué pasa en el lado izquierdo en *Biná*? Sucede exactamente a la inversa, si vamos al Árbol de la Vida en el interior de la *Biná*, nos encontramos con los *Jasadim* de la *Guevurá*: *Jojmá* de la *Biná*, *Jesed* de la *Biná* y *Netzaj* de la *Biná*.

Fuerzas de Luz

En Cábala se analizan las fuerzas positivas y negativas con los diferentes personajes del texto bíblico, es decir, la fuerza negativa del lado de la restricción. Como sabemos, las *Guevurot* son las restricciones que frenan y limitan a las energías expansivas que provienen del lado derecho del Árbol de la Vida. Las *Guevurot* del lado izquierdo están representadas por las dimensiones de Biná, Guevurá y Hod. Estas frenan el caudal de energía de los *Jasadim* como se denominan a las energías expansivas del lado derecho del Árbol de la Vida. Las dimensiones que pertenecen a las fuerzas expansivas con *Jojmá*, *Jesed* y *Netzaj*. Cuando las energías expansivas (*Jasadim*) son limitadas por las restrictivas (*Guevurot*) entonces se revelan las fuerzas del equilibrio en el Pilar del Medio que se denominan como *Rajamim*. Las dimensiones de *Kéter*, *Tiféret*, *Yesod* y *Maljut* son las del Pilar del Medio. Como sabemos por el sistema de interinclusión, existen dentro de las fuerzas expansivas algunas restrictivas y viceversa.

El tema es entender el concepto del mal en el *Zohar*. Los conceptos deberíamos traducirlos, no se tendría que clasificar el mal para el lado de *Guevurá*, el lado oscuro, la *Sitra a jará*, deberíamos decir que es el *Klí* del *Or*. Si nos situamos en *Jesed* o *Jojmá*, estamos en el lado del *Or*, la energía dadora; si nos situamos en el lado izquierdo, es el *Klí*, energía receptora. En los textos de la Cábala o en el *Zohar*, cuando hablamos del mal, no hay que entender automáticamente que el mal es malo, sino que el mal trae oscuridad. Tampoco hay que entender que el bien es bueno, porque puede haber tanto bueno que se transforme en malo y tan malo que se transforme en bueno. En Cábala, cuando el cabalista Itzjak Ginzburg dice que la Interclusión significa que tenemos dentro de *Jojmá*, la parte izquierda, y en *Biná* en el lado derecho, serían los *Jasadim*. Tenemos la bondad de *Esau* y la maldad del que aparentemente es bueno. Entonces, ¿qué es bueno y qué es malo? Lo bueno es *Or*, la luz, y lo que llamamos mal es luz oscura o *Klí*. Es decir, una luz que viene de la luz o una luz que aparece a partir del *Klí*. Tenemos cuatro fuerzas de luz: en la parte derecha de *Jojmá Or* del *Or* y en su izquierda *Klí* del *Or*. En la esfera de *Biná*, a su derecha, *Or* del *Klí*, y en la izquierda de *Biná, Klí* del *Klí*.

Uno de los grandes libros que trata el tema del mal es el Libro de Job, que se corresponde con el lado derecho, es bueno y justo. Todo comienza cuando Job discute con D*os y acaba perdiéndolo todo: a sus hijos, que murieron en una tempestad, a su mujer, su riqueza..., y terminó maldiciendo a D*os, deseándole la muerte. Sus amigos lo criticaron.

¿Cuál es la transgresión de Job? Dice el *Zohar* que es no tener ninguna, no haber conocido el mal, no tener el lado oscuro y no haber vivido ese lado oscuro. Cuando aparece Satán, que es un ángel de D*os caído y, por lo tanto, es D*os, es un desafío entre la luz y la luz oscura. Aparece el lado oscuro de D*os, la *Sitra a jará*. No le tiembla el pulso cuando tiene que enviar el mal a Sodoma y Gomorra o una epidemia. Job le dice a D*os: «Yo soy bueno», y D*os contesta: «A Mí qué, Yo soy justo». Job no entiende la función del mal, cree en el D*os que puso las Tablas de la Ley. Job le pide a D*os que sea un D*os moral, y no es posible. Las consecuencias derivan de nuestro crecimiento, pues para que seas mejor, D*os te envía el mal, porque no quiere que solo seamos buenos, sino que seamos mejores. Cuando le pides a D*os que te envíe lo mejor, te envía lo peor. La función del mal es el crecimiento. No es un absurdo, es nuestra falta de comprensión de cómo funciona el mal. No conocemos el funcionamiento de la estructura del Universo y, por lo tanto, no somos felices. La base de nuestra infelicidad es que no entendemos cómo funciona el mal, en consecuencia, nos volvemos ateos, porque D*os no existe o es un D*os bipolar. En el universo finito, tiene que haber *Sitra a jará*, parte oscura. Cuando los sabios de la antigüedad le dijeron a D*os que ellos querían ser buenos, le pidieron que se anulara la *Sitra a jará*. El ego nos hace competir, por lo tanto, es *Sitra a jará*. ¡Yo no quiero competir con el vecino! D*os dijo: «Te haré competir con el vecino y así construirás una mejor casa. Si no entiendes que las fuerzas del mal que te pongo operativas están al servicio de que tú crezcas, no entiendes por qué he traído el mal a este mundo». En el mundo espiritual, el cuerpo es luz oculta. Por ese motivo, algunos lo consideran oscuro. Pero el cuerpo no es oscuridad, es una luz muy limitada, es luz oscura. ¿Qué sentido tiene este *Klí*? Nos suicidaríamos todos, no tendría sentido estar vivo, si del otro lado nos espera un lado potente y una vida más placentera. Si alguien llega a esta conclusión de distorsión, es que en realidad se encuentra en *Jojmá* de *Jojmá*, que es la luz de la luz. Esta situación no es buena, estamos desequilibrados, deberíamos estar en el lado izquierdo de la *Jojmá*, necesitamos *Biná, Guevurá* y *Hod,* de dentro de *Jojmá*. Estoy en el Árbol interior de *Jojmá*, así al mismo tiempo aparece la paradoja: cuidamos la vida, cuidamos de nuestro cuerpo y cuidamos el vivir. El *Or* quiere conectarse con el *Or* y se da cuenta de que el cuerpo es un nivel más bajo de densidad, por lo tanto, quiere estar en el *Or*. Voy a cuidar mi cuerpo, porque mi *Klí*, un día más de vida sirve para traer más luz a este cuerpo. Desde la Cábala, ¿por qué quiero vivir? No para mantener el cuerpo musculoso, como los griegos, sino porque cada día que estoy en esta realidad, estoy revelando luz a esta realidad de la materia. Irme de la materia a la luz es fácil, pero el trabajo es revelar luz a la materia. Necesito restringir la luz y que el lado izquierdo, del derecho, esté operativo. Tengo que poner *Guevurá*, un límite.

Guevurot, Rajamim, Jasadim

Tenemos que entender que antes de los *Jasadim* vayan las *Guevurot*. Los *Jasadim* tienen *Guevurot* en su interior, han de estar operativos para que realmente exista la virtud o *midá* de esa dimensión. La dimensión tiene *Klipá*, y es cuando uno está en la luz de la luz. El problema de *Jojmá* es que no hay interinclusión y tiene que haber una *Biná* que restrinja el nivel de las *Guevurot* para que frene, y cuando frena aparece la luz. Cuando hay resistencia, aparece la luz. El *Ein Sof* no es un D*os moral, es el Creador. Si nos revela la moralidad es para que aprendamos de la moral y de lo inmoral, que también es parte del aprendizaje. Cuando lo inmoral se vuelve moral, no hay que pretender la proyección moral en D*os, que es lo que pretendía Job. D*os no contesta a nada de lo que le pregunta Job; hay una evasión total por parte de D*os. En ningún momento D*os baja al nivel moral de Job, que ha de tener resiliencia, tiene que salir adelante con el mal que le dieron. No tiene otra opción, debe crecer porque, si no, no conocerá el Árbol de la Vida. Si uno no conoce el mal, no conoce el Árbol del Conocimiento del Bien y del Mal, que se encuentra en *Daat*.

La siguiente situación de crecimiento personal dentro del Árbol, para entender cómo funciona el mal, es la relación entre el Árbol de la Vida y el Árbol del Conocimiento del Bien y del Mal. En general, el alma humana entra por *Maljut* a esta realidad y se va desarrollando. Como dice Jung, el psicólogo: «El individuo hace el proceso de individuación», donde está en el árbol, es muy simple, es llegar a *Tiféret*. ¿Cómo sabemos si alguien no llega al proceso de individuación? Hay mucha gente que conoce el nivel de *Jojmá*, la luz de *Jojmá* que es sabia, pero si no terminó el proceso de individuación, se va a volver gurú, porque como la *Tiféret* es el yo, los dones que tiene en *Jojmá* no van a mirar a *Kéter,* sino que van a mirar a la *Tiféret*. El primer proceso de crecimiento dentro del Árbol del Conocimiento del Bien y del Mal es subir de *Yesod* a *Tiféret* o proceso de individuación. Ahí es donde trabaja todo el mundo en psicología, y en esos procesos terapéuticos suelen abandonar después de *Tiféret*, porque no saben cómo ascender más. ¿Cómo se puede subir si tienes un yo fuerte y lograste el proceso de individuación y entonces pasas al nivel del vacío del *Tehom*? ¿Qué sucedió con la serpiente? Fue honesta, no mintió, dijo la verdad, por eso Adán y Eva comieron. La serpiente venía de *Jojmá* de *Jojmá*, luz de luz, y no tenía *Guevurá*, pero D*os sí la tenía: «No comas del Árbol. Con el nivel de luz que tienes, te basta. Cuando te desarrolles, podrás comer». La serpiente es la parte oscura de D*os, que les dice: «Hay más luz si quieres ser como yo o si quieres ser como D*os», y quedan seducidos por la luz de la serpiente. «Se te abrirán los ojos y aumentarás tu nivel de consciencia». Adán y Eva tomaron y entraron a conocer *Daat*, pero entraron a destiempo, y no hicieron el proceso de individuación de la *Tiféret*. La humanidad no llegó al buen amor, al buen equilibrio, pues tenemos *Daat* al servicio de las armas y de los virus... Llegamos mal a *Daat*, llegamos con una *Tiféret* desequilibrada. El problema de la humanidad es que tenemos baja autoestima en la *Tiféret* y mucho *Daat,* que no puede subir a *Kéter*, mientras tengamos mal la *Tiféret*. El problema provocado por tener el conocimiento del bien y del mal es que aumentamos el conocimiento técnico, pero no conseguimos tener una *Tiféret* equilibrada. La humanidad no tiene una buena *Tiféret* para subir al *Daat*, que es lo que pasó con los primeros padres. La transgresión fue haber comido *Daat* cuando *Tiféret* era como un niño que lo llevaban a la universidad. Tenemos *Daat,* pero no tenemos *Tiféret*, pasamos de un niño de dos años al doctorado de la universidad, y no hicimos el proceso que teníamos que haber realizado, porque el proceso era la *Guevurá* de *Jojmá*, la restricción de la sabiduría. La serpiente nos dio más luz de la que necesitábamos: esa fue la transgresión. Nos dieron una luz verdadera, pero la cogimos a destiempo. Sin embargo, a nivel individual, se puede pasar de la *Tiféret* a *Daat*, ya que estudiando y meditando podemos entrar en *Daat* y hacer el trabajo de individuación.

Entre los años 1920 y 1930, Yehuda Ashlag, también conocido como Baal Ha Sulam, fundó un centro de difusión de Cábala, que antes de su llegada, se estudiaba de maestro a alumno. Con Ashlag, que hizo más accesible esta sabiduría, se dio un gran salto para que todas las personas pudieran ascender en consciencia a un grado espiritual más elevado. Cuando hablamos de *Daat*, hablamos de un conocimiento consciente, no tecnológico, como la *Biná*. La serpiente atacó a Eva, que es el arquetipo de la *Biná*. ¿Cómo subo del Árbol del Conocimiento del Bien y del Mal al Árbol de la Vida? La diferencia está en la percepción del vacío. Nosotros tenemos dos percepciones posibles:

1. El vacío que puedo llenar de *Daat*. Durante el confinamiento de 2020, nos encontramos con nuestro propio vacío. Muchos nos alegramos porque tuvimos tiempo para meditar, estudiar y crecer. Con este vacío, mucha gente se sintió feliz y la potencia del *Daat* fue muy grande para crecer. Este confinamiento ha sido muy importante porque nos ha hecho elevarnos a nivel de consciencia. Gracias al confinamiento, empecé a gestar este libro.
2. La otra opción fue para los que encontraron el vacío y no supieron cómo llenarlo, ni cómo crecer. El motivo es que se sintieron vacíos y llenaron ese vacío con cualquier cosa.

En niveles inferiores donde la energía sube y baja, también tenemos vacíos como el de *Tiféret, Yesod* o *Maljut*, pero nos vamos a centrar en los vacíos superiores.

El vacío de *Kéter*, la Corona. Es cuando empiezo a elevar a la máxima potencia la energía de *Daat*, voy llenando el vacío con consciencia, voy subiendo a *Kéter*, pero ¿de qué depende? Depende de las cuatro fuerzas que hemos explicado: Luz de luz, luz oscura, oscuridad de luz y oscuridad. Si no opero con estas cuatro fuerzas, no puedo llevar *Daat* a *Kéter*. Es decir, si me enojo por algo malo que me está pasando y no aprendo de ese mal, nunca llegaré a *Kéter*. Me quedaré atrapado entre el bien y el mal. Siempre voy a entender que hay un nivel de bien y de mal si no entiendo que el bien y el mal existen en función de la vida, del Árbol de la Vida. Alguien puede decir que mentir es malo, pero a veces no lo es. Muchos judíos mentían en la época de la Inquisición para que no los mataran. Sobrevivieron y se salvaron porque mintieron. Decir la verdad no siempre es bueno y mentir no siempre es malo. Esto nos lleva al Árbol de la Vida, donde nosotros sabemos que no siempre la verdad es buena y la mentira es mala. La serpiente dijo la verdad, la transgresión viene por la verdad, pero es una verdad del lado oscuro, una verdad que no debía decir. Cuando la moral define bien y mal, la moral opera en el conocimiento del Árbol del Conocimiento del Bien y el Mal, pero no opera en el Árbol de la Vida, pues hay que saber que el bueno muy bueno es muy malo y que, a veces, el malo muy malo es bueno. Podríamos decir de alguien que pierde su trabajo y piensa en la mala suerte que ha tenido. Esta persona lo está viendo desde el punto de vista del Árbol del Conocimiento del Bien y del Mal. A veces perder el trabajo es lo mejor que te puede pasar, ya que quizá consigas un trabajo mejor. Cuando hay algo bueno que me lleva al mal, es malo, por eso el texto de la Torá dice:

> «No seas tan sabio, no sea que te destruyas. No seas tan justo, no sea que te destruyas».
>
> *Eclesiastés, 7:16*

La gente que está tan conectada con el *Or* en el mundo espiritual y no le da importancia al *Klí* tiene un problema, porque al final terminan en el *Najash*, en la serpiente. ¿Cómo puede estar tan elevada? Porque conecta el *Or Jojmá* con el *Or* de *Kéter*, y aquí hay una gran diferencia: la luz que entra por *Kéter* no entra hasta que yo no entendí que *Jojmá* tiene una parte oscura.

David Ibn Zimra dijo que las dimensiones del Árbol de la Vida se pueden analizar del siguiente modo:

Kéter = Alef gadol = Gran Alef
Jojmá = Alef Katan = Alef Inferior
Biná = Bet gadol = Bet
7 dimensiones inferiores = *Bet* inferior/*Bet katan*

Biná es la Matrix de *Bet*, de la dualidad. En la *Alef* pequeña, pasa una cosa muy rara en *Jojmá,* creemos que estamos en *Or Kéter*. Para el mundo espiritual es un problema cuando descubre la *Alef* inferior, cree que está en el *Alef* superior. Si a veces tengo que mentir para dar luz, estoy en *Kéter*, pero si la moral la uso en forma dogmática, estoy en *Or Jojmá*, no en *Or Kéter*. Si estoy en el Árbol del Conocimiento del Bien y del Mal permanentemente, me estoy haciendo dual frente al otro. La dualidad es peligrosa, porque me sitúa en una posición de superioridad. Los testigos de Jehová piensan que, si no eres como ellos, vas al infierno. El que te dice que vas al infierno, en realidad, es la serpiente, porque divide el mundo entre infierno y paraíso, él es el fariseo en la parábola. Volvemos a Job: él no creció porque no aprendió del mal, lo que le faltaba en el Árbol de la Vida era el ataque del mal. Él creía que viviendo en el bien era bueno y en realidad no crecía. Al final del Libro de Job, él creció tanto que le mostró a D*os su parte oscura y le dijo: «D*os mío, ahora te conozco, no estás en el plano moral. En el plano moral está la serpiente, tú estás más arriba, en un plano en el que lo que puede parecer inmoral para la moral es la verdad».

Las personas que creen estar en posesión de la única verdad están actuando bajo el arquetipo de la serpiente, metidos en un traje de moralidad. La humildad es la llave que abre al conocimiento circular. Cada fragmento viene a revelar una luz divina desde su perspectiva y entrenamiento en el mundo de *Bet*. Estar deseando un aprendizaje continuo es abrirse a una trascendencia circular y de crecimiento que nos permite acceder a nuestro camino de luz y conexión con nuestra rectificación. Los que se quieren apoderar de la luz se vuelven dogmáticos y estáticos, se quedan en un punto donde no hay trascendencia y solo defienden su posición de poder, de ego. La dualidad y las dificultades son polarizadores que te posicionan en el camino de la trascendencia para acceder al siguiente nivel superior. Cuando el mal se presenta en tu vida es para darte la oportunidad de elegir si quieres evolucionar o si por el contrario decides permanecer en una linealidad sin crecimiento.

> «Si no existe transformación de nuestra personalidad,
> no existe avance espiritual».
> MARIO SABAN

Hay que dar gracias a D*os por la luz que nos ha dado, porque tengo miedo de que me des más luz, quizás tendré que ver la parte oscura, la *Sitra a jará* para subir de nivel superior. Una técnica de meditación puede ser la Cuenta del Omer, que es un refinamiento personal muy bueno. Empieza *Jesed* de *Jesed* a *Maljut* de *Maljut*, en realidad vamos bajando para subir. La lógica sería al revés, porque cada vez es más difícil bajar luz a la oscuridad. Cada vez debes tener más entrenamiento. La cuenta del Omer son cuarenta y nueve niveles para alcanzar la puerta cincuenta de la *Biná*.

Del Árbol del Conocimiento del Bien y del Mal al Árbol de la Vida

La revelación de la *Sitra a jará*, luz oscura, es entender el mal, aprender de esa parte oscura. Esa es nuestra función y es el compromiso de desentrañar el mal real. El mal moral está basado en el condicionamiento cultural, la interpretación, y cambia con la evolución de la historia: la permisividad de unas cosas en una época y otras no. Antiguamente, se permitía el incesto de casarse o tener relaciones entre hermanos, pero a partir de la Ley de Moisés se prohíbe.

En cambio, en Cábala, el mal del Árbol de la Vida no es cultural, es físico. Cuando yo hablo de mentir para salvar la vida, estoy en el terreno de la física, no de la moral. Los que operamos en el Árbol de la Vida parece que tengamos una parte inmoral, si se quiere, pero la realidad es que estamos ajustando lo mejor posible la moralidad para que la moralidad no nos haga inmorales. En los universos vivimos en los grises, una mezcla de luz y oscuridad. La persona que te quiere poner entre el blanco y el negro es que tiene mucha inseguridad, que no puede navegar por el gris. Alguien dogmático no ama al prójimo: lo que en realidad quiere es que sigas su práctica. El prójimo es el que piensa totalmente diferente a mí y es a ese a quien tengo que amar. El problema del amor es amar al diferente, ya que, si siempre me junto con los míos, los amo en todo momento. Ahora, la gran mayoría de nosotros opera en el Árbol del Conocimiento del Bien y del Mal sin tener conciencia en el Árbol de la Vida, porque en la vida cotidiana el Árbol del Conocimiento del Bien y del Mal tiene más fuerza que el Árbol de la Vida. Si en el Árbol de la Vida te mueves continuamente por las *sefirot*, nadie te encuentra, nadie te puede marcar. El que me obliga a tomar posición, no quiere que yo crezca.

> «Dudar de ti mismo hasta el día de tu muerte».
>
> PIRKEI AVOT

Significa que dudes de la posición que tienes permanentemente, sal de tu posición de seguridad. Como ejemplo, vamos a explicar una anécdota que ocurrió en una boda. Había un *tzadik*, un sabio que nunca había transgredido, y por ese motivo el pueblo le tenía una gran veneración. Antes de que llegara todo el mundo, él bailaba con la novia, pero dejó de hacerlo al llegar los invitados. Pero entonces la gente se acercó a él, no a la novia. Se dio cuenta de que su presencia había desequilibrado la boda y se sintió mal. Al ser un hombre tan justo y ver que le estaba arruinando la boda a la novia, dijo: «Ustedes me consideran un buen *tzadik*, pero yo una vez robé», y todo el mundo exclamó: «Oh, oh...» y se fueron a bailar con la novia. Cuando el *tzadik* se marchó de la boda, dijo: «Qué felicidad tengo, mentí por la felicidad de la novia, ahora soy un *tzadik*». Transgredió por amor, entró en el Árbol de la Vida y subió a la luz.

Con respecto al *Klí*, a veces no es el momento de entender un consejo, quizás lo entiendas más adelante. El *Klí* se guía por sus propias necesidades. El *Or* no puede seguir explicando por la soberbia de que el otro me va a entender. El *Or* insiste permanentemente en que voy a salvar al otro (concepto de salvación), pero el otro se salvará gracias a su *Klí* más potente y expansivo, no a través de mi enseñanza. La salvación es individual, de uno con su alma, con su *Neshamá*. Yo puedo dar consejos a alguien, y es posible que hoy no me entienda y que mañana llegue a un nivel de mayor consciencia y me entienda. La función de uno es dar *Or*, pero no pretender que el otro entienda, porque si pretendes eso hay soberbia de tu parte, te pones de intermediario de la salvación. Mientras el *Klí* no se amplíe, puede haber un montón de luz que no sirve para nada. Hay niveles de *Or* muy altos. Isaac Luria explicaba y nadie lo entendía. Después de cinco siglos, los físicos cuánticos comenzaron a entenderle. Ahora tenemos el *Klí* para entenderlo. A veces los contemporáneos no tenemos la *Keilim* suficiente para captar un nivel de luz tan potente. Cuando Isaac Luria dormía la siesta en *Shabat*, decía que no tenía forma, ni lenguaje posible para transmitir toda la información que le llegaba del *Ein Sof*, ya que su *Klí* no soportaba tanta luz. Debemos cuidar el *Klí*, porque el *Klí* depende del *Or*. Alguien que se identifica con el *Or* es peligroso, porque no oscila con el *Klí*. O nos identificamos con los dos o nos desidentificamos de los dos, pero no podemos identificarnos solo con uno. Esa es la trampa de *Or Jojmá*, creer que es *Or Kéter*. La gente me puede juzgar en *Yesod*, pero no en *Tiféret*, porque es mi vida privada.

16. Vibraciones de energía en relación con los nombres de D*Os

En este capítulo hablaremos de las vibraciones de energía en relación con los nombres de D*os, según los cabalistas Isaac Luria y Shalom Sharabi y, también, según la escuela del siglo XII, la escuela del Safed del siglo XVI y del siglo XVIII del Yemen.

En el texto de la Torá, una de las veces más interesantes en que se revela D*os es cuando se le aparece a Moisés y le dice: «Me voy a revelar de un modo que no conocieron ni los Patriarcas anteriores, me revelo a ti donde ellos no conocieron este nivel de revelación». Se revela con el nombre de *EHIE*, «Soy el que Soy», la traducción real es: «Estoy siendo lo que estoy siendo» o «Soy el que fui, fui el que seré, seré el que fui». No hay tiempo en *EHIE*. En este nombre hay un gran secreto: *Alef Hei Yud Hei*.

Universo de *Atzilut* o Universo de la Emanación:

KETER	Se capta con *Jojmá* *Alef Hei Yud Hei* *Ehie*
TIFÉRET	Se capta con *Biná* *Yud Hei Vav Hei*, *Jehova o Yaveh*
MALJUT	*Adonay*

En el Universo de *Atzilut* aparece el nombre de D*os: *Alef Hei Yud Hei*, *EHIE*, en un nivel muy alto de energía, un nivel de vibración superior a todos los niveles de vibración que conocemos en la Revelación. La relación habitual de D*os es: *Yud Hei Vav Hei*; con Abraham, Jacob e Isaac es: *Jehová* a *Yaveh*. Está en *Tiféret* del Universo de *Atzilut*. El nivel más bajo de energía es en *Maljut: Adonai*. Para los seres humanos, *Yud Hei Vav Hei*, ya es un nivel muy elevado. Los rabinos hicieron que todos los judíos dijéramos directamente *Adonai*, niveles más bajos de vibración, ya que opera con la materia, no se merece subir de energía. Abraham Abulafia utiliza en sus meditaciones *Yud Hei Vav Hei*.

Alef Hei Yud Hei es utilizado por el cabalista Shalom Sharabi cuando elabora las meditaciones basado en los Nombres de D*os explicados por Isaac Luria. De acuerdo con el nivel de luz que uno pueda soportar, lo ponen en el nivel del nombre de D*os que puede soportar. Analizaremos los dos nombres de D*os de la vibración más alta con la vibración intermedia:

> *Alef Hei Yud Hei* solo se puede captar con *Jojmá*.
> Conciencia *Jojmá*. Ejemplo: mapa de Barcelona.
>
> *Yud Hei Vav Hei* solo se puede captar con *Biná*.
> Conciencia *Biná*. Ejemplo: mapa del barrio de Sarrià, en Barcelona.

A *Biná* le interesa dónde estoy posicionado. Cuando muestren el mapa de Barcelona, me iré al barrio de Sarrià. No me interesa otro barrio. Quiere decir que *Biná* no puede ver la totalidad. La *Jojmá* sí que mira todo el mapa, no tiene preferencia de barrios. *Biná* se concentra tanto en una forma que no ve la totalidad. *Mojin de Katnut,* es la consciencia restringida, pero en realidad tendríamos que ver todo lo de alrededor. Tenemos que fijarnos y ver *Alef Hei Yud Hei* con consciencia de *Jojmá*, no analizar letra por letra porque estaríamos con consciencia *Biná*. Analizaremos los dos nombres y llegaremos a un *Daat*, a un conocimiento que va a surgir a partir del análisis de ambos nombres de D*os.

Alef Hei Yud Hei

La teoría de los conjuntos nos ayudará a verlo todo de forma simultánea, vamos a ver conjuntos de conjuntos, pero existen todos juntos, como conjuntos infinitos. En este nivel no hay tiempo ni espacio, lo veo todo simultáneamente, con conciencia *Jojmá*. En la Eternidad no hay tiempo, no hay causa y efecto. La causa es el efecto mismo en la Eternidad. No hay *Or* ni *Klí*, es puro *Or*. Está en *Kéter* de *Atzilut*, no hay universo y se están contrayendo las energías para dar lugar al universo. Este nombre de D*os me está casi llevando al Infinito, sin ser infinito. «Siendo lo que estoy siendo». Los cabalistas dicen que este nivel de *Kéter* es el Árbol de la Vida, es dar todo de forma simultánea, no tener consciencia sucesiva. Se percibe desde *Jojmá*. Lo que nosotros vamos a ver como futuro ya está, lo que ocurre es que como estamos en espacio, tiempo y materia, vemos que el futuro no llegó, pero el futuro está. Nos distorsiona la realidad. El espacio, el tiempo y la materia son coordenadas que nos están modificando la percepción de la realidad, que es infinita y eterna. Nosotros, como *Klí*, la vemos, la ajustamos a nuestra distorsión de tiempo y espacio. Cuando alguien tiene intuición en la *Jojmá*, con un sueño o con un pensamiento puede ver el futuro. Pongamos que piensas en tu primo y a los cinco minutos lo ves en la calle. *Jojmá* tiene el futuro como presente. El profeta no ve el futuro, ve el presente, ve el presente continuo; por lo tanto, pasado, presente y futuro son lo mismo. El que no puede ver el futuro es el que no puede ver el presente en profundidad.

- Futuro = presente en profundidad.
- Presente = presente en lo superficial.

Si profundizamos en el presente, vemos que el futuro está dentro del propio presente. En el Infinito, el presente, el pasado y el futuro no existen. Solo existe en nuestras variables de espacio y tiempo en las que nosotros existimos. Este nombre es simultáneo.

Yud Hei Vav Hei

Este nombre de D*os es sucesivo y lo tengo que unir al simultáneo, pero primero es sucesivo, y es el nombre más cercano a nosotros. Los cabalistas dicen que tiene dos fuerzas masculinas, *Orot*, y dos fuerzas femeninas, *Keilim*, vasijas. Cuando D*os creó a Adán, le dijo antes de dividirlo en dos, antes de ser hombre y mujer: «Eres hijo de *Yud Hei Vav Hei*». Adán estaba triste porque no tenía compañera, confinado en el Paraíso. D*os le creó una adversaria, que también dividió en dos. La imagen de D*os era andrógina y dijo: «Esta parte entera será femenina y esta parte entera será masculina». Y añadió: «Aunque tú eres *Yud Hei* masculino, tendrás algo femenino dentro de ti, será tu *Hei*. Y esta mujer que estoy creando tendrá una parte masculina».

Cuando el hombre tiene *Yud Hei*, tiene *Or* y *Klí*, y cuando la mujer tiene *Vav Hei*, tiene *Or* y *Klí*. Es madre de todos los vivientes, ya que *Hei* en hebreo es vida. Y le dio vida a *Vav Hei*, nació Eva, *Javá* en hebreo. Le dio vida a la segunda parte del Tetragrama, D*os dividió con el entrelazamiento de *Atzilut*. Si hubiese hecho a la mujer toda femenina y al hombre todo masculino sería

Tzim Tzum Alef. Hubiera sido un choque brutal. Para que estuvieran equilibrados les dio algo femenino y algo masculino a los dos, así están equilibrados en el *Tzim Tzum Bet*. La *Yud*, universo de *Adam Qadmon*, es *Kéter*, ahí está *Yud Hei Vav Hei*. Quiere decir que *Yud Hei Vav Hei* es el nacimiento de las autocontracciones del *Alef Hei Yud Hei*. Ahí está concentrado el *EHIE*. El nombre de D*os *Yud Hei Vav Hei* es un nombre derivado de tiempo y espacio, por eso tiene más baja vibración.

Nuestro Universo tiene 15.000 millones de años, la materia se empezó a formar hace 2.500 millones de años, que es *Asiá*, la *Hei* última. Para que la *Yud* de *Atzilut*, que nació hace 15.000 millones de años, llegara a esta *Hei* tuvieron que pasar 12.500 millones de años. Si volvemos al Tetragrama, encontramos que la potencia *Alef Hei Yud Hei* es la simultaneidad de todas las energías, aquí las energías se ven en un proceso de compensación hacia la materia, en cambio en *Alef Hei Yud Hei* estará toda la información condensada en el flequito de la *Yud* superior. Para analizar esto, tendríamos que entender sistemas de energía *Or* y *Klí* en una interrelación entre los dos nombres de D*os, que es lo que se llama: «Entrelazamiento energético de los nombres de D*os» de Isaac Luria, para poder entender que los dos nombres de D*os están unidos.

Or Ein Sof

Imaginemos, *Alef Hei Yud Hei*, estamos en energía simultánea en todos los niveles; pero imaginemos que ahora aparece el tiempo y el espacio, donde cada nivel va a tener *keilim* diferentes. Se crean los *keilim* en el Universo de *Briá*, tiempo y espacio. La *Alef* choca y se produce el primer *Klí*, la *Yud*. Sigue chocando y se produce el segundo *Klí*, la *Hei*; sigue el tercer choque, y se produce la *Vav*, y con el cuarto, la *Hei*. Se puede ver el Tetragrama, estamos hablando de energías en física, no son dogmas de fe. Es el análisis científico de la realidad, es Cábala, porque es el *Sod* de la Torá. Tenemos *keilim*, niveles de densidad, niveles de *Klí* para poder soportar la luz. El cabalista Aryeh Kaplan dice que en este nivel de *Klí* aparece la energía electromagnética, la nuclear fuerte, la nuclear débil y la fuerza de la gravedad. Las cuatro variables de la construcción del Universo están mostradas por el *Yud Hei Vav Hei*, pero en realidad este nombre de D*os son *Keilim*, no son *Orot*, porque las luces vienen de *Alef Hei Yud Hei*. Todo lo que es *Yud Hei Vav Hei* está recibiendo luz. *Adonai* es el *Klí* más denso del *Yud Hei Vav Hei*.

«La luz es la misma para todos,
el problema es el receptor que capta esa luz».
Isaac Luria

La información está para todos. La diferencia es el nivel de *Klí* para recibirla. La luz es simple, nosotros somos los que, a partir de nuestro *Klí*, parece que modificamos la luz, pero en realidad no se modifica.

«No hay cambio en la energía,
es un cambio en las condiciones de tiempo y espacio».
Isaac Luria

El concepto de dimensión en el Árbol de la Vida es el cambio del *Klí*, la luz que llega es la misma en todos los niveles, por eso el gran cabalista de Lituania Gaón de Vilna dice que, en realidad, el Árbol de la Vida tendría que hacer todo el *Ein Sof* con todas las dimensiones, porque cada dimensión recibe del *Ein Sof* directamente. Lo que pasa es que en la materia recibe tan poca luz que creemos que no hay luz. Vamos a llevarlo a la práctica. Si entendemos que *Kéter* es el éxtasis, es ver luz continua, *Oneg*, que viene de *Taanug*. Quiere decir un placer continuo. Éxtasis o deleite es mejor que placer, lo podemos confundir con placer físico. En *EHIE* vemos luz interrumpida, pero en el nivel de *Yud Hei Vav Hei* vemos luz ininterrumpida porque la luz tiene que entrar a las dos *Heis*, que son los *Keilim*, tomando los *Keilim* en función de la *Yud* o de la *Vav*, los cuatro son *Keilim* en función de *Alef Hei Yud Hei*. Todo el nombre de *Yud Hei Vav Hei* es *Klí* de *Alef Hei Yud Hei* o podemos verlo también como que los *Keilim* son las dos *Heis*.

La cuestión es que *Tiféret* es la estructura primera de individualización del yo, es cuando puedo decir «yo soy yo». *Kéter* dice: «En la luz infinita, hay éxtasis». Cuando yo estoy en el yo, ya no tengo el éxtasis permanente, lo tengo interrumpido. ¿Por qué motivo? ¿Cómo se puede llegar a algún tipo de acuerdo en la sensación? Los cabalistas dicen que cuando llegas a este nivel de éxtasis permanente es que estás en el nivel del Árbol de la Vida. Pero ¿qué pasa cuando estoy en el yo de la *Tiféret*? Cuando estoy en *Yud Hei Vav Hei*, estoy en el Árbol del Conocimiento del Bien y del Mal. Este Árbol divide el bien y el mal, por lo tanto, el mal entra dentro del éxtasis, y aquí viene el problema: hay que entender que el mal está dentro del éxtasis porque, aunque te causa un dolor, te pone en una situación dual. Esta realidad es muy rara: ¿cómo es que el mal no es mal y el bien puede ser malo? Es una contradicción. Imaginemos la siguiente situación: un hombre que tiene pocos recursos y vive en la pobreza, pero trabaja, trabaja y trabaja y va mejorando su nivel de vida con el tiempo. Si te reúnes con él cuando ya sea empresario, te contará algo muy curioso: que era más feliz cuando sufría y tenía menos, porque valoraba cada situación de restricción que tenía, porque sacaba luz de la restricción. Pero, cuando fue empresario ya no valoró nada, el valor estaba cuando carecía de cosas.

En la tradición judía se dice: «Gracias, D*os, por lo que no me diste, porque, por lo que no me estás dando, tengo deseo de obtenerlo». Muchas personas se sienten víctimas cuando les falta algo, pero, en Cábala, se da gracias por aquello que te falta. ¿Qué hago por la mañana si me levanto y lo tengo todo? Me creo que soy el *Ein Sof*: «Se debe estar contento de lo que no se tiene y contento de lo que se tiene». A veces no valoramos las cosas que tenemos, pero hay que valorarlo todo. Según la Cábala, el problema está en cómo accedo al éxtasis de hacer algo y estar en éxtasis, hacer otra cosa y estar en éxtasis... Se puede vivir en éxtasis permanente si se entiende que la luz es igual siempre, a pesar de la recepción del *Klí*. Cuando la luz baja mucho al nivel inferior, en la última *Hei*, hay una densidad de la materia terrible, no se puede ver la luz, porque hay una gran restricción. Con respecto al éxtasis, imaginemos que estoy con *Yud Hei Vav Hei* y digo la luz que me llega, el éxtasis es el mismo, pero debo trabajar más donde está la materia tan densa, el nivel inferior es el de máxima restricción y donde me cuesta ver la luz, pero también es el nivel de máximo deseo. Cuando estás confinado en la materia, solo con las restricciones del nivel de *Hei*, buscas la luz. Seguirás manteniendo el éxtasis por el nivel de oscuridad, la máxima restricción está dada para que llegues al éxtasis.

La Cábala dice: «Cuando alguien valora las cosas en la pobreza, las valora en la riqueza, pero, ¡cuidado!, pues los valores en la riqueza también has de valorarlos en la pobreza»; es un ida y vuelta. La luz se ha de valorar cuando hay luz y cuando hay oscuridad. Cuando hay oscuridad, la valoro porque hay tanta oscuridad que tengo que buscar la luz. En el texto del *Zohar*, D*os les dice a los hombres: «Si yo no me hubiera escondido, ¿tú me hubieras buscado?». Si quieres realmente encontrar a D*os, trabaja en la materia para ver si lo puedes encontrar. Encontrar a D*os en la materia es éxtasis: estoy comiendo, éxtasis; si me falta algo, éxtasis..., ¡qué suerte que me falta! Los victimistas suelen pensar al revés, dicen: «¡Oh, todo lo que me falta!». Muy mal esta reacción, se ve claramente que la persona está posicionada en el

Árbol del Conocimiento del Bien y del Mal. La queja implica que yo estoy haciendo del *Klí* una realidad, y el *Klí* no es real, solo está en función del *Or*. La materia está en función de la luz, lo importante no es quejarse, todo es para hacer *Klí*, para poder tomar luz, inclusive lo que no tengo. Si yo me comparo con el Infinito, ¿qué luz puedo tener? Solo la que acepta mi *Klí*. Todo enojo y toda queja es una queja a nuestro propio *Klí*, lo que es absurdo. Lo que tenemos que hacer es dejar la queja y ampliar el *Klí*. Si nosotros vemos esto, ya podemos ver algo muy importante: que *Yud Hei Vav Hei* pertenece al Árbol del Conocimiento del Bien y del Mal, pero si nosotros nos entrelazamos al *Yud Hei Vav Hei* con la raíz, con la Matrix, que es el nombre de D*os, *EHIE*, nos estamos uniendo con la luz, porque estamos descodificando en tiempo y espacio, la Eternidad. La luz eterna del *Ein Sof*, del *EHIE*, puede ser descodificada en el espacio tiempo por las variables del *Yud Hei Vav Hei*. La descodificación pertenece a mi *Klí*, la luz es la misma, pertenece al nivel de consciencia que tengo con la amplitud del *Klí*, que estoy teniendo en los niveles del *Yud Hei Vav Hei*. Los cabalistas hacen un famoso triángulo, de acuerdo con los niveles vibratorios de cada uno de los Universos.

Niveles vibratorios de cada uno de los *Olamot* o Universos

Son los diversos universos con sus diversos niveles de vibración, por lo tanto, el *Yud Hei Vav Hei* es la representación espacio temporal de todas las energías existentes en el Universo que se producen a partir de la primera y segunda autocontracción del punto. Imaginemos un escriba de la Torá, un *Sofer*. Antes de empezar a escribir, se baña para purificarse. Luego carga

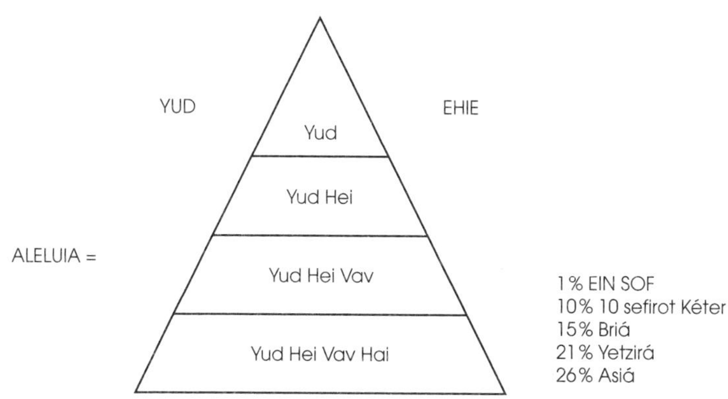

la pluma con tinta y empieza su trabajo... Es la representación del *Yud Hei Vav Hei* porque, cuando pone la primera descarga de tinta sobre la Torá, es el *Adam Qadmon* y empieza la Creación. En la escritura, está haciendo todo el proceso de la Creación del Universo en lo simbólico, porque en el primer punto que está poniendo va a dar lugar la primera contracción de todo. Isaac Luria explicó lo que es «Entrelazamiento», *Alef Hei Yud Hei*, dijo que es el nivel de *Kéter* y que *Yud Hei Vav Hei* es el nivel de *Tiféret*. ¿Cómo puedo bajar la luz de *Kéter* a *Tiféret*?

Alef	*Hei*	*Yud*	*Hei*
Yud	*Hei*	*Vav*	*Hei*

De repente, aparece un nombre de D*os larguísimo, que muchas veces cambia. La gente no lo entiende porque no sabe de dónde salió. Para entenderlo, tenemos que estudiar lo que estamos estudiando y saber que son energías. Esto es un nombre de D*os entrelazado. Es pedir que, simbólicamente, mi éxtasis baje a mi corazón porque, si no, estoy iluminado pero no estoy integrado. Si estoy meditando sobre este nombre de D*os, *EHIE*, voy a llegar a estar iluminado, pero, si no, bajo la luz y el problema no es iluminarse, es disminuir la luz. Isaac Luria dice: «¿Cómo bajo la luz a lo cotidiano?» ¿Cómo estoy alegre cuando como, cuando voy al baño, cuando no duermo...? ¿Cómo estoy en éxtasis todo el tiempo? Porque estar en éxtasis es un trabajo, es estar valorando en todo momento todo lo que está pasando, inclusive lo que está en contra. Recordemos a Baal Shem Tov cuando se quería conectar rezando y le aparecieron unos niños que le tiraban cosas y lo molestaban. Su reacción fue: «Gracias, D*os, por enviarme a estos niños que me molestan para elevar mi nivel de concentración».

Una persona que está estudiando los conceptos básicos de la Cábala, como en este libro, y le molestan los niños, la televisión, las obras de la calle, etc., está en un nivel muy alto de concentración, mucho más que los que no tienen niños, ni televisión, ni obras. ¿Por qué motivo? Porque el esfuerzo es mucho mayor que cuando no tienes interrupciones. «Gracias, D*os, por las interrupciones, porque mi éxtasis va a aumentar, tengo más deseo ante el obstáculo que aparece, estoy bajando la luz». Los cabalistas muy potentes que meditaban con este nombre querían bajar la luz. ¿Qué pasa al bajar tanto la luz? Que alguien se puede sentir lleno. Me estoy llenando de luz. ¿Qué debo hacer? No, no me lleno de luz, porque esa luz vuelve arriba, porque ahora yo...

«Ahora estoy construyendo a D*os».
MENAHEM RECANATI

Cuando yo ayudo al prójimo, D*os ayuda a través de mí al prójimo. No soy yo el que ayuda, es la fuerza del *Alef Hei Yud Hei* que se ha apoderado de mí para que pueda ayudar. En ese sentido, yo le estoy devolviendo al *Ein Sof* la luz que me da para poder ayudar. En realidad, estoy elevando la luz ahora. Dice Luria: «¿Cómo se eleva la luz?». Con un entrelazamiento exactamente inverso:

Alef	*Hei*	*Yud*	*Hei*
Yud	*Hei*	*Vav*	*Hei*

Con cualquier acto que hagas en la realidad, por mínimo que sea (recoger los platos, limpiar la casa...), estás elevando la luz. No puedes decir que algo no te gusta, porque entonces no elevas la luz. Si algo no te gusta, es que estás entendiendo mal cómo te llega la luz. La luz funciona cuando estás en lo más bajo de la materia, no solo funciona cuando te vas de retiro espiritual. La luz funciona cuando estás limpiando tu casa, cuando estás haciendo la comida, cuando tienes un obstáculo...; ahí es cuando hay más luz, porque es en el momento más cotidiano cuando las fuerzas de la oscuridad y las tinieblas son más densas y nuestra extracción de luz tiene que ser más fuerte. Tengo que extraer más luz, tengo que romper la *Klipá*, la cáscara.

La vida material es romper la *Klipot*. La vida son nueces con cáscaras y el nivel de luz que vas a revelar es el nivel de fuerza que tengas al romper la cáscara. El *Klí* se aumenta por varios caminos, pero el alma tiene que encontrar el suyo. Hay almas cuyo *Klí* se expande por *Biná*, gente que necesita conectarse por el estudio, otros que no necesitan estudiar tanto y, de repente, con un nombre de D*os pueden meditar y les llega información. En realidad, lo mejor sería poder acceder a todos los caminos posibles de todas las *sefirot*, pero eso es muy difícil. Sería ideal tener éxtasis bailando, éxtasis comiendo, etc. Uno debe tener éxtasis en todas las dimensiones porque, si *Kéter* es el éxtasis, tenemos en cada una de las dimensiones un pequeño Árbol de la Vida, y, por lo tanto, tenemos en todas a *Kéter*. El éxtasis se alcanza en cualquier dimensión. Cada alma está especializada en algo. A una persona le gusta bailar y llega al éxtasis en *Netzaj*. Cada uno encuentra un camino de acuerdo con su alma y con el Árbol de la Vida. Para saber cuál es el camino que tienes de *ONEG*, la luz es la misma, pero las almas no son iguales. Con respecto al Árbol de la Vida y al Árbol del Conocimiento del Bien y del Mal, la Cábala dice: son el mismo Árbol, porque, si llegas a *Kéter*, llegas al Árbol de la Vida y, si llegas a *Daat*, llegas al Árbol del Conocimiento del Bien y del Mal. En la Escuela de Cábala de Soria hay un manuscrito que cita Gershom Scholem que recoge el siguiente análisis:

> «El Árbol de la Vida y el Árbol del Conocimiento del Bien y del Mal eran dos árboles, tal y como aparece en la Torá».

No eran radicales, no dicen que es el mismo Árbol, sino que eran dos árboles con la misma raíz. Cuando alguien hace el bien, no sé si hace el bien en función del Árbol de la Vida, porque puede hacer el bien en la dualidad del bien y del mal. Puede haber intención mala en algo bueno. Yo quiero hacer algo bueno para que me lo reconozcan los demás, por ego. Eso se contempla en el Árbol del Conocimiento del Bien y del Mal. El bien del Árbol de la Vida es superior al del otro árbol. El problema es creer que en el Árbol de la Vida hay bien. En el Árbol de la Vida hay un aprendizaje que te lleva a la luz, donde el mal quedó integrado. En cambio, en el otro Árbol, el bien no integra al mal, el bien dice «soy bueno y el otro es malo», o quiere que los demás vean qué bueno es, pero, en realidad, es mi ego el que me quiere mostrar que soy bueno o soy bueno por recompensa.

El bien no es tan bueno y el mal no es tan malo. Mientras creas que el bien es bueno y el mal es malo, estás en el Árbol del Conocimiento del Bien y del Mal. Por eso hay que tener cuidado con los que se creen puros y buenos, porque ahí anida mucha oscuridad. En realidad, operan sobre el Árbol del Conocimiento del Bien y del Mal. Como buenos, pueden atacar tanto al mal, que se vuelven furibundamente malos. Es como un dogmático bueno que dice: «Es bueno no beber alcohol», pero alguien que expulsa de la comunidad a una persona por beber alcohol está utilizando el manto de la bondad para tratar al prójimo sin misericordia, y eso es malo. El Árbol de la Vida es muy difícil de captar, porque la gente entiende el Árbol de la Vida estando en el bien. Para diferenciar los dos nombres de D*os, hay que contemplar, sobre todo, la posición y no las letras:

Alef	*Hei*	*Yud*	*Hei*
Yud	*Hei*	*Vav*	*Hei*

Son las posiciones de tiempo y espacio. Son niveles de percepción:

- *Alef* primero.
- *Alef* crea la *Yud*.
- *Yud* crea dos *Heis*... Es simultáneo, no secuencial.

Imaginemos que *Alef* es España y cada partido político te dice de España una cosa diferente. Los partidos estarían en las dos *Heis*. Si tomas una posición por el partido, tomas una *Hei*, pero si tomas una posición global, mundial, más allá de España, la Unión Europea, sería el nivel *Alef*. Con el coronavirus nos hemos dado cuenta de que estamos todos en el mismo planeta. El *Ein Sof* es genial, primero te envía la guerra de Ucrania, el incendio de Australia, la hambruna en Etiopía, el terremoto de Turquía y Siria... y, por último, el coronavirus a todo el planeta. Al final, viene la consciencia *Alef*. Como occidentales que somos, debemos tener otro tipo de meditación. Nos seduce mucho lo mental y la Cábala es occidental, es mental.

La Cábala se desarrolló en el sur de Francia y España en los siglos XI-XIII. Nos atrae porque es una espiritualidad occidental, nos seduce por la *Biná*, por lo mental, todo el tiempo nos da explicaciones. No está mal lo que hacen en Oriente los gurús hindús, pero no es nuestra cultura de acceso a la luz.

17. Misterio de Caín y Abel

«Siempre debemos comenzar de nuevo,
hasta purificar las acciones y seguir ascendiendo».
ABRAHAM ABULAFIA

En el relato de *Bereshit*, Génesis, los hermanos Caín y Abel fueron los hijos de Adán. Su historia nos conduce a un sinfín de secretos, como la aparición del bien y el mal. En cuanto a los arquetipos de los hermanos, podríamos decir que Caín representa la conciencia *Bet* o de dualidad, y Abel, la conciencia *Alef* o de unidad.

Caín viene de *Caná*, que es densidad o densidad material, algo denso y pesado. Caín se relaciona con la materia y la fuerza de gravedad. La representación de la materia es el Universo de *Asiá*, lo más bajo de *Maljut* del cosmogónico. Según el texto de la Torá, cuando Caín dio su ofrenda, no fue aceptada por D*os, que sí aceptó la de Abel. La Cábala dice que el objetivo de la materia en Caín era que se le premiase por la ofrenda. No era solo ofrendar, pues era un materialista, buscaba ser compensado por esa fuerza material y por todo lo que tenía que ver con el llenado, con lo ególatra, con lo mío, para sí mismo; era la fuerza de Caín. Su objetivo era ser reconocido por la Divinidad a través de ese sacrificio que estaba entregando. El sacrificio era impuro de base porque la impureza tenía que ver con la materia. Caín era la seducción de la materia, más baja que la seducción que sufre Eva, porque la serpiente era una seducción de la Luz. Aquí es la seducción de la oscuridad. La materia por la materia misma; ese es el arquetipo de Caín en el texto.

Abel o Ebel. Hay un dato curioso con respecto a Ebel en el texto bíblico. Vuelve a aparecer, pero muy mal traducido, en *qohélet*, vanidad de vanidades, en castellano, y en hebreo, *Ebel Abeilim*. En realidad, es vacío de los vacíos, todo está vacío, todo es vacuo o vacuidad. Cuando decimos vanidad de vanidades, en realidad estamos sintiendo un vacío que no sabemos cómo llenar, y ahí aparece la vanidad. Pero, cuando sabemos qué hacer con el vacío, que es la entrada de la Luz de *Daat*, el vacío es muy bueno. Cuando uno lee el texto en hebreo directamente, se da cuenta de que las implicaciones del sentido son diferentes a las de la traducción. Ahora no sabemos si es vacío positivo o vacío negativo. No sabemos si en el confinamiento haces cosas positivas o negativas. Si el confinamiento es un vacío, tienes un vacío de tiempo; puedes aprovecharlo mucho o puedes perder el tiempo. La cuestión del confinamiento es qué hacemos con el vacío, no es el vacío en sí mismo. Cuando el texto dice vacío, es *Ebel*, es el Señor del Vacío. ¿Para qué? Abel era la posibilidad de vaciarse para llenarse de Luz. Él entregaba la ofrenda para poder vaciarse y recibir más luz. Era muy bueno el vacío de Abel, pertenece a la consciencia *Yetzirá* del Universo de *Asiá*. Me vacío con el objetivo de recibir luz del *Ein Sof*. Su ofrenda sí fue aceptada por D*os, porque con ella no quería mostrar cuánta materia tenía, como había hecho Caín. Abel entregó para vaciarse y poder seguir recibiendo luz. Aquí hay dos conceptos que se contradicen: Caín es el vacío que se quiere llenar y Abel es el vacío que se quiere vaciar.

«La Biná más potente es aquella que permanentemente se está vaciando».
ARYEH KAPLAN

El inteligente no es el que se llena y el que sabe tanto, sino el que reordena todo lo que sabe. La *Biná* crece con la reorganización constante de los elementos que tenemos; si no, no crece, porque se llena de materia, pero no se llena de memoria. Es la organización de esa memoria, eso es el entendimiento.

«El poder del olvido es más importante que el poder de la memoria».
NAJMAN DE BRESLEV

A veces es peligroso tener memoria. La gente que tiene mucha memoria sufre horrores, porque se acuerda de lo bueno y de lo malo. Cuidado con la memoria. La *Biná* es reorganización permanente de la energía y el vacío hace que yo me pueda vaciar. ¿Cuál es el método para que yo pueda vaciarme?

Unos escriben, otras dan clases... Dice el texto del Talmud, en el tratado de Yoma 3, que es muy importante vaciarse. La tradición nos dice: «Los que no enseñaron y sabían, que el nombre de estos malditos se pudra». Si estás estudiando y te lo quedas para ti, actúas como Caín. No puedes acumular información, embotando tu propio crecimiento, acumulas tanto que hace daño, debes vaciar escribiendo o enseñando, transmitiendo las enseñanzas, porque, si no, no hay manera de crecer más. Crecer no es llenarse, sino vaciarse. Caín creía que crecía en la materia, pero lo que hacía era llenarse de materia. El mayor crecimiento se hace cuando uno se vacía. ¿Qué pasa con el mundo material, el mundo de *Asiá*? La gente del mundo de *Asiá* cree que es más cuanto más tiene, por eso, cuando pierde, sufre. Las posesiones se vuelven como extensiones de sus personalidades. El vacío es una oportunidad de que tú con tu percepción lo puedas volver vanidad. La cuestión es qué vas a hacer de ese vacío. En términos de Ebel, el vacío era muy positivo, no era vanidad, era un vacío donde entregaba la ofrenda para que entrara la Luz. Hacía de transmisor. Aquí tenemos una relación entre el cuerpo y el alma, el nivel es *Nefesh* en el Universo de *Asiá* y el nivel del *Ruaj* en el Universo de *Yetzirá*.

Dice la tradición que a Ebel no lo mató Caín inmediatamente, que lucharon entre ellos porque Ebel no quería morir, el alma quería defenderse de la fuerza de la materia. Cuando Ebel estaba ganando a su hermano y lo puso de rodillas para matarlo, Caín le pidió compasión y se compadeció de él. Si triunfaba el bien y lo mataba, el bien se volvería malo. Esta historia quiere decir que, si el cuerpo pide compasión, debemos tener cuidado en qué medida lo hace, porque la materia puede engullirnos con la autojustificación de la compasión. En realidad, la fuerza de Caín la pide con la finalidad de que la materia te domine, no es una compasión real. Los cabalistas dicen que dentro de nosotros tenemos las dos tendencias: la de Caín y la de Abel. Tenemos el nivel de *Asiá* de Caín, donde no importa nada más que la materia, y el nivel de Abel, que utiliza la materia para su propia realidad. Aquí hay dos consciencias. La consciencia de Abel es consciencia *Alef*. Aquí uno se vacía porque quiere recibirlo todo del *Ein Sof*. La consciencia de Caín es consciencia *Bet*: lo quiero para mí, no para los demás, pues no estamos juntos. Caín lo quiere todo para sí mismo. Según la tradición de la Cábala, Satán conoce el camino. Las fuerzas de Caín ganaron a las de Abel, fue perdonado para que la materia volviera a tomar la consciencia de *Ruaj*. Caín fue perdonado por D*os, porque la materia tenía que recapacitar.

Cuando hablamos de Ebel, que tiene consciencia *Alef*, y de Caín, que tiene consciencia *Bet*, aparece otro secreto de la Cábala, porque tenemos los setenta y dos nombres de D*os, las veintidós letras hebreas… Hay muchas herramientas que la gente toma como recetas. ¿Qué quiere decir recetas? Yo invoco el nombre de D*os pensando que algo va a pasar. Si yo sé la letra…, algo va a pasar. Sabemos que la receta de cada uno es diferente a la del otro y que nunca saldrá igual, porque cada uno se guarda un ingrediente que nadie sabe. Un ingrediente oculto. La gente cree que, cuando uno tiene una receta, le sale exacta a la receta, pero nunca es así, porque cada alma le tiene que poner su ingrediente. Debemos vigilar, porque Satán nos puede pillar, ya que conoce las recetas. Pero tiene que haber algo que Satán no conozca para que nosotros podamos hacer bien la receta. La ventaja es que los ángeles nos envidian, pues no pueden hacer acciones terrenales como nosotros: comer tarta de chocolate, bañarse..., y algunos quieren interceptarnos en las recetas. Son fuerzas que nos ayudan a crecer. La única manera de sacárnoslos de encima es crear los senderos ocultos, los canales ocultos para seguir el camino de Abel.

PLIUT o canales ocultos, la palabra viene de *Pele*, maravilloso. Son los canales ocultos maravillosos, y solo los conocemos nosotros. Cada letra de *Pele* es un nivel de revelación, para que algo sea maravilloso tiene que ir a lo oculto. Tiene que ir de los labios a la lengua y a la garganta. La *Alef* se ve en la garganta, en lo más oculto. También la unidad es oculta. En hebreo, la palabra maravilloso está diciendo con la *Pei*, *lamed*, con los labios estudio el Infinito. Llegué al Infinito, quiero volver a lo revelado, tengo que volver con la información a los labios. Si escribo la palabra maravilloso al revés, es *Alef*. Quiere decir que la propia palabra *Alef* tiene dentro de sí misma los tres niveles de revelación. Los cabalistas dicen que los canales ocultos son los maravillosos. ¿Qué quiere decir esto? Que tenemos que pasar desapercibidos a D*os. El Eterno me dice: «¿Quién eres?». Soy fulanito. Si eres alguien, eres Caín, te estás llenando de la identidad de fulanito, te crees algo. «Vengo a convencerte de que no eres nada, si no te mando al Satán». Entonces, mejor no soy nada, así paso desapercibido. Perfecto, te diste cuenta de que eres parte del *Ein Sof*. Pasar desapercibido es mucho más que ser humilde, porque muestra que se es humilde. Hablamos de la categoría de nada: pasar desapercibido. La diferencia entre Caín y Abel fue que Caín era alguien, ofrendó y quería ser premiado; en cambio, Abel dijo que era vacío, quería ser llenado de la luz. Él sí que entendió que era nada frente al *Ein Sof*. Caín quería matar a quien premió el *Ein Sof*, lo odiaba, ya que Ebel pudo quedar anulado frente al *Ein Sof*. ¿Por qué alguien que está en el mundo espiritual, es odiado? Porque está haciendo el trabajo de vaciarse y el otro no está vaciándose. El nivel de consciencia más bajo que tenía Caín frente a Abel, es decir, *Nefesh*, quería tener consciencia *Ruaj*. Primero mata la consciencia *Ruaj*, pero luego se da cuenta de que quiere ser lo mismo, por eso sufre.

Los canales de *Pliut*

La creación de canales supone que en realidad tú tienes que crear tu propio sendero, tu propia estrategia. Esto tiene muchas implicaciones a nivel de revelación, porque los cabalistas dicen algo muy radical con respecto al religioso tradicional. En el mundo judío se dice que D*os se reveló en el texto de la Biblia hebrea, que es el Antiguo Testamento para los cristianos que consideran la revelación en el Antiguo y el Nuevo Testamento. Los religiosos del islam dicen que también se les reveló.

Los cabalistas, cuando llegó Abraham Abulafia, dicen que la revelación continúa, lo que significó una revolución, pues puso en jaque a todo el sistema religioso. Como Abraham Abulafia, todos los cabalistas dijeron que podemos bajar la luz de D*os en todo momento y en todas las épocas. No es que se cierre un canon, ni que haya revelación hasta un canon, hay revelación del alma en todo momento de la historia. Sin embargo, esto es un drama para los teólogos dogmáticos. Isaac Luria tuvo un nivel de profecía que percibió el Universo de *Atzilut*, mientras que Moisés solo llegó a *Kéter* de *Briá*. Los cabalistas pusieron en jaque el sistema de fe de Maimónides, que dijo que no hay profeta superior a Moisés, y los más radicales tiran al suelo el principio de la fe judía que dice que el mayor profeta fue Moisés, pues dicen que hay almas que pueden superar su nivel. La pregunta que nos hace la Cábala a cada uno de nosotros es: ¿estás desarrollando tus caminos ocultos para encontrar la porción oculta que tu mente tiene que revelar aquí? Tu alma ha venido a este mundo a revelar una parte de lo que está oculto. En Cábala decimos siempre que: «Lo oculto es superior a lo revelado».

¿Tu alma vino a revelar lo que tiene que revelar? ¿Estás meditando sobre lo que tu alma ha venido a revelar del mundo oculto? Nuestras almas pueden revelar, tienen que revelar, a través de la energía que tenemos lo que nosotros tenemos que revelar. Por lo tanto, los cabalistas dicen: «Una nueva Torá saldrá de vosotros, la llamaran la Torá de *Atzilut*». Cuando se manifiesta *Atzilut*, que comenzó con el *Zohar* y siguió con Isaac Luria, los cabalistas nos traen la posibilidad de revelar luces mayores a las que vinieron en generaciones anteriores.

> «La vida de una persona tiene que estar dirigida a descubrir la letra de la Torá que le corresponde a tu alma».
>
> Isaac Luria

Quiere decir que tenemos que meditar profundamente los textos que estudiamos, la realidad y la contemplación de nuestra existencia para encontrar caminos ocultos y nuevos, no descubiertos antes por nadie, que son totalmente originales para nuestra alma, que puede poner el ingrediente que no le puso nadie a la receta, porque hay caminos ocultos que Satán no conoce. Cuando aparecen estos caminos ocultos, decimos que el alma tiene caminos más rápidos para el *Tikún*. ¿Cómo se llega a esto? Cuando se crean estrategias nuevas que pertenecen solamente a la energía de esa alma. Cada alma tiene una energía que ninguna otra alma ha podido tener nunca. Esta energía es totalmente original. Si nosotros profundizamos en nuestra alma, vamos a llegar a aportar algo que nadie nunca vio, porque todo lo oculto no se ha revelado y estamos aquí para revelar lo oculto.

Si yo voy a ir por los veintidós canales del Árbol de la Vida, ¿qué voy a revelar? Lo que ya todos los cabalistas han dicho que pasa en ese canal del Árbol, que también Satán conoce porque está mirando todos nuestros caminos, cuando salimos, cuando entramos... Pero, si cambiamos el horario y la rutina, lo despistamos. Hemos de coger un canal oculto para que no nos pille, hemos de pasar desapercibidos a D*os. El problema que tuvo Job es que lo vieron venir. D*os le dijo: «¿Qué haces? ¿Qué hacen tus hijos?». Job se los ofrendó, diciendo que eran los más guapos de la tierra. No pasó desapercibido. Job tiene algo de Caín en la exaltación de todo lo que hace, es el fariseo de la parábola de Jesús. Job se llena de sí mismo. La Cábala dice que cuando algo se produce en lo oculto y luego se revela, tiene más fuerza que lo revelado. Imaginemos una persona que está trabajando en un proyecto y no deja de hablar de ello, mientras que otra persona trabaja en silencio en su proyecto, sin decir nada a nadie. Satán no conocerá sus caminos. Si hablas de tu proyecto, pierdes el tiempo. No tienes que hablar, tienes que hacer.

El problema de hablar del proyecto es que nunca lo haces y el problema de estudiar todos los caminos es que todos los conocemos. La pregunta es: «¿Quieres el camino maravilloso?». Como dicen exégetas de la tradición, como Rashi, cuando se lee un versículo de la Biblia, puede interpretarse miles de veces. Quiere decir que, si te quedas con lo que dijo el rabino, el pastor o el cabalista y no pones tu pensamiento, no encuentras tu propio camino. Te dieron tu alma en este mundo para que encuentres los caminos maravillosos *Pliut*, y estos caminos maravillosos te pertenecen solo a ti, son los caminos ocultos que tú tienes que crear. Y dicen los cabalistas que esos caminos maravillosos conectan todas las *sefirot* entre sí. Los veintidós canales no conectan a todas las dimensiones entre sí, pues no están todos interconectados, como *Tiféret* con *Maljut* o *Kéter* con *Hod*. Cuando encuentras los caminos maravillosos ocurre que todas las *sefirot* son fractales del mismo Árbol. ¿Cómo se conecta *Kéter* con *Hod*? Porque *Hod* tiene *Kéter* dentro de *Hod*... Al ser fractales, son caminos, lo que pasa es que no los vemos como caminos, vemos los veintidós. Vamos a un nivel más profundo de análisis. Existen caminos *intrasefiróticos*, que no los conoce nadie, *Netzaj* a *Biná*, *Netzaj* a *Jojmá*... En el Árbol no están, porque en el Árbol solo están los veintidós canales.

En el capítulo 4 de *La puerta sagrada*, Jaim Vital expone la revelación que tuvo con D*os. Los cabalistas censuraron este capítulo porque era el camino de Jaim Vital, no era el de las demás almas. La gente podía copiar el proyecto de su camino. Se cansaron de prohibirlo, pero actualmente se publica. El problema es que el camino de Jaim Vital me marque un proyecto que no corresponde a mi alma, además de no ser el único método. Los cabalistas nos dicen que busquemos los caminos *Pliut*, los caminos maravillosos y originales que nos tienen que llevar a la unión del nivel *Alef*, pero para ello hay que explicar otro secreto de la Cábala, otro *SOD*.

El secreto de los querubines

Es el Arca de la Alianza, es el nivel *Bet* de consciencia ya que vemos dos arcángeles. La dualidad externa de los dos querubines sostenidos por el Arca de la Alianza. El Arca de la Alianza es la Alef oculta. Percibimos dual, observador y observado en el nivel de los arcángeles, pero el nivel de la raíz, la base es unificada, es *Alef*. Los cabalistas dicen que son dos querubines que se están mirando. Se miran, pero no se llegan a tocar, están frente a frente. *Metatrón* representa lo masculino, *Sandalfón* representa lo femenino y la energía que entra cuando lo femenino y lo masculino están en equilibrio, es una energía que pasa entre los querubines. Se crea una tensión positiva entre lo masculino y lo femenino para que baje el influjo divino. Se llama *Shejiná* es la influencia femenina en la tierra que puede recibir lo divino inferior. Cuando hay una tensión *Bet* entre *Sandalfón* y *Metatrón* positiva, que no están enfrentados sino copulando, están siendo uno, baja la energía divina, la *Shejiná* que nos lleva al nivel *Alef* que está oculto y la *Shejiná* que baja en realidad, es el *Daat* que está bajando. Por eso dice Rashi que el *Ruaj Hakodesh* es *Daat*, el conocimiento, el Espíritu Santo, ya que une lo femenino y lo masculino de forma permanente. Quiere decir que está uniendo el vacío interior.

Volvamos a Abel y Caín. Abel dice que tiene vacío, el vaciamiento es femenino, se vacía la vasija. Abel está diciendo: «Yo soy femenino, me estoy vaciando». Pero Caín dice: «Yo me lleno a mí mismo», por lo tanto, es una fuerza masculina desequilibrada, porque no deja que lo femenino pueda vaciarse. Caín se está llenando de luz y no tiene deseo. Para que exista el deseo, tiene que haber vasija, un aspecto femenino en el deseo. *Sandalfón* marca el deseo y *Metatrón* desea dar luz. Cuando uno desea dar como *Metatrón* y *Sandalfón*, recibe, aparece la *Shejiná,* el éxtasis divino. Tenemos dos extremos:

- El llenado de lo masculino, donde el llenado no tiene sentido.
- El vacío de lo femenino, cuando el vacío no tiene sentido, es vanidad.

El vacío que no sabe ser llenado se encuentra en una situación extrema con el llenado de lo masculino. Lo femenino vacío entra en angustia porque no sabe cómo llenarse. Sabemos que mucha gente se angustió en el confinamiento, se llenaba de cosas que no tenían sentido, y ahí se muestra el vacío que tengo. Si no sé al servicio de qué está el vacío, entonces es vanidad. Pero si yo entiendo que está al servicio de algo, como Abel que lo entendió, ese vacío se llena de luz divina. Doy la ofrenda para recibir luz, para poder vaciarme. Vacío en percepción de vanidad o en percepción de Abel.

Tenemos un aspecto de tinieblas en el llenado de Caín y un aspecto de tinieblas en el vacío de Abel. Si no sabemos operar en el vacío, en el término de Abel, si operamos desde otro lado, es una vanidad de vanidades, el vacío es un desastre, es tenebroso. La desesperación que tiene el autor del texto de vanidad de vanidades es que no entiende por qué existe el vacío; en realidad, no entiende por qué existe la vasija. El problema de Caín es que no piensa en términos de vasija, piensa solo en el llenado. Los cabalistas dicen que son dos caminos terribles para la infelicidad del ser humano. Si uno piensa como Caín, que siempre quería acumular, llegará un momento en que no podrá acumular más. Es acumular, acumular, acumular..., sin llegar a ninguna parte. Caín mata a Abel porque quiere matar el vacío. Caín quiere estar lleno por completo. Abel le muestra el vacío, pero él no quiere el vacío. Caín se angustia a causa del vacío que tiene, es como el confinado que se angustia del vacío. En cambio, Abel piensa «¡Qué bien el confinamiento! Puedo hacer todo lo que quería hacer: escuchar música, leer, estudiar, escribir...». En el texto de la Torá, desde el punto de vista de la Cábala, vemos la desesperación de Caín por ser llenado en contraste con la buena actitud de Abel de vaciarse. Caín es el odio de la materia al ver a alguien feliz en el vacío. A Caín le desespera la felicidad de Abel, no lo puede comprender: «¿Cómo es posible que te sientas feliz si tienes menos que yo?». Es muy importante entender que las *sefirot* tienen que ser consideradas carencias, estructuras de vacío. Tenemos diez vacíos que llenar y no nos tenemos que desesperar por llenarlos de materia, lo que tenemos que hacer es saber con qué llenarlos. Es como cuando uno va al supermercado con hambre y compra más de lo que necesita. Hay que comer antes de ir al súper, así compraremos menos. Esto pasa porque te sientes lleno, pero si sientes vacío ante la materia, es una locura. Los cabalistas plantean que Abel fue la mejor relación con el vacío que hay, ya que tenía vacío en su interior, pero estaba contento con ese vacío y no necesitaba llenarlo con materia como Caín. Tampoco cayó en la angustia de vanidad de vanidades, porque el vacío no es vano cuando sé para qué lo utilizo. Lo importante es saber la función del vacío. Caín le tiene envidia a Abel, pero este, a pesar de que entiende mejor el vacío, queda sucumbido al engaño del cuerpo y lo engañan para matarlo. El problema es que nuestra *Biná* no acepta la paradoja y no tiene respuesta. *Jojmá* opera entendiendo la realidad paradójica como real, en una espiral ascendente y descendente, izquierda, derecha. No es fácil de captar porque tiene fuerzas que suben y bajan, cuatro simultáneas, es el Misterio de la *Merkabá*, los cuatro rostros: el León, el Toro, el Águila y el Hombre.

El cuerpo no engaña y dice la verdad, esa es la paradoja. El mal no es malo porque es deshonesto, sino porque confunde. Caín no va con el engaño, hace lo mismo que la serpiente, viene con las necesidades del cuerpo, que son válidas. El cuerpo tiene hambre y puede matar para comer en el Universo de *Asiá*. Son reales, son necesidades biológicas. El problema del Universo de *Asiá* es cuando quiere ser superior. En cada nivel, la realidad opera de manera diferente; en cada nivel hay un nivel de realidad: para los niños, los Reyes Magos; para nosotros, la política... Hay que ver siempre en qué nivel está uno operativo. Caín opera en la fuerza de la materia, en la materia él tiene razón, no en matar, pero sí en sentir que quiere algo para sí mismo. La materia es ególatra por definición, es muy receptiva, no es solidaria, es supervivencia biológica. Caín mató a Abel como el león mata a su presa, en el nivel de consciencia de *Asiá*. Por eso, Abel tuvo compasión y no lo mató, porque está en el nivel de *Yetzirá*, un nivel de consciencia más alto. Nosotros tenemos a

Abel y a Caín dentro de nosotros. Por un lado, acumulamos comida durante el confinamiento porque no queríamos morirnos de hambre si se alargaba y, por otro lado, si un vecino tenía hambre, tratamos de ayudarlo. La muerte de Abel implica que bajamos de nivel de consciencia, incluso más bajo, que cuando comieron del Árbol del Conocimiento del Bien y del Mal. A Caín se le considera el primer asesino. En la primera caída de la serpiente, caímos de *Atzilut* a *Briá*, y con Caín caímos de *Yetzirá* a *Asiá*. Las fuerzas de la materia se volvieron absolutamente dominantes. «Las fuerzas de la materia han de ser dominadas y controladas por las fuerzas *yetziráticas* o un nivel superior». Debemos dominar al Caín que llevamos dentro. Las fuerzas *yetziráticas* hacen que, si yo tengo una presa, se la doy a mi hijo antes que comer yo, aunque me muera de hambre. En cambio, en el Universo de *Asiá*, pensaría en comérmela yo primero, aunque mi hijo pase hambre. Abel le da sentido a la materia; en cambio, Caín no se lo da, ni a la materia ni al vacío, porque lo quiere llenar y quiere acumular materia.

¿Qué originalidad tiene cada una de nuestras almas como aporte al *Tikún Olam* al mundo? Cada cabalista debe sacar sus propias conclusiones sobre textos, escritos, etc. Y sacar su propio potencial, inclusive si va en contra de su enseñanza. Se han de crear personas que piensen diferente. Tenemos que hacer que la *Neshamá* pueda sacar su propia luz.

18. ¿Quién soy?

> «El placer más alto del mundo del futuro
> es convertirse en lo que uno realmente es».
> ISAAC LURIA

Para los cabalistas, toda la idea ya aparece en la Torá, en el Génesis, en el *Bereshit*. Hay dos fuerzas que nosotros analizamos habitualmente como literales, que son la del hombre y la de la mujer en el texto del Génesis. No hablamos de hombre y mujer como tal, pues para los cabalistas más ocultos:

- Hombre es *Ruaj*.
- Mujer es *Nefesh*. Cuerpo recipiente del *Ruaj*.

Se dice que Adán al principio era barro, solo *Nefesh*, es decir, deseo de recibir, potencia femenina y luego se le insufló el *Ruaj*, que es la luz, el deseo de dar, que es potencia masculina. Cuando D*os le puso vida a Adán, le estaba poniendo la fuerza masculina. El *Ruaj* nos va a dividir del resto de los animales. Cuando un animal llega a su estado de máximo animal, ya no puede desarrollarse más; en cambio, los seres humanos necesitamos de la comprensión espiritual. Nosotros descubrimos *Neshamá, Jayá* y *Iejidá*, que están fuera del mundo de *Asiá*, mundo de la supervivencia biológica. Imaginemos un león comiéndose una presa. Si nosotros queremos buscar *Jesed* en el mundo de *Asiá*, el león se muere de hambre. Pongamos otro caso, si hay alguien que mata y alguien que muere para sobrevivir, esta situación nos crea una paradoja, pues en la consciencia animal, *Nefesh*, ha de matar para sobrevivir, pero en nuestra consciencia, *Ruaj*, no nos hace falta. Para nosotros, *Asiá* es *Nefesh*, y como tenemos *Ruaj* queremos que se salve el león y la presa. ¿Quién soy? Soy el que tiene *Jesed* en *Ruaj*. Soy el que mató para sobrevivir en *Nefesh*. Indudablemente, si existimos como seres humanos, *Ruaj* nos da la diferencia, porque tenemos el poder del lenguaje para nombrar a los animales. ¿Quién soy? Soy *Ruaj* y *Nefesh* en una conexión permanente. En Cábala, existen dos conceptos diferentes:

- División por conexión.
- División sin conexión.

En este análisis dividimos *Ruaj* y *Nefesh*. La *Biná* discrimina para analizar y divide para comprender. Hay una división conceptual que yo utilizo: divido o discrimino para desconectar y divido para la conexión. El problema no es la división, es la división que provoca la desconexión. Si dividimos para conectar, estamos en conexión con el Árbol de la Vida, pero si dividimos para desconectar, estamos en función del Árbol del Conocimiento del Bien y del Mal, del *Daat*. El problema no es dividir, es para qué dividir. Cuando yo digo quién soy, ya me estoy dividiendo del resto. Puedo definir quién soy en relación con todo lo que no son los demás. Soy este cuerpo; no soy todo lo que está fuera de este cuerpo. El quién soy se puede ver de dos maneras:

- Fotográfico.
- Profundo.

Todas las estrellas que vemos en el cielo han muerto. La luz de las estrellas son millones de estrellas que ya no existen. Es un autoengaño porque, en realidad, lo que vemos es la luz de las estrellas, no las estrellas. Todo lo que se ve en el mundo de *Asiá* es el pasado de *Yetzirá*. El pensamiento de ahora mismo está en el pasado. La primera definición de quién soy es el pasado. Las terapias de Freud siempre hablaban del pasado (de tu madre, de tu abuelo…). Podemos definir el quién soy del pasado. En lo oculto de quién soy está el potencial de lo que seré. Yo no soy el pasado, soy el futuro, soy el proyecto, soy *Kéter*, porque, si hago *Tikún* puedo cambiar el pasado, tomo lo que quiero del pasado para ser lo que quiero ser. Es curioso porque, cuando solicitamos un trabajo, las empresas nos piden el *curriculum vitae*, que es el resumen de nuestro pasado: estudios, experiencia académica y laboral, proyectos… Deberían pedir también un *curriculum vitae* del futuro, de lo que queremos ser.

¿Yo soy lo que acumulé? Dos casas, tres títulos, un coche… No, no soy eso. Yo soy el proyecto, lo que todavía no soy. Averiguamos quién soy haciendo una división por conexión, no por desconexión. ¿Quién me dice quién soy? El *Ruaj*. Lo que vemos de nosotros es lo que ya fuimos, como ocurre con las estrellas. Lo que vemos hoy de nosotros, ya no es, vemos el pasado. Cuando uno se mira en el espejo, ve el pasado, que ya no está. Lo que fue es lo que nosotros creemos que es y ¿qué es lo que soy? Lo que seré. ¿Dónde está lo que yo fui? Está en *Maljut* o en el universo de *Asiá*. Lo que estoy pensando es lo que yo ya soy y que todavía no lo puse en práctica. ¿Quién soy? Lo que yo ya estoy pensando antes de revelarlo en la acción de la materia, pero al mismo tiempo todo el proyecto de lo que quiero ser, de lo que seré; es *Kéter* del Universo de *Yetzirá* o nivel de *Neshamá*. Es el potencial de todo lo que seré, y eso es lo que soy. ¿Dónde está la confusión? Está en Eva por el *Nefesh*, no por mujer, sino por lo corporal, lo material. Dentro de la *Biná* esta situación es confusa para nuestra mente, para la mente racional. Una contradicción dentro de la *Biná*. Si hacemos un análisis del arquetipo de la *Biná*:

Eva = Javá = Jet Vav Hei

Cuando analizamos el término de *Javá*, las dos últimas letras pertenecen a las últimas letras del *Tetragrámaton*: *Yud Hei Vav Hei*, el sagrado nombre de D*os. La *Biná* tiene relación con *Asiá* y *Yetzirá*. La contradicción viene en *Biná*, tiene *Yud Hei* y *Biná*, viene de *Ben IA*, hijo de D*os, hijo de *IA*, nombre hebreo de *Jojmá* de *Atzilut*, entonces ya pertenece a la fuerza masculina. Cuando decimos *Biná* es hijo de la fuerza masculina. Hijo de la *Jojmá*. La *Biná* tiene el arquetipo de *Javá*, que es hija de *Yud Hei*, nombre de D*os de *Atzilut* en *Jojmá*.

D*os *IA* = *ALELUIA* = SABIDURÍA

Biná proviene de la Matrix *IA*, hay una confluencia de la fuerza superior de *IA* de *Jojmá* con la *Vav Hei* de los estados inferiores. Entonces, ¿quién soy? La mente me puede decir que soy todo lo que veo, todo lo que toco; soy lo que experimento con los sentidos. Si estoy en modo *Javá*, apareció la serpiente, el *Najash*, atacó a Adán y tomó a Eva y le dijo: «Come este fruto, vas a tener consciencia». Para los cabalistas, la maldición de la serpiente fue nuestra bendición. Esto está predeterminado por el *Ein Sof*.

Pero hay un secreto de la Cábala muy potente: nosotros comimos del Árbol de la Vida, no del Árbol del Conocimiento del Bien y del Mal. El problema es que no entendimos qué comimos. El Árbol de la Vida son las diez dimensiones, pero el Árbol del Conocimiento del Bien y del Mal es del *Daat* para abajo, son las siete dimensiones inferiores. Me defino desde el mundo inferior, soy como hablo, soy las posesiones que tengo, soy como me ve la gente. ¿Dónde están *Biná*, *Jojmá* y *Kéter*? Eva podía comer de las diez dimensiones pero, en un momento en que la ve sin Adán, la serpiente le dice: «Tú quieres parecerte a D*os, coge la fruta del árbol y come». Se desconecta de manera egoísta para ser algo. Igual que para la desconexión del *Tzim Tzum Alef* había que unirse con Adán y copular para reconectar. *Nefesh* y *Ruaj* quedaron apartados, pues la fuerza masculina y la femenina quedaron desconectadas, no pudieron unirse, entendiendo que la división era desconexión. Antes de la transgresión y del Árbol, hay una división por conexión, cuando el hombre está solo y D*os dijo: «Vamos a hacerle una compañera, lo cortamos y lo dividimos». Ese corte, esa división, se llama *Nesirá* en hebreo, porque divide para conectar. Se divide para que la mente tenga la ilusión del yo, por ese motivo aparece el miedo del yo a desaparecer, no quiere morir, quiere sobrevivir. Todo en la realidad biológica quiere sobrevivir, mundo de *Asiá*, que sobrevivan los fragmentos. Supervivencia de los fragmentos, está el *Nefesh*, nuestra consciencia corporal. El problema es que, cuando el yo nace, nace la división y ya estoy en el mundo de la dualidad.

¿Quién soy? Yo ya entré en los parámetros del bien y del mal, de la diferencia, que es para entender mejor las diferencias invisibles en universos superiores. Mas allá de *Asiá*, en *Yetzirá*. Todos los universos desde *Asiá* al *Adam Qadmon*, vamos dividiendo para unir más. Debajo de *Asiá* está *Amalek*. Si nosotros dividimos para desconectarnos, lo que provocamos es bajar más al terreno de lo animal, de matar o morir. Universo de *Asiá*, leyes biológicas de los *Keilim* más bajos. Instinto de supervivencia, ni moral, ni nada, pero la serpiente nos da la oportunidad de unir el *Ruaj* con *Nefesh*. Con la idea de conexión, ¿qué es el yo? Es un fragmento del *Ein Sof*. No es «yo pienso, luego existo», sino «yo pienso, luego no existo». En Cábala, es al revés, cada vez existo menos, hasta que acabo por no existir. Si existo, distorsiono y tendré más miedo, porque la mente no entiende su función. Mi mente es una vasija del *Ein Sof*. El yo no lo logró, sino que aprovechó el *Klí* del *Ein Sof*. Se creó la ilusión del yo porque estamos en el cuerpo. No hay que creer al yo porque, si no, dejamos de crecer en los estados superiores.

Yo puedo crecer hasta *Tiféret* con el yo, pero luego, para seguir creciendo, debo dejar de pensar en el yo y no tener consciencia de que mi yo crece. Algo se revela del *Ein Sof* en la vasija del yo. El *Nefesh* no tiene consciencia de

Or, sino de *Klí*, «mato o muero». En *Ruaj* tengo consciencia de *Or*, tengo el *klí* al servicio del *Or*. El *Klí* al servicio del *Klí* es igual a: «Estoy en el centro comercial y no paro de comprar». ¿Qué estoy haciendo aquí si tengo más zapatos que un ciempiés? Si estamos al servicio del *Ruaj*, si nos pusieron el *Ruaj*, es que teníamos consciencia antes de la transgresión, pero *Ruaj* es Adán, y la serpiente se dirigió a Eva, el *Nefesh*, el cuerpo. La serpiente le dijo «Come para crecer» y le dio la identidad del yo. Pero en el mismo Árbol del que comió y en el que percibió las siete *sefirot* podía percibir las diez, las tres ocultas *Kéter, Jojmá* y *Biná*. La importancia de estas tres dimensiones ocultas es un *SOD*, un secreto en los niveles más cosmogónicos de la Cábala, porque comer del Árbol de la Vida implica algo más que comer del Árbol del Conocimiento del Bien y del Mal.

El secreto tiene que ver con el *Tzim Tzum Alef* y el *Tzim Tzum Bet*. Cuando se dio el *Tzim Tzum Alef* entraron dos niveles de energía muy potentes: BaN52 y MA45 de D*os, que pertenecen a las siete dimensiones. Las tres *sefirot* más altas de *Biná*, *Jojmá* y *Kéter* no quedaron dañadas, quedaron dentro del *Ein Sof*. Quiere decir que los niveles más altos de energía nos conectan con el *Ein Sof* y con el Árbol de la Vida. Nosotros tenemos nuestro Árbol de la Vida, pero desde el punto de vista corporal nos hemos creído la ilusión del yo en la materia. Creemos que, cuando nuestro corazón o el cerebro dejen de funcionar, desaparecemos porque nos convencieron de que vivimos en la materia, en el Universo de *Asiá* y no hay otros universos superiores, pues es el único que existe. La serpiente mostró la realidad tal cual existe, el problema es que cortó la consciencia corporal de la consciencia del *Ruaj*. Todo depende del valor que le damos a la materia, porque distorsiona los valores, distorsiona el *Ruaj*, pues la materia es una ilusión, una realidad de nuestra supervivencia biológica. Cuando alguien tiene *Ruaj*, la *Neshamá* empieza a actuar diferente y no abandona la materia, porque nos han reencarnado en la materia. La definición del «yo soy» cambia por completo, porque yo soy en la materia que cree que crece y es una mentira. Preguntemos, si no, a los que se suicidan en Hollywood: lo han tenido todo, pero la materia no les llena. Sin embargo, nos han insuflado *Ruaj*, consciencia, y no paramos de crecer. Ese es el precio, ya que dejar de crecer es ir contra la naturaleza. Yo soy el proyecto de lo que seré, como bajar la luz del *Ein Sof* aquí. No es dejar de tener consciencia en estado presente, *mindfulness*, por supuesto, pero no es negar el proyecto, que es el deseo de mi *Ruaj* y mi *Neshamá*. Somos seres trascendentes hacia el futuro. En la naturaleza del alma está revelar el futuro, *Tikún*, revelar el futuro del potencial que tenemos en presente. ¿Quién soy yo? Soy el potencial de lo que aún no ha sido revelado. Soy hijo de *Yud Hei Vav Hei*, no de la *Hei* sola de *Asiá*. Nunca D*os aparece con *Hei* sola.

La serpiente sedujo la materia a Eva, lo visible, cortó lo visible de lo invisible, por eso comió del Árbol del Conocimiento del Bien y del Mal, cortó el bien y el mal, creó el mundo de la dualidad, mundo *Bet*. El mal está al servicio del bien, por eso no hay que rechazarlo, lo masculino y lo femenino están en coordinación permanente, no se deben rechazar. Lo que sucedió cuando apareció la serpiente fue que provocó una división, que produjo una desconexión, porque clasificó para reconectar en lo profundo. En el Árbol de la Vida, clasificamos diez dimensiones y las unimos por los veintidós canales. La consciencia *Daat* es una consciencia de interconexión permanente de las diez *sefirot*. El objetivo del Satán fue que las *sefirot* se sintieran independientes, divididas, sobre todo *Jojmá* y *Biná*, que *Biná* perdiera el carácter de hijo de *Jojmá*.

La mente está al servicio de la supervivencia solo cuando voy a ganar, cuando voy a comer. Está al servicio de la materia y, al final, uno piensa para qué tanta materia si uno se muere, para qué acumular tanto. Los cabalistas llegaron a decir que se podía vender el rollo de la Torá si una persona estaba enferma o quería dar de comer a alguien pobre. Hay gente que dice que no se puede vender, pero eso es mentira. Se puede vender una sinagoga para hacer una escuela, ya que estamos al servicio del *Ruaj*, no del *Nefesh*. En la Cábala de raíz judía, veneramos la energía, no la materia. La sinagoga solo sirve para rezar o estudiar.

Nosotros en nuestra vida, ¿estamos al servicio de comprar armas o de dar de comer? Nos engañamos cuando nos relacionamos con el Árbol del Conocimiento del Bien y del Mal. Eso es la serpiente, que me desvía del *Ruaj*. Tenemos consciencia *Ruaj* y parece que tenemos consciencia *Nefesh*. Si tenemos consciencia *Nefesh*, nos vamos a destruir, no podemos sobrevivir. Es la consciencia *Ruaj* la que nos conecta y nos eleva con el *Ein Sof*.

¿Quién soy? Soy todo el potencial de lo que puedo descubrir de mi alma, del *Ruaj* para arriba, soy *Neshamá*, soy *Iejidá*, soy *Jaiá*, soy el *Ein Sof*, en este *Klí*. Soy el proyecto. Las semillas del Reino están dentro de cada persona. Lo que seré en el futuro, *Kéter* está dentro de *Tiféret*; *Tiféret* está dentro de *Yesod*, y *Yesod* está dentro de *Maljut*. Yo no soy mi coche en *Maljut*, yo no soy lo que ven los demás en *Yesod*, ni soy lo que yo me percibo en la *Tiféret*. Soy el vacío que voy a crear en mí de todo lo que va a venir del *Ein Sof*. Puro futuro. Mirar quién seré es mirar mi presente, seré yo en el soy, el seré es el *Ruaj* en el *Nefesh*, no lo puedo ver, porque ahí veo lo que soy. Cuando nos miramos al espejo, no somos lo que vemos. Realmente, somos el potencial que esa carcasa puede llegar a ser. El *Nefesh* está al servicio de todo lo que nosotros podemos transformar, energía que viene del *Ein Sof*. Nunca lo que soy es lo que soy; si lo defino así, termino diciendo que soy el que fui. Soy lo que seré. Soy *Kéter*. Puro *Kéter*. Donde están todas las posibilidades, incluido Satán. Lo miro como el Mesías porque, por ese motivo, la maldición de la serpiente es nuestra bendición. No es un pecado original con el que cargo durante toda mi existencia, sino que me desafía para que vuelva a comer el fruto este año que está entrando. Comer del fruto del Árbol de la Vida, porque es el mismo fruto del Árbol del Conocimiento del Bien y del Mal, solo que mi problema es el paladar, no es el fruto. El fruto es el del Árbol de la Vida y no el del Árbol del Conocimiento del Bien y del Mal. Estamos comiendo mal el fruto, porque lo percibimos distorsionado. Por eso, dicen que cuando el maná cayó en el desierto la gente lo comía y sentía el gusto de lo que quería comer. Es posible porque, cuando comemos el fruto del Árbol del Conocimiento del Bien y del Mal, comemos las siete *sefirot*, no estamos en *Maljut*. Nos quedan tres dimensiones más ocultas, que son la unión del *Ruaj* con la *Neshamá*.

He de subir de nivel de consciencia para entender que todavía no descubrí quién soy, pues aún no sé todo el potencial que tengo. El futuro y las ganas que yo tengo. Hace veinte años presenté un *curriculum vitae* con motivaciones que ahora ya no tengo, porque debo revelar todo el potencial de mi alma en el quién soy, sabiendo que todavía no veo mi luz, que es el *Ruaj*, mi potencial oculto detrás del *Nefesh*. La *Biná* ve cuando ve los objetivos cumplidos en la materia, donde está el aprendizaje, patrimonio intangible, el *Ruaj*. El perro no se pregunta todos los días cómo ser mejor perro, nosotros sí. ¿Qué haces de tu vida improductiva? El *Nefesh* está feliz, tomando el sol, y entonces el *Ruaj* dice: «No me traje un libro»... ¡No podemos escapar del *Ruaj* porque no somos animales!

La consciencia del *Ruaj* es la consciencia del crecer. Freud dijo que se había reprimido el *Nefesh* y Jung entendía que se había reprimido la *Neshamá*. El *Ruaj* está en el medio, entre la consciencia superior de la *Neshamá*, que quiere crecer, y la consciencia inferior que quiere sobrevivir.

Tenemos consciencia *Nefesh*, claro que la tenemos. Si mi hijo tiene hambre, aunque yo me esté muriendo también de hambre, le doy la comida que tenga a mi hijo. El león se lo come él y se muere su cachorro. Los animales son biología pura. *Ruaj* es el crecimiento del conocimiento constante, que desarrolla sin negar el *Nefesh*, que es sagrado al servicio del *Ruaj*. Eva es sagrada y Adán es sagrado, están consagrados al servicio de lo que está más arriba. No como hombre y mujer, sino como estados de consciencia: consciencia corporal, consciencia espiritual y consciencia *Neshamá*. Al ponerse el *Ruaj*, nos predeterminaron inexorablemente a tener el deseo de subir al *Ein Sof*. No solo nos podemos satisfacer de la biología de la materia, tenemos consciencia de desear más allá de la materia. No nos basta con todo lo que podemos encontrar en la materia, el *Ruaj* siempre nos interpela para que sepamos que no somos lo que somos, sino lo que podemos ser.

Vamos a tomar a *Ruaj* en el Universo de *Yetzirá*. En *Biná* tenemos un Árbol de la Vida de la propia *Biná* superior, que es la que quiere copular con la *Jojmá* y ser *Yud Hei Vav Hei*, y la *Biná* inferior es la que está en los detalles de la vida cotidiana, para saber cómo sobrevivir en la materia, en *Nefesh, Maljut* de *Biná*, supervivencia biológica, de lo administrativo, ir al médico... La triada superior de *Biná*, *Biná* de *Biná*, *Jojmá* de *Biná* y *Kéter* de *Biná* está al servicio de copular con *Jojmá* e ir hacia *Kéter*. Tenemos una paradoja: *Biná* inferior (cómo sobrevivir, etc.) y *Biná* superior (cómo subir el nivel de consciencia). La *Biná* inferior es «¿cómo lo hago?», la superior es «¿para qué lo hago?». La superior busca el porqué de todo; la inferior está al servicio de la inmanencia, de no perder lo cotidiano de esta realidad. Así pues, la *Biná* tiene una doble función. Hay que tener una *Biná* muy equilibrada. Si permanentemente está en lo superior, puede negar lo inferior, y lo inferior dejaría de funcionar. Aparece el concepto de *Nesirá*: corto para unir, para dividir, para luego conectar. Hay un constante movimiento en la *Biná*. Dentro de ese *Daat* de *Biná*, tiene que hacer que entren en equilibrio. La *Biná* es muy importante, toma las fuerzas masculinas de la *Jojmá* las frena y distribuye de acuerdo con la necesidad. La *Biná* hace de *Masaj* o filtro de la *Jojmá* para no perder la relación con lo cotidiano, no puede con toda la información de *Jojmá*. El miedo de la *Biná* inferior es no perder toda la información de la *Jojmá*. Pongamos que cien es *Jojmá*, pues la *Biná* superior tomaría cincuenta, y *Biná* inferior, veinte; no quiere entrar en colapso, debe marcar límites. A la *Biná* le llaman nuestra *Merkabá*, nuestro carro de fuego. Cuando hay una *Klipá* en una dimensión inferior, la *Biná* ha de poner orden.

Cuando atajas tu desequilibrio en la mente ya no baja al cuerpo, pues no necesitas recibirlo. Los desequilibrios que bajan son los que la mente no puede atajar o los que la mente pudo crear, creyendo que los atajaba el sistema cognitivo. La *Biná* es el sistema de organización y decide a qué dimensión le llega la energía. Organiza tu vida, tu tiempo.

> «Es sabio quien agradece lo poco que percibe».
>
> Itzjak Guinzburg

La *Jojmá* pregunta: «¿Para qué pusiste tanta energía, si no está el proyecto?». La *Biná* contesta: «Bueno, ¿cuál es el proyecto?». ¿Cómo? La *Biná* recalcula. *Jojmá* y *Biná* han de copular todo el tiempo. Hay gente que trabaja mucho y no sabe para qué, pues no tiene la energía puesta en su proyecto. La *Biná* quiere ahorrar energía porque hay límite de tiempo y espacio. La preocupación de *Jojmá* es invertir, está con el *Ein Sof*. No tiene límite de energía. Una persona que tiene un proyecto personal no lo abandona, aunque le den más dinero; si lo hace, es que ese no era su proyecto. La mente distorsiona y cree que, al tener más, cambian las condiciones, pero cuando uno es feliz, las condiciones no cambian, tengas más o menos. Dimensiones psicológicas o cosmogónicas.

19. La Torá oculta

«Tuvimos la experiencia, pero se nos escapó el significado».
ELLIOT

Toda la información del *Ein Sof*, del Infinito, del *Or Ein Sof* es un pensamiento al infinito, están mezclados el *Klí* y el *Or*, que oculta todo lo que no está en nuestro Universo, presente, pasado y futuro, pero al nivel de información general. La Torá oculta en términos cosmogónicos podría estar situada en *Kéter*, Universo de *Adam Qadmón*. Esta Torá se tiene que ir manifestando, bajando dentro de las *sefirot* cosmogónicas y reduciendo el nivel de intensidad. Cuando baja a *Jojmá*, tenemos otro tipo de percepción de la Torá, hablamos del Universo de *Atzilut*. La Torá primordial está saliendo del ocultamiento y se está revelando. Hablamos de una preexistencia de la Torá en el Infinito, que al mismo tiempo se revela. Manifestaciones: Torá oculta en el Universo de *Adam Qadmon*, la Torá *Kelula*, Universo de *Atzilut*, Torá *Kedumá*, Universo de *Briá*, Torá oral con 600.000 letras. La Torá escrita en *Tiféret* con 341.000 letras y la Torá escrita y oral en *Maljut*.

Torá *OCULTA*
Universo de *Adam Kadmón*

Torá *KELULÁ*
Universo de *Atziltut*

Torá *KEDUMÁ*
Universo de *Briá*
Torá oral. 600.000 letras

TIFÉRET
Torá escrita 341.000 letras
MALJUT
Torá escrita y oral

Hay cabalistas que acceden a la Torá *Kelulá*, desde su experiencia del corazón. Experiencia personal. La vivencia. No hay definiciones posibles, se le puede llamar Torá de *Atzilut* o también Torá de Emanación. Todavía no está manifestada. Los que captan desde el interior del alma esa sabiduría son los llamados sabios del corazón. De la Torá *Kelulá* pasamos al Universo de *Briá*, ya que tenemos la primitiva Torá, la Torá *Kedumá*.

El escriba hace la primera escritura de Abraham o quizá fue el propio Abraham el autor. Antes de escribir había un pensamiento, primero es Torá oral, porque nadie lo llegó a escribir. La Torá *Kedumá* es la idea de la escritura, de lo que el escriba va a escribir antes del escriba. La Torá *Kedumá* es Torá oral. Cuando pasa a ser Torá escrita, ya es la *Tiféret*. Quizá había información demasiado potente que el escriba no escribió o entendió que no tenía que escribirlo todo y redujo la información. No sabemos qué información oral quedó en la Torá *Kedumá* sin escribir. Reveló información a nivel del pueblo, luego ya viene un nivel más bajo, *Maljut*, la Torá oral, el Talmud, el *Bahir*, el *Zohar*, todos los libros rabínicos. En Cábala, es más importante lo oral que lo escrito. Si nosotros decimos que D*os es Infinito, la letra lo reduce, no lo puede expandir. La Torá escrita con 341.000 letras y la Torá *Kedumá* con 600.000 raíces del alma y 259.000 letras invisibles.

Las letras invisibles son aquella en las que falta información de la Torá oral. Es simbólico, porque hablamos de las 600.000 personas que salieron en el «Éxodo de Egipto». Hablamos de la tradición oral antes de la escrita, no la de *Maljut*, sino la del Universo de *Briá*. Es la oralidad de los secretos que el escriba no escribió. Son causa de lo escrito y consecuencia si es oral, de *Maljut*. La Torá *Kedumá* es la más cercana de la Torá de *Atzilut*, y es la que se perdió con las primeras Tablas. La Torá escrita que tenemos es mucho más limitada, dado el desequilibrio que provocó la luz cuando nació el Universo. El problema que tenemos es grave, dice Isaac Luria. Después de la ruptura de los recipientes, después del *Tzim Tzum Alef* y el *Tzim Tzum Bet*, nada se encuentra ahora en el lugar que le corresponde. Todo está en otra parte, todo está mezclado, como un puzle. Partimos de la base de que nacemos en un sistema desequilibrado; nosotros podemos percibir en nosotros los desequilibrios del sistema. El secreto es que nosotros podemos percibir desequilibrios en nosotros que no son tales, en realidad, que son ajustes de nuestras posiciones al desequilibrio cósmico. Todo está en otra parte y no está donde creemos que está, empiezan a aparecer males producidos por la buena intención.

¿Cómo puede ser? ¿Por qué mi hijo no me quiere hablar si yo puse mi buena intención en esta relación? ¿Cómo es posible que si le doy una moneda al mendigo me diga que le podía haber dado más? Se ofende con mi buena intención.

Dicen los cabalistas que todas nuestras buenas intenciones operan mal en el mundo de la realidad por las limitaciones de la realidad. Aunque tengamos buenas intenciones, las cosas nunca van a salir bien de acuerdo con nuestras buenas intenciones. Tu alma entiende que es bueno, pero cuando baja a la realidad, el uno te critica, el otro no te habla... El alma se puede sentir impotente frente a la realidad: «¿Por qué me pasan cosas malas si yo actúo desde la bondad?». Lo que pasa es que las energías cósmicas están mal situadas. Hay que hacer *Tikún Olam*, hay que rectificar las energías generales. Podemos pensar que los desequilibrios son propios y que tenemos que corregirlos, pero puede que no sean propios, sino un ajuste del sistema que está desequilibrado. Nosotros nos estamos desequilibrando más, en vez de intentar equilibrarnos. Cuidado, porque podemos hablar de *Tikún* o de la ilusión del *Tikún*, que es creer que yo rectifico ajustándome al sistema, pero no rectifico porque me esté ajustando al sistema, rectifico si no me ajusto al sistema, porque el sistema es el que está desequilibrado. Los cabalistas dicen que si nos ajustamos a un sistema desequilibrado podemos ser personas honorables, pero también estaremos desequilibrados como el sistema. El problema es que yo no puedo hacer el *Tikún* personal si no me conecto con la Torá *Kedumá* o *Kelulá*. Porque me puedo llegar a ajustar a la Torá escrita de *Tiféret*, pero no me ajusto a la raíz de la Torá, tengo que ir a la raíz, donde habita D*os en mi corazón, lo que dice mi experiencia personal, sintiendo cuál es el desequilibrio del exterior. El hecho de asumir que hay muchos desequilibrios en el exterior no impide que yo también me vea arrastrado por los desequilibrios de la estructura, pues nací en esa estructura. Los desequilibrios están tanto dentro de mí como fuera. No es que yo sea puro.

El problema de la Cábala es que yo me voy limpiando de los desequilibrios de afuera, pero el afuera no cambia sus desequilibrios. Las fuerzas *klipóticas*, las fuerzas que atraparon las luces del *Tzim Tzum Alef*, pueden seguir queriendo ajustarme con la realidad distorsionada del yo, con los desequilibrios del afuera. Los ajustes que yo haga dentro de mí me van a llevar a un nivel donde cada vez voy a ver más los desequilibrios de los demás y los desequilibrios que hay fuera, y en ese nivel he de tener mucha fuerza, porque voy a ver mejor los desequilibrios de fuera, que siempre existieron, porque estoy limpiando los desequilibrios externos que están operando en mi interior. Estos desequilibrios me pueden atacar si yo no tengo las energías bien puestas, pero si están correctamente colocadas, nadie me puede atacar, porque yo arreglo la distorsión en mi interior. El precio a pagar por arreglar la distorsión en el interior es que cada vez veo con más fuerza las *Klipot* de los demás, veo el bajo nivel de consciencia de las otras personas.

El problema, dice Baal Shem Tov y todo el grupo del jasidismo es que «la santa Torá fue creada en un caos de letras, nadie sabía bien dónde estaba la información, y la información se ordenó solo para soportarla, no porque fuera verdad». Se ordenó para que nuestros *Keilim*, nuestras vasijas, puedan ordenar algo de información, pero no hay un orden, sigue habiendo caos, porque las *Klipot* siguen operando. ¿Por qué motivo, cuando yo hago algo con buena intención, el resultado es negativo? Porque en realidad, nunca hago lo que quiero o lo que puedo. La diferencia entre «hago lo que puedo» y «hago lo que quiero» es que, cuando hago lo que puedo, me enfrento a los límites de la realidad e intento hacer lo que quiero, pero parece que me sale mal, y esto es así porque aparecen los límites de la realidad. Puede pasar que no le dé nada al segundo mendigo que me pida, que quizá realmente quiere comprar leche con lo que está pidiento. Empieza a haber una distorsión terrible en el *Daat*, en el nivel de consciencia.

«Todo está en alguna otra parte».
Isaac Luria

Si es así, nosotros tenemos que sospechar que, cada vez que estamos en conexión con la información que nos viene de la Torá escrita o *Kedumá*, no es nunca la *Kelulá*, nunca recibimos toda la información; en realidad, hacemos lo que podemos con la información que tenemos, pero las posibilidades de que los actos salgan mal son enormes, al actuar con tan poca información, son muchas. Si operamos, por ejemplo, con 0,0000000000001 de información y del otro lado hay un 9,9999999999999 que no conocemos, es lógico que, al cabo de tres años, digamos: «Bueno, hubiera actuado de otro modo». No tenemos toda la información para calibrar nuestras decisiones. Tomamos decisiones con un bajo nivel de *Daat*.

¿Cómo se extrae esa información? ¿Estudiando la Torá escrita, interpretándola? No, conectándose con la Torá *Kelulá*, con la experiencia del corazón, con lo que nos dicta el corazón, *Jojmá* en el universo cosmogónico de *Atzilut*, con la energía que hay dentro de nuestra propia experiencia personal. Entonces podemos comprender mejor cómo funciona la realidad. En cada universo, los límites operan de forma diferente: en los inferiores, son terribles; en los superiores, son más amplios. Imaginemos un preso que está en una cárcel, donde sus límites son terribles en la realidad, pero en los universos superiores, casi ilimitadamente está cerca de la luz divina, que le baja en todo momento.

¿Cómo un D*os perfecto creó un mundo imperfecto? Esta es la raíz del problema, porque a mí no me dijeron dónde estaban las energías antes de que yo viniera a este mundo. Imaginemos que hubiéramos nacido en un mundo perfecto, como les pasó a Adán y a Eva, que amanecieron en un mundo perfecto, en el que no tenían nada que hacer. Sin embargo, para mostrar la omnipotencia del *Ein Sof* se tenía que mostrar también la posibilidad de crear la imperfección. En un mundo perfecto no hay deseo; todo está hecho, todo está realizado. La única forma de crecer es crear un mundo perfectamente imperfecto. Es decir, este es el mundo imperfecto que las luces merecen para poder elevarse.

¿Cuál era el mérito de Adán y Eva para estar en el paraíso? Ninguno. Ni Adán ni Eva se ganaron nada, no hicieron ningún esfuerzo y, por lo tanto, no experimentaban placer, porque el placer del paraíso se anulaba con el aburrimiento. El paraíso es el infierno. Cuando hay dificultades (hay que pagar a la Agencia Tributaria, el gerente del banco te llama por algún problema, etc.), es cuando la persona aprende y se eleva. Es una utopía pensar que podemos vivir una vida tranquila, porque nuestra vida es intranquila. La Cábala entendió que todo el Universo vive imperfecto, caótico, intranquilo, siguiendo un plan perfecto que nosotros no podemos entender. Para que el plan sea perfecto, se creó la imperfección. La función de la serpiente era sacar a Adán y a Eva del aburrimiento, por eso los sedujo, para invitarlos a crecer. D*os envía la serpiente para crear caos, jaleo... El plan es que coman, no hay desobediencia en el comer, hay obediencia. Por lo tanto, entramos en el mundo de la imperfección: queremos a alguien que no nos quiere, con buena intención las cosas salen mal, hay problemas de interpretación, problemas intelectuales, problemas emocionales... Me levanto por las mañanas para solucionar problemas cósmicos. Me trajeron a un puzle que nunca se termina de solucionar. En *Shabat*, es donde más hay que estudiar, no es un día de descanso. Nos tenemos que mover, reconectar, ahora ya no comemos del pan de la vergüenza, así seremos merecedores de todo lo que tenemos que ganar. Hemos de aprender a desarrollar la humildad, entender que las cosas salen mal, aunque las hagamos con buena intención. Si aprendemos mucho, elevamos el nivel de *Daat*, y esa energía, que hoy está en otra parte, la colocaremos donde se merece estar: eso es *Tikún Olam*.

Daat subirá a tal nivel que tendrás una información del nivel de la Torá *Kelulá*, verás anticipadamente a dónde va la energía. Por eso, la imperfección estará al servicio de las partes que faltan, las vas a descubrir. En Cábala, siempre hay partes que faltan, de 341.000 a 600.000 hay 259.000 letras invisibles ¿Dónde están las letras invisibles? «Están en tu corazón y en tu experiencia». Los cabalistas más ocultos de la Edad Media dicen: «Hay algo que se va a revelar del Mesías que aún no ha sido revelado». A nivel popular, se dice que la Torá tiene cinco libros; no es cierto, tiene siete, pero dos están ocultos, y todavía no tenemos el suficiente nivel de *Daat* para verlos. En los tiempos mesiánicos se podrán leer las letras blancas que faltan de estas 600.000. Cuando hacemos alguna acción de buena fe y nos sale mal, es porque no teníamos toda la información. No hay que sentirse culpable, ya que estamos operando en un nivel de revelación al que le falta información, pero a medida que uno aumenta el nivel de información, opera mejor.

Muchas ideas de la Cábala pasaron a movimientos y grupos del siglo XVIII, rosacruces, masónicos, secretos... Uno de ellos va a decir que faltan tres capítulos de la Torá que están en posesión de los magos. En Cábala sabemos cómo están divididos esos textos, pero no se pueden revelar, la gente debe pensar que son cinco y no siete. El motivo es que no sabemos todavía operar con tanta energía del otro lado, porque nos falta información del mundo oculto, pero quizá no la merecemos todavía, porque nos falta desarrollar más nuestra consciencia. Por una parte, sabemos que hay una información oculta que tenemos que revelar para estar mejor, pero con malas intenciones podríamos hacer daño, por eso solo alguien con buenas intenciones puede conocer esta energía oculta. Muchas veces no se accedió a estos niveles de la Torá porque no se conocía la buena intención de la persona para operar con esos niveles.

¿Cómo hacer *Teshuvá* personal? ¿Cómo equilibrar nuestras energías si las energías que consideramos desequilibradas son de un sistema desequilibrado? Si el sistema está desequilibrado, ¿qué tipo de *Tikún* puedo hacer yo, intentando equilibrar energías, cuando el paradigma de mi equilibrio es un sistema que está desequilibrado? Parece que estoy atrapado en el desequilibrio y que siempre voy a estar desequilibrado, pero no es así, porque en la Torá *Kelulá*, en el corazón, yo sé cuándo está desequilibrado. El movimiento jasídico de Bobov dice: «La justicia de la Torá es superior a la Torá». Eso significa que lo que busca la Torá *Kedumá* frente a la Torá escrita es una justicia en las 259.000 letras invisibles. Hay un nivel de luz oculta que todavía no merecemos del nivel invisible de esas letras invisibles. Si nosotros accedemos a ese nivel, entramos en una justicia superior al texto escrito de la propia Torá. El movimiento ultraortodoxo de Bobov, que cumplen con todo y más, son los ultraobservantes. La observancia de lo oral debe tener una justicia superior a la observancia de lo escrito. Los que más observan sospechan que la Torá escrita no puede ver el mundo de lo invisible, el mundo de *SOD*, pero cuando lo ve, se da cuenta de que las conclusiones a las que llega no se acercan a las conclusiones que tienen hoy, sino a las conclusiones de las primeras Tablas, las que fueron rotas. La cuestión es cómo recuperar el objetivo fundamental de cuando esas Tablas estaban bien, donde lo masculino y lo femenino no estaban en contradicción. Ese es nuestro problema básico, lo escrito contra lo oral, uno contra otro, blanco y negro, nadie ve la *Alef* de la unidad, ya que está en los niveles superiores de la Torá.

¿Cómo actuar cuando en realidad todo es esotérico y todo es *SOD*? ¿Cómo actuar cuando me falta tanta información? Nunca tendremos toda la información para actuar, siempre tendremos una información parcial en el nivel de nuestra realidad cotidiana. Aunque nuestra intención, nuestra *Kavaná*, es hacer lo que queremos hacer e intentar hacerlo, hay un límite a lo que podemos hacer. Los límites se imponen a la realidad. Cuando aparece el límite, si lo percibimos mal, podemos sentir mucha impotencia y sentirnos culpables por no poder pasar el límite. Debo tener una buena percepción, ya que el límite me da humildad, tú eres un fragmento no eres D*os. ¿Crees que puedes pasar el límite sin merecerlo? Si lo pasas sin merecerlo, mal asunto, vas a sufrir. ¿Por qué alguien sufre cuando actúa teniendo buenas intenciones y le sale mal? Porque no entiende cómo funcionan los límites de la realidad y, por lo tanto, no tiene *Daat*, que es el que da el conocimiento de por qué los límites están ahí. Entenderíamos todos los límites y obstáculos de nuestra vida, porque todos son para nuestro crecimiento, si no tuviéramos la idea ingenua de querer volver al Paraíso para no hacer nada.

Cuando una persona dice: «Voy a trabajar duro durante veinte años y luego me jubilaré». Pero al final continúa trabajando duro porque dice que es feliz con lo que hace. Se está autoengañando, por supuesto, y se morirá trabajando, aunque con menos energía, por supuesto. Pero si su alma encuentra su *Tikún* y está apasionada en su labor o misión, esa alma nunca se va a jubilar, pues no hay año sabático para ella. La vida es un aprendizaje continuo, a pesar de los golpes que nos ayudan a crecer. Nosotros no fuimos hechos para estar en el paraíso, sino para perderlo e intentar volver a él, ganándonoslo. Entonces sucede una cosa muy misteriosa: ¿están intranquilos?, ¿están desequilibrados? Deberían estar muy felices. ¿Están angustiados?, ¿tienen vacío? Más felices. La felicidad es la intranquilidad, el vacío, el desafío constante. Eso es lo que te hace crecer. La felicidad no es la apatía, el aburrimiento; si estás así, vendrá la serpiente, porque necesitamos entrar en el juego del sistema, o entras tú o la serpiente te quita del sistema. El sistema ha de ser corregido con tu *Tikún*. Venimos a rectificar, porque el sistema fue diseñado así para nosotros. Debemos tener el deseo de rectificación todos los días. Nunca estaremos tranquilos. En la Cábala somos aguafiestas, pero al servicio de la felicidad. ¿Tú quieres ser feliz? Este es el momento, porque lo estás logrando, tienes todos los obstáculos a tu disposición: los impuestos, la envidia... La serpiente es parte del sistema.

Hay una idea de la *Biná* que nos hace mucho daño: la idea de que esta vida de inquietudes va a desaparecer. Saquémonosla de la cabeza. Nos levantamos por la mañana para enfrentarnos al vacío, la inquietud, el desafío, para crecer y seguir avanzando, para que el mendigo nos mire mal y que, cuando nos mire mal, veamos el rostro de nuestra imagen y semejanza. Ahí está D*os. El mendigo que te da las gracias y te levanta el ego no te sirve para crecer. El que te ayuda a crecer es el que te mira mal y te dice: «Puedes crecer más. ¿Creíste que hiciste *Tikún* porque me diste cincuenta euros? Date cuenta del estado de soberbia en el que estás». Cuando el hermano te envidia, D*os es feliz, ahora la gente se va a ganar y hacer *Tikún* en serio, se lo han de ganar. Vivimos en el paraíso cuando nos pasan cosas terribles porque estamos creciendo, porque vamos a merecer la luz y, por lo tanto, merecemos ganar a Satán. Cuando enviemos a Satán a la jubilación, habremos aprendido de qué va la vida. Va de un aprendizaje constante, donde nadie te va a reconocer nada.

¡Mejor todavía! Tu propia alma está reconociendo en su interior el nivel de consciencia que tienes. No tiene que venir nadie del exterior a reconocer tu propio nivel de consciencia. Tiene que ser en tu interior. Estás creciendo.

El gran filósofo israelí Leibowitz dijo: «¿Por qué comieron del Árbol? Porque estaban aburridos, no porque desobedecieran». No había deseo de nada, no era felicidad. La serpiente les dijo: «Ahora vais a entender cómo subir a D*os. Comed del Árbol, así tendréis una consciencia parecida a la de D*os. No os voy a dejar comer del Árbol de la Vida para que no seáis eternos como D*os, por ahora, pero os permito comer del Árbol del Conocimiento del Bien y del Mal para que tengáis un conocimiento parecido al de D*os». Antes Adán era un *golem*, una consciencia de masa inanimada, por eso le ponen el *Ruaj* y elevan su nivel de consciencia. «También te daré el libro de Raziel, la

Cábala, para que luego comas del Árbol de la Vida, pero, para eso, has de ser merecedor de haber comido primero del Árbol de Conocimiento del Bien y del Mal». Hay un misterio en Cábala y es que, cuando Adán y Eva comieron del Árbol del Conocimiento del Bien y del Mal, también comieron del Árbol de la Vida. Solamente que no llegaron al nivel de percepción, pues se nos cortó la parte del *Daat* hacia *Kéter* de alguna forma, por eso vemos el mundo *Bet* de la dualidad, las siete *sefirot* inferiores. La cuenta del *Omer* son siete por siete, que son cuarenta y nueve. Refinamos siete subenergías de siete *sefirot* dentro de las siete inferiores. ¿Y por qué no las tres superiores? Porque no merecemos entrar en las superiores si no refinamos las siete inferiores. Si no tenemos *Daat* en las inferiores, ya que son las más estrictas, tenemos que aprender permanentemente de los límites. Cada límite que sufrimos en esta realidad nos lleva a una expansión superior. Nos acercaron los límites para tener muchas dificultades: economía, trabajo, pareja, amigos, familia... Este es el juego.

¿Quieres subir de nivel de consciencia? Aparecerán más obstáculos. D*os hizo lo perfecto oculto a lo imperfecto revelado. El plan es perfecto pero, para que lo sea, la imperfección debe estar dentro del plan divino, que era crear gente que tuviera la capacidad de crecer por sí misma o por lo menos con esa ilusión. Ganaremos el paraíso con consciencia. El nivel del *Tikún Olam* o Reino de D*os es muy superior al paraíso, ya que no lo merecíamos, es el pan de la vergüenza global. Subimos de nivel de consciencia cuando previamente bajamos, pero es una caída que me eleva, no es el abismo.

> «El que se cae y se vuelve a levantar, ese tiene más fuerza
> que el que nunca se cayó».
> MARIO SABAN

Alguien que supera obstáculos y sufre en la vida es el que más entiende la Cábala, porque sabe la fuerza que hay que tener para salir de ahí. Si sales de las tinieblas, esa luz es sumamente fuerte, superior a la luz diaria. Lo bueno que tiene *Kéter* es que, si nuestras almas pueden aprender a tomar esa luz y mantenerla toda la vida, siempre volverán a percibir esa luz. Cuando uno se acerca a una situación con dificultad en la vida, vuelve a conectar con esa luz. Ahí es cuando el alma se hace imbatible, sigue creciendo.

Esa luz está oculta para los justos del mundo. Si alguien puede conectar con esa luz, no hay nadie que pueda frenar el *Tikún* de un alma, el alma sigue adelante. Conectar con esa luz no es fácil. Los que tienen experiencia de tinieblas, de algún momento malo de su vida y salieron de ahí y pudieron captar ese nivel de luz, saben de qué luz estoy hablando. Los *maamuquim* son los cabalistas que percibieron la *Sitra a jará*, percibieron el lado malo.

¿Qué sucede con el justo y con el que cae en el texto de proverbios? El que vivió en justicia en todo momento y estuvo al lado del padre durante toda su vida nunca se cayó, como el otro hijo que lo perdió todo cuando se fue de su casa. Pero tuvo la valentía de volver y fue envidiado por su hermano. El hijo que nunca se cayó y que estuvo siempre con el padre, en vez de mostrar su luz, le dijo: «Padre, ¿cómo le vas a dar su parte a él, que lo dilapidó todo?». Esto es Cábala pura, porque nuestra existencia está basada en la *Guevurá*. El alma se siente atrapada en los límites. Tenemos que aprender a subir, pero el alma, en su buena intención, quiere ayudar a todos los pobres, intención de raíz. Sin embargo, se enfrenta a los límites de la realidad y solo puede ayudar a dos o tres personas. Debo profundizar en lo poco que tengo para llegar al Infinito. No es la cantidad sino la calidad de lo que yo profundizo en ello, con la profundidad de *Omeg*. Tenemos un problema, basado en la cultura griega, que trata del espacio. La gente compra propiedades, pero necesita mucho tiempo de trabajo para adquirirlas, y el tiempo es mucho más valioso que el espacio. Tendríamos que disfrutar ese espacio para comprar el tiempo.

> «Los justos siempre parecen más jóvenes, porque cada día
> se levantan felices para combatir el mal».
> MENAHEM MENDEL DE KOTZ

20. La asimetría. *Daat*

«El sentimiento de estar perdidos es la ignorancia
de conocer en qué etapa del camino nos encontramos».
MARIO SABAN

La prueba de nuestra propia existencia es que todo el sistema está basado en el concepto de la asimetría. Si no existiera la asimetría, no existirían los vacíos que permiten el flujo de energía, ya que dentro del sistema tenemos una realidad asimétrica. Deberíamos saber en qué nivel nos encontramos, porque una realidad asimétrica distorsiona los niveles. *Daat* siempre expande el vacío. Una realidad asimétrica es que yo tengo aquí un vacío en el nivel inferior. Es un vacío menor y, si no soy consciente de en qué nivel me encuentro, no puedo tomar decisiones basadas en este o en otro nivel. Primer problema que plantea la asimetría: ¿en qué nivel nos encontramos? Tenemos un mapa, cada nivel tiene una *sefira*, un nivel dimensional. Las *sefirot* y los universos marcan diversos niveles de asimetría, y esa ley se cumple en todos los niveles. La asimetría es la existencia de un vacío que perfora esa realidad.

¿Qué pasa en el vacío de todas estas asimetrías? En el vacío de todas las asimetrías, sube y baja la energía de *Daat*, que fluye por los diferentes vacíos, entre todos los universos y todas las dimensiones, llevando consciencia. Si hacemos un análisis horizontal, siempre tenemos vacío, y en el análisis vertical, vemos energía que sube y baja. La energía que baja a un nivel es la que me permite conectarme con el nivel superior. Yo conozco lo que sucede en los niveles superiores, porque el *Daat* que baja, siempre baja de un nivel superior. Así que nosotros estamos utilizando energía superior en el inferior. Toda la energía que utilizamos siempre proviene del nivel superior, de un orden superior. Nosotros subiríamos por ese flujo y reflujo de energía a través de *Daat*, la consciencia, el conocimiento que nos permite subir de nivel. Las energías de tipo *Alef* de ascenso suben, y las energías de tipo *Bet* de descenso bajan. Sucede una cosa misteriosa: cuando nosotros elevamos esta energía, la tenemos que transformar en tipo *Alef*. Si operamos en el nivel que operamos con esa energía y no la transformamos en tipo *Alef,* nos quedamos en ese nivel. Si operamos con tipo *Bet*, nos quedamos atrapados en ese nivel o bajamos más de nivel. El trabajo de *Daat* es expandir el vacío, aunque nosotros estemos viendo que es la entrada y salida de energía. Cuando lo expandimos, automáticamente subimos el nivel de asimetría, porque encontramos un vacío más grande. La propia expansión del vacío es la que da lugar a que nos estemos moviendo de nivel de asimetría. La función de *Daat* es siempre estar expandiendo el vacío. Como nosotros luego tenemos que bajar, tenemos que sostener los vacíos inferiores, no solo crear el vacío superior. Un secreto de la Cábala es que, en los vacíos inferiores, expandimos los superiores. Si expandimos los vacíos inferiores, somos merecedores de tener más abiertos los vacíos superiores. Son entrenamientos. El trabajo se hace en lo más mínimo de la materia, en el trabajo hormiga. Ahí expandimos los superiores. Cuanta más luz estás poniendo en *Maljut*, más luz estás revelando en *Kéter*.

En otras espiritualidades dejan de lado los niveles inferiores porque creen que en ellos no hay espiritualidad, pero la Cábala señala que el pequeño trabajo que hagas en los inferiores te ayudará a expandir los superiores. Parece que no lo va a ver nadie, pero es un trabajo de apertura cósmica: estás cambiando el cosmos por completo. Tú no ves la trascendencia de ese pequeño trabajo, pero abre campos de energía muy altos. Los cabalistas dicen que no se puede desmerecer la apertura de los campos inferiores. Hay gente que cree que lo espiritual solo está en los campos superiores, y no es así. Se operan aperturas simultáneas de vacíos inferiores en los superiores. Las aperturas simultáneas nos dicen que no tengo que subir para abrir los vacíos superiores, que estos se abren trabajando en los inferiores.

¿Qué es *Daat*? La expansión del vacío.

1) Consecuencia del *Daat*.
2) Simultaneidad de que los vacíos superiores se expanden a partir de los inferiores. La importancia de la materia, de las pequeñas acciones.
3) Ordena el vacío.

Vamos a comparar una pequeña *Mitzvá* y una gran *Mitzvá*, un mandamiento.

Maimónides dijo que conviene dar mejor:

1 euro a 1.000 personas = 1.000 mandamientos
1.000 euro a 1 persona = 1 mandamiento

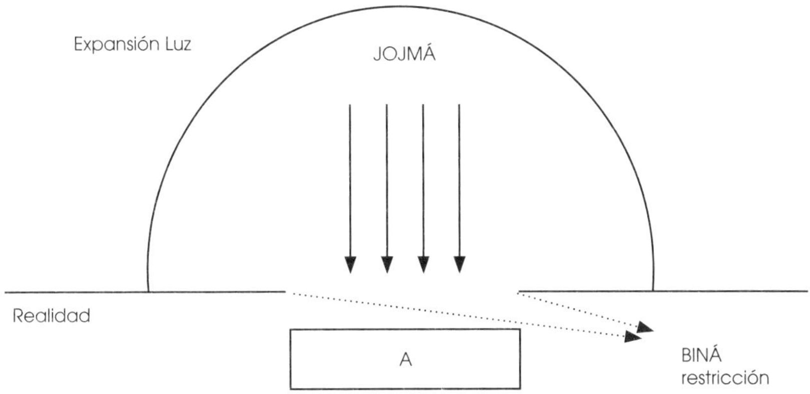

Las pequeñas acciones que estás realizando, *Mitzvot* o mandamientos, son expansiones del vacío en el inferior. Dentro del vacío encontramos dos fuerzas: quien sostiene los límites del vacío es la *Biná* y la que expande el vacío es *Jojmá*. *Daat* es la unión de *Jojmá* y *Biná*. *Biná* son las fuerzas de la restricción al vacío y *Jojmá*, las fuerzas de la expansión al vacío.

Si decidimos que todas las dimensiones son vacías, por lo cual entra energía, decimos que todas las dimensiones tienen fuerzas expansivas y fuerzas restrictivas. Lo único que quiere la *Jojmá* es mostrar la realidad de la luz, *Or*, pero no la puede mostrar si no están las limitaciones de la *Biná*, que trabaja ya que la *Jojmá* sola no puede. La *Biná* opera en los niveles más bajos, pues le es más fácil organizar y ordenar. En situaciones cotidianas como cuando tenemos que estudiar y, de repente, nos acordamos de lavar los platos, paramos y le damos de comer al perro, y volvemos al estudio sin fregar los platos... ¿Quién está boicoteando a la *Jojmá* y no le deja estudiar y relajarse? La *Biná*, que quiere organizar las cosas. Si te pones a estudiar estás desordenando el resto de las cosas. ¿Cómo se frena una *Biná* que permanentemente nos está molestando? El alma humana vive ante dos tensiones: la de organizarse y la que no termina nunca de organizarse, pues siempre hay algo más que arreglar, por eso cuesta estar estudiando creativamente sin pensar en organizar. Para que no se produzca el boicot, necesitamos *Guevurá* en *Biná*, no se pueden hacer las dos cosas a medias: o estudias dos o tres horas sin interrupciones o te dedicas a hacer otras cosas. La *Biná* debe estar convencida de que durante ese tiempo que estudias no te estás desorganizando. Satán es la interrupción de la *Biná* (autoboicot).

No se puede llegar a una profundidad tipo *Jojmá* si no se toman bloques de dos o tres horas seguidas, porque cada diez minutos nos quedamos siempre en la superficie, la interrupción nos desorganiza más que la organización que nos propone la *Biná*. Hay que tener *Guevurá*, que es el autocontrol, para no caer en la tentación como *Lilith* de la *Biná*, de interrumpirnos constantemente. Se toma la *Jojmá* hasta el final o la *Biná* hasta el final, pero no las dos cosas. Los cabalistas dicen que, si tenemos una mala oscilación entre *Jojmá* y *Biná*, debemos enfocarnos en una o en la otra, hasta el final. Enfocarse en *Jojmá* se hace sin televisión y sin móvil, hay que evitar las interrupciones permanentes, el Satán que nos desorganizan.

La *Jojmá* requiere de mucha concentración y mucha profundidad *Omeg*. Si alguien quiere oscilar, se debe hacer hasta el final, entre *Jojmá* y *Biná*. Si lees, es *Biná*, profundizar es *Jojmá*. La *Biná* es una máquina de memoria, pero si no profundizo en *Jojmá*, no me sirve de nada. El vacío solo crece si entra *Jojmá*, que requiere de muchas horas. La *Biná* se tiene que resituar en otros límites para dejar este nivel de expansión, para que la luz de la *Jojmá* pueda entrar. Hay que convencer a la *Biná* de ese nivel de luz que va a entrar, por eso, cuando nada ni nadie nos interrumpe, nos damos cuenta de que hemos aprovechado bien esas dos horas. Para existir necesitamos un *Klí*, la *Biná* es nuestra organización. Alguien que está interrumpiendo su estudio puede pedir un consejo. Ante una autointerrupción, la *Biná* me interrumpe, lo mejor sería ponerse una hoja al lado y apuntar todo lo que tienes que hacer, porque de otro modo no llegaremos a la consciencia *Daat*.

El texto bíblico dice: «El que se limita a sí mismo». La primera cuestión es:

1) Detecto al demonio de la *Biná*. El que nos interrumpe en todo momento y no nos deja expandirnos en la *Jojmá* (redes sociales, etc.). Autolimitación.
2) El ego que me dice que soy importante si estoy ocupado. El ego camuflado te tienta a participar en las redes sociales para existir. Uno se tiene que autorrestringir en *Guevurá* y controlar al ego.

Esto que hablamos es nuestra realidad diaria. Entendemos cómo poder crear nuestro vacío teórico para llevarlo a la práctica. Se vacía nuestra agenda con vacío, es decir, que si un día queremos estudiar o tenemos que escribir hemos de informar de que estamos ocupados desde las tres a las seis de la tarde, y que no puede entrar nadie a nuestro despacho. Eso es crear un vacío en la realidad de *Maljut*. Si tienes la agenda llena, nunca llegará *Jojmá*. Tienes que crear vacíos de tiempo en *Maljut* para que pueda ingresar la luz en la asimetría superior. Para llegar a la sabiduría, tienes que estar un poco desocupado, pues la persona muy ocupada no reflexiona hasta el fondo.

> «Para vivir, una persona necesita tener
> una hora al día para sí misma».
> Mario Saban

Los cabalistas de *Betel* son un grupo de místicos creado en el siglo XVIII en Jerusalén y se conocen como los cuarenta ocultos, porque cuando muere uno, puede entrar otro. Siempre hay cuarenta sabios estudiando Cábala. Meditan tres horas diarias para entender que comienzan a vivir.

Se puede ser muy inteligente y memorizar libros, pero *Jojmá* no llega, se necesita mucho tiempo para que *Jojmá* pueda entrar, necesitamos *Guevurá* para frenar a *Biná*. Tiene que estar uno solo con su *Tiféret*, y eso implica poner freno a la sociedad en *Yesod* y a la *Biná* que permanentemente nos está boicoteando. Esto es el vacío en el orden de la realidad. ¿Podemos percibir la realidad? Claro, de acuerdo con el grado de profundidad en que nosotros trabajemos esta realidad. Es el grado de tiempo disponible para profundizar en esta realidad. Si quieres cambiar la percepción de la realidad, has de tener tiempo, sino siempre permanecerás en esta realidad que te mantendrá en boicot constante, sin profundizar. Hay que conectarse con el fondo del contenido, no con ocupaciones que a veces no sabemos para qué nos sirven. La propia existencia produjo la asimetría, que es una gran oportunidad para la expansión en todos los niveles en que nos encontramos. Las formas pertenecen a la *Biná*, la tendencia es autoperpetuarse, las formas no entienden bien la asimetría porque es muy dinámica para formas cerradas como las que propone la *Biná*.

La *Biná* quiere llenar la forma, y punto, pues se queda en la estructura que conoce. Para la *Biná*, este vacío produce más amenaza que flujo de energía asimétrica, porque desde su punto de vista el flujo de energía que el alma recibe se puede volver muy peligroso. ¿Por qué motivo? Porque el flujo de energía que recibe ese nivel es un flujo de energía desconocido, viene de *SOD*, y la *Biná* no lo conoce. Mucha gente dice: «Yo quiero vivir una vida más auténtica». Cuidado con lo auténtico, ya que nos puede llevar a la validez de mi forma: «Yo soy así y no voy a cambiar». Como voy a crear un vacío, voy a producir cambio. Lo auténtico no es lo que tengo, a lo que doy validez en la forma, lo auténtico son las formas expansivas de las que tomo energía. Con respecto a la *Biná*, la Cábala dice: «Cincuenta ríos de inteligencia o cincuenta puertas de inteligencia o ríos de entendimiento».

> «En la vida, lo que hay que hacer es encontrar la puerta que te pertenece».
>
> NAJMAN DE BREVSLEV

Las cincuenta puertas de la *Biná*, a las que accedemos a través de la cuenta del *Omer*, son las percepciones de la realidad. Hay un modo de conocer la realidad que pertenece a nuestra raíz del alma. Hay cincuenta modos posibles de conocer la *Biná*, y cada una piensa de un modo, el problema está, para Isaac Luria, en la raíz de Satán: la tristeza. Si una persona está triste, Satán hace lo que quiere con ella. Si estás triste, es que perdiste la conexión. ¿Cómo se pueden ver las limitaciones que tenemos con respecto a los vacíos, que nosotros queremos expandir para poder subir? Tenemos dos tipos de limitaciones, que son lo mismo, solo que:

1) Punto de vista alegre o *NIFRADIM*, fragmentaciones.
   Ves las fragmentaciones tratando de ponerles consciencia y unificarlas, no las ves mal, las diferencias entre ellas no son tan grandes si las unes en el nivel *Alef*. Ves las limitaciones de las fragmentaciones.
2) Punto de vista triste o *METZARIM*, satánica.
   Son limitaciones negativas, son las mismas, la diferencia está en que los *metzarim*, los hábitos, son tan fuertes que me pongo triste y creo que no puedo con ellos. Tengo un alto nivel de tristeza. Estas limitaciones negativas no las entiendo en el fondo, pero tampoco tengo deseo en sobrepasarlas, me resigno.

¿Por qué la persona está triste? Porque quizá intentó abrir diez puertas y no abrió ninguna, pero todavía le faltan cuarenta.

«El problema está en la falta de voluntad de ir llamando a las puertas».
NAJMAN DE BRESLEV

Puede que alguna de las otras cuarenta puertas sea la que te pertenece. La tristeza nos lleva a la resignación. Creemos que no se puede cambiar la situación y sí se puede cambiar. Hay personas que no pueden cambiar su situación desde la percepción de la puerta que ven, y creen que es la única percepción posible, no tienen flexibilidad, pero alguna puerta es la suya. La mente tiene muchas estrategias para encontrar una salida y seguir avanzando. Si alguien te pone un límite en la realidad exterior o tú te pones una autolimitación en tu realidad interior, no es un límite real, es un límite en esa puerta, pero no en las otras cuarenta y nueve. No hay excusa para estar triste, hay que trabajar para buscar la puerta que está abierta. Una persona triste ignora las puertas que se pueden abrir, pero debería estar alegre buscando la puerta que le corresponde.

«La gente que se enoja por lo visible no conoce lo invisible».
MARIO SABAN

Una persona que pierde el trabajo y se enoja es ignorante, porque no sabe lo que le viene. Tendría que estar alegre, no sabe lo que le viene del lado secreto. Hay cincuenta caminos en la vida; es muy interesante. En la Cábala, cuando uno está triste, es que pasó al otro lado. Es como que un demonio lo posee.

¿Cómo puede ser que esté triste con todo lo que hay que hacer? Trabajar, estudiar... Tendría que estar contento, no sabe lo que Satán le va a traer. Transgresión, en hebreo *AVERÁ*, es pasar al otro lado negativo, poseído por Satán, la *Sitra a jará*, el lado negativo. Cuando alguien pasa al lado negativo, debe encontrar algo positivo del otro lado, porque es el potencial de mi crecimiento. La realidad oculta es la que me hace crecer.

Algunos cabalistas de Marruecos dicen: «D*os mío, no me quieras tanto mandándome a tu Satán». Debemos pasar desapercibidos ante D*os, no sea cosa que te vea demasiado tranquilo en tu zona de seguridad y para sacarte de allí te envíe el mal. Es por ese motivo que, cuando nos encontramos activos, D*os no se preocupa de enviarnos el mal para despertarnos porque ya estamos despiertos. El objetivo es expandir el vacío. Así que, si no se abre la puerta, insiste, expande el vacío, verás cómo se acabará abriendo. No hay excusa, todo tiene que ser para conseguir expandir el vacío. ¿Dónde está nuestra alegría?

Según los cabalistas, donde está el potencial. La realidad está en el potencial que no vemos. Lo que vemos no es la realidad, porque nosotros vemos la cosecha y no la siembra, porque está oculta; la cosecha es lo revelado. Todo lo que hagas que no se vea tiene más fuerza que lo que se ve, porque se verá en el futuro. Todo lo que veas de alguien hoy no lo estás viendo hoy, fue todo lo que sembró años atrás para lograr lo que hizo. Un proyecto realizado no es lo que ves ahora, son los años que la persona trabajó para lograr tener éxito con ese proyecto, para disfrutarlo ahora. Por lo tanto, no veo mi realidad, es lo que yo estoy sembrando, que nadie ve, ni yo, es la siembra del yo potencial, mi realidad oculta, que estoy revelando en cada momento. La realidad es todo lo que hago en silencio y en secreto, que se verá dentro de cinco o diez años, o cuando me muera. No hay que idolatrar la realidad de lo que se ve, la realidad de lo que se ve es pasado. La realidad real es lo que está en el futuro, que está en tiempo presente en nuestro interior. ¿Podemos percibir la realidad? Sí, podemos percibirla en lo más profundo del secreto de nuestra alma que se va a revelar. ¿Cuándo se va a revelar? Dentro de cinco años, un año, quince días, mañana...

El trabajo empieza hoy. ¿Quieres escribir un libro? Pues empieza hoy con la primera página, porque el libro no se va a revelar si no escribes una página hoy, otra mañana y otra pasado... El libro no aparece de la nada, nada aparece de la nada; todo aparece porque primero hubo silencio... Cuando pones una semilla en la tierra y empieza a moverse la raíz, antes de que salga el tallo, hay todo un movimiento bajo la tierra, todo ese movimiento es la realidad. Cuando sale la planta y crees que esa es la realidad, es mentira. La realidad es la información de que la raíz está subiendo al tronco y a las ramas. Esa es la realidad. Lo revelado ya es el pasado de la realidad, no es tu realidad.

Tu única realidad es el potencial de lo que puedes ver en tu interior, que todavía no ha salido. Hay que desvestir a *Yesod* de *Maljut*, si desvestimos a *Tiféret* de *Yesod* y si desvestimos a *Kéter* de *Tiféret*, si desvestimos a todas las vestimentas de las dimensiones que hay, llegaremos al núcleo duro del vacío de que esa es la realidad. Entonces llegaremos a la semilla de la que surge toda la realidad y, por ese motivo, la *Yud* es la letra más pequeña, es la más potente, no necesita revelarse en toda su extensión, solo con la semilla que reveló, tiene todo el potencial. De las veintidós letras hebreas, la que tiene el máximo potencial es la *Yud*, porque las otras ya se revelaron. La *Yud* lo que muestra dentro del nombre de D*os es la matriz del Universo. La *Yud* en *Atzilut* quedó oculta, el trabajo que se hace en lo oculto, en lo secreto y en silencio es siempre más potente que el trabajo revelado. En el mundo occidental te engañan con el trabajo revelado, que no es trabajo, pues no se hace con profundidad. Hay que hacer el trabajo inverso para tener resultados porque la realidad debe ser percibida por niveles más ocultos.

¿Cuáles son las energías que yo tengo en mi alma que todavía están en el potencial y que no he sacado de mí, de mi ser, de mi alma, de mi *Neshama*?

¿Qué energías, qué proyectos no he podido realizar todavía y aún estoy a tiempo? ¿Cuál es la realidad? La realidad es lo que tú todavía no has visto de ti mismo. La realidad es lo que todavía la *Neshamá* no reveló del proceso de *Tikún*. ¿Qué no hemos revelado aún? ¿Qué queremos revelar? ¿En cuánto tiempo lo revelaremos? Si no le damos tiempo, nunca va a existir el vacío donde se pueda revelar. No nos autoengañemos pensando que vamos a revelar el potencial, sin tener el tiempo disponible para revelarlo, que es el vacío dentro de *Maljut*. Aunque tengamos las energías, no vamos a tener el tiempo, por lo tanto, alguien que quiera revelar algún proyecto personal en el potencial, tiene que revelarse en el tiempo, reservarse tiempo en *Maljut* para poder revelar la realidad del potencial. Si una persona no tiene tiempo para sí misma, nunca va a revelar el potencial.

Hay un momento en el que el alma se ha de rendir al *Ein Sof*, rendición ante D*os. En el momento en que te rindes en *Biná*, empieza el éxito de la *Jojmá*; cuando te rindes a tu voluntad, se hace tu voluntad. A veces, la *Biná* tiene una lucha terrible, la que se da entre la moral y la culpa. No ser inmoral, pero tampoco culpable. *Jojmá* y *Biná* quieren ganar y no tienen humildad, pues actúan desde la soberbia. *Alef* acepta una paz entre las partes y sube a consciencia *Alef*. Si la lucha continúa, es consciencia *Bet* total. Lucha en definir su identidad. Debemos aceptar las partes *Alef* y hacer *Tikún*. Hemos sido educados en consciencia *Bet*, es la dualidad: éxito o fracaso, y la gente debería ser feliz. A veces, hay grandes éxitos con melancolías. La unidad la has de sentir en el interior, no en el exterior. Por eso, existe el arrepentimiento, porque no estaba bajo la consciencia de la *Neshamá*. La falta de unidad interior hace que se desgasten las energías. El que tiene baja autoestima siempre está en consciencia *Bet*, se pasa toda la vida intentando mostrarse a sí mismo lo que vale. Es un desgaste. Se deben focalizar las energías sobre un proyecto. En Cábala, siempre se pide tiempo personal para afinar cuál es tu proyecto.

«Para entender la realidad hay que ir a los principios generales».

Moshé Jaim Luzzatto

21. Método universal para hacer el *Tikún*

«Madurar es transformar la desesperación en aspiración».

EDUARDO MADIROLAS

El destino de la *Neshamá* es una de las cincuenta puertas de la *Biná*, la que nos pertenece, a la que estamos destinados, pero debemos tener también la flexibilidad de poder cambiarla. La puerta no tiene que ver con una idea, no es de posibilidad intelectual en la *Biná*, es el camino de la *Neshamá*, aquel al que estamos predestinados. No hay dos puertas, hay una. Cuando hablamos de las cincuenta puertas de la *Biná*, no es un debate teórico a nivel *Daat*, no es la comprensión de la puerta, es la experiencia de la entrada de la *Neshamá* a esa puerta. He de descubrirla.

El exilio de la *Shejiná* o el exilio de D*os tiene que ver con el *Tikún* de la *Neshamá*, que es el método universal para hacer el *Tikún*, más allá de la rectificación personal. Los cabalistas han analizado profundamente la posibilidad de cómo la *Neshamá* hace su *Tikún*. La conclusión es que el alma sea feliz en la materia y pueda pasar feliz al otro lado, en el *Olam HaBá*. Los cabalistas plantean cinco preguntas para desarrollar un método que nos permita entender el *Tikún*:

- ¿Por qué D*os nos permitió comer del Árbol del Conocimiento del Bien y del Mal?
- ¿Por qué permitió la esclavitud en Egipto?
- ¿Por qué permitió que el pueblo de Israel tuviera que peregrinar por el desierto cuarenta años si podían haber llegado en un año y medio a la Tierra Prometida?
- ¿Por qué fue todo tan complicado (exilio aquí, exilio allá, destrucción del primer Templo de Jerusalén, reconstrucción del Templo, llegada del Mesías, discutir quién es el Mesías...)?
- ¿Por qué Jonás no va a Nínive si D*os le dijo que fuera?

Parece ser que todo lo que analizamos en términos de la Cábala, texto de la Torá, *Tanaj* y Biblia, salió al revés. El pueblo de Israel, en vez de seis meses, estuvieron viviendo como esclavos en Egipto 240 años, después tuvieron que sufrir la primera plaga, permitir que mataran a sus primogénitos, dar vueltas en el desierto durante cuarenta años, comer el maná que no sabía a nada y sufrir mucho calor... Los cabalistas no entendían nada y decidieron analizarlo. ¿Por qué siempre era necesario tomar el camino más largo, el que tenía más obstáculos? ¿Por qué las cosas no salieron bien desde el principio? Si D*os era D*os, tenía la fórmula para hacerlo bien desde un primer momento. Aquí nace la cosmogonía de cómo se creó el Universo.

Cuando D*os dejó su descanso creó el Universo, sacrificó su descanso para crear el Universo, el *Tzim Tzum* es un sacrificio del *Ein Sof*, que podía haberse quedado tranquilo en el Infinito. Hacemos un análisis profundo de cómo aparece el concepto de oposición en el Universo que se crea y el *Ein Sof*. ¿Qué es crecer según la Cábala? La idea del crecimiento en sí ya tiene un problema. Los cabalistas dicen que tenemos dos tipos de crecimiento:

- La expansión del Universo a partir del *Tzim Tzum* o *big bang*. La expansión causa que existan cada vez más diferencias dentro del Universo, cada vez más fragmentación. Si hace un siglo había un tipo de chocolate, ahora te vas a Andorra y hay cien; antes había un tipo de leche, y ahora hay cien... Cada vez se va fragmentando más la realidad, y a causa de la fragmentación el Universo se va alejando de la Matrix. Esto les pasa a las siete *sefirot*, que se van fragmentando y se alejan de la unidad de *Kéter*, bajan al mundo inferior y se fragmentan y pasan a las diez subdimensiones que hay dentro de las siete *sefirot*.
- Los cabalistas hablan de setenta, refiriéndose al concepto de piel, en hebreo *Or*, no de luz, sino de *Ain*, que vale setenta. Nuestra piel es lo más superficial, lo más alejado de la Matrix, es lo que más cerca vemos en la densidad de la materia, en lo exterior de la realidad. Es fragmentación de cantidad: más coches, más ropa, más comida, más edificios..., y esa fragmentación te va alejando de la Matrix. El crecimiento interior ya no es la piel, ya no es lo superficial, pues es el que involucra a las diez *sefirot*. Le corresponde a *Daat* en el Árbol.

Hay diferencia en los dos crecimientos. Uno puede crecer mucho en lo exterior, pero eso no es crecimiento, es politeísmo en su máxima expresión.

Cuando el setenta reconoce al uno, *Alef*, logramos tener el setenta y uno, que es Jacob con los setenta que estaban en Egipto, pero hay un misterio:

70 = fragmentación 7 x 10. Pertenece a una Matrix del *Alef*.
71 = fragmentación al servicio de la Unidad

Los cabalistas trataron de buscar cuál es el elemento de máxima materia y, para eso, hay que analizar el número setenta y uno. Cuando Jacob entró en Egipto, no entró con setenta y él, sino que entró con sesenta y seis. ¿Qué pasó? De los sesenta y seis, tres eran José con sus hijos, que estaban en Egipto, y uno era la biznieta de Jacob, que nació antes de entrar. ¿Cómo se llega al setenta y uno? Es el sesenta y seis que busca las tres *sefirot* superiores y es el sesenta y seis que busca el uno, que es *Alef*. ¿Qué palabra numerológicamente es sesenta y seis? Sesenta y seis es el grado más grande de fragmentación, setenta me acerca a la Unidad: 66 + 3 + 1.

66 = Grecia en hebreo

Yud	*Vav*	*Num*	
10	6	0	= 66

Grecia es el modelo de la fragmentación de la materia. Grecia, como sabemos, está en Occidente y su referente fue el culto al cuerpo, a la belleza... Si había alguien con síndrome de Down, lo tiraban por un precipicio. Grecia buscaba la raza pura, la raza superior, buscaba la seducción de la materia: Aristóteles, Platón, Sócrates... Implica que las siete *sefirot* interiores estén completamente divididas de las tres superiores.

Los cabalistas detallan que nosotros destruimos el poder de seducción de las siete inferiores y, además, analizan el texto donde el pueblo de Israel atacó Canaán y destruyó a sus siete pueblos. Para los cabalistas representan las siete *sefirot* inferiores, que muestran la fuerza de la materia, de lo terrenal.

¿Quién se revela para salir de estas condiciones de la materia? Del nivel sesenta y seis se revela alguien que puede acceder al nivel setenta y uno. Necesito alguien que me saque de Grecia, y la única es la *Neshamá*. *Yud (10) Vav (6) Nun (50) Hei (5)* = 71, nombre de Jonás. Sus primeras letras son Grecia, si añado *Hei*, tengo setenta y uno. Es la *Neshamá* que tiene que seguir por el camino de setenta y uno, pero le vienen las fuerzas de la seducción de

Grecia y D*os le dice a Jonás: «Ve a Nínive, que tiene que corregirse, y haz *Tikún*. Ve a predicar que hay grandes desequilibrios». Jonás decide ir a Tarshis y no a Nínive. La *Neshamá* no asume su identidad setenta y uno, se queda con sesenta y seis de Grecia. No quiere la *Hei* del nombre de D*os. Le encanta la seducción de la materia, el *Nefesh*, el cuerpo, la estética. Le seduce la carne, la materia. Jonás se va al puerto de Jafo, al sur de Tel Aviv, que pertenece a una tribu, la tribu de *Dan*, muy importante, porque se asocia con el juicio del *Din*. La tribu de *Dan* tuvo un privilegio: defendía en la retaguardia al pueblo de Israel de *Amalek*. La tradición de la Cábala cuenta que la tribu de *Dan* tiene por función espiritual extraer la poca luz que hay de *Amalek* para salvarla y llevarla hacia la luz. Para vivir, *Amalek* necesita poca luz y *Dan* tiene que sacarle la luz, pero *Dan* debe ser físicamente fuerte, para luchar en la materia, por la *Neshamá*. ¿Quién salió de *Dan*? Sansón, pues la luz confió en su fuerza corporal, ya que luchaba por la luz, pero con el cuerpo de la oscuridad. El problema era que podía estar seducido por *Amalek* (filisteos) y de ahí surgió Dalila, que hizo lo posible para llevarlo a la oscuridad, porque no entendía la fuerza de la luz, que es lo masculino y lo femenino juntos. Dalila lo que tenía que hacer era separar lo masculino de lo femenino para poder combatir contra la luz, así que le cortó el cabello a Sansón, fuerza femenina. Entonces *Amalek* y Dalila llevaron la oscuridad. A la *Neshamá* no le importó y quedó seducida por la materia. Jonás perdió el barco en Jafo y tuvo que esperar dos días a que llegara otro barco. No quería ir a Nínive, no quería el sentido de su vida, y se fue hacia el sesenta y seis, hacia la fragmentación, a la materia. Quería pasarlo bien en *Asiá*.

Barco en hebreo: *Alef 1, Nun 50, Yud 10, Hei 5* = 66.

Nos encontramos con que la *Neshamá* quiere ir a Occidente (máscaras, luna, *Yesod*) y no a Oriente (*Tiféret*, sol). La tradición dice que la *Neshamá* se quedó profundamente dormida: la consciencia del inconsciente. La *Neshamá* estaba arrastrada a no tener consciencia, solo funcionaba el *Nefesh*. En este caso, no tenía *Ruaj*, que es la que eleva el *Nefesh* a la *Neshamá*. De repente, una tormenta azotó la barca y entró un viento tempestuoso, que representaba el *Ruaj*, y, en consecuencia, apareció la consciencia. Jonás siguió durmiendo y los tripulantes, que eran setenta, pensaron en lo que tenían que hacer para despertar a la *Neshamá* del sueño profundo. «Tenemos que tirarlo al mar». Y así lo hicieron, tiraron a Jonás al mar. Se deshacen de una *Neshamá* que no era el camino, ni el sentido de su vida, ya que estaba eligiendo lo contrario a lo que era su misión. En la tradición, se dice que quedó atrapado por el siete, no por los setenta, sino por las siete dimensiones inferiores. Cuando Jonás cayó al mar, no cambió de consciencia, quedó atrapado por el *Dag*, el pez, que se lo comió. Seguía metido en las siete *sefirot*. No progresaba en el nivel de consciencia. *Dag* = *Delet* (4) *Guimel* (7). El *Ruaj* se volvió Satán (lo mueve para que lo tiren). Es el Satán que envía D*os a través de la tormenta. El texto dice que Jonás estuvo tres días dentro del pez y los cabalistas dicen que cada uno de esos días reflexionó sobre las tres *sefirot*:

- El primer día: *Biná*.
- El segundo día: *Jojmá*.
- El tercer día: *Kéter*.

Jonás se dio cuenta de que estaba en el nivel siete y que tenía que ascender al nivel diez; tenía que trabajar interiormente las siete dimensiones inferiores.

¿Qué significa meditar sobre *Biná*, *Jojmá* y Kéter? La *Biná*, en lo cosmogónico, es el Universo de *Briá* y significa que la *Biná* hace que el *Ein Sof* por el *Tzim Tzum* cree el Universo y se exilie. La *Biná* es el exilio de D*os. Jonás se va a Grecia porque es el exilio, ya que no quiere cumplir con su misión. La *Biná* es comprender primero por qué está exiliado en el lado izquierdo y segundo, el retorno, ir al lado derecho a la *Jojmá*. El primer día debes entender cuál es tu pasado, pasar esta primera pantalla y analizarla es parte del proceso. La *Biná* te puede proporcionar la memoria del pasado, pero debe terminar con el exilio, se acabó el pasado: si quiero la redención, me tengo que ir del exilio. Lo pasado, pasado está. Jonás, dentro del pez con la *Biná*, primero entiende todo lo que le pasó en el exilio. «Me equivoqué, elegí el siete, Grecia, pero debo terminarlo, no puedo estar siempre con el remordimiento, he de superar a la *Biná* y, una vez superada, empezar a retornar».

El segundo día dentro del pez, reflexionó: «¿Cómo puedo hacer las cosas mejor? ¿Cómo me reconstruyo sin cargar con la culpa? ¿Cómo me reorganizo?». ¿Cómo salgo a pesar de la envidia de la prima, de que el novio me dejó? ¿Qué importa eso ahora...? ¿Dónde está el futuro? Quería retornar al setenta y uno y a su alma. Se dio cuenta de que ya no era Grecia y que tenía que retomar su rumbo hacia Nínive, retornar al destino de su *Neshamá*. El tercer día llegó *Kéter*. Se dio cuenta de que todo el exilio sirvió para la redención, de que el proceso uno y dos son el mismo. En el primero, analizó *Biná*, en el segundo la *Jojmá* y en el tercero todo el proceso de su vida. Si no hubiera tenido el pasado del exilio, no hubiera conseguido la fuerza para el retorno. «Ahora sí que soy feliz siendo el setenta y uno que eligió mi *Neshamá*». Rectifica porque vuelve a la esencia de la *Neshamá,* no puede escapar ahora de su propio destino. Estaba destinado para ir hacia un lugar, pero al otro también estaba destinado a ir, el desvío de ir al otro reafirmó su retorno. En el máximo nivel de sesenta y seis, encontramos oculto el setenta y uno, en el máximo nivel de Grecia encontramos Judea. En el máximo nivel de la corteza de lo que es la estética, encontramos el interior, la esencia, pero me tengo que mover yo, mi consciencia, mi *Ruaj*, no tengo que esperar que la tormenta o el barco me muevan.

Satán tiene dos opciones: tú experimentas, estudias, creces, y tu *Ruaj* te sube a tu *Neshamá* o, por lo contrario, si no estás en el sitio adecuado te manda una tormenta a tu vida, de manera que el *Ruaj* debe sacarte y poner a la *Neshamá* donde debe estar. En el setenta y uno vas a la unidad de la *Neshamá*, a partir de un *Ruaj* que te está llevando. *Nefesh* y la representación de la tribu de *Dan*, al límite con *Amalek*, sucede una cosa muy curiosa: Satán te salva de *Amalek*, te desafía para que la oscuridad no te atrape. Te envía pequeñas oscuridades que son como pequeños avisos antes de que se te cierre el camino. El tercer día de *Kéter* es el aprendizaje de toda la desviación satánica del exilio. Si aprendo de todas las veces que me accidento, probablemente dejaré de ir a doscientos kilómetros por hora, porque sé dónde está el límite de *Amalek*. Ya no confío en Sansón, porque me van a cortar el pelo.

El problema es entender el sentido de mi *Neshamá* en mi vida. Si no, vendrá Satán con el *Ruaj* y me moverá, y si no me mueve el *Ruaj* interior es que no puedo salir de ninguna parte, seré tomado por *Amalek*. Satán me entrena, me ayuda a poner un límite a *Amalek*. La *Neshamá* representa a Jonás en el texto. Los cabalistas reflexionaron sobre el misterio de la seducción de la materia, sobre la *Biná*, ya que era claro que no le funcionaba a Jonás, un exilio detrás de otro. ¿Por qué no reacciona antes? Porque la *Biná* para exiliarte de tu *Neshamá* necesita crear un campo de justificación. Tiene que haber una lógica en la seducción. ¿Dónde estaba la lógica de ser arrastrado hacia Grecia, hacia la fragmentación o hacia la compra del décimo par de zapatos? Es la superfragmentación. La lógica es que Nínive es una de las capitales del Imperio Asirio. Jonás sabe que, si va a Nínive, está salvando al que es el enemigo de Israel.

Dicen los cabalistas que la idea de Jonás era que no quería ir a Nínive por una cuestión de nacionalismo, que le impedía seguir el mandamiento de D*os. Quería defender tanto Israel que le dijeron que tenía que ir a Nínive, porque tenía que arrepentirse. Jonás no quería que se arrepintiera Nínive, ya que sabía que en el futuro sería la capital del Imperio Asirio, que destruiría el Reino de Israel. Prefirió el nacionalismo a la verdad divina. El problema estaba en que Nínive iba a conquistar Israel, pero tenía que arrepentirse para poder conquistar Israel, que no se había arrepentido y ese era el plan de D*os. Jonás solo pensaba en ir a Grecia para divertirse, pero tenía que olvidar su nacionalismo y salvar al enemigo para que sometiera a Israel, y así Israel se ocultaba y la historia del exilio de Israel era el retorno. D*os necesitaba que Nínive se arrepintiera para purgar los pecados de Israel, que no se arrepentía, para exiliar a Israel y quizás así volviera. Necesitaba de Nínive. El problema es que Jonás quiere realizar su propio plan, y D*os se da cuenta de que no hay plan de Jonás, que el plan es el de D*os. Lo más curioso de toda esta situación es que el plan de Jonás también va a ser su plan en lo oculto. El exilio de Jonás va a ser la prefiguración del exilio de Israel. Así, como Israel había transgredido, Jonás también transgredió al no ir a Nínive, estaba desequilibrado, creía que sus propios planes le iban a salir bien. D*os dijo: «No funciona así la cosa. ¿Tú crees que tu hermano te va a amar así? Olvídate, te va a odiar. El plan es divino, no es tu plan, Jonás». D*os sigue diciendo: «Yo he creado el Universo para cumplir con un plan superior a tu plan, y cuando entiendas esto y seas humilde, empezaremos a hablar». Jonás cree que controla la situación, pero D*os se divierte con la ilusión de su libre albedrío. Cuando dijo de ir a Occidente, tenía que ir a Oriente, para estar orientado. Occidente es la superficialidad. Los cabalistas dicen que había dos opciones posibles: que lo tomara el *Daat* o que, en vez de quedarse tres días dentro del pez, antes de ser tirado, la *Neshamá* hubiera tomado consciencia. Finalmente, el pez lo coge para hacer el proceso de *Biná, Jojmá* y *Kéter*. Lo recogió el pez de la redención. No había manera de que Jonás recapacitara. Tuvo que hacer el proceso dentro del agua. Muchas veces, la *Neshamá* no quiere hacer este proceso, porque implica morir. Se moría el proyecto de Grecia y tenía que asumir su misión, que era Nínive. Cuando contactó con su *Neshamá*, comprendió para qué había venido su alma a este mundo. ¿Quién es feliz? Quien escoge su destino, pero alguien elige un destino al que ya está destinado, sin posibilidad de elección. Tienes que elegir el destino, al que tu alma ya está destinada; tú no eliges, aceptas la naturaleza de tu alma. Tu *Neshamá* vino sin la posibilidad de elección, aunque tienes la ilusión es solo para volver a elegir tu alma, y esa es la cuestión. Ir hacia el lado izquierdo, el exilio, para luego ir hacia el lado derecho, que es el retorno, para aprender de los dos, ese es el nivel de *Kéter*. Ese es el tercer día de Jonás. El nivel de *Kéter* es entender por qué fue exiliado y entender la fuerza del retorno al que fue de alguna manera retornado. Aquí se plantea el problema del alma humana, para que se cumpla lo que dice el texto de Isaías, 58, 8: «Tu justicia irá delante de ti y la Gloria de D*os será tu retaguardia».

La idea es que, si al tener contacto con el sentido de tu vida, con tu *Neshamá*, vas a dejar de estar seducido por Grecia, en términos de la materia. Hay planes a largo plazo que no podemos dominar y tenemos que ser humildes. Muchas veces, nos enojamos con los planes que no nos salen como queremos, porque lo que queremos es ir a Grecia. Pero algo nos desvía, cuando entendemos lo que queremos en profundidad y cuando la *Neshamá* está dirigida a Nínive, donde tiene que cumplir su función, no podemos escapar de esta misión. Este es el secreto con respecto al exilio de la *Shejiná* y de alguna manera el *Tikún*. Aprender del exilio y aprender del retorno. En el exilio, no hay pérdida de tiempo, pues es una enseñanza del tiempo que voy a ganar: a mayor profundidad del exilio, mayor velocidad para el retorno. Cuántas veces hemos exclamado cosas como: «¡Perdí cinco años con este novio!». No, no es una pérdida de tiempo, hay un aprendizaje; si no entiendes ese aprendizaje, no pasas la primera meditación de la *Biná*, del texto de Jonás. La primera meditación es salir de que la idea de un fracaso es un fracaso. No hay fracasos en el exilio, ya que, por su propia naturaleza me hará valorar el éxito del retorno, o bien tiene en sí mismo las semillas del retorno y tiene la fuerza del retorno. Aunque satánico, el exilio nos pone obstáculos que tenemos que ir pasando, es el que nos está salvando, nos pone pruebas para poder retornar, le dice a la *Neshamá:* «Retorna a tu esencia».

La cuestión es poder descodificar las señales del retorno y esas señales son si me encuentro bien o qué dolor tengo en esa posición en la que estoy aprendiendo. Terminado el aprendizaje, es posible que se termine una relación, pero tengo que terminar de saber cuál es el aprendizaje para conectarme con mi misión. Sucede una cosa muy curiosa, en el exilio, donde yo no estoy encontrando mi misión es donde encuentro mi misión, porque se acrecienta en el exilio. Quien niega la misión de su alma por el libre albedrío produce una gran infelicidad, porque no acepta su propia naturaleza. Satán me advierte cuando yo niego esa naturaleza de mi *Neshamá*. Es muy buena la función de la luz, porque Satán me está diciendo que ese camino que he tomado está desviado y me muestra la desviación, para que yo la corrija. Cuanto más Satán, más

Tikún. Aquí hay un problema, nos muestra luces de alerta, es la consciencia de la inconsciencia. La *Neshamá* sabe que ese es el camino incorrecto, pero es consciente de que tiene que seguir el camino incorrecto para terminar el aprendizaje. Sucede una cosa muy curiosa: parece que existe un autoboicot al servicio del crecimiento, son autoboicots que lo que hacen de alguna manera es que la *Neshamá* tenga más energía para rectificar. ¿Por qué decimos en este caso que el libre albedrío es una ilusión? Porque sabemos que la *Neshamá* es un fragmento del *Ein Sof*. Cuando la *Neshamá* cree que ha desconectado del *Ein Sof*, se equivoca, porque sigue en conexión.

¿Qué pasa cuando una persona habla sola? ¿Dónde está esa persona? ¿Es quien habla o quien escucha? ¿Qué ocurre? Si la *Neshamá* no quiere seguir las directrices del *Ein Sof*, es como D*s hablándose a sí mismo. Nosotros somos una parte de D*os, tenemos *Neshamá*. D*os se habla a sí mismo, nosotros no estamos aquí. D*os crea el Universo para hablarse a sí mismo, como nosotros nos hablamos. Todas las decisiones en las que tú le hablas a D*os son del propio D*os. Para entender el libre albedrío, que en el fondo no existe, tenemos que vivir como si existiese. Isaías profetizaba por todo el mundo y pasó por el Palacio Real y le dijo al rey Ezequías: «Ayer tuve un sueño y se me apareció una visión de D*os. Me dijo que mañana morirás y luego se fue». Dice la tradición que el rey estuvo llorando toda la noche y le decía a D*os: «¿Por qué tengo que morir si no he realizado ninguna gran transgresión que me condene a la muerte? Me muero mañana, pero quiero una explicación de por qué me muero mañana». D*os se quedó en silencio mientras el rey Ezequías lloraba. Al día siguiente, apareció Isaías y le dijo al rey: «Me ha dicho D*os que te deja vivir siete años más». El rey se quedó tranquilo. La pregunta es: ¿el rey Ezequías modificó la voluntad de D*os? Indudablemente, D*os se arrepintió. ¿Estaba en el plan de D*os que el rey se quejara? ¿La *Neshamá* del rey Ezequías venía del propio D*os? Cuando entiendes que la *Neshamá* viene del propio D*os, se anula el libre albedrío. Estamos conectados a una Matrix y no somos independientes. El libre albedrío es hacer la conexión. Lo curioso es que cuando Jonás se exilia, está cumpliendo con la voluntad divina del exilio, que no es una rebelión a D*os porque es parte del plan. En la Cábala, toda rebelión está dentro del proyecto, con lo cual no hay rebelde, los rebeldes obedecemos. Tenemos que aceptar cómo está diseñado el programa. Los sabios de la Cábala se preguntaron: «¿Era mejor crear o no crear el Universo?». Todos dijeron que hubiera sido mejor no crearlo, estando el nivel de dolor, muerte, de Satán, de *Amalek*…, lo mejor es que no nos hubieran creado. El plan de la creación divina es que termina desapareciendo, pues todo vuelve al *Ein Sof*.

Si nosotros proyectamos nuestro deseo a D*os, estamos infantilizados, tenemos que bloquear nuestros deseos humanos para poder acercarnos a D*os. Estos deseos humanos hacen que tengamos bloqueado el acceso. Todo es parte de un exilio general porque el Universo es un gran exilio. Estamos en el proceso del retorno. En resumen, en el vacío se produce el exilio. Para que exista el vacío, se tiene que ir el *Ein Sof* de sí mismo y en el vacío se produce la redención. Hay un misterio con el tema del vacío, pues en ese mismo escenario pasan las dos cosas. El Maharal de Praga escribió que nuestra *Biná* divide exilio y redención, pero en realidad no hay exilio y redención. Nuestro exilio es la redención. Algo que se exilia es algo que toma la ilusión de independencia. Cuando un hijo se va de casa, es un exilio. Si te trataban mal en casa, el exilio es una redención, pero si te trataban bien, no te quieres exiliar nunca. Son dos caras de la misma moneda. El exilio y la redención. El exilio crea lo femenino porque extrae, y la redención es lo masculino. Ninguno es más importe que otro, ya que no existe redención si no hay exilio primero. ¿Qué ocurrió en el Edén? ¿Cómo voy a redimir a los que están en el Edén? No tengo que redimir a nadie, porque en el Edén no hay consciencia ninguna. Cuando aparece la consciencia, empieza el exilio. Soy otra cosa que el *Ein Sof*, soy consciencia subjetiva. ¿Quién me exilia? Me exilia la consciencia y también me retorna la consciencia. El vacío dentro del Árbol de la Vida lo debe ocupar el *Daat* que hacia abajo es consciencia subjetiva y hacia arriba consciencia cósmica de Unidad. La redención es un *Daat* que te lleva a *Kéter* y el exilio es un *Daat* que te lleva a *Maljut*. Lo curioso es que *Kéter* y *Maljut* son lo mismo, porque *Kéter* es la Unidad de arriba y *Maljut* la Unidad de abajo. Lo que busca el *Daat* es la Unidad. Cuando *Daat* me envía a la dimensión de *Maljut*, parece que me separa de *Kéter* y, ciertamente, me separa de lo cósmico y me dice: «Yo existo». Y en Cábala decimos: «Pienso, luego no existo». Si *Daat* me exilia es porque está en las siete *sefirot* inferiores, y si *Daat* me redime es porque, de las siete, encontró tres superiores y volvió a las diez dimensiones.

22. Cuando *Nefesh* y *Neshama* entran en contradicción

«Cuando existen obstáculos en tu vida, D*os te está entrenando para que escojas caminos ocultos que tú no puedes ver».
JAIM VITAL

La información del alma de la persona está dentro de la *Neshamá*. Tenemos un problema entre talento y sentido de la *Neshamá*. Veamos, hay gente talentosa jugando al fútbol, pero no es el sentido de su *Neshamá*. En Occidente, siempre se ha premiado el talento como el sentido de la vida. Se confunde la felicidad con el éxito, al que también unen al desarrollo de los talentos, lo cual complica todo más. Hay que tener claro en la *Biná* qué es el sentido de la vida y qué son los talentos. Los talentos pueden estar al servicio del sentido de la vida, no están descoordinados, ya que funcionan en armonía hacia el mismo fin. El tema es que la gente cree que el talento por sí mismo me va a dar el sentido de mi vida. Son diferentes los talentos, son instrumentos al servicio del sentido de mi vida, en mi *Neshamá*. Cuando alguien hace *Tikún*, está haciendo rectificación, en realidad.

Todo el mundo realiza su *Tikún*, muchas veces, sin saberlo. Está el grupo de los conscientes y el de los inconscientes, a los que el mal les está pegando todo el día, pero que también realizan su *Tikún*. Según el texto del Tania, el *Tikún* de la *Neshamá* no es solamente llegar a cumplir con tu misión, sino ejercerla. Por eso, mucha gente no quiere cumplir con su misión porque cree que, cuando lo haga, morirá. «Igual prefiero no hacer *Tikún*», dicen creyendo que no hacer *Tikún* es la garantía para quedarse aquí. La misión no es solo hacer *Tikún*, la verdadera misión del alma es autocorregirse en esta existencia y las venideras, hasta que se haga el *Tikún* completo, pero ¿hay otra misión una vez que se ha hecho el *Tikún*? ¿Es cuando se revela la auténtica misión? Hacer *Tikún* no es el resultado, sino el comienzo. Cuando tú has rectificado todo y estás transparente para hacerlo todo, los obstáculos desaparecen. La gente que te envidia o te odia no va a desaparecer, pero la percepción del mal sí. Vas a transformar la percepción de que estos elementos van contra ti, Satán va a ser tu aliado.

Cuando hagas el *Tikún*, empezará tu vida. Estar encarnado y ser feliz es una maravilla, vives en *Kéter* en todo momento: en *Kéter* de *Maljut*, en *Kéter* de *Yesod* y en *Kéter* de *Netzaj*. Vives en éxtasis permanente dentro de la materia misma. Es impresionante hacer el *Tikún* porque es una felicidad muy grande transformar tu vida. Satán se enquista de mal modo cuando alguien quiere la venganza, y lo máximo que uno puede hacer es pedir a través del rojo, la justicia divina, que es lo que está permitido, pero luego te puede caer a ti también. Hay que dibujar un Tetragrámaton en rojo y meditar pidiendo la justicia divina. Tienes que estar muy limpio para pedirla; lo mejor es pedir misericordia. Cuando *Nefesh* y *Neshamá* entran en contradicción, sus diferencias, como la materia, se dividen de la espiritualidad. ¿Cómo las fuerzas del *Nefesh* pueden provocar obstáculos permanentes a la *Neshamá*? Cuando las fuerzas de la materia entran en estado de inercia, los cabalistas van al texto de la Torá y hacen un análisis profundo de la numerología y lo que va pasando dentro del texto de la Torá a nivel simbólico, no alegórico. Lo simbólico preexiste a la interpretación de lo alegórico, se toma lo literal para hacer la interpretación que se quiera, que es arbitraria con lo literal.

La Cábala no inventa nada, solo descifra el símbolo, que es la causa de la interpretación, y su consecuencia es la interpretación. Para el que hace alegoría, lo importante es la interpretación en sí misma. En lo simbólico, el problema es entre la materia *Nefesh* y el espíritu *Neshamá*, vemos que el alma de la *Neshamá* también se encuentra en el *Nefesh*. Cuando alguien no tiene consciencia en *Neshamá*, actúan las fuerzas de la materia. En la Cábala, la persona que no tiene consciencia de la *Neshamá* se llama *golem*. Tienen la misma raíz, pero con un *Alef* en el medio. El *golem* está en el nivel de dualidad de la materia cuarenta, mientras que el Salvador, *Goel* o *Neshamá,* es mi alma, que me tiene que salvar de las fuerzas tenebrosas de mi alma. Es la clave. Los cabalistas hicieron una interpretación de todos los símbolos de la Torá en el nivel del *SOD*. En el relato de Labán, suegro de Jacob, se esconde un misterio que nos llega hasta hoy. En lo pequeño, se palpa la tensión que hay entre el alma y la materia. Voy a relataros la historia.

Labán era de origen arameo. Hay un misterio con el nombre de Labán y es que hay una palabra en hebreo que tiene la misma raíz: *lamed, Bet, Nun*, que es *Lebana*, la luna en hebreo. Cuando decimos Labán lo denominamos «el Luna», muy curioso, ya que es la luna en masculino, es el señor Luna. La función de la Luna es oponerse al Sol, y es una función *yesódica*, oponiéndose a *Tiféret* que es el Sol. Por lo tanto, nos indica, que el yo se divide en dos:

el yo interior y el yo que se muestra afuera. El yo social y la *Tiféret*, como yo interior. Cuando aparece la luna, surge la dualidad, *Bet*. Cuando aparece el señor Luna, Jacob se encontró con un oponente dual, ya que Jacob quería unir la materia con lo espiritual. Finalmente, Jacob se fue a trabajar con el señor Luna y se enamoró de una de sus hijas, de Rajel. El señor Luna le puso una condición para casarse con ella, le dijo: «Si trabajas siete años, te casarás con mi hija». Bien, Jacob trabajó muy duro durante siete años. Pero ¿qué ocurrió?, pues que el padre le entregó a su otra hija, a Lea. «¿Cómo? Si yo quería casarme con Rajel». El señor Luna le contestó: «Yo te dije a mi hija, pero no te dije a cuál». El señor Luna actuó en la dualidad. Jacob no amó a Lea. El argumento del padre fue que la hermana mayor no se podía casar más tarde que la hermana pequeña. Entonces Jacob trabajó duro siete años más, pero después de los catorce años de trabajo, se quedó sin dinero. El pobre no hacía más que trabajar y trabajar. Trabajó otros seis años más para tener algo de dinero, y al final acabó trabajando veinte años con Labán. Finalmente, este le entregó a sus dos hijas, que además venían con sus siervas, Vila y Silpá, por lo tanto, le entregó a cuatro mujeres. Rajel en esta historia representa la *Neshamá*, el amor del alma. Con Lea, tuvo seis hijos, que representan los seis días de la semana. Lea simboliza la materia, representa que Jacob trabaja por las necesidades biológicas del cuerpo, al servicio del *Nefesh*: trabaja para mantener a la familia, mantener al servicio y mantenerse a sí mismo. Con el tiempo, llega Rajel y le da el séptimo hijo, Joseph. En *Shabat* tenemos que estar todo al día en conexión con la *Neshamá*. Los seis días de la semana van a estar al servicio de trabajar, en busca del sentido de la *Neshamá*, del *Tikún*. Rajel se queda embarazada y tiene el octavo hijo con Jacob, pero muere en el parto. El hijo se llama Benjamín y representa el Reino de D*os, la Era Mesiánica. Benjamín representa la *Jaiá*, potencial de lo que la *Neshamá* no conoce de sí misma.

El objetivo de la *Tiféret* es llegar a *Kéter* y hacer *Tikún*. Quiere cumplir con la rectificación de la *Neshamá*, el sentido de su vida. El octavo hijo representa hasta dónde puedo llegar en el potencial de todo lo que puedo hacer. Hasta dónde puede llegar mi *Tiféret*, la Era Mesiánica. Los seis hijos de Lea odian a la *Neshamá* porque son las fuerzas de la materia. No quieren a la *Neshamá* porque les complica la vida. Dicen los cabalistas que, cuando al pueblo de Israel se le pagaba un sueldo por cada trabajador, no había esclavitud; es más, en algunos momentos, cuando se les contrataba, se les aumentaba el sueldo. La gente empezó a trabajar y trabajar..., y lo que pasó luego fue que empezaron a bajar los sueldos, pero la gente seguía trabajando por miedo a perder el trabajo, y seguían bajando los sueldos, y la gente seguía trabajando, hasta que llegó un momento en que nadie cobraba y la gente seguía trabajando, llegó la esclavitud a Egipto. ¿Qué pasó? que la gente se acostumbró tanto a trabajar que se olvidó del objetivo del trabajo. Se volvieron tan materialistas que apareció la fuerza inercial de la materia. ¿Qué es la fuerza inercial de la materia? Cuando tiramos una roca por la montaña, la roca va cayendo sola, esa es la fuerza inercial de la materia. Con el trabajo pasó lo mismo. La gente se olvidó para qué trabajaba. En principio, trabajaba para mantener a la familia, pero con el tiempo no veían a su familia porque no hacían más que trabajar. Es cuando la *Biná* empezó a trabajar con excusas y aparecieron las fuerzas tenebrosas de la materia. Se volvieron *golem*, personas que trabajan sin consciencia, sin sentido, porque la materia los absorbió.

La representación más significativa de la materia de entre los seis hermanos fue Judá, ya que odiaba a Joseph. Los cabalistas dicen que el cuerpo acabó odiando a la *Neshamá*. Las fuerzas de la materia tiran a Joseph al pozo para que desaparezca la *Neshamá*. Acabó en Egipto, el reino de la pura materia, donde dicen que Joseph acabó absorbido por la materia. La *Neshamá* terminó en Egipto. Pero la ventaja de la *Neshamá* es que, cuando uno conecta con ella, puede dominar las fuerzas de la materia, las percibe diferentes. Entonces apareció la magia, ya que Joseph, como era la *Neshamá*, percibía el futuro del Universo de *Briá* y sabía cuál era su naturaleza. Joseph veía los sueños como una realidad, pues descodificaba el futuro e iba más rápido que la materia. Predijo el futuro y supo cómo ahorrar y distribuir la materia. La *Neshamá* presintió que iba a haber escasez de material, a pesar de lo que decía el faraón, y así Egipto no entró en crisis, pero a los materialistas de Judá y a los otros hermanos les llegó la crisis económica en Canaán. Las fuerzas de la materia se presentaron a Joseph y ante la *Neshamá* y dijeron: «Venimos a Egipto porque estamos muertos de hambre». No tenían futuro, vivían en un presente continuo, solo veían la materia, querían hacer negocios y acabaron vendiendo su alma, su *Neshamá*. Como Joseph anhelaba el Reino Mesiánico se quedó con Benjamin. Los hermanos temían al padre porque le habían mentido, ya que le dijeron que Joseph había muerto y que Benjamin era el único hijo que quedaba. Por otro lado, Judá, que representaba la fuerza material, lo más desequilibrado de lo corporal, el *golem,* toma consciencia y le dice a Joseph: «Por favor, cámbiame a mí por Benjamín, yo me quedo en Egipto». La materia toma consciencia de que no puede seguir por el mismo camino, que tiene que estar al servicio de la espiritualidad, de la *Neshamá*. En ese momento, Joseph se revela a los hermanos y les dice: «Soy la *Neshamá*, donde todas las fuerzas de la materia han de estar conmigo, a mi servicio». Se ve claramente que Benjamin y Joseph son las fuerzas espirituales más elevadas, *Neshamá* y *Jaiá*, frente a las seis *sefirot* y las fuerzas del *Nefesh*, que son las fuerzas más materiales.

Dicen los cabalistas que Moisés conocía el secreto de este problema, que las fuerzas de Judá eran las fuerzas de la materia, y las fuerzas de Joseph eran las fuerzas del espíritu. Sabía que no podía ingresar y que, si estas fuerzas no estaban unidas, no podían estar *Maljut* y *Kéter* divididas. Mandó a doce espías a inspeccionar la Tierra Prometida, y de los doce volvieron dos, Josué, descendiente de Joseph, la *Neshamá,* y Caleb, que descendía de Judá, el *Nefesh*. Estos dos querían entrar en la Tierra Prometida, los otros diez tuvieron miedo de las fuerzas de la materia. Lograron entrar, porque las fuerzas de la *Neshamá* y el *Nefesh* estaban unidas. Las fuerzas de la *Neshamá* también estaban en Benjamin. Saul, de la tribu de Benjamin, fue el primer rey de Israel. Era una *Neshamá* que no pensaba en la materia y, como consecuencia, acabó perdiendo contra los filisteos, estaba mal organizada. No le interesaba la materia, pero era importante para que la *Neshamá* pudiera reencarnar. La *Neshamá* del nivel de Saul creía que por abandonar la materia se iba a elevar a la luz. Hay un secreto sobre cómo se estructura el Templo de Jerusalén. En el Monte Moriá, el Templo se construyó dentro de la tribu de Benjamín, se construyó sobre la *Neshamá*. Pero el altar donde se hacían los sacrificios de la expiación, en ese punto del Templo, estaba situado en el campo de Judá. El límite pasaba por dentro del Templo. Es decir, la materia se sacrificaba por la *Neshamá*. El núcleo duro de estas explicaciones es el objetivo de todos los análisis: «Para cubrir su *Tikún*, la *Neshamá* necesita al *Nefesh*». Estamos encarnados obligatoriamente, para cumplir nuestra rectificación. Entre la *Neshamá* y el *Nefesh*, está el *Ruaj*, que hace de intermediario entre las dos fuerzas. El *Ruaj* hace de equilibrista entre una *Neshamá*, que quiere tener un año sabático y no piensa en la materia, y aquellos que trabajan todo el día como un *golem*. La *Neshamá* también puede apartarse del estado de *golem* y solo creer que la salvación está en la *Neshamá*, desconectando del *Nefesh*. El *Ruaj* lo tiene complicado, pero le tiene que dar al *Nefesh* lo que es del *Nefesh* y a la *Neshamá* lo que es de la *Neshamá*. El problema se deriva de la *Biná* del Universo de *Yetzirá*, que es la llave maestra para que el *Ruaj* pueda actuar equilibrado, uniendo el *Nefesh* con la *Neshamá*.

¿Por qué nos cuesta tanto tener equilibrio en esta vida? ¿Por qué andamos tan desequilibrados? Todos conocemos casos extremos de gente que ha terminado sus días viviendo en la India, inducidos por lo espiritual, o personas que, en el extremo contrario, inducidas por lo material han invertido en la bolsa como locas, creándose desequilibrios. El objetivo de la Cábala es tratar de establecer un equilibrio, y el equilibrio está en el *Ruaj*. El problema lo tenemos los que queremos subir de nivel de consciencia. Los demás no tienen ese problema, porque la inconsciencia les saca de todos los problemas. Tenemos que lidiar con nuestra *Biná* para regular la energía de la *Neshamá*, con la energía del *Nefesh* y unirlas. Vamos a desentrañar un gran secreto y es que *Ruaj* y *Nefesh* no existen. ¿Por qué decimos esto? Nuestro tercer nivel del alma reside en el Universo de *Briá*, subsecuentemente, el *Ruaj* sería la *Neshamá* contraída en el Universo de *Yetzirá* y *Nefesh* sería la *Neshamá* doblemente contraída en Universo de *Asiá*. Todo es *Neshamá*. En la materia, se esconde el ADN de la *Neshamá*.

En la materia no hay materia, hay energía dentro de la materia y en el pensamiento no hay pensamiento, hay energía en el pensamiento. Todo es *Neshamá*. Las contracciones provienen del *Ein Sof*. El primer nivel del alma, *Nefesh*, sería la contracción más densa revelada en nuestro mundo físico, en el Universo de *Asiá*. Cada Universo corresponde a un nivel del alma acorde a su contracción. La clave que nos conduce a nuestra rectificación o *Tikún* es equilibrar nuestra *Biná*, que es donde reside nuestro tercer nivel del alma, nuestra *Neshamá*. Aunque detectamos un problema en la *Biná*, que es confundir el Infinito con lo indefinido. La *Biná* siempre tiende a conceptualizar y a limitar las formas dividiendo la realidad. De modo que la *Biná* es permanentemente un continuo sistema de holocausto, expiación y sacrificio. Al limitar un concepto, sacrifico muchos elementos que están fuera del concepto. El lenguaje siempre está sacrificando sentidos fuera de la palabra, sacrifico todo el *Ein Sof* que está fuera del concepto. La *Biná* da formas finitas limitadas porque confunde el Infinito con lo indefinido. La gran sorpresa que encontramos con la *Jojmá* es que lo Infinito es definible. Esta es la locura de la Cábala. En la *Jojmá* podemos definir por la sustancia, dentro de lo Infinito, que también son infinitas. Definimos sustancia, no forma. La *Biná* cree que define forma y la *Jojmá* cree que puede definir lo no limitado, lo que sucede dentro del Infinito porque entiende la sustancia que hay dentro de lo Infinito y, por lo tanto, lo define por la sustancia.

El *Or Ein Sof* es la infinita luz dentro de lo Infinito. ¿Qué es el palacio de oscuridad? Las infinitas contracciones que pueden existir dentro del Infinito.

Las infinitas energías y vibraciones dentro del Infinito. Podemos definir lo que hay en el infinito sin basarnos en los límites de un concepto. A través de esto, alcanzamos los conceptos eternos, entramos en el lenguaje de la eternidad, porque estamos definiendo sustancias, sin tiempo, ni espacio, ni forma, pero que son definibles. Por lo tanto, alcanzamos una seguridad en el interior de la *Jojmá*, a pesar de no tener seguridad en *Biná*, a la que liberamos de su sistema de seguridad, ya que podemos tener seguridad en la *Jojmá*. La subdivisión de *Biná* en *Jojmá*. Por eso, tenemos un Árbol de la Vida fractal dentro de *Jojmá*, donde tenemos una subdivisión llamada *Biná* de *Jojmá*. Es la comprensión en el interior de lo supuestamente indefinible, desde la *Biná* hay una estabilidad que se encuentra dentro de la estructura de la *Jojmá*. Esto implica que dentro de la *Neshamá* existe una estabilidad interior independiente de las estructuras de seguridad del exterior. Cuando la *Neshamá* descubre que se encuentra en su interior, se empieza a impregnar de una seguridad superior, bien diferente a la que *Biná* busca en el exterior. Esa seguridad opera diferente de la seguridad que me permite la *Biná*. Lo que tengo seguro es la propia naturaleza de la *Neshamá*, porque me da seguridad en el plan, la *Biná* de la *Jojmá*. Poner la *Biná* al servicio de *Jojmá* es poner el *Ruaj* al servicio de la *Neshamá* porque el *Ruaj* ya entendió que era la *Neshamá* contraída. Si pudiéramos convencer al *Nefesh* de que es la *Neshamá* contraída dos veces, llegaríamos a la rendición total, lo que nos conduciría a la victoria completa. Las fuerzas materiales del *Nefesh* tienen que estar al servicio absoluto de la *Neshamá*. De hecho, son la misma *Neshamá* solo que en otro nivel. Hay una frase de Shimon Levi, del siglo XVI, que dice: «Toda fuerza espiritual de Neshamá para arriba, aunque esté libre de todo lo material, he aquí que genera una semejanza en lo material». Esto significa que, cuando puedo alejarme de lo material, es cuando termino dominando lo material. Lo experimenta la *Neshamá* fuera del cuerpo cuando uno muere o cuando alguien se trabaja mucho espiritualmente y llega a niveles altos de conexión con su propia *Neshamá*. Cuando Joseph pudo alejarse de lo material, entendió cómo dominar lo material en Egipto. En lo puramente material, encontró lo espiritual. Cuando llegamos a un punto máximo, tenemos que retornar, el nivel de respuestas en ese punto ya no es el que necesitamos, ya no operamos en el *Tikún* de la *Neshamá*.

«Si te estás alejando, te vas a acercar mejor».

Shimon Levi

Diferencias de cómo la materia se divide de la espiritualidad

La gente cree que tiene que huir de la materia, pero en realidad debemos alejarnos para volver mejor. En *Shabat* los judíos dedican el día a la oración, un día de descanso y enriquecimiento espiritual, donde practican la meditación que les ayuda a cambiar su percepción dentro del mundo material. Durante el retiro, debemos acordarnos de todo y rectificar nuestra percepción de todo, si no, no podemos insertarnos de nuevo en la materia.

La *Neshamá* vino a aprender, a seguir aprendiendo y a elevarse cada día más. No se puede retirar de nada. Las personas que cometen el acto del suicidio creen que escapan de su desesperación. Sin embargo, tendrán que volver en otra vida, porque en esta no han aprendido las lecciones que proporciona vivir y para alcanzar una ascensión del estado de consciencia. Es mejor ver cómo terminar bien en esta vida o cómo adelantar el proceso de revelación de la energía.

> «Cuando me libre de todo lo material, me alejaré del *Nefesh*, para volver y entender que el *Nefesh* es una contracción de la *Neshamá*. Me alejo para poder profundizar más cuando me acerque, y no quedarme en la superficie, para poder acercarme más al Padre».
>
> SHIMON LEVI

El *Ein Sof* se exilió de sí mismo para crear y revelarse. Para poder revelar y conectar con tu *Neshamá* tienes que dejar un espacio para conectarte contigo mismo, un tiempo para ti, solo en la *Tiféret*, para cuando vuelvas a la materia, la *Neshamá* pueda mostrar en lo bajo lo que es la *Neshamá* y se cumpla la segunda parte...

> «Se genera una semejanza en lo bajo material».
>
> SHIMON BAR YOJAI

Y vuelve la *Neshamá* cambiada, ya que fue a conocerse más en el nivel de la *Neshamá*. La *Biná* tiene una cosa satánica que habría que superar para acercarnos más a la *Neshamá*. Le viene del campo de la psicología, y es cuando una persona debate permanentemente a nivel teórico su vida individual. En el psicoanálisis, sabe lo que tiene que cambiar y nunca lo cambia, está atrapado hace veinte años en el mismo punto. Utiliza el debate y el autoconocimiento como zona de seguridad, pero son bucles disfrazados. Es el *no cambio*, son personas que te hablan de todo lo que tienen que cambiar, pero no cambian nada, solo hablan. Es una impotencia porque no pueden cambiar a la experiencia y es una trampa para la *Neshamá*. Es la seducción de la *Biná* teórica, que provoca que una *Neshamá* nunca pueda experimentar su *Tikún*.

¿Cómo opero en lo invisible? Todo lo que me rodea es oculto, es un misterio, es esotérico. El que opera en lo invisible tiene más potencia que el que opera en lo visible. No se trata de magia, es lógica, hay que entender la lógica de la magia, es algo que sale de la nada. Lo paranormal es muy normal, pero no existe, todo es normal pero consideramos esas leyes fuera de lo normal. En realidad, hay muchas cosas fuera de nuestra normalidad que son paranormales y operan en diferentes energías y frecuencias en el campo de lo invisible. ¿Qué pasa cuando uno está en *Biná* de *Jojmá*? Todas las dimensiones pasan a disposición de la *Neshamá*, todas se tienen que ajustar, son pasos muy altos. Los cambios son tan fuertes en el interior que no pueden contener a la *Neshamá*. Podríamos poner el caso de cuando dejamos una pareja. Cuando la *Neshamá* se revela y toma una decisión de contenerse más, no le importa nada, arrasa con todo. Alcanzas una verdad total en tu interior, es lo mejor que le puede pasar a un ser humano, es la liberación. A la *Neshamá* no le importan las consecuencias sociales, pues cuando va al *Tikún*, va al martirio. La *Neshamá* intenta adaptar su sentido común o eventualmente no se queda en su hábitat, se va de su país, se va a Australia, Gran Bretaña, etc. Llega un punto en que se tiene que exiliar de la familia, de la región, porque las condiciones son nefastas para la *Neshamá*. Allí no puede hacer su *Tikún*.

La *Biná* de *Jojmá* es canalizar los contenidos psíquicos que entran desde *Kéter* de *Yetzirá*. En Cábala, la verdad es la paradoja. Cosmogónicamente, tiene que ver con el *Tzim Tzum*, con el movimiento de contracción y de retracción. Una persona que se expande en su vida en todo momento va a caer en la *Klipá* del exceso por expansión y una persona que se retrotrae en todo momento va a caer por el exceso de retracción. La realidad del Universo es como nuestra respiración: entra y sale aire. Hay que aceptar la limitación de los pulmones. La *Biná* de *Jojmá* es una primera aceptación, una primera restricción dentro de la expansión. Sería como pensar: «Me estoy expandiendo, pero al mismo tiempo tengo que ser consciente de que esta expansión en algún momento terminará. No puedo expandirme sin freno. Tengo que poner límites al proceso de expansión». La *Guevurá* de *Jojmá* es empezar a poner límites dentro de la *Jojmá*, hasta que se llega a *Maljut* de *Jojmá*, lo que, de alguna manera, es entrar en *Biná*. Uno no se puede expandir permanentemente, pasa en todos los órdenes de la realidad. Tenemos procesos de contracción dentro de la expansión y procesos de expansión dentro de la contracción. Cuando vamos al Árbol de la Vida interior de la *Jojmá* y vemos la parte femenina, hablamos de las restricciones a la expansión. Hay que tener consciencia de un límite, sino el ego nos está jugando una mala pasada. Tenemos que ir con cuidado, tener en cuenta si la expansión es natural o es forzada, ya que el *Klí* se puede romper. La gente confunde expansión con crecimiento y tiene que ver también con la contracción. Para crecer, uno necesita expandirse y contraerse. ¿Cómo se manifiesta la ruptura de un *Klí* por expansión? Se asocia a Babel, ya que perdieron el sentido de lo que tenían que transmitir.

23. La *emuná* y el reparador de las fisuras

«La intención marca la dirección».
MOSHÉ CORDOVERO

Las tres características de *Kéter*:

- *EMUNÁ*: confianza.
- *RATZON*: voluntad.
- *TAANUG*: deleite, placer, éxtasis.

Emuná es la confianza en la desconfianza del yo, porque tenemos confianza en el Infinito. En *Tiféret*, para tener autoestima hay que tener confianza en el yo y, al mismo tiempo, para alcanzar la *emuná* hay que desconfiar del yo. Cuando alguien confía en el yo, confía en algo finito, es idólatra. Imaginemos una persona que se enoja con un amigo porque le ha traicionado y se lo dice: «Me has traicionado». Eso desde la Cábala es falta de confianza, la persona confiaba en su amigo. Pero el plan divino confiaba en que el amigo iba a traicionar a esa persona. *Emuná*, confianza, es un plan que nosotros no conocemos. Nos enfadamos porque confiamos en el plan que conocemos, pero eso es confiar en la estructura de nuestra *Biná*, de nuestro yo. Cuando tengo confianza absoluta, no me enfado, porque mi amigo me tenía que traicionar. Nosotros confiamos por naturaleza en algo fragmentado. Confío en que mi hija Lola va a ganar el concurso de pintura... *Emuná* es confianza total. Es un nivel de desconfianza total del yo, pero al mismo tiempo tenemos confianza total en el yo.

¿Quién soy yo? Yo soy toda la energía que el *Ein Sof* ha puesto en mí, yo confío en mi yo como una energía que el *Ein Sof* puso en mí. Por otro lado, no confío en el yo, porque el yo no existe; confío en el D*os que hay en mí. Un dogmático tiene la confianza fragmentada en su creencia de una institución, de una religión, de una nación... «Creo en el grupo de la Costa Brava». Cada vez que creo en algo fragmentado no tengo *emuná*. La confianza es aceptación total y eso implica que lo que tiene que pasar pasará, porque yo no lo puedo controlar. No es la confianza pequeña del amigo, de la pareja… La confianza es desconfianza total en todo.

«Es más grande aquel que actúa por amor que el que lo hace por miedo».
TB Sotá 31a

Entonces, ¿en qué confío? Ahí viene la trampa de la confianza. Es cuando la *Biná* quiere decirnos que confiamos en algo fragmentado. Todos los que confían en algo fragmentado se van a equivocar porque todas esas confianzas en el universo espaciotemporal van a desaparecer, van a cambiar. La única verdad que existe en el Universo es que todas las formas que hay van a desaparecer. He de confiar en que el *Ein Sof* va a hacer su plan. Soy un soberbio, creo que mis ideas son mías, que mi ADN es mío. Solo confío en mí y no en las energías del *Ein Sof* que están en mí. ¿Quién soy yo? Soy un transmisor de las energías del Infinito, en eso sí tengo confianza absoluta.

«Si ustedes quieren llegar al éxito,
olvídense de los resultados».
ABRAHAM MASLOW

El éxito no se busca, debemos apasionarnos con lo que hacemos hasta el fondo y tenemos que ir a por todas, eso es *emuná*, confianza absoluta. El éxito son los resultados de la pasión que pongamos. La *Biná* siempre pregunta cuál es el resultado y *Kéter* no busca un resultado, busca un estado del ser, no del tener. Éxtasis en la confianza total. La *emuná* está basada en el plan general que yo desconozco, y como lo desconozco, debo tener total desconfianza en mí. No es el plan de la *Biná*, sino el plan de la voluntad general. ¿Cómo se llega a tener esa confianza? ¿Cómo alguien se puede entrenar en poder lograrla?

Si yo comprendo que *Biná* y *Jojmá* nos dan *Daat*, puedo elevarme en la confianza. Hay que comprender el plan general. Por eso los cabalistas estudian desde el cosmos. Necesitamos conocer todos los Universos y no aferrarnos a ningún punto. No se puede confiar en fragmentos de la realidad. La gente se enoja cuando no le salen bien los planes que hace, pero es que no estaban en el plan general… «Me tenía que casar con fulanito…». No estaba en el plan.

El que acepta el plan general llega al éxtasis. La gran mayoría del plan general está en el *SOD*, en el secreto. Lo revelado es muy poca información.

Tenemos que buscar la confianza en el *Ein Sof*. La gente necesita un punto de seguridad, que puede ser la pareja, el Espíritu Santo, la Iglesia, el rabino de turno, la amiga, porque no tienen confianza en las energías que D*os les puso en sí mismos. El que busca algo fuera no lo va a encontrar nunca, porque lo que busca está en su interior. A nosotros nos programaron con la suficiente energía para poder revelar luz. No para ver la luz del otro. Nosotros hemos de confiar en nuestra energía, la que nos dieron, y transformarla en subjetiva para actuar dentro de esta realidad. Ser un transformador. Dar luz a esta existencia. En Cábala, ¿cuál es la intencionalidad para hacer las cosas?

¿Qué me lleva a la *emuná*? Si vas a debatir para ganar el debate, pierdes toda la confianza, estás defendiendo una verdad fragmentaria. El religioso encierra a D*os en ese dogma y no avanza. Demuestra la desconfianza en el plan general. El agnóstico se acerca más al *Ein Sof* que el creyente. Tienes que dudar de tu subjetividad porque es ególatra y no te permite aceptar el plan general, e infantilizas la idea de D*os en tu cerebro. A tu modo, lo limitas dentro de tu realidad.

Abulafia nos dice: «Confianza en la luz divina que puede ser revelada en este universo limitado, confianza en que la oscuridad es luz oscura y confianza en que aceptamos la estructura del universo tal cual es». Debemos encarnar a D*os en este plano finito. Cada vez que tengamos más desconfianza en lo fragmentado, tendremos más confianza en el plan general.

Debo confiar en el lugar que me puso el *Ein Sof* y aprender desde donde estoy. Desde ahí aprendo a revelar más luz de la que tengo. A veces, si intentamos ayudar a alguien, enseñándole, puede que te rechace odiándote, porque proyecta su ignorancia en ti y puede atacarte. No está preparado para una enseñanza. No tiene el *Klí* suficiente para aprender. Se puede fisurar el *Klí* si alguien quiere más de lo que se merece. Para saber en qué nivel de *Klí* nos encontramos, debemos tener mucha humildad, para reconocer nuestros límites, ya que el deseo es superar los límites para poder revelar luz. Teniendo una consciencia *Biná* muy fuerte, accedemos a niveles de luz más elevados en *Jojmá*. Vamos a analizar esta frase: «Duda de ti mismo hasta tu muerte». Si yo voy a crecer, las verdades que yo tenía van a desaparecer, en un nivel más elevado. Las verdades anteriores desaparecen y, por lo tanto, dudo ahora de las verdades que tengo porque me impiden crecer. Se va creciendo poco a poco. Es como un libro que ahora no entiendes, pero que puede que entiendas dentro de unos años.

«¿Por qué existen los que tienen deseos y no tienen voluntad?
El deseo es la base del Universo».
ABRAHAM ABULAFIA

El que tiene miedo a equivocarse es el que no acepta el plan general. Si tienes deseos y confías en una voluntad que es una Matrix, todos los errores no son errores; lo son para tu voluntad subjetiva, pero no para la Matrix.

El exceso siempre debe ser restringido y lo restringido debe ser siempre expandido. La *Biná* no debe autoengañarte en el proceso, ya que está seducida por el mundo finito: siempre quiere un bolso, un coche, un vestido, una sudadera... No es crítica, sino que habría que honrarla por el trabajo que hace, es superior a la *Jojmá*, ya que la *Jojmá* es un canal de luz que se abre, es más fácil. *Biná* es el orden, la disciplina, el esfuerzo, el horario, el trabajo. Además, tiene que organizar el flujo de la *Jojmá*, que es mucho. No se puede estar todo el tiempo en *Jojmá*, con los arquetipos, hay que cocinar, hay que estudiar, con la *Biná* se sufre mucho desgaste porque no está en la naturaleza del alma, que viene de *Briá*, de la *Neshamá*.

La *Biná* está llena y, al final, siempre confiamos en ella, porque es la que nos hace vivir en la existencia material. La *Biná* está preocupada por cómo vas a revelar la luz en esta vida, en esta realidad. Tiene mucho trabajo. Hay gente que se cree que es D*os, que su *Biná* es muy potente y sigue su plan. La *Biná* me baja a la realidad, pero tenemos que bajar luz a la materia. Nos invade la teoría, pero debemos ir a la práctica. En hebreo, *Pilpul* es un debate de ida y vuelta. Hablamos, hablamos, hablamos..., y nadie hace nada, no hay confianza, no hay *emuná*. Si tú tienes confianza, actúas independientemente del resultado. La trampa de la *Biná* es que creo que me tiene que salir perfecto y estamos en un mundo imperfecto. Es mi imperfección, porque yo intento hacerlo lo mejor posible. Nosotros tenemos un potencial de un diez oculto, pero a veces la *Biná* nos da la calificación de un cuatro, ¿Quién es el juez de mi interior? ¿Qué me hace sentir culpable? La *Biná*, en su idolatría, no tiene confianza, y alguien que no tiene confianza confía en el azar. *Emuná* no es la confianza fragmentaria que utilizamos en el campo del Universo de *Bet*. Hablamos de una confianza superior: aceptación total, no quedarme de brazos cruzados, ya que yo tengo que mover la energía que D*os me puso, pero la tengo que mover cuidando de que la *Biná* me esté ayudando a revelar luz, no a compensar energías que no sé dónde ponerlas.

No por mucho pensar avanzas. Tenemos que llegar a la práctica, a *Maljut*.

Bajar la luz. La alteración que has causado no debe crear fisuras en el *Klí*, el *Klí* debe expandirse.

¿Por qué hay *keilim* que se expanden y *keilim* que se rompen?

		Rompe
Entra la LUZ	*KLI*	
		Expande: se mueve y confía en el cambio

Nosotros definimos la confianza como a algo que no se altera. Creemos que es algo inmutable, y es al revés: hay que tener confianza en lo que cambia. Como cuando el propio *Ein Sof* tuvo que exiliarse y mutar para crear el Universo. Confiamos en los cambios que se realizan continuamente, la *Shejiná* que D*os dejó dentro del Universo. La fuerza Divina está mutando permanentemente.

La *emuná* es un plan general que va cambiando, pero en realidad se está revelando más luz, en realidad nada cambia, todo se está revelando. Crecimiento es cambio, he de confiar en ello, en lo mutable. Mutar para revelar más luz. Constante movimiento, no confiamos en un punto fijo de la realidad. ¿Qué hace la *Biná*? La *Biná* confía en un resultado, en un punto fijo, y cuando ese resultado no se da, aparece la desconfianza. En la tradición hebrea, cuando tenemos una reunión sin compromiso, en la cual no depende todo de mí y yo no controlo, debemos confiar en el plan de arriba, de uno mismo. La *Biná* ha de entender la humildad. ¿Cuándo una persona es humilde? Cuando entiende que su inteligencia tiene un límite, porque hay un plan que no puede controlar. El *SOD* es más que lo revelado. Debemos tener confianza en energías que están fuera de nuestro control. Esto produce una sensación de impotencia en una *Biná* que se cree omnipotente y puede llevar a actuaciones que desencadenan en desequilibrados de *Guevurá* en el poder. La *Biná* nos muestra *sefirot* potentes para no mostrarnos la impotencia de otras.

La *Biná* ha de pasarle toda la información a *Maljut* para que no se quede en la teoría y reciba la experiencia de la *Biná*. En el Tetragrama, *Biná* y *Maljut* son las dos *Heis*, se necesitan mutuamente, son madre e hija. La *Biná* le dice a *Maljut*: «¿Por qué eres tan rebelde?». Y *Maljut* le contesta: «Porque soy tu hija». Luego le pregunta a *Biná:* «¿Por qué tú eres tan conservadora?». Y *Biná* dice: «Porque soy tu madre y con el tiempo llegarás a mí». Cuando la *Biná* quiere controlar todo, no solo desarrolla la soberbia, sino que, además, provoca un desgaste muy grande. Hay personas que quieren hacer mucho y que al final no hacen nada. El reconocimiento de que uno es limitado es liberador. Lo más liberador es: «Yo no hago lo que quiero, hago lo que puedo». *Maljut* es muy limitado y *Biná* ha de reconocerlo, tomar una humildad buena, reconocimiento de sus propios límites: «Yo hago lo que puedo».

El alma siempre quiere más de lo que puede. A mí me encantaría leer cuarenta libros, pero leo uno cuando tengo tiempo libre. También tenemos limitaciones en la actividad física. La *Biná* puede empezar con compensaciones como: duermo cinco horas, hago deporte, trabajo, hago una siesta, los niños, el baño, la cena... Acabo agotada. Es importante darnos cuenta de que el día tiene veinticuatro horas, no treinta y seis, y aunque nuestro deseo es poder cumplir con todo y más debemos reconocer nuestros límites. Eso no significa anular el deseo o resignarse, sino tener más consciencia de hasta dónde podemos llegar. Justamente, tener claros los límites nos permite hacer más, de lo contrario podemos hacer demasiadas cosas y producir un desequilibrio de la estructura y un desgaste imposible. Se puede romper el *Klí* por querer llegar a todo, a más de lo que puede la estructura. Todas las estructuras son limitadas en el campo de la fragmentación: *Nefesh, Ruaj* y *Neshamá*. Hay que poner límite a todo y a todos, es entonces cuando se fluye mejor, cuando se tienen espacios liberadores, pero si nos autoexigimos, la *Biná* no recibe de *Jojmá* en relación con el plan general.

El problema de *Biná* es la fuerza inercial, pues en esa fuerza pierde consciencia. A la *Biná* le gusta la rutina, opera con la fuerza de lo habitual. La gente muy inteligente está en organizaciones muy estructuradas, ahí la *Biná* está tranquila. Los autónomos han de tener flexibilidad con su trabajo, deben crear, destruir, crear, destruir... Por eso todo el mundo quiere trabajar para el Estado, hacer oposiciones, porque quieren seguridad. Cuando la gente sale de su estructura, no tiene *Jojmá*. Mucha gente se deprime cuando se jubila. La *Biná* se ha de entrenar mucho. El trabajo de *Jojmá* es más pasivo, frente a la luz de *Kéter*. *Jojmá* opera más con los dones (médiums, regresiones a vidas pasadas...). El alma viene del Universo de *Briá*, le cuesta el esfuerzo, es un nivel de luz increíble y se encuentra con esta oscuridad de la materia. Por eso mucha gente se quiere morir.

«Cada persona conoce su propia verdad
y nadie puede experimentar la verdad del otro».
ARYEH KAPLAN

Debemos encriptar memoria para tener más memoria. Para escribir un libro, una persona debe borrar todo lo anterior, para no tener influencias, de lo contrario, no podrá escribir un libro nuevo. Para poder crecer, hemos de borrar partes de nosotros, y eso es difícil para la *Biná* porque no quiere perder su identidad.

24. El *Klí*. Sistema de funcionamiento del receptor

«Es el receptor el que distorsiona la Luz».

MARIO SABAN

Amar no es establecer una relación de dependencia. Las dos virtudes de *Tiféret* son: el amor y la independencia. Si en el amor hay dependencia, no hay amor. El *Klí*. ¿Qué es saber recibir bien? Cada *sefira* en el Árbol de la Vida es un *Klí* diferente con su nivel de recepción. Por lo que saber recibir bien es querer ser feliz. Las cuestiones claves es que no sabemos recibir bien y, por lo tanto, no sabemos dar. Sufrimos de forma permanente. Todo *Klí* siempre tiene una fuerza que es el deseo. La energía que satisface el deseo es el *Or*. El porcentaje que nuestra estructura puede recibir es de un 20 % solamente. *Or Yashar*: luz directa. Deseo. Es el cien por cien de todo lo que deseamos.

Si toda esta luz entrara en mi *Klí*, no podría levantarme al día siguiente. Tendría cubiertos todos mis deseos (tener la lámpara de Aladino puede ser lo peor que nos pueda pasar). Es mejor seguir deseando. Un *Klí* tiene una decisión, tiene una fuerza que decide cuánta energía entra y cuánta no. Debemos tener capacidad de discernir qué escogemos. Fuerza interior. Esto se llama *masaj*, pantalla o filtro, y es la que decide qué puedo absorber de la energía. *Or pnimí*, luz interior. Es el 20% que el *masaj* decidió que podemos tener dentro de nosotros.

Or makif o Luz envolvente. Es el 80% de la energía que quedó fuera: los libros que no voy a leer, la comida que no voy a comprar... El *Or makif* quedó en la *Jaiá*, y la *Iejidá* del alma, en el potencial, en el deseo de lo que puedo desear en el futuro, no lo que absorbo en el presente.

Or Joser o Luz que retorna, que no mereces. El *Or Joser* no inicia el movimiento *Bet*, se mezcla en la infinitud. El *Or Yasar* que vuelve del *Tzim Tzum Bet* no tiene la misma potencia que el *Or Joser* del *Tzim Tzum Alef*. Las *sefirot* que son inferiores siempre tienen *Or Joser* de las superiores porque no pueden admitir tanta energía. La posibilidad del *Or Joser* de que vuelva, es para que el *Klí* pueda mantener el deseo porque, si se llena de luz, no se puede sostener el deseo.

El *Klí* es estable al rechazar la energía. El que tiene buena autoestima lo rechaza. El que sabe ponerse límites es fuerte, ya que concentra la energía en el punto. El que no se autolimita no crece. El *masaj* llega a un punto máximo por el cual va entrando la energía, *Bitush*, dentro del receptor, no lo llena más. El receptor queda dividido en tres partes. División del *Klí*:

ROSH	Deseos futuros 80 %
Cabeza del *Klí*	*Or makif,* luz envolvente
TOJ	Energías recibidas y me permiten dar 20 %
	Or Pnimí luz interior
	Leyes del *Tzim Tzum Bet*
SOF	Vacío, insatisfacción constante, ego
	Siete *sefiro*t inferiores
	Leyes del *Tzim Tzum Alef*
S e T e R	Oculto

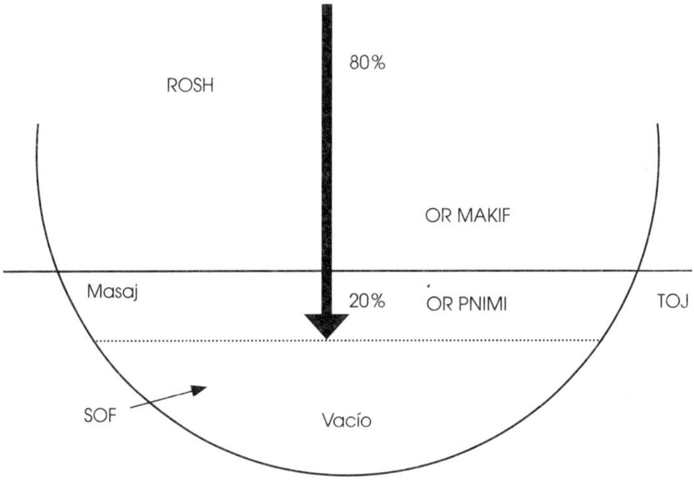

¿Por qué motivo existe el vacío? Lo lógico sería que el *masaj* fuera hasta el final del *Klí* y quedáramos satisfechos (la lámpara de Aladino). Dicen los cabalistas que es peligroso que el *masaj* pase la línea entre el *Toj* y el *Sof,* porque el *masaj* tiene que defender la parte final del *Klí*, el *Sof*. Toda energía que entre más abajo del *Toj*, hacia el *Sof*, que queramos ingresar no va a ser energía de recibir para dar, sino de recibir ególatramente para retener. Si nosotros ponemos más porcentaje del *Or makif*, el 50 %, y entra el 50 %

al *Toj*, entonces el *Toj* no lo puede sostener porque recibe el 20 %. El 30 % restante se vuelve energía que entra en el *Sof* y se queda estancada, solo me da placer a mí, no es de recibir y de dar. La naturaleza del nivel inferior es que se mantenga el nivel de insatisfacción, porque si las energías entran ahí, quedan atrapadas.

¿Qué pasa en el *Toj*? Cuando uno recibe la energía para dar, está bajo las leyes del *Tzim Tzum Bet*, la energía que entra en cada *sefira* le da a otra, se produce el *Tikún Olam*. Las *sefirot* rectifican dándose unas a otras y, al ponerse las *sefirot* en el sistema de dar, empiezan a sentir, algo que solo siente el *Ein Sof*, ya que en el *Tzim Tzum Alef* son pasivas, solo receptores. Las leyes del *Tzim Tzum Alef* solo son receptoras, operan en el vacío. Cuando la gente la quiere para sí misma, no para de dar, se vuelve energía ególatra. En este vacío están las siete *sefirot* inferiores, no pueden recibir más que *Biná* y *Jojmá*. Por lo tanto, el *Or pnimí* está regulado por *Biná* y *Jojmá*, y estas no le pueden dar a las siete inferiores más de lo que pueden recibir porque, si no, disfrutan de manera ególatra, sin dar. Hay un término en la Cábala, la densidad, que es igual a *Aviut*, espesor. El deseo tiene que ser de calidad y no de cantidad. El problema de las siete *sefirot* inferiores es que quieren cantidad. La calidad la da la regulación entre *Jojmá* y *Biná*. Como todo esto se desestructura, hay un problema de desequilibrio que se produce cuando deseo más de lo que puedo merecer. El *Tanaj* dice: «El hombre muere con la mitad de los deseos cumplidos».

¿Cómo opera el *Klí*? ¿Cómo se desequilibra? Si nosotros queremos que el *Or makif* no sea del 80%, sino del 50%, y llevamos el *masaj* más allá del *Bitush*, el *Toj* presiona sobre el *Sof*, y las siete *sefirot* inferiores empiezan a trabajar más de lo que deben. Imaginemos un árbol cuyas ramas crecen tanto que acaban tirándolo porque el tronco no las puede sostener. Si quieres un árbol fuerte, primero céntrate en las raíces y en el tronco.

RAÍZ:	*Ein Sof / Kéter*
TRONCO:	*Biná / Jojmá*
RAMAS:	7 *sefirot* inferiores

La gente confía en lo material (coches, casas...) y no se da cuenta de que cortan el Árbol en dos, ya que ponen la energía donde no deben. Así funciona el Árbol de la Vida. Si le das mucho a *Tiféret*, *Maljut* y *Yesod*, las ramas crecen de tal manera que *Jojmá* y *Biná* se parten, porque no lo pueden soportar. Para que podamos absorber el *Or makif*, de manera que entre y las ramas puedan absorberlo y no se rompa el *Klí*, debemos seguir el método de análisis siguiente:

Or makif / luz directa	*Or pnimí* / luz interior
Expansivas	**Expansivas**
TEAMIM	*TAGUIM*
Cantilaciones	Coronas
Masculinas	
Restrictivas	**Restrictivas**
NEKUDOT	*OTIOT*
Vocales femeninas	22 letras consonantes

Recordemos que *Reshimó* es la impronta de luz que quedó en el Universo, el *Or pnimí*, el 20%. Cada alma tiene su impronta. Una energía que le queda dentro, de forma que es una energía que puede contener. El *Reshimó* es nuestro pensamiento que nosotros podemos decir lo que sabemos y lo que no sabemos, es el 80% de *Or makif*. Cuando entran las energías expansivas y las energías restrictivas, ya no son luz directa, son interior, *Or pnimí*.

Algunos cabalistas diferencian:

20% *Or pnimí, Reshimó*.

20% *Or pnimí* sale como *Or Joser* retorna y se queda en *Reshimó*.

Reshimó es la impronta de una energía que pasó, nos quedó grabada tal y como lo pensamos, o porque lo pensamos quedó la energía. Cuando yo pienso, hay una energía que ha pensado ese pensamiento, la energía, por lo tanto, me quedó y la tengo en la memoria. Si yo alguna vez pensé algo, ya no tengo que volver a pensar en ello. Es como si me detengo a pensar cómo funciona una rueda y sé cómo funciona, pero si quiero profundizar sobre la rueda, debo volver a pensar.

Cuando se mueve el pensamiento es *Or pnimí* en mi interior, *Reshimó*. Otros cabalistas dicen que no, que es una energía que ya utilicé, pero me quedó, con lo del *Reshimó*. Lo importante es lo que quedó en el interior, en el *Or pnimí* que va a descodificar la energía exterior que entró. Tenemos una paradoja: el problema del *masaj* del filtro, cuando deja fuera el 80% y hace entrar el 20% y deja el vacío, podríamos creer que ese 20% es una energía que merece el *Klí* por restricción, pero no es así, porque el *masaj* deja entrar energías expansivas dentro del *Klí*. ¿Cómo un *Klí* limitado deja entrar energías expansivas cuando el *masaj* solo recibe energías restrictivas? Porque el *Klí* es limitado. El *Klí* limitado recibe energías expansivas masculinas también, además de las energías restrictivas femeninas. Las energías expansivas que entran dentro del *Klí* entran con el potencial de expansión, parecen restrictivas, pero son expansivas. Es como cuando compras semillas, las plantas y crecen en la tierra...

Los cabalistas dicen que hay fuerzas encriptadas que parecen restrictivas, pero no lo son, el *Klí* las integra en su interior como restrictivas, pero comienzan su expansión. Hay ideas que son como semillas que entran y que tú no te das cuenta, pero empiezan a expandir el *Klí*. El que toma esas ideas expansivas que parecen restrictivas puede hacer que se expanda el *Klí*. Está buscando la calidad de la semilla, que es la que marca el potencial de la expansión, de lo que va a ser la información de la semilla, en lo revelado. En este 20% de restricción, tenemos la posibilidad de hacer ingresar el potencial del 80% para poder expandir el *Klí* y que no se rompa. Nosotros vamos a respetar el límite del *masaj* para seguir defendiendo el deseo de la insatisfacción constante, mientras podemos hacer puente con las energías expansivas potenciales que se encuentran en nuestro interior y las podemos hacer ingresar, eso se llama calidad, *Aviut*. Es la calidad de las ideas. Una idea de calidad significa que estoy haciendo entrar una energía de expansión potencial que va a hacer que mi *Klí* se pueda expandir. La expansión del *Klí* no la provoca el *masaj*, la provoca el *Aviut,* la decisión de qué tipo de semillas vamos a comer para que ese tipo de energía entre en nuestro sistema. Puede ser una semilla pequeña y después grande y que la persona vuele. Esta información que es expansiva, que aparentemente entra como restrictiva, son los *Teamin*, luces expansivas, entraron como restrictivas muy pequeñas.

¿Qué calidad tienen mis ideas para que germinen las grandes expansiones en mi interior? ¿Qué nivel de encriptamiento u ocultamiento tienen? Descubrimos que el *Or makif* siempre está disponible si utilizamos el *Or pnimi* como lo debemos utilizar. Si utilizamos el *Or pnimí*, el *Or makif* va entrando de modo que lo podemos reconvertir en *Or pnimí* de forma automática, pero no podemos hacer entrar el *Or makif* de manera ególatra, porque presionaríamos al *masaj*. Si nos abarrotamos de cantidad, perdemos calidad, que es la que hace crecer el *Klí*, y al mismo tiempo mantener el deseo del vacío interior y no llenarnos de energía. Difícil equilibrio crecer manteniendo la insatisfacción. Por lo tanto, *Biná* y *Jojmá* extraen las energías de las siete inferiores, las vuelve insatisfechas, porque entienden que primero se tienen que satisfacer ellas y, automáticamente, las siete están satisfechas. La satisfacción de las tres superiores depende de la insatisfacción de las siete inferiores, así podemos satisfacer a las superiores que tienen más nivel de *Klí* que las inferiores.

Nuestra estructura del alma no tiene el mismo nivel de *Keilim* en todas las *sefirot*. *Yesod* no puede tener el mismo nivel de energía que la *Biná*, ni *Maljut* puede tener el nivel de *Jojmá*. Los *keilim* de *Biná* y *Jojmá* son más fuertes y grandes que los inferiores. Tenemos muchas más ideas de las que podemos llevar a cabo, no tenemos tiempo para ejecutarlas. El problema está en que no podemos bajar a los *Keilim* inferiores, el nivel de energía de las superiores. Tenemos que admitir el nivel de limitación de las inferiores, poniendo el *Bitush* (punto límite), el límite del *Masaj*, para que no nos coma la insatisfacción. En definitiva, tenemos que defender la insatisfacción de las siete inferiores para satisfacernos en los niveles más altos. Tener satisfechos los más altos y a su vez tener más satisfechos los inferiores. Si satisfacemos las 7 inferiores absolutamente, podemos generar desequilibrios en las inferiores, porque las inferiores no pueden tomar energías que no les pertenecen y no tienen *Keilim* que pueda absorberlas, de ahí que nos encontramos con un problema en el *Masaj*.

¿Qué podemos hacer para que la estructura funcione? Hemos de procurar que el vacío del deseo se mantenga para que pueda crecer el *Klí*, de acuerdo con la capacidad que tenemos de encontrar esta semilla. Son ideas que tiene en el potencial para ir absorbiendo los niveles del *Or makif*. Es una especie de autoengaño a la *Biná* para que no restrinja. Restringe a las siete inferiores, pero no puede restringir a la *Jojmá*, porque la *Biná* es la revelación de la *Jojmá*. Cuando la *Biná* se pone al servicio de la *Jojmá* y hay una copulación, lo que se abre son los canales expansivos en el límite entre el *Rosh* y el *Toj*, se llama *PE* o la boca del recipiente. El límite entre el *Toj* y el *Sof* se llama *Tabur* u *Ombligo*. En el *Tabur* se frena el filtro, el *Masaj*. La *Biná* tiene que frenar el *Masaj* para que sigamos insatisfechos; es la que provoca la frustración del niño en términos psicológicos. El niño pregunta: «¿Puedo un bombón?», y si le dicen que sí, que puede coger uno, entonces él dice: «Bueno, pues quiero toda la caja de bombones». A la *Biná* la tenemos que marear para coger la caja de bombones, pero ella solo me permite una cosa, pero yo soy suficientemente inteligente para ver cuántos bombones me como sin que la *Biná* se dé cuenta. A la *Biná* la necesito para frustrarme, pero a la *Jojmá* la necesito para frustrarme lo menos posible. La función de la *Jojmá* es la búsqueda del placer, mientras que la *Biná* pone límites, me causa dolor, defiende el *Klí*. La *Biná* le dice al niño: «Cómete un bombón cada día, porque si te comes la caja entera vas a reventar». Eso es el *Bitush*, el impacto de la luz interior con la circundante, ponerse límite a la capacidad de entrada de la energía en el *Klí*, la limitación del *Klí* para seguir deseando. La madre frustra al niño para que siga deseando.

¿Nos relacionamos con nuestras fuerzas expansivas ocultas? ¿Sabemos qué tipo de ideas son las que van a tener más fuerza de germinación y cuáles no? ¿Sabemos cuál es la semilla que tiene más potencia y cuál no? Si lo sabemos, vamos a tomar más, por lo tanto, vamos a desarrollar mucho más el potencial. Si tomamos esas semillas, haremos *Tikún* más rápido sin que se entere la *Biná* con sus limitaciones. En cambio, si creemos que todas las ideas son restrictivas, estamos cometiendo un error.

> «Solo abrazando absolutamente la inseguridad, se alcanza la seguridad, porque los que buscan la seguridad, solo encuentran inseguridad».
>
> Mario Saban

Si realmente profundizas sobre el *SOD* de lo que has leído, vas a encontrar el 80% de lo que todavía no has descubierto que estaba metido en la lectura. Hay niveles infinitos de percepción de la realidad que no vemos por nuestras limitaciones. Pero ¿qué hace la letra hebrea? Agujerea la realidad para que nos conectemos con el Infinito de la realidad oculta. Tú vas a ver la letra como una letra, que te hace de pantalla, donde verás nada más el sentido de la letra escrita, pero si la ves como un agujero que traspasa el papel, la letra te estará pasando a la otra realidad. Es cuando la gente ha comprendido por completo el libro.

Desde el punto de vista de la Cábala, solo comprendiste el 20%, porque el 80 % quedó en el *SOD*, en el *Or makif*, es todo el potencial de enseñanza de ese libro, que el libro no lo dice, pero tu *Neshamá* lo tiene que percibir. Es la descodificación de la energía de *Jaiá* de la *Neshamá*, que tiene que surgir a partir de la lectura de ese libro. El libro es la excusa para sacar la información de tu *Neshamá* y del Universo y conectarte con el *Ein Sof*. Cuando entiendes que el vacío de cada letra te ayuda a conectarte con el *Ein Sof*, entiendes qué es el *Or makif*. El *Or makif* es lo que se oculta a mi comprensión, lo que se mantiene oculto por el espesor de la idea, por la cantidad, no por la calidad de la idea. ¿Qué pasa si eliges las energías por la cantidad? Pues que llenarás las siete inferiores hasta que llega un momento que acaba mal, se parte el Árbol por el peso de las ramas. La única forma de tener un Árbol que pueda sobrevivir es que el nivel de crecimiento de las ramas sea igual o menor al crecimiento del tronco. Si el tronco, que son *Kéter*, *Jojmá* y *Biná*, crece lo suficiente, podrá sostener las ramas que quieras. *Kéter*, *Biná* y *Jojmá* se encuentran en el *Or makif*, lo que tenemos que hacer es extraer permanentemente el *Or pnimí*, que sería el *Daat* del sistema, toda la información que se requiere para el vacío. El vacío también requiere de un llenado permanente, dado que, con la expansión del *Klí*, el *Or pnimí* no tiene el 20%, vuelve a ser menor, la expansión del *Klí* indudablemente provoca una integración del *Or pnimí* que se vuelve parte del *Klí*.

El gran secreto es que el *Or pnimí* desaparece para que crezca el *Klí*. El *Or pnimí* se vuelve *Klí*. El *Klí* se expande a un *Klí* de mayor luminosidad. Llegará un momento que dejará de ser *Klí* y será *Ein Sof*, el *Or pnimí* provocará la *devekut*, la unificación con el *Or Ein Sof*. Llegamos al *devekut* porque una expansión del *Klí* equivale a una anulación del *Klí*, todo el *Or pnimí* es todo el *Or makif* y donde el vacío queda sin vacío. Ya estamos transitando el camino de nuestra vida. Cuando sabemos regular el *Or*, que es lo difícil, estamos en la Matrix. Subes en el nivel del *Or*, pero es posible que despiertes sentimientos de envidia o codicia al vecino que te harán bajar de golpe. Te bajan a la realidad cotidiana y te hacen caer en la realidad de la oscuridad. No es malo, porque la oscuridad te hace vivir. El sabio pone un límite a la sabiduría para seguir siendo sabio.

Los cabalistas dicen con respecto a la *Biná* que lo primero que deberíamos tener en cuenta es el espacio de ideas que produzcan expansión, evidentemente, no de manera ególatra, de acaparar más. Una idea puede transformar la percepción de nuestra vida entera. Cuando Mandela salió de la cárcel, le preguntaron cómo era que había cambiado tanto y dijo: «Por la lectura del *Diario de Ana Frank*». Es decir, gracias a las ideas, no sabemos nunca la capacidad de percepción que podemos llegar a tener. Si hay una *Biná* fuerte, podremos identificar qué ideas son potentes, seminales, y cuáles no. Es importante saber discernir. *El principito* es también un buen libro para ayudarnos a trasformar la percepción de nuestra vida. Si nos relacionamos con una idea potente, el tamaño del cambio de percepción que podemos provocar es total. Tener una *Biná* importante es básico, con las energías expansivas, podemos alcanzar un desarrollo imponente, en positivo. El *masaj* actúa empujado por la *Jojmá*, para integrar luz dentro del sistema. El *masaj* sabe cuánta energía puede soportar y cuánta no. Si esta energía la ingresa en los *keilim* de las siete inferiores, la *Biná*, a través del *masaj,* cuida de que las siete inferiores estén en equilibrio, ya que se pueden desequilibrar por satisfacción o hipersatisfacción. La *Biná* es la guardiana.

La *Biná* nos autofrustra para mantener el deseo y regula la posibilidad de que se integre la luz del *Or pnimí*. Espera un período para que se integre el *Or pnimí* al recipiente y el recipiente pueda expandirse. La *Biná* consolida una realidad, un momento de solidez, de tranquilidad y también regula para que no siga entrando luz. Sería una persona que lee durante todo el año, pero que, cuando llega su tiempo de vacaciones, ya no le apetece dedicar tiempo a la lectura. La *Biná* ajusta de forma permanente la capacidad del *masaj* y así puede lograr un límite satisfactorio entre el deseo y la satisfacción. Cuando las fuerzas de la satisfacción de un *aviut* son muy bajas, es porque solo busca la cantidad y no la calidad, y no está operativo con la *Biná* y la *Jojmá*, solo está operativo en las siete dimensiones inferiores. El problema se produciría si las siete inferiores llegan a controlar el sistema. Son *Biná* y *Jojmá* las que han de regular a las siete inferiores en la estructura.

«La era mesiánica se revelará cuando derrotemos
las fuerzas tenebrosas de la materia».
MOSHÉ JAIM LUZZATTO

Cuando percibamos la materia solo como materia, se acabará el deseo de las siete inferiores y solo tendremos deseo de satisfacer a las tres superiores. La *Biná* es la *Guevurá* mental, el *masaj* en el *bitul* y la *Jojmá* es el *Jesed* del Universo.

25. Universo de *Briá*

«Somos el Infinito y al mismo tiempo finitos».
JAY MICHELSON

Cuadro general de Universos y energías dentro de los Universos:

Adam Kadmón	72/63/45/52	Nombres sagrados de D*os extendidos
Atzilut	*PARTZUFIM*	Rostros divinos
		Reshimó
Briá	*BENE ELOIM*	Arcángeles /Universo *Merkabá*
Yetzirá	*MALAJIM*	Ángeles
	72 nombres de D*os	*Ruaj Ha Kodesh*
Asiá	*OFANIM*	Las ruedas de la *Merkabá*
		Shejiná

Los arcángeles o jefes de los ángeles son energías. Hay diez arcángeles en el Universo de *Briá*, que es donde están las raíces de las almas, las raíces de las *Neshamot*. Mientras que en el Universo de *Yetzirá* está el alma, el yo interior y el yo exterior.

En el Universo de *Briá* tenemos los siguientes arcángeles:

Kéter de Briá: Metatrón

El D*os en el Trono, Universo del carro de fuego. *Yud Hei Vav Hei* menor. Es una consciencia muy cercana al *Ein Sof*. Metatrón rige a todos los demás arcángeles del Universo de *Briá*. A través de *Kéter* de *Briá* podemos conocer el camino de la iluminación. Es a lo máximo a que puede llegar el ser humano. Dicen los cabalistas que en algún momento llegaremos a la inmortalidad física, pero primero hay que tener ética. Es el objetivo de la Cábala, que nos merezcamos ser dioses. Somos hijos de D*os. La serpiente persuadió a Eva para que ella y Adán comieran del Árbol a fin de ser como dioses. La serpiente tenía razón, pero el problema es que comieron a destiempo, aceleraron el proceso de crecimiento, antes tenían que merecerlo. Metatrón puede lograr que algún ser humano sea inmortal, como Elías o Janoc, que fue el escriba de Metatrón, y escribió *La sabiduría de todo el Universo*. Metatrón reina sobre el Árbol de la Vida y sobre el Árbol del Conocimiento del Bien y del Mal. También reina sobre el tiempo, el espacio y la eternidad.

Jojmá de Briá: Raziel

Están las fuerzas de la sabiduría de D*os. Raziel es el arcángel de los secretos de la sabiduría de D*os, pues *Raz* es secreto en arameo y *Sod* secretos de la sabiduría de D*os. Es la parte compasiva de D*os, cuando ve que Adán está llorando porque perdió el paraíso. Entonces Raziel le dio un libro y le dijo: «Si tus descendientes lo descifran, podrán volver al paraíso».

El paraíso, dicen los cabalistas, está en la tierra, no está en el cielo. El problema es nuestra capacidad de percepción, pues también puede ser el infierno.

> «La realidad es un infierno y en el centro está el paraíso».
> William Blake

El lugar del paraíso depende de nuestra percepción. Si somos felicidad, vemos felicidad; si somos tristeza, veremos tristeza. Es un estado. En la película *La vida es bella*, el padre consigue que su hijo vea la vida en el campo de concentración como si todo fuera un juego, y así consigue evitar que no sufra. «Somos lo que vemos y vemos lo que somos». La realidad es lo que vemos. El secreto de Raziel es que tienes que experimentar en tu interior el cambio de percepción, lo exterior queda modificado, aunque sean las peores circunstancias. Raziel es el que otorga el conocimiento de la profecía: sueños, visualizaciones, médiums, contenidos de energía que le vienen a uno. Nos abre a la sabiduría.

Biná de *Briá*: Tsafkiel

Kaaz es ira, enojo, mal genio en hebreo. «D*os en su enojo».

> «Si llegas al éxtasis de ver a Metatrón, ni lo mires».
> Abraham Abulafia

¿Merezco subir o no? Tsafkiel registra todo lo que acontece en el Universo y tiene que decidir si tu alma merece ver o no a Metatrón. Son las fuerzas restrictivas de *Biná* en el Universo. Esta fuerza en el Universo protege a los justos condenados injustamente y a los condenados de manera injusta. Tsafkiel los libera y también protege a la gente sola y a la gente que se siente sola (máxima soledad). Si uno puede acceder a los niveles superiores de la divinidad en su máxima soledad, se da cuenta que no está solo, que es una fantasía de la mente.

Jesed de *Briá*: Tzadkiel

La justicia de D*os. Tzadkiel ayuda a todos los que quieren subir a la Luz. Es la energía del perdón, de la benevolencia. Es la energía que libera al alma de las predeterminaciones astrológicas. Para la Cábala, la astrología tiene un campo limitado de acción. Estamos directamente conectados con la Matrix, los astros no operan. Hay un texto que dice: «Israel no cae bajo la influencia astrológica». Quiere decir que, cuando se tiene un alto nivel de consciencia, eclipse sí, eclipse no, a mí no me afecta. Las fuerzas de la astrología para la Cábala son reales, pero solo nos influencian si tenemos un bajo nivel de consciencia.

> «La astrología en Cábala sirve para analizar, pero no para predecir».
>
> ARYEH KAPLAN

Aunque un análisis muy profundo nos podría llevar a la predicción.

Guevurá de *Briá*: Gabriel

Gabriel es el que destruye a los malvados y domina las serpientes. Es la fuerza que puede limitar al mal, porque es la dosis de mal que necesitas para crecer. Gabriel domina el mal porque lo conoce. Es el benigno que, conociendo la fuerza del mal, la puede dominar. Es una *Guevurá* correcta, Gabriel actúa cuando algo toma mucha fuerza y debe ser cortado, y cuando algo bueno pasa a ser excesivo, también lo corta. Gabriel es la energía que acaba con los malentendidos. Es una restricción a la misericordia porque no podemos ser tan misericordiosos.

Tiféret de *Briá*: Rafael

Las fuerzas de Rafael son las fuerzas relacionadas con el verde, con el curar. Rafael no solo cura el cuerpo, sino que también cura el alma para que pueda ir al otro lado. La Cábala pide extremaunción diaria para limpiarnos antes de salir a este mundo, ya que nos puede llegar la muerte en cualquier momento. El *Yom Kipur* es una extremaunción, morimos para volver a renacer. D*os me sana si yo comienzo mi proceso de sanación en forma permanente. Mi alma no tiene que esperar al último día para hacer la extremaunción. Limpio mi *Tiféret* de oscuridad con la fuerza de Rafael.

Netzaj de *Briá*: Haniel

Es la victoria, la eternidad. Se dice que Haniel nos conduce a la eternidad. El cabalista Najmanides de Girona, en el siglo XIII, dijo: «Antes de que el hombre llegue a la Eternidad física vamos a pasar por un período donde el ser humano va a vivir hasta los ocho mil años». Haniel es la energía de la gracia divina, de la ayuda de la divinidad. Se derrotará a la muerte para siempre. Es la energía de la confianza sobre uno mismo. Tenemos una confianza en el nivel de *Kéter*, que en hebreo llamamos *emuná*. Pero tenemos una confianza más humana, que no es *emuná*, es la confianza en D*os. La energía para poder superarme y poder vencer los obstáculos se llama *Bitajón*. Actualmente, se utiliza para la seguridad de las sinagogas. *Bitajón* es la confianza en mi energía, voy a conseguir la victoria que me da D*os con mis propias energías.

Hod de *Briá*: Mijael

Mijael protege al pueblo de Israel en lo espiritual. El arcángel Mijael desata y detecta el mal de Gabriel. Si el arcángel Gabriel enloquece, se descontrola y se vuelve destructivo, Mijael se enfrenta a él, frena su fuerza descontrolada. Al arcángel Mijael siempre se le ve con una espada que me defiende del dragón. Mijael nos cuida de las fuerzas destructivas de Gabriel en *Guevurá*. El alma ha de estar tranquila, pues Mijael me defiende, Tzadquiel me perdona y Rafael me cura. Gabriel está rodeado, así que debe ir con cuidado.

Yesod de *Briá*: Uriel

Yesod contiene a todas las energías que le vienen del Árbol. Se concentra mucha energía, por eso Gabriel tiene que poner un límite a todas las energías. *Yesod* es la organización final de todas las energías que van a operar en *Maljut*.

Maljut de *Briá*: Sandalfón

Son las fuerzas más densas, donde debemos encontrar el éxtasis dentro de la materia. Sandalfón viene de la palabra griega «sandalias». Para activarlo hay un método: la música, pues ella hace que el alma comience a vibrar y a ver la materia diferente y entonces podemos comunicarnos con la energía que se encuentra detrás de la materia. La música da sentido a la materia y nos extrae de ella, ahí nace la fuerza de Sandalfón, pero hay un secreto, un *Sod*: cuando te encuentras con Sandalfón, que es hermano de Metatrón, a través de la materia ves que todo tiene sentido. Sandalfón se conecta con Metatrón y le dice: «Estoy viendo *Kéter* en *Maljut*» sin pasar por ninguna dimensión. Metatrón te recibe en el Trono.

26. Secretos de *Tiféret*

«Desde cualquier lugar de la realidad, me puedo conectar con el *Ein Sof*».
ABRAHAM ABULAFIA

Hay un secreto en la Cábala, dentro del Árbol de la Vida, y vamos a descubrir cuál es su llave maestra: es la dimensión de *Tiféret*, porque esta *sefira* es la que más conexiones y más canales tiene en el Árbol. La *sefira* de *Tiféret* es la que más nos cuesta, porque son las emociones, por ese motivo, una relación con alguien de la familia afecta mucho a la persona, porque *Tiféret* es el centro neurálgico de las emociones interiores del yo. A la *Tiféret* le afecta lo que piensa uno de sí mismo, lo que piensan los demás de uno... Debemos blindarla para que no sufra, y esa es la función de la *Biná*. Conforme avanzamos en el mundo espiritual, nos tildan de personas frías porque nos vamos autoprotegiendo, y es porque sentimos tanto a nivel emocional que si no nos protegemos caemos en una hipersensibilidad muy negativa.

La diferencia entre sensibilidad e hipersensibilidad es si la *Tiféret* está protegida por la *Biná* o no. Mucha gente es hipersensible cuando tiene una mala relación con la madre, que es la *Biná*. Si tu madre no te ha protegido cuando eras pequeño, la *Tiféret* está muy mal. Esa persona puede estar mal toda su vida. El trabajo que hacemos en la Cábala es para que *Tiféret* pueda subir a *Kéter*. Primero ha de tener la protección de la *Biná* porque, si no, el *Tehom* con una *Tiféret* débil tampoco puede pasar el abismo. Una persona que tiene problemas con la *Tiféret* los tiene con todo el Árbol. La dimensión de la *Tiféret* se protege por el cambio de percepción que propone la Cábala. La *Tiféret* sufre porque percibe su estado de soledad cuando esa persona no se protege a sí misma. Se debe a que no trabaja su *Biná* convenientemente para cambiar su percepción. Alguna gente acude a gurús o a sus amistades para que le resuelvan sus problemas emocionales haciendo el trabajo de la *Biná* de la persona afectada y ahí es donde empieza la dependencia emocional. Entonces la persona siempre se mantiene en *Tiféret*, no puede pasar el abismo, dado que el abismo lo ha de pasar solo.

En *Biná* debemos cambiar todos los sistemas de protección y aparece una paradoja: tienes que llegar a la máxima desprotección para empezar tu protección. La *Biná* te puede proteger mal a partir de una sobreprotección o a partir de la culpa, por eso la *Biná* te tiene que proteger con un cambio de percepción de la *Jojmá*. Para proteger bien a la *Tiféret* es cuando la *Biná* llega a la conclusión de que el yo no existe y ya no tiene que proteger nada. El yo está seguro porque no hay que darle protección. Es en hebreo, el *Bitul,* la aniquilación. Mientras alguien sufre, significa que el yo es el centro del sistema. Si el yo sufre, el yo existe, debemos aniquilarlo. El sufrimiento esconde algo ególatra, pues centraliza al yo. Es típico de las personas que siempre se sienten víctimas de todo: el victimista.

Universo de los esplendores

Comenzaremos con *Tzatzajot*, es el nivel de *Iejidá*, el nivel de aniquilación. El texto de la Torá, en Isaías 58, 11 nos dice:

> «Él satisfará tu alma con esplendores, entonces te deleitarás con el Eterno».

Significa que voy a lograr el éxtasis de *Kéter* si puedo relacionarme con sus esplendores. El Universo de los Esplendores es el Universo de *Adam Qadmon*, nivel del alma de *Iejidá*, donde no hay subjetividad. Hicimos *Bitul*, hicimos aniquilación. El alma y el Universo en el nivel del *Adam Qadmon* están fusionados por *Bitul*. La energía de información que nosotros tenemos del alma a nivel de Iejidá es una energía que no le pertenece al alma, que pertenece al Universo en su conjunto. Todas las almas estamos unidas. Hay un alma única. Es la energía fundamental de todos los Universos. A medida que vamos subiendo nos encontramos todos con la misma información. Subir al nivel de *Iejidá* es la información que todos podemos bajar, es una información en la matriz del Infinito que depende de nuestro *Klí* de recepción.

No existe una *Iejidá* propia, subjetiva, es una *Iejidá* que comparto con todas las consciencias de todo el Universo. Como podría ser el conocimiento del funcionamiento de la rueda. Todos inventaron la rueda, el pueblo azteca, los chinos... En todas las civilizaciones nació la rueda sin que hubiera comunicación entre ellas. Subieron al nivel de *Iejidá*. En consecuencia, nuestro nivel de consciencia más alto no es nuestro. Cuando hablamos del Universo de *Adam Qadmón*, los cabalistas denominan «ojos del *Adam*

Qadmón y oídos del *Adam Qadmón*» a las vibraciones altas y las vibraciones bajas.

¿Cuál es la diferencia entre ojos y oídos? En realidad, el oído no puede escuchar una nota al mismo tiempo sobre otra nota, tenemos que escucharlas separadamente. En una oración, voy oyendo letras o palabras que se van concatenando, pero cuando termino la lectura de una oración me queda el sentido de toda la frase. A través de la vista, estoy leyendo y veo una frase del libro. Cuando termina la frase, se ha creado una idea que no está en ninguna de las palabras de esa frase, sino que surge del conjunto de la frase. No pienso en el concepto de cada una de las palabras, pienso en el sentido general de esa frase. El ojo ve más allá de las palabras que está viendo y, para los cabalistas, la vista es superior, pues puede ver algo más oculto que el oído.

¿Qué pasa en el nivel de *Iejidá*, donde está la paradoja? La paradoja es que deseamos la luz, pero al mismo tiempo tenemos que rechazar gran cantidad de luz porque, si llegamos a *Iejidá*, el nivel de información es de tal magnitud que nuestro *Klí* no está entrenado para recibirlo. ¿Cuál es la función de los Esplendores? Los Esplendores son como pantallas de freno a la Luz Divina, porque la luz tiene que bajar de nivel y se tiene que hacer más tenue para que la podamos comprender y pasar a la *Biná*. Son muchas las pantallas que pueden hacer que lo que estamos viendo no sea realmente lo que estamos viendo. Cuando Rabí Akiva entró al *Pardés* dijo: «Cuando entres no digas agua, porque eso es mármol». Significa que se tiene que cumplir la enseñanza de toda la tradición de la Cábala que dice: «Duda de ti mismo hasta el día de tu muerte». He de dudar porque no sé si estoy viendo la pantalla o la luz. Mucho cuidado cuando hacemos un juicio de otra persona, porque no sabemos lo que estamos viendo, ni si tenemos toda la información. No sabemos si es realidad, si es la luz que se filtra por esa pantalla o la pantalla. Duda. Cada Universo oculta un nivel de Luz, por lo tanto, cada vez que vemos algo, indudablemente en el momento que lo vemos, estamos en relación *Bet*, no estamos en relación *Alef*. Llegamos a la imposibilidad absoluta. Cada vez que estamos viendo, nos encontramos con una pantalla a la que miramos siempre que existe el yo donde se formula una división dual entre *Klí* y *Or*. Los cabalistas nos dicen con respecto a los dos universos superiores, *Adam Qadmón* y *Atzilut*, que el *Or* y el *Klí* están mezclados. No hay sujeto y objeto, hay un continuo. Desaparece la subjetividad, por lo que desaparecen todas las pantallas. Solo tiene pantalla el *Klí*. Cuando en Occidente se dice «Pienso, luego existo», es una visión desde la *Biná*, pero si pensamos desde la *Jojmá*, me lleva a la no existencia:

«Pienso, luego no existo». Si luego no existo, ahí realmente es cuando soy. Cuando existo, tengo la pantalla que no me deja ver. ¿Qué función tienen los Esplendores? Hacen que la Luz Divina no se desborde. Depende de nuestro entrenamiento en el *Klí*. En el infinito, no hay externo ni interno, tendría que haber un yo que lo defina, pero no hay nada que lo defina, no hay variable. Desde la *Biná* nos cuesta llegar a pensar lo que es *Iejidá*, ya que siempre operamos con una forma cuyo contexto dualiza la forma, esa forma la limitamos en alguna parte. La teoría se hunde en la *Biná*, pero la *Jojmá* me propone la experiencia. Entonces puedo quedar anclado en los Esplendores, en los diversos niveles de permanente pantalla. Hay dos tipos de pantalla:

- Pantalla de los Esplendores: los Esplendores son pantallas que cubren el *Ein Sof*. *Guevurá* del *Ein Sof*, que se pone una pantalla para que no quedemos destruidos por su energía.
- Pantalla del *Masaj*, que cubre mi *Klí*. Nivel de autoprotección personal. Autoimposición de *Guevurá* en el *Klí*, ya que no merezco tomar más. Es mi capacidad de *Klí*, así el *Klí* no se rompe.

Dice el texto de Job 28,12: «La sabiduría proviene de la Nada». Dice Joseph de Gikatilla, en su libro *Las puertas de la Luz* (*Shaarei Orá)*, que Nada es uno de los nombres para *Kéter*. La sabiduría proviene de *Kéter*. La Nada lo contiene todo. Es la Nada del primer vaciamiento del *Ein Sof*. Recordemos que el *Ein Sof* se vacía en el punto que marca el comienzo de la *Yud* del Tetragrama en el *Adam Qadmón*. El primer *Kéter* del Universo sería el *Adam Qadmón*. Pero hay dos Nadas:

- La Nada del *Ein Sof*: donde nadie puede revelar nada. Para revelar necesitamos vacío.
- La Nada del Infinito: donde existe toda la información, pero nadie la puede revelar.

En el primer Universo del *Adam Qadmón*: la corona de *Kéter*. No hay nada, es el comienzo de la revelación. Es un punto, es un círculo, es la corona de *Kéter*. Ahí viene toda la información de todo el Infinito. ¿Cómo subimos a un nivel donde no existimos? El problema de *Jaiá* y *Iejidá* es cómo subir a un tipo de información que nos pertenece a todos, pero que en realidad no pertenece a nadie. Entendiendo que todo *Klí* es limitado y finito, nunca tendríamos la posibilidad de llegar ahí. Es una misión imposible.

La única forma es mirando al *Klí* desde *Jojmá*. Nos daremos cuenta de que al *Or* lo denominamos luz y al *Klí* lo denominaríamos de otra manera, en vez de recipiente, lo llamaríamos luz oscura o luz material. También es un tipo de luz que tiene información dentro. Si nosotros operamos en un nivel muy profundo dentro de nuestro *Klí*, encontraremos las energías que están detrás del *Klí*. Veremos que el *Klí* no existe, porque el *Klí* es un sistema de contención en el campo de la materia. Si profundizamos en el *Klí*, encontraremos *Or* oculto dentro de todo *Klí*. La conclusión es que el *Klí* en un nivel superior no existe y lo que existe es un *Or* concentrado dentro de lo que llamamos *Klí*. Visto desde *Jojmá*, el Universo, lo que nosotros llamamos materia, es *Or* denso, y lo que nosotros llamamos energía es *Or* sutil. Todo es energía. Cuando hablamos de *Klí* es una trampa de nuestra percepción, porque nosotros también somos luz en el interior del *Klí*. Tenemos una ventaja muy grande en cuanto a la capacidad de entender qué hacemos con el *Klí*. Siempre hablamos de extenderlo, pero debemos tomar otros caminos más ocultos. En vez de expandir, vamos hacia el interior del *Klí* y veremos que lo expandimos a mayor velocidad. Nos encontraremos con el vacío del interior del *Klí* y hallaremos a *Kéter*. Dentro de la *sefira* de la *Tiféret*, vamos a encontrar el vacío de *Kéter*. ¿Para qué agrandar *Tiféret* cuando lo que tenemos que agrandar es el vacío de *Kéter* dentro de *Tiféret*? Tenemos que vaciar el yo, no llenarlo. Podemos confundirnos con la terminología, cuando hablamos de la expansión del *Klí*, pensando que es aumentar mi capacidad de conocimientos o acumulación. Eso es ver la *Tiféret* desde la *Biná*. Se dice en la Cábala que, cuando uno termina de leer un libro y entenderlo, tiene que saber cómo borrarlo entero.

Cuando acabo de leer un libro, no lo tengo que acumular, lo tengo que encriptar en mi sistema y comenzar a leer el siguiente, sin prejuicios derivados de lo que leí en el anterior. Si acumulas, no creces. Alguien que quiere llegar a *Kéter* tiene que hacer como si volviera a nacer de nuevo. Ver las cosas como si fuera el primer día de su alma. «Gracias, D*os, por darme el alma y poder ver el Universo desde un lugar que nunca vi». Tengo que bajar información del *Ein Sof* que todavía no bajé y la información de ayer que ya bajó. *Iejidá* es mi posibilidad de tomar toda la información de la Matrix, siempre y cuando mi *Klí* se vacíe en mi interior, no solo se expanda y se llene. Tenemos que vaciarnos lo máximo que podamos, tenemos que ampliar *Kéter*, no *Tiféret*, para ampliar el vaciamiento, no el llenado. Una de las grandes obras de la tradición sefardí, *Meam Loez,* enciclopedia escrita entre 1700 y 1905 dice:

> «Cuando un alma descubre algo original en esta realidad,
> es que encontró el sentido de su vida».

Si estamos llenos de información de lo de siempre, ¿cómo vamos a encontrar lo original? Nunca encontraríamos el sentido de nuestra vida. En la Cábala, no somos loros que se llenan y repiten la información, es una información que se tiene que vaciar.

Tenemos que vaciar para tener el mérito de ser llenado con ideas que vienen de la Matrix directamente. No vienen del *Ruaj* de lo que te dijo tu padre, ni de la *Neshamá* de lo que tu alma vino a hacer a este mundo, sino que el *Ein Sof* te las envía directamente. Las ideas más potentes y originales bajan cuando nosotros nos desidentificamos de todo lo que conocemos. Lástima que nuestro ego siempre nos quiere atrapar con una idea. Si vas al cementerio, te das cuenta de que nada te pertenece. No hay subjetividad. Por lo tanto, todas mis ideas no son mías, son cosmogónicas. Yo serví solo de canal conductor, nada más. Tengo que dar mi idea, descargarme y enviar la información hacia fuera: escribir, dar clases, enseñar, pintar..., sino no podrás subir de nivel. En el Árbol de la Vida tenemos cuatro *sefirot* de expresión, de revelación: *Netzaj*, *Hod*, *Yesod* y *Maljut*. No podemos subir a *Kéter* si no revelamos en la materia, en nuestras relaciones sociales, en el lenguaje, en la música..., pues el vaciamiento se hace en *Maljut*. Las cuatro inferiores sirven para tomar información de *Iejidá*. Mientras yo hago un vaciamiento constante en la realidad de *Kéter*, en el interior de mi *Tiféret*, estoy conectando directamente con la Matrix. Siempre y cuando esté conectado conmigo mismo, me puedo conectar con la Matrix.

¿Cómo me conecto con la Matrix si estoy dividido? Las diez dimensiones están diseñadas para realizar en lo oculto la misma tarea. Si vamos al *Sod* de cada dimensión, llegamos a que todas dan y reciben. Vaciarme. Somos un sistema de canalización permanente. Cuando se plantea un conflicto en nuestro interior, comienza el problema y no podemos llegar a *Iejidá* porque las dimensiones no están unidas operando al unísono por el mismo objetivo. Debemos poner consciencia a todas las dimensiones para que todas actúen en conjunto sobre el mismo objetivo. El trabajo de las nueve dimensiones es vaciar la luz que entra a *Kéter*, además de vaciarse las nueve dimensiones también. Pero me canso, ya que *Kéter* se llena de luz del Infinito continuamente y yo estoy exhausto de trabajar, angustiado, cansado de vivir, la vida me agota... ¿Soy un obrero espiritual? La cuestión es disfrutar del camino porque siempre tendrás que vaciar y llenar, llenar y vaciar. Si alguien se cansa de vivir es porque no entendió nada de lo que pasa aquí. Las siete *sefirot* se preguntan cuál es el sentido y ahí es donde las atrapa la *Biná* porque buscan un resultado. Si lo vemos desde la *Jojmá* y decimos todo lo que hemos crecido, todo lo que hemos aprendido, toda la felicidad que nos estamos dando..., por ese motivo el gran secreto es que la gente busca el sentido de su vida como un resultado y el sentido de la vida está en el camino de la búsqueda.

La *Biná* nos lleva a un sistema de resultados a lo largo de la vida: el parvulario, el bachillerato, la universidad... Todo el mundo nos pone notas por los resultados, también en el trabajo (el mejor vendedor, el mejor director...). Resulta que después terminamos sentados en un banco en el parque, una vez obtenidos todos los resultados, sin saber a qué hemos venido, porque la *Biná* nos llevó a todo un sistema de resultados pero no llegamos a *Iejidá*. Lo malo es que no hemos descubierto que la respuesta estaba en el camino, que no estaba al final del camino. Cuando la gente decide recorrer el camino de Santiago, la felicidad no está en llegar a Santiago, sino que lo importante es el camino. Cuando uno encuentra en el camino la información, empieza a hallar a *Iejidá*, la experiencia del camino que está transitando. La gran paradoja es: ¿dónde encontramos el camino de *Iejidá*? El camino parece el camino del exilio, D*os nos exilió a este Universo. La redención aparece en el exilio. La redención y el exilio son procesos, pero no son resultados. Si yo busco la redención como resultado, estoy exiliado, pero si yo vivo el exilio como un proceso, alcanzo la redención.

«Hay que vivir la vida
como si D*os no existiera».
MARIO SABAN

Muchas veces leemos un mismo libro y en su relectura parece que estemos leyendo otro. No nos deben afectar las conclusiones que sacamos en la primera lectura, ese libro tiene infinidad de análisis. La relectura es otro tipo de conexión y otras conclusiones. No me deben condicionar esos conocimientos en forma dogmática. La memoria no debe condicionarme. No debemos acumular saber, sino vaciarnos

El día del *Yom Kipur* es el día del perdón, donde debemos hacer una relectura de nosotros mismos: de dónde y hacia dónde voy.

«Hay tres misiones en la vida:
dejar el mundo mejor de lo que lo encontré,
ser feliz sin hacer infelices a los demás,
sacar lo mejor de mí mismo».
IBÁÑEZ ARROYO

27. ¿Cómo funciona el alma?

«Quizás estés buscando entre las ramas lo que solo puedes encontrar en las raíces».

RUMI

Funcionamiento del Universo. Concatenación entre alma y Universo

Estos son grandes temas que están entretejidos entre ellos. El descubrimiento de los cabalistas es el funcionamiento del alma como equivalente al funcionamiento del Universo. Es decir, las características del funcionamiento del alma son las características del funcionamiento del Universo. El estudio de la Cábala en este nivel del conocimiento del alma es el misterio de la *Merkabá*, que se divide en dos partes:

- En lo literal: cómo nació el misterio de la *Merkabá* en el texto bíblico: Elías, Metatrón...
- En lo simbólico: cuando el alma se siente o es llamada la *Merkabá*.

Con el paso del tiempo, los cabalistas entendieron que uno es la *Merkabá*. Desde *Biná*, uno estudia la *Merkabá* y, en la *Jojmá*, uno siente que es la *Merkabá*, el carro en el texto bíblico, pero nosotros no somos un carro, somos un *Klí* para bajar y revelar luz en este Universo.

Actualmente, en el siglo XXI, se hacen meditaciones invocando el nombre de la *Merkabá* para elevar la consciencia del alma. Hemos de estudiar el funcionamiento del Universo para conocer mejor el funcionamiento del alma, que es el estudio del *Mashe Bereshit*. La concatenación entre el alma y el Universo, que es la relación entre la *Merkabá* y el *Ein Sof*, finalmente sería el misterio del nombre sagrado de D*os, el *Shem Hameforash*. Se explica en el *Tetragrámaton*: cuando se unen el *Maasé Bereshit* con la *Maasé Merkabá* a través del *Yud, Hei Vav Hei,* por el nombre sagrado de D*os. Algunos cabalistas dicen que los nombres sagrados de D*os son *Merkabot*, es decir, son *keilim* de contención de energía.

Cada *sefira* es una vasija, por lo tanto, son los diez *keilim* que están en interconexión a través de las letras hebreas. Una *sefira* envía información a otra y, por lo tanto, yo estoy creando un *Partzuf* que es una complejidad de *keilim*. *Merkabot* y *Keilim* son estructuras que están recibiendo la Luz Divina. La *Merkabá* es una estructura que asciende y desciende. Es un sistema de contención del *Klí*, que sube y baja en forma circular. Es un *Klí* móvil. Los *keilim* no son lineales, no todos están recibiendo el mismo tipo de energía, no todos tienen el mismo diseño. Para definir la energía de un *Klí* complejo, podemos compararlo con la sangre que está en el cerebro y me ayuda a pensar en el pie y, por lo tanto, a caminar. La sangre me ayuda a realizar diferentes funciones. La función la marca el *Klí*, pero no el *Klí* complejo, porque marca un centro de distribución. Sería como la empresa Amazon con sus puntos de distribución.

El *Klí* complejo tiene inteligencia de distribución de la energía; si no tenemos este tipo de inteligencia en la vida, nos va a ir mal. Porque el bien y el mal se definen por la distribución de la energía. El alma, siendo copia del Universo, es un centro de distribución de energías. En cada nivel del Universo hay un centro de distribución: hay uno en el nivel de *Atzilut*, otro en el nivel de *Briá*, etc. Definimos cada Universo como diferentes niveles de la distribución de la energía, hasta que llega a nuestra alma, que está en *Yetzirá*. El factor para que nos vaya bien en la vida es *Daat* y es saber cuánto mide cada *Klí* interno. Cuando yo no mido bien la *sefira* de *Hod* podría, por ejemplo, pasarme todo el día hablando, cuando es necesario tener silencios y poner un límite. El fundamento de este Universo es el límite. Otra diferencia entre este Universo y el *Ein Sof* es el límite. Por lo tanto, el centro de distribución de energía tiene que estar consciente de los límites de todos los *keilim*. El *Daat* o consciencia aumenta como la consciencia de los límites, pues por más extensas que sean las dimensiones, hasta el inclusivo *Kéter* tiene sus límites. Pero nos falta la comprensión de cómo distribuir la luz. Analizamos la *Jojmá* y la *Biná* y vemos una cosa curiosa: la *Biná* es la dimensión de la focalización de la energía, pues es la primera dimensión del límite. En el mundo espiritual, la gente siempre va hacia *Netzaj-Jojmá*, es una especie de falta de límites, donde todo está perfecto. Cuidado con una *Jojmá* que justifique una mala distribución de la luz. No todo es conveniente. La Cábala insiste en que tenemos poco tiempo, en que debemos aceptar nuestros límites en las *sefirot* y tener consciencia *Biná*, ya que la gente espiritual insiste en ir a la *Jojmá* para subir a la luz. Pero la Cábala empieza al revés, dice que hay que saber recibir. Alguien que estudia Cábala quiere saber recibir. La única manera de saber recibir es poniendo límites, no hay otra forma; hemos de tener consciencia de los límites.

El alma, por naturaleza, sabe dar pero no sabe recibir. Esto es así porque venimos del *Ein Sof*, que nos da permanentemente luz. Como estamos hechos a imagen y semejanza de D*os sabemos dar, aunque, en realidad, no sabemos dar si no sabemos recibir. Todo el entrenamiento de la vida, desde el punto de vista de la Cábala, es un entrenamiento en los límites. Aceptarlos y averiguar cómo funcionan nuestros *keilim* interiores para poder distribuir bien las energías y de ese modo saber recibir bien. Debemos tener un buen centro de distribución para que la energía llegue a donde deba llegar, sino el problema lo tendremos en la *Biná*, porque es la que me da consciencia para distribuir mejor la energía. No es para frustrarnos, sino para aceptarlo y saber cómo funciona ese *Klí*.

> «Los días pasan y se han ido, y uno no tiene el tiempo suficiente para estar con uno mismo».
> NAJMAN DE BRESLEV

Estar con uno mismo ha de ser un arte en la acción. *Daat* es el elemento que nos marca el tiempo para todo. Si a una persona no le alcanza el tiempo, es que tiene mala distribución de la energía. La *Biná* ha de marcar lo importante y diferenciarlo de lo accesorio. El problema es que para la *Jojmá* todo es importante, incluso lo accesorio. Pero desde la limitación del tiempo que tenemos, debemos saber diferenciar lo importante de lo accesorio, basándonos en una variable, que es el sentido de mi vida, de acuerdo con la naturaleza predeterminada de mi alma. La *Jojmá* ha de ocuparse de buscar el sentido de mi vida.

A la *Jojmá* no le interesa el día a día, le interesa el proyecto general del alma, pero la *Biná* sí tiene que diferenciar lo importante de lo accesorio. No tenemos por qué traicionar el sentido de nuestra vida, es que tenemos un tiempo limitado para poder concentrarnos sobre lo importante. La *Biná* es la que dirige el tiempo y tiene que focalizar la energía donde quiere distribuirla. Con la luz se ilumina una habitación, pero si concentro la luz en un punto, como hace el rayo láser, perforo la pared. La *Jojmá* ilumina, pero no puede perforar, no tiene la concentración de la energía de la *Biná*. Una anécdota histórica que refleja lo que hablamos fue cuando le preguntaron a Napoleón por qué era tan buen general en comparación con otros militares europeos, y dijo: «Todos los generales se pierden en el detalle, yo veo al enemigo y ataco directamente». La gente se dispersa, cuando lo que hay que hacer es concentrarnos más en un punto. Debo entrenar a la *Biná*.

«La luz de la *Jojmá* solo se revela con la *Biná*».
ARYEH KAPLAN

En términos cosmogónicos, diríamos que la luz del Universo de *Atzilut* se revela en el Universo de *Briá*. «El aumento de la intensidad del tiempo» es cuando tenemos disciplina y aprovechamos la vida todo lo que podemos. Es la máxima revelación de luz en el campo de *Maljut*. Debemos tener un buen plan estratégico y una buena focalización de la *Biná*. No es contradictorio el mundo espiritual de la *Jojmá,* con lo mental de la *Biná*, como nos hacen creer en la India. Debemos focalizar para poder revelar algo en esta realidad. Toda la realidad se ha creado para revelar la luz del Infinito. El objetivo del *Maasé Bereshit* es que el Universo se creó para manifestar la luz del Infinito, el objetivo del *Maasé Merkabá* es revelar la luz del *Maasé Bereshit*. Nuestras almas están diseñadas para revelar la luz. Por supuesto, para revelar esa luz debemos conocer cuál es el sentido de nuestra vida, sobre todo teniendo un plan para ser coherente con ese sentido en la acción. No hay *Daat* si no baja a la materia, a *Maljut*, a la realidad. Todo lo que sucede de *Maljut-Yesod* para arriba está en lo oculto de la revelación. Cuando operamos en la acción, hacemos lo mismo que el infinito con el Universo: revelar la Luz Divina. La única forma que tuvo D*os para revelar fue limitando el Universo. No podemos ver el potencial del alma hasta que no vemos el nivel de realización, no podemos ver la *Neshamá* y el *Ruaj* hasta que el *Nefesh* no se manifiesta.

El objetivo espiritual es ascender a la luz para que la luz descienda y se revele con todas las limitaciones de esta realidad. Si uno pierde el objetivo y solo asciende, no está cumpliendo la función espiritual que plantea la Cábala: «Ascender para descender». Según la experiencia de los cabalistas a lo largo de los siglos, si no logras bajar la luz a esta realidad, es que está fallando la *Biná*. Cuanto mejor se desarrolle la *Biná* a nivel mental, más luz de *Jojmá* se puede integrar. Es contradictorio a otras espiritualidades que creen en la sola expansión interminable de la *Jojmá*. Como ya sabemos, el *Or* se manifiesta en el *klí* y el *klí* representa el vacío. Pero cuando hablamos de vacío, debemos tener cuidado ya que, si no entendemos cómo funciona el vacío, no entendemos cómo funciona el receptor, que es el *klí*. La estructura de nuestra alma se vacía para recibir luz. Las siguientes formas de vacío no son sucesivas, son simultáneas.

1) La fisura que existe entre el Universo con el Universo superior. La fisura está en *Kéter*: *Kéter* de *Yetzirá* es *Maljut* de *Briá*.
2) El vacío real de ese Universo.
3) La fisura que existe entre el Universo con el Universo inferior.

Nuestro cuerpo anatómicamente define lo que sucede a nivel espiritual. La fisura superior sería la boca y el vacío lo representa el estómago que tiene hambre, mientras que la fisura inferior serían los genitales y el ano.

> «Todo el cuerpo está diseñado para cubrir las necesidades de la mente».
> NAJMAN DE BRESLEV

Debemos recordar que en la mente está la *Neshamá*. En cada uno de los niveles del alma también tenemos fisuras: todo lo gastrointestinal del *Nefesh*, todo lo cardíaco del *Ruaj* y todo el pensamiento de las neuronas está al servicio de la *Neshamá*, que es la que tiene el sentido de la vida. Hay un permanente vacío de comunicación.

La característica del vacío es que nos hace perfectibles constantemente. No hay un vacío perfecto, dado que la simetría absoluta no existe. El Universo es asimétrico. Lo perfecto es cuando nosotros descubrimos el vacío, pero las personas pensamos que lo perfecto es no tener vacío, todo lo contrario, aunque es básicamente, un problema de percepción. Veamos, cuando buscamos la pareja perfecta solemos estar perdidos. Pensamos que podría ser la mejor pareja que necesita mi alma, pero ante todo no busquemos la perfección, pues para definir lo perfecto, debemos entender que lo perfecto tiene relación con el vacío, que me permite una perfectibilidad constante. Lo que podemos definir como perfecto es el proceso. Aunque analizamos lo perfecto como el resultado. Todo lo finito no puede alcanzar la categoría de perfecto por su propia finitud, además de que solo el Infinito puede ser perfecto.

En Cábala, todo lo finito alcanza una madurez, *Mojin* de *Gadlut*, que alcanza una expansión de la consciencia al máximo nivel que alcance el *Klí*. Decimos que está completo, lo que significa que estamos cumpliendo nuestra función como alma, pero eso no quiere decir que la persona sea perfecta, ya que se debe desequilibrar para poder seguir creciendo. Conclusión: lo Infinito es lo perfecto, pero lo infinito es totalmente invisible por imposibilidad de revelación por lo tanto, eternamente la perfección se mantendrá oculta a nosotros. Lo que se revelará siempre será una forma que podrá completar el sentido de su existencia de acuerdo con la forma que ha traído a este mundo. En definitiva, la forma, cuando llega a su máxima potencia de revelación de luz, está cumpliendo su función.

¿Cómo puede continuar la perfectibilidad al llegar a la máxima potencia? Porque la luz que integra la máxima potencia se integra en la expansión del *Klí*, que llega a la máxima potencia de revelación: sería un *Or* que llena el *Klí*. Defendemos el vacío con un *masaj*, que siempre mantiene el deseo. Imaginemos que no tenemos vacío, que existe un *Klí* con *Or* total, llevaría la potencialidad del *Or* en acto, al completo. Entonces sucede el proceso de integración, que es la revelación de la función del *Or*. El *Or* no tiene como objetivo llenar el *Klí*, aunque el *Klí* quiera llenarse de *Or*. El objetivo del *Or* es expandir el *Klí*, no lo quiere llenar. Para integrar el *Or*, el *Klí* tiene que ir absorbiéndolo, y entonces se expande. El objetivo del *Or* es desaparecer como *Or*, es transformarse en una energía del *Klí*. Integro el *Or*, integro la enseñanza en el *Klí*, aparecerá un *Or* nuevo del nivel de la *Neshamá*, por la expansión del *Klí*. El misterio es que el *Klí* no existe. El *Klí* es un *Or* concentrado que toma forma de *Klí* para manifestarse, pero en realidad no existe. Es un *Or* denso que toma una forma para revelar más *Or*. Es un *Or* que se contrae para sostener un *Or* que viene de arriba. Para poder consolidar el *Klí* necesitamos a la *Biná*, ya que es la que ahorra energía en todo momento.

Conclusión: el *Maasé Bereshit*, que funciona como gran secreto del Universo, está operando en mi alma en todo momento como fractal. A nivel de *Ruaj*, en la subjetividad del alma, tenemos que ser conscientes de que nuestra estructura no puede tenerlo todo, es decir, que para poder crecer hay que desechar contenido, desechar *Or*, diferenciar lo accesorio de lo principal. Si no lo hacemos así, no podremos cumplir el objetivo de nuestra *Neshamá*. En Cábala, a veces los estudiantes no saben para dónde ir con tanto contenido y material.

La Cábala es la espiritualidad que más desafía a la focalización: astrología, cosmogonía, astronomía, colores, sonidos...

«Hay cincuenta puertas de la *Biná*, pero solo una es la tuya».
NAJMANIDES DE GIRONA

Solo una se abre y es la que le corresponde a mi alma. Una vez que franqueo la puerta que corresponde a mi alma, puedo abrir cualquiera de las cuarenta y nueve puertas restantes. Las cuarenta y nueve puertas están cerradas por fuera, pero no por dentro. Generalmente, queremos tirar abajo las cuarenta y nueve puertas sin haber pasado primero por la nuestra. Ahí está el problema de no encontrar el sentido de la vida; perdemos el tiempo pensando que todas las puertas nos pertenecen. Si transitas tu puerta hasta el final, abrirás las cuarenta y nueve. Si abres la puerta que le corresponde a tu alma y revelas el camino que te toca revelar, luego se revelarán todos los secretos de ese camino. Si tu alma está en *Netzaj* y va a pintar, desde ahí abrirás todo. No intentes hacer otra cosa, como investigar, dar clases de meditación, cantar, escribir poesía, porque no es la naturaleza de tu alma. Tu alma está enfocada en abrir esa puerta. La vibración de tu energía tiene que ver con una dimensión.

Descubrimos que podemos conocer todas las dimensiones, siempre y cuando descubramos cuál nos corresponde a nivel energético y vibremos de acuerdo con nuestra naturaleza. Cuando encuentra la puerta, la *Biná* te dice: «No te desvíes, porque si te desvías, es Satán». Tenemos a Satán dentro. Tenemos miedo a profundizar en nuestro propio camino, y es el miedo al potencial, al propio éxito; es una sensación rara, miedo al qué dirán, a que dirá la familia, que dirá el amigo... ¡Olvídate, y sé exitoso, si al final te van a criticar igual! Enfocarse en el sentido de la vida es primordial para la paz del alma. No debemos estar condicionados por los demás, eso no significa que no nos adaptemos a los demás, pero si nos boicoteamos pensando en el qué dirán, estaremos perdidos en el mundo espiritual.

«Son los períodos de transición los que engendran el vacío existencial».
VÍCTOR FRANKL

La conclusión desde la Cábala es que siempre estamos en período de transición, por lo que siempre estamos en estado de vacío existencial. Si entendemos este vacío existencial, vamos a ser felices en todo momento. Gracias a este vacío existencial, voy a encontrar mi camino. Pero ¿cómo abro la puerta?, ¿y si va a estar vacío del otro lado?, ¿cómo voy a ver el camino? Imaginemos que abrimos una puerta y que del otro lado está lleno. Nunca puedo abrir la puerta, pero abro la puerta y me encuentro con un vacío existencial. A veces hay cajas que te impiden abrir la puerta o alguien que está empujando. Pero quien no abre la puerta no encuentra el vacío existencial. Cuando abres algo, es porque del otro lado hay vacío, de lo contrario no podrías abrir. La cuestión es que tenemos que ser felices abriendo en todo momento. La pregunta sería: ¿hasta dónde abro esa puerta? Encerrarnos en una rutina que nos hace un cuerpo de luz grisáceo no nos ayuda al crecimiento. Los cabalistas dicen que no se llega a ninguna parte. *Pirkei Avot*, el *Tratado de principios de nuestros padres*, dice:

> «Anula tu voluntad ante su voluntad».

Según la Cábala, la voluntad de D*os es comprender cómo funcionan las leyes del Universo y, aceptándolas, el divino *Ein Sof* hará nuestra voluntad. Cuando se comete el mal, en términos del alma es cuando no se ha aceptado el destino de la propia alma. La gente sufre cuando no se acepta a sí misma con sus limitaciones, ni acepta su potencial. Hay algo que les molesta en todo momento y, para cambiarlo, la Cábala dice que deben revelar la luz. Si no lo hacen, es que rechazan el funcionamiento del Universo.

¿Cómo voy a aceptar el funcionamiento de mi alma? Cuando llegué a la realidad, me pegué un golpe. Todo me va mal, estuve en *Jojmá* en forma permanente, sin *Biná*, que es mi paracaídas. Cuando caes en la realidad te destruye porque lo que hace la *Jojmá* es una idealización de la realidad, te lleva a un nivel de fuga de la materia y cuando llegas a la materia te quieres morir, no aceptas la realidad de *Maljut*, ya que la *Biná* no hizo bien su trabajo. Para vivir feliz has de intensificar el tiempo y focalizar la energía, que tiene que ver con el conocimiento de la estructura del Universo. Cuanto más conocemos cómo funciona el Universo, más conocemos cómo funciona nuestra alma, más conocemos la puerta que tenemos que abrir y más conocemos que el vacío es un estado de felicidad, ya que si no hubiera vacío no habría conocimiento.

Intentaremos ver la diferencia que existe entre vacío existencial y depresión, por si tenemos dudas: el vacío existencial es integral. La persona no es ignorante, conoce el vacío existencial, porque el *Daat* inferior la lleva al vacío, conoce su vacío existencial. Se la considera un ignorante, pero a otra escala. El que siente el vacío conoce y entiende las siete dimensiones inferiores, pero no logra entender la función del vacío, que es una ignorancia superior. Suelen ser personas inteligentes a las que les falta comprender la función del vacío. La persona que siente el vacío existencial no pudo unir *Biná* y *Jojmá*, pero no tiene *Klipá* en la *Biná*. La depresión es cuando el problema es mental y pertenece a la dimensión de la *Biná*. El deprimido es un ignorante porque ignora el funcionamiento de la *Biná*. Al deprimido le falta información y no entiende nada. El deprimido ignora la estructura general de la existencia. Se deprime en las diez dimensiones. Los deprimidos tienen la *Klipá* en *Biná*, les falta inteligencia. Es difícil que alguien que lleva muchos años en Cábala se deprima, pero sí puede entrar en el vacío existencial. Cuando uno ya ha entrado en su primer vacío existencial, al conocer su naturaleza y su función, sabe cómo salir. Los cabalistas más avanzados provocan entrar en el vacío existencial, pero para eso hay que saber percibir el vacío. Para poder entrar en el vacío y ser feliz, hay que destruir el yo. Hay que aguantar ser nada, pero eso es difícil, porque la gente quiere ser alguien. Tenemos que saber sacar el mejor jugo de un buen vacío existencial.

28. El vacío y su naturaleza

Ya hemos visto que entre el *Or pnimí*, luz interior, y el *Or makif*, luz envolvente, cada *sefira* es superior a la otra, es la luz que envuelve a la que le sigue. *Jojmá* es luz envolvente de *Biná*, *Biná* es luz envolvente de *Jesed*... Es como cuando nosotros recordamos historias del pasado:

> «Con la perspectiva del presente vemos el pasado, extraemos la lección del pasado y la incorporamos al presente, ampliando el *Klí*».
>
> Mario Saban

En teoría, la *Biná* debería tomar elementos y ordenarlos dentro del *Klí* y producir una ampliación del *Klí*. Pero, en la práctica, el problema está en cómo opera la *Biná*, ya que, si opera mal, puede eliminar los elementos que le convienen para su autojustificación. ¿En orden a qué clasifica la *Biná*?

> «La persona busca consuelo, no busca la verdad».
>
> Mario Saban

La *Biná* tiene mecanismos de defensa, busca su zona de seguridad y reacciona escogiendo los elementos que más nos convienen para reorganizar el pasado, según nuestra conveniencia. Así no se amplía el *Klí*. Cuando la *Biná* actúa, debería optar por los elementos que necesitamos para crecer y no los que necesita para su utilidad. Son mecanismos de defensa, lo que me conviene a mí. No siempre el *Or* de la *Biná* es puro, ya que la *Biná* tiene un poder sobre la *Jojmá*, elige y filtra lo que quiere que entre. La *Biná*, por sus propias limitaciones, condiciona la entrada de *Jojmá*. La *Biná* no lo integra todo y debería escoger lo mejor de la *Jojmá*. El futuro depende de lo que integremos del pasado.

Lo que decidamos en la fecundación entre *Biná* y *Jojmá* dará lugar al desarrollo de nuestra personalidad a nivel espiritual. La energía de *Jojmá* no puede bajar directamente a la *Tiféret*, ha de pasar siempre por la *Biná*, de lo contrario la persona podría enloquecer. La *Biná* es muy inteligente en el sistema de adaptación. Puede haber de repente un dolor emocional en la *Tiféret* y la *Biná* no saber gestionar la situación. En estos casos, la *Biná* debe tener flexibilidad para mantenerse y no oponerse a las *sefirot* para no quedarse aislada. Se rinde, no se resiste. A veces, el nivel de identificación de la persona con la *Biná* es tan alto que no se da cuenta de hasta dónde su mente se defiende y está equivocada. Tiene soberbia esa *Biná* y es muy poderosa, es la que da la identidad original de la persona. Una *Biná* flexible entendería que el dolor es una respuesta del alma al sistema, pero también podría pensar que el dolor es la voluntad, es la obstinación de mantenerse ahí. Justamente el dolor es un mensaje para que la *Biná* sea más flexible, pero reacciona siendo más dura. No es un problema de percepción de la realidad, es un problema de estructura de la identidad; si la *Biná* se mueve, toda la identidad de la persona se está moviendo, aunque a veces no quiera. Es muy conservadora. ¿Cómo me mantengo a pesar de los ataques? La *Biná* inteligente que quiere sobrevivir se hace flexible para poder mantenerse. A veces, hay guerras interiores que pueden durar toda la vida. Si la *Biná* no se adapta, tendremos muchas dimensiones en nuestra contra. Para estar en paz, la *Biná* debe tener un proceso de adaptación y entender las necesidades de las otras dimensiones. Debe escuchar y seguramente cambiar su personalidad.

El *Tehom* o abismo

¿Qué sucede dentro del abismo? El fundamento de toda realidad es el deseo. Cada fragmento de esta realidad viene a cumplir la satisfacción de un deseo específico. En el caso del Árbol de la Vida tenemos diez deseos diferentes. Cada *sefira* es un vacío diferente. En estos vacíos se desarrollan deseos diferentes. Todo se desea según su vacío.

Cuando aumentamos el *Klí*, aumentamos el nivel de vacío y vamos ampliando el nivel de deseo, que puede ser infinito. Cada vez que aumentamos el deseo, debemos reconfigurar el equilibrio de todas las dimensiones. Mucha gente aumenta el vacío de cinco dimensiones y las otras cinco no. El *Klí* solo se amplía si todos los vacíos crecen de manera simultánea y así hay una mejor distribución de la energía del *Daat* entre los vacíos. Si una persona crece en lo económico, en la familia, pero no crece en otras dimensiones, entonces esa persona para la Cábala no crece. Si solo tenemos crecimiento en unas dimensiones en particular, no provocamos una ampliación del *Klí*, sino un desequilibrio anterior a la posibilidad de ampliación del *Klí*. En general, siempre se crece en forma anormal, ya que no tenemos la capacidad de regular todos los días qué *sefira* está creciendo y cuál tiene un vacío. Sería interesante que cada mes o cada tres meses hiciéramos una revisión de la distribución de la energía entre las dimensiones. Si solo se crece en una dimensión y no se crece en las demás, habrá una insatisfacción en estas últimas. Es como si solo creces en la dimensión de *Maljut* y no creces en *Tiféret* porque tienes una desilusión. Lo que gana en la materia lo puede perder en un momento dado, pues se puede convertir en pan de la vergüenza, porque el mérito es el reequilibrio constante de la estructura. Si crecemos en meditación en *Jojmá*, pero no dedicamos tiempo a leer y pensar…, y no pasa nada en la *Biná*, no crecemos, no hay oscilación.

Debemos tener una revisión de las extensiones de los vacíos, no de las energías, así aumentamos el deseo de vacío en esa dimensión. Cuando sepamos dónde resituar las energías, es cuando debemos actuar. Con entrenamiento, cada vez lo haremos mejor y veremos qué dimensión no está operativa. La dimensión que más rechazamos seguramente es la que más debemos trabajar, quizás es la que más nos aburre, porque no nos sentimos identificados con ella. Hemos de ser honestos, no inteligentes, y percibir la dimensión que hemos de trabajar y, en consecuencia, limpiar los canales de energía para compensar la energía en esa dimensión. A veces, alguien de fuera (la pareja, un *coach*, un amigo) nos puede mostrar qué dimensión es la que hemos de trabajar. Pero, en Cábala, lo que no hace la persona no lo puede hacer nadie. Hemos de buscar la paz interior, buscar *Shalom*, y para eso debemos estar completos, tenemos que estar *Shalem*. Todas las dimensiones han de estar dentro del sistema. Por lo tanto, en consecuencia:

> «La gran oportunidad de la extensión del *Klí*
> es la extensión del vacío».
> MARIO SABAN

Es curioso, porque el vacío que vaciamos, antes hay que llenarlo. El objetivo del vacío es que vuelva a entrar. El trabajo del vacío no es ser llenado, es ser vaciado al mismo tiempo. El vacío es andrógeno, es masculino y femenino al mismo tiempo, recibe y da. Visto desde el *Ein Sof*, el vacío es femenino porque recibe energía del Infinito, pero a su vez tiene que dar.

Las posiciones del vacío son:

- Femenina: cuando el vacío recibe y se llena.
- Masculina: cuando da y se vacía de aquello que estaba llenado.

El vacío, por su estructura, es femenino, pero es totalmente andrógeno por su función, cuando está dando se vuelve en posición masculina. Muchas palabras en Cábala se ponen en femenino y en masculino, obviando la gramática hebrea: *Nekudot* o *Nekudim*.

A los cabalistas les interesa operar con la palabra en posición masculina y femenina, de acuerdo con si estoy trayendo sustancia o estoy vaciando la sustancia y creando más vacío. Cuando la persona experimenta el vacío en las primeras fases de su vida o cuando no tiene experiencia de la vida, en general, le aterra el vacío de encontrarse consigo mismo. Ignora el funcionamiento del vacío por su falta de experiencia, e intenta llenarlo con las siete *sefirot* inferiores. Utiliza los instrumentos de revelación como fines en sí mismos, para llenarse desesperadamente: de ego, de poder, de relaciones sociales... No tiene consciencia de lo que está pasando en el vacío. Cuando uno empieza a entender que el vacío no necesariamente ha de estar lleno, sino que hay que vaciarse, uno siente esa sensación de no saber cómo llenarse. En Cábala sabemos cómo llenar ese vacío, se llena con *Daat*, con consciencia.

En el Árbol de la Vida es donde tenemos el *Tehom*, ponemos *Daat*, conocimiento. La consciencia, *Daat*, es el elemento por el cual sabemos que se llena y vacían las dimensiones, es la sangre del sistema. *Daat* llena todos los vacíos. La definición de adulto en hebreo es *Geber*, que proviene de la palabra sobreponerse. Se considera una persona adulta la que se sobrepone a los obstáculos de la vida. En la vida, cuando tenemos un obstáculo ya sabemos que debemos sobreponernos y aprender de ese obstáculo, pero cuando nos enfrentamos al vacío, no hay obstáculos, hay vacío. Si en la vida tengo un problema, es una gran cosa, porque vivo intentando solucionar ese problema y nunca siento el vacío. Cuando una persona siente el vacío es porque no tiene obstáculos. Desde el punto de vista de la Cábala, los que sentimos el vacío somos privilegiados porque no tenemos obstáculos, pero al mismo tiempo es una desgracia porque sin obstáculos no podemos avanzar. Es un gran problema no tener problemas, porque entonces no tenemos a nadie que nos desafíe. La pareja suele ser muy buen obstáculo para crecer, porque me refleja muchas cosas que yo no puedo ver. Uno solo no sabe ponerse obstáculos, pero debemos discernir si estamos solos porque buscamos la soledad para la elevación espiritual o si estamos solos porque huimos de lo que los demás nos puedan decir, ya que no sabemos cómo afrontar los obstáculos con los demás.

La persona que siente un vacío ha de autoproducir sus propios obstáculos para avanzar. Debo autoimponerme, autoestimularme con desafíos que me saquen de mi zona de seguridad, de lo contrario, empieza el aburrimiento y el hastío. Es como el típico día de la marmota, que todo se repite. El vacío nos permite escoger el obstáculo con el que queremos crecer y no el obstáculo que la vida nos imponga. Nos lleva a un momento de prevención. En Cábala se dice que D*os puso a la persona pobre y a la persona rica ahí para ver cómo avanzan. Tanto el rico como el pobre tienen una excusa perfecta para no avanzar: el rico lo tiene todo y el pobre es pobre y tiene que salir a trabajar. El texto bíblico dice: «No me hagas tan pobre que te tenga que robar, ni tan rico que te niegue». Esta frase significa que una persona con mucha riqueza se puede creer que es D*os y una persona pobre puede creer que D*os no existe. Aquella persona que está feliz con lo que tiene alcanza más rápido la sabiduría, pero se enfrentará con el vacío, porque no tendrá ni pobreza ni riqueza que la vayan a debilitar. Se tiene que poner su propia autoexigencia de autoestimulación para plantearse un crecimiento real en términos de su interioridad.

Desde el *Daat* superior, el crecimiento real es el crecimiento de consciencia, la copulación entre *Jojmá* y *Biná*, pero no la utilización de crecimiento de los instrumentos de las siete dimensiones inferiores. Si crecen las siete dimensiones inferiores, el problema es al servicio de qué. Debemos tener consciencia de que nada es un fin en sí mismo, todo está al servicio de revelar luz en el Universo, es decir, todo tiene una utilidad trascendente. Todo lo que hacemos no tiene un punto de crecimiento ególatra, sino de darle al otro algo que está necesitando. Toda función es trascendente porque trasciende mi estructura. Toda función, si es real, es una función que trasciende. Si el pastelero hace pasteles es porque alguien se los compra. Debemos pensar en la función trascendente que cada uno de nosotros realiza en cualquier actividad, pues de alguna forma ayudamos a alguien.

Siempre hay una *Teshuvá* con *Tikún Olam*, toda rectificación viene automáticamente con rectificación universal. Me automotivo en la *Yesod* para que mi *Tiféret* dé la luz que el Universo necesita; es una luz que necesita el Universo, no una luz ególatra, centrada en mi yo. La *Tiféret* ha de extraer la luz de mi fragmento. La función del vacío, en la que *Tiféret* tiene que pasar a *Kéter*, es un proceso de descentramiento del yo. En Cábala se diría que es un yo oculto que se está descentrando. En hebreo diríamos que la *Neshamá*, el yo oculto, es el que trata de descentrar al *Ruaj*, fuerzas ególatras. El alma tiene dos funciones: el *Ruaj* que se quiere llenar y la *Neshamá* que se quiere vaciar. Sin proceso de vaciamiento del *Ruaj*, no puede haber *Tikún*, la *Neshamá* no puede ingresar. Es la copulación de dos niveles del alma, es muy importante. La *Neshamá* quiere ser yo, no quiere una falsificación del yo, porque en realidad el *Ruaj* es una máscara que esconde un personaje. La máscara son las cuatro dimensiones inferiores del Árbol de la Vida.

En marzo se celebra la festividad judía del *Purim*, todo el mundo se pone la máscara, pero, en realidad, todo el mundo enseña su auténtica identidad. Habría que analizar en carnaval el tipo de disfraz que cada uno nos ponemos, porque hay una identificación oculta con el personaje. Se revela parte de tu personalidad en el disfraz. Se revela la personalidad oculta, la verdadera *Neshamá*. A diario tenemos la máscara, nuestra primera identidad del *Ruaj*. Es interesante porque en realidad el disfraz revela y no oculta. Debemos mirar cómo se disfraza esta realidad; precisamente, lo que estudia la Cábala es sacarse el disfraz. Cuando a la persona la motivan a disfrazarse, se dice que la están motivando a ser deshonesta con su *Neshamá*. El problema que vemos es que, cuando uno se va a vaciar, en realidad, está aumentado el grado de honestidad de la energía que va a poner en ese vacío. El vacío es muy inquietante porque puede aparecer cualquier cosa ahí, algo sobre lo que no tenemos control, pero es la oportunidad para salir de la estructura de la *Biná* que tenemos. Me abro hacia la energía del Universo que llega a mí, pero tengo que entender que lo anterior era funcional, pero no era verdad. El alma tiene muchos niveles de revelación. Si la *Neshamá* se revelara por completo, vendría el *Or makif* de *Jaia*, y así sucesivamente. Somos recipientes de deseo infinito y, por lo tanto, de vacío infinito en la posibilidad de vaciamiento, no por su extensión, sino por su posibilidad de vaciamiento. Al vaciar, entra infinita luz, pero no debo retenerla. El vacío es la gran oportunidad de saber, es la felicidad de poder estar vacíos y no la angustia y desesperación de tratar de entender cómo llenar ese vacío.

> «Si te sientes vacío, es por tu causa».
>
> ABRAHAM ABULAFIA

No hay límite si uno no se lo pone. Uno, dentro de un vacío ilimitado frente al *Ein Sof*, tiene que organizar su propia fuerza de autolimitación constante, porque en los niveles superiores de *Kéter*, si uno no se autoimpone una limitación, D*os no se la va a imponer. A veces el mal nos limita porque el deseo de uno es ilimitado.

Debemos crecer hacia el Infinito, esa es nuestra oportunidad. Si percibimos bien el vacío, si sabemos vaciarnos y llenarnos bien, provocamos el dejar de sentirnos yo y formamos parte del cosmos, con su misma sustancia. El deseo de esta vida cada vez aumenta más. Una persona que entra en este camino ve cómo el deseo aumenta en ella con los años, no el físico, sino el deseo que conduce a niveles superiores. Cuanto más siento ese deseo, más siento ese vacío y menos me tengo que angustiar. Si me angustio con el vacío, es que no logro copular *Jojmá* con *Biná*. La copulación de *Jojmá* y *Biná* es una consciencia que lleva y trae información en esa oscilación. En la Cábala, grandes cabalistas como Ashlag o Laitman dicen que todas las leyes de la biología son leyes espirituales que operan en lo oculto. Lo que vemos en la materia es cómo operan las energías en lo oculto. Debemos estudiar muy bien la biología. A lo largo de nuestra vida biológica nos encontramos con momentos de depresión y de angustia en el vacío (depresión postparto, la época de problemas cuando el hijo llega a la adolescencia, la angustia del nido vacío, quedarse viudo, separarse de la pareja...).

No debemos estar deprimidos con lo que antes nos llenaba, sino debemos utilizar esos vacíos como una oportunidad de crecimiento. Si lo pasamos al nivel espiritual, es una oportunidad de embarazo de *Daat*, de consciencia. El hijo es la *Tiféret*, es el *Daat*. La naturaleza del vacío es aumentar nuestro deseo, no nuestra angustia. Quien aumenta la angustia por ese aumento de vacío es porque no ha aumentado la consciencia. Puede ser muy inteligente, tener una gran *Biná*, pero no tiene *Jojmá*, no conoce la función del Universo, ni del vacío.

El éxtasis de *Kéter* es saber cómo llenar y cómo vaciar ese vacío. Es saber experimentar el vacío. La naturaleza del vacío funciona de este modo: llenamos el vacío de *Daat*. En el momento en que el vacío se llena de *Daat*, se expande. Ese *Daat* vuelve a todo el sistema de interconexión del Árbol, desaparece ese *Daat* y vuelve a aparecer otro vacío mayor. Pongamos que estás leyendo un libro de Cábala y acabas llenando tu vacío. Cuando lo terminas, el vacío aumenta porque la cantidad de preguntas, de deseos, de secretos que puedes encontrar te llevan al Infinito.

> «La información de la Torá es más grande que el Universo».
>
> MARIO SABAN

Esa capacidad de información que te va a entrar hace que el vacío aumente. El problema es que uno se acostumbra a la angustia del vacío que conocía, pero ese vacío termina cuando lo llenas y se incorpora al sistema, desaparece el llenado y el vacío se agranda y es una angustia de segundo grado. Ante un vacío de este nivel, quieres un *Daat* de este nivel. Después aparece el tercer nivel, el cuarto nivel... En realidad, no hay una relación de angustia con el vacío, sino que es una relación con las expansiones del vacío que van aumentando. El éxtasis viene cuando sabes que tu vacío se va a agrandar más. La angustia no se frena llenando el vacío, sino que desaparece por la felicidad de soportar vacíos más altos. Desde la parte intelectual sería: «Cuanto más sabemos, menos sabemos».

El problema es otro: el vacío pone en jaque tu estructura de identidad. Por eso, la gente se angustia, porque cada vez somos menos de lo que éramos. Es un problema del ser. Me vacío de la identidad anterior y paso a ser otra persona con otra identidad. Estás dejando entrar más a D*os, te estás yendo del yo y está entrando la luz del Universo. Cada vez existo menos. Cada vacío me trae la muerte, por eso la angustia, pero, como consecuencia, nace un hombre nuevo. No es saber, es un tema de ser, de experiencia. Lo mejor es crecer sin pensar quién es uno porque, en cuanto piensas quién eres, te cogió Satán, te atrapó la angustia. En realidad, soy el vacío que estoy expandiendo del potencial de lo que puedo ser. Vives en el potencial en tu interior. El futuro es la revelación de la energía que está dentro de ese vacío y lo que se ve ahora es el pasado.

29. Relación entre *Daat* y *Kéter*

«Cuando la alegría de transmitir es superior a la alegría de acumular, se alcanza una de las formas más refinadas de sabiduría».

MARIO SABAN

El alma desea salir de su exilio y reconectarse con la matriz. El alma permanentemente quiere crecer. El elemento fundamental para medir el crecimiento es el *Daat*, la sustancia, la energía por la cual nosotros medimos nuestro aumento de nivel de consciencia. *Daat* cumple dos funciones:

- Distribución de toda la energía de los veintiún canales.
- Operar en el canal veintidós. Es el canal de la *Delet*. No es *Yesod-Maljut*.

Canal veintidós: *Delet*

Este canal tiene la sustancia de *Daat* y tiene una característica: sale de *Tiféret* y no va a ninguna parte. Decimos que llega a *Kéter*, pero *Kéter* es un agujero por donde pasa la *Delet*. El canal *Delet* es un canal infinito. No termina en *Kéter*, me lleva a *Maljut* del próximo Universo a *Tiféret* del próximo Universo. Representa el deseo Infinito. *Daat* organiza las estructuras de todas las energías de dentro del Árbol de la Vida y, por otra parte, tiene energía infinita. Es extraño porque nosotros venimos de abajo de la materia y no tenemos energía infinita, la única manera sería que nos volviera energía de arriba. Mientras sube y baja la energía por el Árbol puede que, en mi deseo de llegar al Infinito, aplique energía infinita en lo infinito, esto es imposible, entonces es cuando nos llega el agotamiento total.

El agotamiento no es estar deprimido, es estar agotado, lo que es diferente. En realidad, la *Biná* no operó suficiente, porque ahorra nuestra energía y nos tiene que prevenir del agotamiento. Consciencia del ahorro. Es femenino. En cambio, la consciencia masculina de la *Jojmá* dilapida. Es excesiva por naturaleza. En Cábala, haremos un esquema del proceso y veremos la diferencia con el nihilismo en este punto. El nihilismo se basa en que esta vida no tiene sentido, una afirmación que está en las antípodas de la Cábala, donde todo tiene sentido. Nos situamos en un punto A y aparece el deseo, que es un despliegue de energía. Me siento activo, estudio, trabajo…, pero hay un punto donde nos podemos pasar de este despliegue y es donde comienza la ansiedad. En Cábala, el deseo es natural al alma. No se puede matar el deseo. Tenemos el deseo de ir a la Matrix divina, y nos desplegamos. Si nos pasamos de ese despliegue, comienzan los ataques de ansiedad. Estos ataques de ansiedad son el deseo de desear más de lo que nuestra estructura limitada puede administrar. El ansioso queda inútil para trabajar, está en bucle. La ansiedad no tiene objeto. En el punto de aceleración, lo que es una *Midá*, una virtud de desear pasa a ser una *Klipá*, porque no hemos puesto límite. Es muy importante ver cuándo ese despliegue del deseo se convierte en ansiedad. La *Biná* ha de descubrir el punto de aceleración, tomar consciencia y hacer el repliegue. Debe frenar el despliegue, antes de que la persona entre en la situación de ansiedad.

Puede que la *Biná* actúe lenta y ese punto, la *Biná*, lo ponga más adelante. La *Biná* hace repliegue, pero al mismo tiempo es el descanso del agotamiento que produce esa aceleración. Hay un punto donde el repliegue tiene un límite; si sigue, aparece el aburrimiento o el hastío. Es muy difícil frenar el despliegue, porque el alma piensa que le están obstruyendo el camino hacia el *Ein Sof*. El alma cree que no cumple su función y se puede sentir frustrada por el límite impuesto por la *Biná*, es antinatural, sino se puede producir la *Klipá* de *Biná*. En la desesperación de llegar, no se llega y el sistema se agota. La *Biná* ha de captar nuestros límites y además debe poner límites a los demás, ya que también nos quitan energía. Ha de regular la energía interna y la que me viene de fuera. La *Biná* diseña el saber recibir, función fundamental del lado izquierdo del Árbol de la Vida. El alma quiere crecer, pero no puede crecer hasta el agotamiento. La *Biná* debe tener muy bien analizado el límite del despliegue, pero también un buen análisis del límite del repliegue. La *Biná* ha de ser inteligente y ahorrar energía.

Los filósofos europeos no entendieron nada de todo esto. Schopenhauer pensaba que todo el despliegue era negativo, que era ansiedad y que el repliegue era el aburrimiento. El nihilismo se creó porque no entendían la naturaleza del alma. Pensaban que esta vida era insufrible: si vas para adelante, te agotas, y si vas para atrás, te hastías y te aburres. Les falló el concepto de límite en su filosofía. Si se oscila bien, no se debe tener un problema. Depende de la *Biná*.

¿Qué pasa cuando *Daat* se encuentra con el vacío? Debemos tener cuidado de que la *Biná* no le mande una función falsa a la *Tiféret*. El mensaje puede ser que, cuando suba a *Kéter*, ha de tener un resultado. Como ya sabemos, en los otros veintiún canales *Daat* sí tiene un resultado, que es distribuir bien la energía entre dimensiones. En el mundo de los deseos finitos, hay resultados finitos. Cuando se trata de un deseo en el mundo infinito, tenemos un problema con la falsa información que manda la *Biná,* pues incita a la *Tiféret* a buscar un resultado y la *Tiféret* se agota buscando a D*os, porque lo busca como un resultado, cuando en realidad es un proceso. Es una trampa no intencionada de la *Biná*, pues está acostumbrada a los deseos finitos.

¿Cómo nos motivamos sin resultados en Occidente? El resultado siempre es una comparativa. Podría ser la situación de cuando nos deprimimos porque alguien tiene una casa más grande que la mía. Estamos desequilibrados, andamos buscando resultados que nos motiven. El alma se ha de automotivar sin resultados. Desde pequeños nos entrenan para motivarnos para ser los mejores en todo, y empieza la competencia, la comparativa, el ganar y perder... El éxito y el fracaso. Cuando entramos en *Kéter*, todas estas variables desaparecen, tenemos que disfrutar del camino. Como cuando hacemos el Camino de Santiago, lo mejor es el camino y no llegar al destino, pero el ego nos traiciona. Estamos deseando llamar a la familia para decir que hemos llegado a Santiago. Lo ideal sería frenar un kilómetro antes y volver hacia atrás. No llegues nunca a Santiago, no llegues nunca a *Kéter*.

Para entender realmente el resultado del nivel de consciencia, tenemos que liberarnos de todo lo que *Daat* operó en los otros canales. En el canal de *Yesod*, operó con resultados, con amigos, con familia... En *Maljut*, con resultados: qué tengo, qué no tengo... Podemos tener indicadores que tranquilicen a la *Biná*, con un estado de paz interior, me siento mejor, maduré, cambié, etc., para ver una evolución. Pero la *Biná* no debe idolatrar estos indicadores, ya que pertenecen a sensaciones del pasado y no del potencial. Lo que está por salir de mí en el secreto del potencial, todavía no he llegado inconscientemente ni a sentirlo, ni a verlo. Es posible que la *Biná* tome esos indicadores como un sistema de motivación y puedas acostumbrarte a esa búsqueda, pero no debes desesperarte, porque buscas un resultado en el indicador. La motivación no ha de depender de los indicadores. La motivación tiene que ser por el reconocimiento de que el alma tiene un deseo de crecer. Puede haber un momento de desmotivación de la persona. Entonces usa los indicadores como resultados para salir de esa situación, pero no te apegues a esos resultados, utilízalos para lanzarte a motivarte otra vez, pero no para una dependencia en todo el proceso de motivación. Es fantástico que alguien te motive, felicitándote por haber leído unos libros, pero si cada día esperas que te feliciten, vamos mal, porque te has apegado a esa dependencia.

«El camino del conocimiento es una vía dolorosa porque uno no solo encuentra lo que quiere, también encuentra lo que no quiere».
MARIO SABAN

¿Por qué hay un agotamiento del yo con respecto al vacío? Ese vacío que me conecta con *Kéter* me va a conectar con el *Ein Sof*, y en esa transición entre el yo de la *Tiféret* al *Ein Sof* por el camino de la *Delet*, se empiezan a perder las limitaciones en cuanto a la energía que se despliega. En el camino de la *Delet*, de *Tiféret* a *Kéter*, hay dos niveles.

Un primer nivel sería la corona, *Kéter* que se expande. Si vamos hacia arriba, nos podemos encontrar con un cono que cada vez es más limitado. La *Biná* nos ayuda a regresar y a dividir los caminos que podemos hacer en *Kéter*. Un segundo nivel sería cuando, una vez divididos los caminos que hemos ordenado desde el punto de vista de la *Biná*, también se amplían hacia *Kéter* y, por lo tanto, se multiplican hacia el Infinito. Son frentes de consciencia espiritual elevada, pero también pueden ser los hijos, el trabajo, la pareja, la familia, hacienda... El yo de la *Tiféret* puede entrar en confusión, además de estar agotado, ya que primero debe tener una potente *Biná* para hacer el trabajo y, segundo, aunque haga el primer trabajo, eso no implica que cualquier control de los sistemas superiores no vuelva a tener otra amplitud hacia el *Ein Sof*. Cada vez que se crece, hay más confusión, porque estamos más cerca del Infinito. Hay mucha información que no se puede organizar. En una buena *Biná* se pone el freno para volver hacia atrás, reorganizarse y admitir que uno es una estructura finita. Una persona que entra en confusión es por soberbia espiritual. Cree que volver es un retroceso. Debemos saber cuándo volver, cómo volver, a dónde volver y reordenarnos.

«Las dimensiones son elementos fundamentales para descansar y reagruparse».
ARYEH KAPLAN

Cuando nos enfrentamos al *Ein Sof* pueden aparecer un montón de sensaciones, como la confusión o el agotamiento, porque no hemos vuelto a nuestro sistema de limitación y de fragmentación. No nos ponemos límites, porque se está escondiendo la soberbia. El indicador de soberbia es avanzar sin parar. Si fuese más humilde, volvería atrás, reagruparía energía y estaría más tranquilo. Hay que convencer al alma de que no estamos perdiendo el tiempo. No es un retroceso; si lo fuera, aparecería la *Klipá* de la *Biná*, la dualidad del éxito-fracaso.

La Cábala recomienda que tengamos los indicadores positivos para estimularnos si queremos comprender mejor el alma y cómo elevarnos, pero también que seamos felices con los indicadores negativos. Los negativos también ayudan a avanzar. Tiene que ver con *Daat* y es la experiencia, los indicadores de la experiencia negativos o positivos. El indicador positivo es positivo y el indicador negativo también es positivo. El indicador negativo es un buen indicativo para mi humildad, para mi crecimiento y para cambiarlo. Todos estos desafíos negativos son muy importantes como indicadores para seguir adelante. El mejor indicador es la *emuná*, la confianza. Hace que lo positivo y lo negativo entren en el mismo conjunto, me ayudan a crecer y a seguir. La confianza es fundamental, no solo en la Divinidad o en la naturaleza, sino también en nuestra propia energía de lo que podemos hacer con lo que D*os puso en nosotros. Con la *emuná* se aprende a pasar todos los obstáculos. Es indestructible. La confianza es la motivación sin resultados o la motivación con resultados negativos. Tengo confianza en que:

- Tengo una mente y voy a cogerla en todas sus trampitas.
- El alma va a ascender hasta donde pueda, aunque me agote.
- Estoy recibiendo información del Universo en todo momento.
- Esa relación se terminó, pero he aprendido mucho.
- Estoy vivo para seguir creciendo.
- Un día me voy a morir….

Tengo confianza en todo, pues la *emuná* es una de las virtudes de *Kéter*. La dimensión de *Kéter* es un agujero, que es el símbolo de la Revelación. El gran agujero divino, es el agujero de *Briá*, donde D*os se manifestó en todo su esplendor, con toda la información. El agujero que yo tengo dentro de mi alma va a ser donde se va a revelar mi potencial. Ya no tendré miedo al vacío, tendré confianza.

> «Gracias, D*os, por revelarme este vacío dentro de mi,
> porque gracias a este vacío Tú te revelas en mi».
> Mario Saban

30. Cómo el alma percibe esta realidad

«El verdadero problema radica en que la forma del Universo no corresponde necesariamente con nuestro lenguaje y nuestra lógica, y como obligamos a lo primero a ajustarse a lo segundo, perpetramos inconscientemente una sutil, pero perniciosa violencia contra la naturaleza».
KEN WILBER

Wilber no solo nos está diciendo que el lenguaje es insuficiente, sino que ejerce una violencia inconsciente contra la naturaleza. Nuestra *Biná*, que es la que genera las ideas en el lenguaje en *Hod*, quiere ajustar nuestra estructura lingüística a la realidad. Nuestro lenguaje es limitado, lo forzamos a operar como nosotros queremos que opere la realidad. Desde la Cábala, dejamos en estado de suspensión al lenguaje y no operamos.

«Antes de hablar, aprende».
Eclesiástico 18, 19

«El engaño prevalece donde tiene poder la ignorancia».
SARA SCHNEIDER

El problema es que, si la *Biná* se pone en movimiento muy rápidamente, no observo nunca nada y solo pienso que lo estoy metiendo en mis categorías. Llegaremos a la conclusión de que:

«Todo juicio es un prejuicio».

Desde la Cábala, cada vez que pensamos, somos prejuiciosos por naturaleza, prejuzgamos siempre. Primero debemos observar, pero eso es algo muy difícil para los occidentales, porque rápidamente queremos pensar la cosa.

La suspensión del lenguaje no significa estar en blanco, sino suspendernos en la pregunta, sin la categoría de buscar la respuesta inmediatamente. La desesperación de buscar la respuesta hace que no podamos observar. La pregunta me abre a la observación, a *Jojmá*. Los cabalistas dicen que tenemos que ver la realidad como un recién nacido, que lo ve todo por primera vez. Debemos sacarnos el peso de toda la tradición acumulada, que luego nos puede servir para pensar en una segunda etapa, pero no en la primera etapa. No deberíamos leer la interpretación de un clásico, deberíamos leer directamente al clásico. Debemos ir directos a la Torá, directos a Abraham Abulafia, a Cordovero, para observar porque, si no, pensamos según los esquemas de pensamiento de los que nos antecedieron. Saber lo que piensa Cordovero, para saber lo que pienso yo. El camino de mi alma no se va a cumplir si voy a imitar a los demás.

Antes del proceso del *Derash*, antes de la interpretación, el *Sod* se esconde en el *Peshat*. Lo literal esconde secretos que se perdieron en la interpretación. Hacer la lectura del texto bíblico original es fundamental para avanzar en Cábala, para no creer las interpretaciones de otros cabalistas, ya que las interpretaciones me están metiendo mucha información en la *Biná*. Con tanta *Biná* y tanto pensamiento, nos alejamos de los fundamentos de la Torá. Si acumulamos en la *Biná* tanta información, ya no tenemos espacio para la relectura del original. La Cábala nos recomienda la vuelta al texto, basado en las seiscientas mil interpretaciones de la Torá, porque no estudia el cúmulo de interpretaciones, quiere ir al *Peshat* de la Torá, permite la libertad del alma para conectarse directamente con D*os, mientras que toda la tradición oral se va acumulando y no nos deja pensar por nosotros mismos porque nos encaja en las estructuras de pensamiento de los anteriores. Para que el alma perciba esta realidad, debemos borrar toda interpretación, debemos ir al texto directamente y ver lo que nuestra alma ha traído a este mundo.

«Cada Alma debe revelar la letra de la Torá que le corresponde según su esencia».

ISAAC LURIA

El *Meam Loez* dice: «Se espera la originalidad del pensamiento del alma a este mundo». A los maestros debemos tomarlos como medios, como instrumentos, nunca como un fin en sí mismos, nunca para dar respuesta a nada, sino para plantear otras preguntas y para buscar qué verdad encuentran de esa interpretación.

La realidad es más compleja que el sistema de escritura que tenemos. Estamos esclavizados por el lenguaje, estamos encorsetados. En la Cábala se hace una destrucción creativa. Esto quiere decir que pongo en suspenso todo el pensamiento universal y veo lo que mi alma detecta ahí. El lector se apodera de la lectura para revelar su alma a través de la lectura y no para seguir la idea del autor. El trabajo de la Cábala es muy excitante porque en realidad es un trabajo de investigación de cada uno de nosotros, porque buscamos en la letra nuestra alma y es una letra la que me tiene que representar en la realidad. El *Pasuk*, en el versículo de Jeremías 31, 31 dice: «Cuando la Torá se haga carne en tu corazón». Significa que utilices todo lo que vas a estudiar para que tu alma se revele, no para lo que dice el autor. Es fundamental en Cábala escribir desde la experiencia y no desde la teoría. Hablamos de la Torá viva, no de la Torá escrita.

> «Nosotros, en la Cábala, operamos con las letras de *Atzilut*, no con las letras escritas de *Asiá*, no con las letras sentidas de *Yetzirá*, no con las letras pensadas, sino con letras emanadas de lo invisible».
>
> ABRAHAM ABULAFIA

Para leer un texto desde la Torá de *Atzilut*, debemos leerlo tratando de que el alma se eleve al nivel de *Atzilut*, al nivel de *Jaiá*. Esto implica que el alma llegue a ideas fuera del tiempo y del espacio. El alma puede penetrar en la letra como excusa y no quedarse en la letra. Tu alma se ha de volver reflejo en la letra para que tu *Neshamá* saque su potencial a partir de la letra. Debemos entender cómo funciona nuestra alma para extraer toda su información. Buscamos todo el *Or* de nuestra alma como si el *Klí* de nuestro cuerpo desapareciera, porque nuestro *Klí* van a ser las letras que estamos leyendo, estos van a ser nuestros *Keilim*. La letra no me da el *Or*, sino que debemos encontrar el *Or* que nos pertenece a través de los *keilim*.

Cuando hablamos de los niveles del alma, *Neshamá, Ruaj, Nefesh*…, hablamos de procesos del *Tzim Tzum* en el interior de nuestra alma. Recordemos que desde el cuerpo me relaciono con la letra literal en el *Peshat*. Desde el *Ruaj*, me relaciono con el *Remez*. Desde la *Neshamá*, me relaciono con el *Derash*. Cuando me relaciono con el *Sod*, mi alma extrae toda la información posible de un nivel donde no hay subjetividad. El objetivo de la Cábala es la trascendencia del yo para traer información de un *Klí* tan elevado que debemos entender que somos como un envase de ideas de la eternidad. Cada uno determina un tipo de energía que el otro no puede describir o interpretar y al que nunca nadie más podrá llegar porque es mi camino. La persona inteligente es la que puede citar muchos autores, pero un sabio en la *Jojmá* es el que logra extraer de manera original la energía que le corresponde a su *Neshamá* sin pasar por intermediarios. La *Biná* es una intermediaria que siempre nos está prejuzgando.

Los cabalistas nos dicen que los tres universos superiores no fueron dañados. En el original del holograma del Universo, nuestra *Biná, Jojmá* y *Kéter* de *Yetzirá* en nuestra estructura del Árbol de la Vida no están dañadas, es decir, que no pertenecen a una naturaleza *klipótica* ya que no operan en el mal, pero hay distorsión porque están en el Universo de *Yetzirá* y pueden tener *Klipá* por fractalidad. Maimónides dice: «Corregir el pensamiento antes que la acción es lo más positivo», porque no llegará la acción mal, ya que estamos operando en frecuencia diez. Desde el punto de vista de la Cábala, hay dos tipos de frecuencia: si operas en frecuencia siete, eres un *golem*, alguien que no tiene consciencia, como Adán. Nosotros tenemos *Neshamá* por lo que tenemos consciencia diez, tenemos dimensiones que el mal no puede alterar por fractalidad.

Quiere decir que el mal opera en la materia con toda su fuerza, menos en *Biná, Jojmá* y *Kéter*, donde tendrá menos fuerza. En este nivel, veremos una realidad menos distorsionada por los límites de la realidad. En los universos de *Asiá* y *Yetzirá*, la gente que está en la materia sin consciencia actúa según los impulsos animales y/o emocionales porque no tienen a la *Neshamá* que opera en el control de estas energías del nivel siete. En la realidad inferior, se distribuyen mal las energías porque hay mucha limitación. El concepto de *Din* es límite. El mal se aferra mucho más cuando hay estados de limitación. A medida que se fue contrayendo el Universo, fue tomando más limitación. El problema de la naturaleza de la *Neshamá* es que, como viene del nivel diez, sufre en los niveles de siete, por eso nos cuesta tanto aceptar las limitaciones. Como existencia material, la vida corporal es una limitación. Mucha gente que ha tenido la experiencia de salir del cuerpo durante una operación quirúrgica, cuando el alma vuelve al cuerpo otra vez, no quiere estar allí, no quiere aceptar su limitación. Es una situación muy curiosa: el muerto no quiere volver a la vida porque ha comprobado que vive mejor en el otro lado. Podemos decir que en la aceptación de la limitación está todo el aprendizaje. En el límite está el aprendizaje. Llegamos a la conclusión de que en lo femenino está el aprendizaje y, gracias a la parte izquierda, podemos subir por el Árbol de la Vida, ya que *Jojmá* sin la oscilación de *Biná* no puede subir a *Kéte*r. La conclusión es que, mientras más oscuridad, más luz. Mientras más resistencia en el lado izquierdo, más rápido subimos a *Kéter* por el aprendizaje de los límites. Dentro del siete hay diez dimensiones de manera oculta. Venimos al siete para revelar diez. El problema que tenemos es que no nos adaptamos a las limitaciones del nivel siete, donde opera más el mal. En realidad, el *Klí* puede no estar operando como *Klí*, realmente opera como *Klipá*. La diferencia entre *Klí* y *Klipá* es que se puede tener una vasija en el nivel de siete que decide cerrarse y se transforma en una *Klipá*. La cáscara tiene que desaparecer para que el *Klí* vuelva a ser *Klí* y dejar entrar el *Or*, del nivel diez. Cuando yo me encierro en una idea, en un prejuicio, en un dogma, creo una *Klipá* y no dejo entrar luz de lo que piensa el otro.

El gran cabalista Abraham Kook solía dar conferencias a los ateos del Partido Comunista en sus *kibutzim*. Los demás compañeros se lo reprochaban, le decían que esa gente era impura, que estaban en el infierno. Y el cabalista contestó: «Si yo no voy a dar la conferencia, yo soy la impureza, soy una *Klipá*». Les hablaba de D*os y los comunistas se reían, pero él seguía yendo a hablar con ellos. Debemos abrirnos y no volvernos *Klipá*, dar a la gente que es diferente, no cerrarnos con nuestro entorno. Bajemos al Universo de *Asiá* a *Kéter*, en *Maljut*, y veamos si D*os me está hablando a través del prójimo. Ahí nos está mostrando el prejuicio que tenemos como *Klipá*. Si te relacionas con la gente, verás tus *Klipot*, una a una.

Tus reacciones con la gente son un cúmulo de *Klipot*. Muchas veces las *Klipot* son superficiales, no hace falta profundizar tanto. Debemos poner límite a los límites, si no, acabaremos siendo muy severos con nosotros mismos y con los demás. No debemos caer en la *Klipá* de *Guevurá*. En la rectitud de un ejército o de una organización debe existir *Jesed*, misericordia en *Guevurá*, ese es el límite de *Guevurá*. La dimensión de *Jesed* se revela en la *Tiféret* cuando opera bien la *Guevurá*. ¿Dónde se revela *Jojmá* cuando opera bien *Biná*? En *Daat*, que es la vestimenta de *Biná* en *Jojmá*. *Daat* es sabiduría.

> «Si sobrevivir es vivir cargando con el dolor, vivir es comprender el dolor dentro de una realidad más amplia».
>
> Mario Saban

La *Biná* está al servicio de que la *Jojmá* se revele. El esquema de las diversas autocontracciones de *Keilim* serían: la *Jojmá* tiene *Klí* y *Or*. El *Or* de la *Jojmá* le viene de *Kéter*… El *Or* de la *Jojmá* va hacia la *Biná*. El *Klí* de *Biná* es una autocontracción del *Klí* de *Jojmá*. En cada *Klí* de cada dimensión el *Or* entra e ingresa de acuerdo a las dimensiones de dicha dimensión, porque el *Klí* es menor. Hay un *Tzim Tzum* del *Klí*, el *Or* que sobra, es el *Or Jozer*, la luz que regresa. Debemos trabajar el canal *Mem*, los procesos de transformación. La escritura y el lenguaje oral son un *Klí* en el fondo.

Podemos experimentar tanta luz en nuestro interior de *Jojmá* que la *Biná,* no puede ni pensar. En nuestro interior, tenemos más ideas de las que creemos tener. La *Jojmá* tiene más información de la que la *Biná* puede ordenar. La *Biná* es la consciencia de la información que tengo y es consciente de lo que sabe, pero en la *Jojmá* no soy consciente de que lo sé, pero lo sé, y de repente un día me preguntan algo y lo explico. Me apareció la información revelada. En cada nivel se va ocultando una información. Mucha gente dice: «Tengo la experiencia, pero no la puedo explicar». La sensación que tengo en la *Tiféret*, en mi interior, la intento bajar a *Netzaj* o a la dimensión de *Hod*, pero tengo un registro como *Klí* muy limitado y no me permite escribir en *Hod*. El que está en el arte puede expresar más cosas, porque tiene un *Klí* superior, en *Netzaj*. El nivel de *Maljut* es lo que yo puedo expresar en la materia. La desesperación del alma mirando este esquema es que hay partes que siempre quedarán ocultas en la realidad. Hay niveles superiores en mi interior que no pueden manifestarse. La única manera de manifestarse es abriendo el *Klí* de *Maljut* y así se amplía y tengo más información que no puedo revelar. Hay mucha gente que escuchando música en *Netzaj* amplía su *Klí* en *Hod*. A través de la música, puedo descifrar una cantidad de información que *Hod* por sí misma no me descifra. La escritura ha de pasar por *Netzaj*, sino puedo llegar a escribir otra cosa. Hemos de trabajar el canal de la *Mem*.

Se dice que el Baal Shem Tov encontró la morada del Mesías y le preguntó cuándo llegaría y Él le dijo:

> «El Reino de los Cielos llegará cuando la sabiduría oculta de Israel, la *Kabbalah*, se revele a todo el mundo».

Glosario

ADAM KADMON: El Universo del hombre primordial. Matrix de información del *Ein Sof*. El primer mundo.

ADONAI: Nombre de D*os en la dimensión del *Maljut* en el Universo de *Atzilut*.

AHAVA: Amor.

AIN: Letra hebrea. Energía *Biná-Tiféret/Tiféret-Biná*. Valor numérico = 70.

AIN: Piel (escrito con la letra Ain).

ALELUIA: Alabanza a D*os.

ALEF: Unidad. Letra hebrea. Energía *Jesed-Guevurá/Guevurá-Jesed*. Valor numérico = 1.

ALEF GADOL: Gran *Alef*. *Kéter*.

ALEF KATAN: *Alef* inferior. *Jojmá*.

AMALEK: Mal absoluto.

ANA BECOAJ: El nombre de D*os de 42 letras.

ANI: Yo (escrito con Alef).

ARIJ ANPIN: Rostro Mayor. *Partzuf* externo de *Kéter*. Universo de *Atzilut*.

ASIÁ: Universo de la materia. Universo de la acción.

ASHQUENASI: Judíos de Europa Oriental.

ATIKA KADISHA: El anciano sagrado. *Kéter* en general.

ATIK IOMIN: Anciano de los días. Interior de *Kéter*.

ATZILUT: Universo de la emanación.

ATZMUT: Esencia del *Ein Sof*. Todo lo infinito no manifestado.

AV: Quinto mes del calendario judío.

AVERÁ: Transgresión. Pasar al otro lado negativo.

AVIR: Éter.

AVIUT: Densidad, espesor. Calidad de las ideas.

BEINONIM: Los intermedios: los seres humanos que fluctúan entre el bien y el mal.

BEN IA: Hijo de D*os.

BENE ELOIM: Arcángeles. Universo de la *Merkabá*.

BERESHIT: El misterio de la Creación.

BET: Fragmentación. Letra hebrea. Energía *Jojmá-Jesed/Jesed-Jojmá*. Valor numérico = 2.

BET GADOL: Bet. *Biná*.

BET KATAN: *Bet* inferior. Siete dimensiones inferiores.

BINÁ: Dimensión de la inteligencia y el entendimiento. Tercera de las diez *sefirot*.

BITAJON: Confianza en mi energía para vencer obstáculos.

BITUL: Aniquilación del alma.

BITUSH: Actúa de límite en el *Klí*.

BRIÁ: Universo de la Creación.

BOHU: Vacío.

CONCIENCIA: Conocimiento de lo que nos rodea en base a los órganos de los sentidos. A los juicios sobre el bien y el mal de nuestras acciones.

CONSCIENCIA: Conocimiento de sí mismo. Ser consciente de uno mismo y de lo que nos rodea en base a lo que uno es, la propia existencia, estados o actos.

CUENTA DEL OMER: Cuenta de meditación de 49 niveles que se realiza entre la Pascua hebrea y el Pentecostés.

DAAT: Conocimiento, consciencia.
DAAT ELYON: Conocimiento superior, percibimos Universos *Briá* y *Atzilut*.
DAAT TAJTÓN: Conocimiento inferior práctico de la vida material.
DAG: Pez.
DAM: Sangre.
DAVAR: La palabra.
DÉJÀ VU: Sensación de haberlo visto anteriormente.
DELET: Puerta. Letra hebrea. Energía *Kéter-Tiféret/Tiféret-Kéter*. Valor numérico = 4.
DEMUT: Imagen de D*os.
DERASH: Nivel de percepción. Interpretación compleja desde *Neshamá*.
DEVEKUT: Unirse a D*os. Unificación. Fusión.
DIN: Juicio. Límite.

EHIE: Nombre sagrado de D*os. Universo de *Atzilut*. *Kéter.*
EIN SOF: Infinito.
EJAD: Unidad de D*os.
ELAM: Ocultamiento en el Universo.
ELOHIM: D*os en plural.
EMUNÁ: Confianza en D*os.
EON: Era o período.
ESH: Fuego.
ETZ HA DAAT: Árbol del Conocimiento del Bien y del Mal.
ETZ HA JAIM: Árbol de la Vida. Árbol de la Vida Eterna.

GABRIEL: Arcángel que limita las energías. *Yesod* del Universo de *Briá*.
GAL GAL: Rotación de las almas.
GAL GAL TA: Cerebro del *Ein Sof*.
GBUL: Frontera. Límite correcto.
GEBER: Adulto.
GOEL: El Salvador.
GOLEM: Persona con consciencia material. No consciencia *Neshamá*.
GUEMATRÍA: Palabras o frases basadas en su valor numérico.
GUEVURÁ: Dimensión de la Fortaleza. Límites, saber decir no. Quinta de las diez *sefirot*.
GUEVUROTS: Es el plural de *Guevurá*. Columna izquierda del Árbol de la Vida.
GUF: Cuerpo inanimado.
GUIL GUL: Rotación de las almas. Reencarnación.
GUILUI: Revelación.
GUIMEL: Letra hebrea. Fuerza de la resistencia. Autocontrol. Energía *Biná-Guevurá/Guevurá-Biná* Valor numérico = 3.

HALAJÁ: Leyes judías de la Torá escrita y oral.
HANIEL: Arcángel de la Victoria, de la Eternidad. *Netzaj* del Universo de *Briá*.
HASHEM: Nombre oculto de D*os.
HAZAYOT: Ilusiones, autojustificaciones.
HEI: Letra hebrea. Pensamiento, palabra y acción. Energía *Kéter-Jojmá/Jojmá-Kéter.* Valor numérico = 5.
HISHTALKELUT: Encadenamiento del alma. Limitaciones de la estructura.
HITBODEDUT: Meditación.
HITBATLUT: Anulación.
HOD: Gloria. Dimensión de las emociones, expresión de sentimientos. Octava de las diez *sefirot*.

IBBUR: Impregnación en el cuerpo de un alma, que nos toma para su objetivo personal.
IEJIDÁ: Alma unida al divino. Unidad

con D*os. Cuando el alma desaparece en la naturaleza, se va del cuerpo.

IJUD: Unificación del alma con la divinidad.

IMUN: Entrenamiento.

INTERINCLUSIÓN: Sistema de unión con raíz común de todas las partes.

IOM KIPUR: Día del perdón, día de la expiación.

ISH: Hombre.

JAYÁ: Nivel del alma donde el yo trasciende al no yo. De *Neshamá* al cosmos. Nivel de *Atzilut*. Consciencia de que D*os está.

JALAL PANUI: Espacio vacío que se produce cuando el *Ein Sof* se retira.

JANOC: Escriba de Metatrón.

JASADIM: Plural de *Jesed*. Poder de las fuerzas masculinas. Columna derecha del Árbol de la Vida.

JAVÁ: Eva.

JESED: Dimensión de la misericordia. Cuarta de las diez *sefirot*.

JET: Letra hebrea. Energía *Jesed-Tiféret/Tiféret-Jesed*. Valor numérico = 8.

JOJMÁ: Dimensión de la sabiduría e intuición. Segunda de las diez *sefirot*.

KAAZ: Ira, enojo, mal genio.

KABBALAH: Ciencia del saber recibir. Guía espiritual. Dimensión esotérica de la Torá.

KABBANAH: Intención en el acto y pensamiento unificado.

KAF: Letra hebrea de la fuerza. Energía *Jesed-Netzaj/Netzaj-Jesed*. Valor numérico = 20.

KARET: Cuando el alma se pulveriza, desaparece. Pertenece al grado de mal absoluto.

KAZIEL: Arcángel, protege a los justos condenados y a los condenados injustamente. También protege a la gente que se siente sola. *Biná* del Universo de *Briá*.

KÉTER: Corona. Dimensión de oscilación de *Biná* y *Jojmá*.

KÉTER ELION: *Kéter* superior Universo de *Atzilut*.

KIBUTZ: Comunidad agraria israelí gestionada de forma colectiva.

KLÍ: Vasija de recepción. Posición femenina. Plural *KEILIM o KELIM*.

KLIPÁ: Dimensión en desequilibrio. Plural *Quelipots*.

KLIPÁ NOGA: Cáscaras. Estructuras de ocultamiento por ignorancia.

KLIPOTS: Cáscaras de oscuridad que encierran la energía original del primer choque.

KUF: Letra hebrea. Energía *Biná-Jesed/Jesed-Biná*. Valor numérico = 20.

LAMED: Letra hebrea. Energía *Hod- Yesod Yesod-Hod*. Valor numérico = 30.

LEB: Corazón.

LEBANA: La luna.

LEBUSH: Vestimenta o velo.

LILITH: El lado oscuro de Eva. Seductora. Arquetipo de poder. Materia superior a energía.

LILMOD: La fuerza de estudiar, de enseñar, de aprender.

MAASÉ BERESHIT: El misterio de la Creación.

MAASÉ MERKABÁ: El misterio del Carro de fuego.

MAAMUQUIM: Cabalistas que percibieron la *Sitra hará*, el lado malo.

MAGUID: Guía espiritual.

MAGUIDIM: Plural de *Maguid*.

MAIM: Agua.

MALAJIM: Ángeles. Universo de *Yetzirá*.
MALJUT: Dimensión de la materia. La última de las *sefirot*.
MASAJ: Filtro. Límite correcto, móvil.
MEAN LOEZ: Enciclopedia sefardí escrita entre 1700 y 1905.
MEKUBALIM: Cabalistas de la Historia.
MEM: Hidrógeno + oxígeno. Agua. Letra hebrea. Energía *Hod- Netzaj/Netzaj-Hod*. Valor numérico = 40.
MENORÁ: Candelabro judío de siete brazos.
MERKABÁ: Carro de fuego o carruaje divino.
MET: Muerte.
METATRÓN: D*os del Trono. *Kéter* del Universo de *Briá*. Arcángel de las mil caras.
MIDÁ: Virtud. Dimensión en equilibrio. En plural, *Midot*.
MIDBAR: Desierto.
MIJAEL: Arcángel, protege al pueblo de Israel espiritualmente. *Hod* del Universo de *Briá*.
MITZRAIM: Egipto. Esclavitud. Restrictivo.
MITZVÁ: Mandato, mandamiento.
MITZVOT: plural.
MOJIN: Cerebro de *Kéter* en el Universo de *Atzilut*.
MOJIN DE GADLUT: Consciencia expansiva en *Jojmá*.
MOJIN DE KATNUT: Consciencia restringida en *Biná*.

NABI: Profeta.
NAJASH: La serpiente.
NEBUA: Profecía.
NEFESH: Alma animal. Es el cuerpo con sus necesidades biológicas. Vitalidad física.
NEKUDIM o NEKUDOT: La segunda fase en el desarrollo del mundo de *Atzilut*. Masculino-femenino.
NEKUDOT: Puntos, rayas. Vocales hebreas. Energías restrictivas *Or makif*.
NEQUEIVA: La agujereada. Nace la potencia femenina. Deseo de recibir.
NESHAMÁ: Alma reencarnada en mi cuerpo. Alma intelectual. Universo de *Briá*. Vitalidad del intelecto.
NESHAMOT: Alma en plural.
NESIRÁ: División por conexión.
NETIVOT: 22 canales del Árbol de la Vida.
NETZAJ: Victoria. Lenguaje emocional, arte, música, pintura. Séptima de las diez *sefirot*.
NIDA: Cuando la mujer tiene el período menstrual.
NIFRADIM: Fragmentos. Estado de fragmentación.
NIGLÉ: Revelación.
NIHILISMO: Corriente que defiende que esta vida no tiene sentido.
NISTAR: *Sod*, secreto oculto.
NUN: Letra hebrea. Energía *Netzaj-Yesod/Yesod-Netzaj*. Valor numérico = 50.

OFANIM: Las ruedas de la *Merkabá*. La *Shejiná*.
OLAM: Universo.
OLAM ATICUM: Atzilut. Universo de la Emanación o Rectificación. *Tzim Tzum Bet*.
OLAM HA TOHU: Caos.
OLAM HABÁ: Mundo del futuro.
OLAMOT: Mundos o universos. Singular *Olam*.
OMEK: Profundidad.
ONEG: Deleite. Placer espiritual.
OR: Luz, es dador. Masculino.
OR EIN SOF: Energía del infinito.
OR JOSER: Luz o energía que regresa. No la captas, no te la mereces.
OR MAKIF: Luz envolvente.
OR PNIMI: Luz interior.

OR PASHUT: Luz simple.
OR YASHAR: Luz directa.
OROT: Energía en el *Ein Sof*.

PARDES: Paraíso.
PARTZUF en singular.
PARTZUFIM: Rostros divinos.
PE: Boca.
PEI: Letra hebrea. Energía *Guevurá-Hod/Hod-Guevurá*. Valor numérico = 80.
PELE: Maravilloso.
PESAJ: La Pascua hebrea, conmemora la liberación del pueblo judío de la esclavitud de Egipto.
PESHAT: Interpretación literal.
PIRQUEI ABOT: *Tratado de nuestros padres*.

RAFAEL: Arcángel de las fuerzas curativas. *Tiféret* del Universo de *Briá*.
RAJAMIN: Misericordia. Columna mediana Árbol de la Vida.
RATZON: Voluntad.
RAZ: Secreto en arameo.
RAZIEL: Arcángel de los secretos de la sabiduría de D*os. *Jojmá* del Universo de *Briá*.
REISH: Letra hebrea. Energía *Tiféret-Yesod/Yesod-Tiféret*. Valor numérico = 200.
REMEZ: Nivel de interpretación por alusión.
RESHIMÓ: Energía limitada dentro del vacío.
ROSH: Cabeza del *klí*.
ROSH HASHANÁ: Año nuevo judío.
RUAJ: Alma emocional. Todas las emociones y pensamientos racionales Vitalidad de las emociones.
RUAJ HAKODESH: Espíritu Santo.

SAMAEL: Arcángel que interpone obstáculos. *Guevurá* del Universo de *Briá*.
SAMEJ: Letra hebrea. Energía *Tiféret-Hod/Hod-Tiféret*. Valor numérico = 60.
SANDALFÓN: Arcángel de *Maljut* del Universo de *Briá*.
SEFIRA o SEFIROT: Canal de energía divina.
SEJEL: La inteligencia de iluminación. Triada superior del Árbol de la Vida.
SETER: Misterio, oculto.
SHABAT: Día de descanso. Comienza el viernes con la puesta del sol hasta la llegada de la noche del sábado.
SHADAI: Nombre de D*os en *Yesod*.
SHALEM: Sentirse completo.
SHALOM: Paz interior.
SHAVUOT: Fiesta de las 7 semanas o Pentecostés.
SHEJINÁ: Elemento receptivo de energía divina. Universo de *Asiá*. D*os receptor.
SHEMITOT: Grandes épocas. Eras.
SHIN: Helio + hidrógeno = fuego. Letra hebrea. Energía *Jojmá-Biná/Biná-Jojmá*. Valor numérico = 300.
SHIR A SHIRIM: El libro del Cantar de los Cantares.
SITRA A JARÁ: Lado negativo. Parte oscura.
SITRE OTIOT: Secreto de las letras del nombre de D*os.
SOD: Secreto. Nivel oculto de interpretación.
SOD DE SOD: Secreto del secreto.
SOFER: Escriba.
STIRÁ: Contradicción.

TAANUG: Deleite o placer dentro de la voluntad de *Kéter*.
TABUR: Ombligo.
TALMID JAJAM: Aprendiz de sabio.
TALMUD: Versión escrita de la Torá oral.

TAM: el simple.

TAV: Letra hebrea. Energía *Yesod-Maljut/Maljut-Yesod*. Valor numérico = 400.

TEFILÁ: Acto de una plegaria. Autotransformación interior. Lo primordial, no lo secundario.

TEHOM: Abismo existencial.

TESHUVÁ: Perfeccionamiento constante. Arrepentimiento. Elegir lo que uno es. Rectificación.

TET: Letra hebrea. Energía *Jojmá-Tiféret/Tiféret-Jojmá*. Valor numérico = 9.

TETAGRAMATÓN: Nombre de D*os de cuatro letras. *Tiféret* de *Atzilut*.

TEVILÁ: Rito judío, inmersión en el agua.

TIFÉRET: Paz, belleza, armonía. Sexta de las diez *sefirot*. Dimensión del amor, belleza y paz.

TIKUN OLAM: Rectificación del alma. Misión.

TIKUN PERSONAL: Proceso de reparación del mundo a nivel personal. Rectificación, perfeccionamiento, orden.

TOHU: Caos. *Klipá de Jojmá*.

TOJ: Dentro del *Klí*. Energía recibida. *Or Pnimi*.

TORÁ: Los cinco libros de Moisés, habitualmente llamado *Pentateuco* (los cinco libros son *Génesis*, *Éxodo*, *Números*, *Levítico* y *Deuteronomio*).

TZADIK: El justo. Antepone los intereses de los otros antes que los suyos.

TZADIKIM: Los justos. Practican el bien permanente.

TZAFON: El secreto del norte.

TZIM TZUM: Autocontracción.

TZIM TZUM ALEF: Primera autocontracción.

TZIM TZUM BET: Segunda autocontracción.

TZURA: Forma.

VAV: Letra hebrea. Energía Kéter-Biná/Biná-Kéter.Valor numérico = 6.

YESOD: Fundamento. Dimensión de la familia, relaciones y ego. Novena de las diez *sefirot*.

YETZIRÁ: Universo de la Formación.

YUD: Letra más pequeña del alfabeto hebreo.

YUD SUPERIOR: Ser, esencia.

YUD INFERIOR: Existencia.

YUD HEI VAV HEI: Nombre sagrado de D*os. *Tetragramatón*.

YUDIM en plural. Energía *Netzaj-Tiféret/Tiféret-Netzaj*. Valor numérico = 10.

ZADKIEL: Arcángel, energía del perdón. *Jesed* del Universo de *Briá ZAYIN*: Letra hebrea. Energía *Jojmá-Guevurá/Guevurá-Jojmá*. Valor numérico = 7.

ZAYIN: Letra hebrea. Energía Jojmá-Guevurá/Guevurá-Jojmá. Valor numérico = 7.

ZEIR ANPIN: El pequeño semblante. *Partzuf* de las *Midot* emotivas del alma.

ZINOROT: Tuberías.

ZOHAR: *Libro del resplandor*. La leyenda dice que fue escrito por Shimon bar Yojai en el siglo II pero, por las investigaciones científicas, sabemos que lo escribió Moshé ben Sem Tob de León en el siglo XIII.

ZSADI: Letra hebrea. Energía *Guevurá-Tiféret/Tiféret-Guevurá*. Valor numérico = 90.

ZSADIK: Justo.

Bibliografía

Nivel inicial

Madirolas, Eduardo. *El camino del Árbol de la Vida. Un curso de introducción a la* Cábala *mística* (vol. I y II). Madrid, Equipo Difusor del Libro, 2005.

Saban, Mario Javier. *Sod 22-El Secreto*. Buenos Aires, 2011.

Scholem, Gershom. *Las grandes tendencias de la mística judía*. Madrid, Editorial Siruela, 2000.

Zukerwar, Haim David. *La esencia, el Infinito y el alma*. Barcelona, Índigo, 2006.

Bibliografía especializada

Kaplan, Aryeh. *Meditación y Biblia*. Madrid, Equipo Difusor del Libro, 2004.

—. *Sefer Yetzirá: el libro de la Creación: teoría y práctica*. Madrid, Mirach, 1994.

—. *El Bahir.* Madrid, Equipo Difusor del Libro, 2005.

Saban, Mario Javier. *El Misterio de la Creación*. Buenos Aires, 2013.

—. *La* Cábala*: la psicología del misticismo judío*. Barcelona, Editorial Kairós, 2016.

—. *La Merkabá: el Misterio del Nombre de Dios*. Barce lona, 2018.

—. *Los secretos de Dios-Sefer Atzilut: el libro de la Emanación*. Huesca, Jojmá Ediciones, 2020.

—. *Las estrategias del Satán: el mal desde la Cábala hebrea*, Buenos Aires, Editorial Saban, 2021.

—. *El Dios Infinito-Ein Sof. Tratado matemático-cabalístico*. Buenos Aires, Editorial Saban, 2021.

—. *Daat. El conocimiento. Las 44 energías ocultas del Árbol de la Vida*. Fraga (Huesca), Jojmá Ediciones, 2021.

—. *Kéter. El éxtasis de la Eternidad. El poder de la Emuná desde la* Cábala. Barcelona, Editorial Kairós, 2023.